Individuelle Bündnisse für Arbeit und Günstigkeitsprinzip

Schriften zum Arbeitsrecht und Wirtschaftsrecht

Herausgegeben von Abbo Junker

Band 31

PETER LANG
Frankfurt am Main · Berlin · Bern · Bruxelles · New York · Oxford · Wien

Tim Kaden

Individuelle Bündnisse für Arbeit und Günstigkeitsprinzip

PETER LANG
Europäischer Verlag der Wissenschaften

Bibliografische Information Der Deutschen Bibliothek
Die Deutsche Bibliothek verzeichnet diese Publikation in der Deutschen Nationalbibliografie; detaillierte bibliografische Daten sind im Internet über <http://dnb.ddb.de> abrufbar.

Zugl.: Greifswald, Univ., Diss., 2003

Gedruckt mit Unterstützung
der Dr.-Carl-Böse-Stiftung, Lübeck.

9
ISSN 1433-4666
ISBN 3-631-51508-1

www.peterlang.de

Meinen Eltern

So eine Arbeit wird eigentlich nie fertig,
man muß sie für fertig erklären,
wenn man nach Zeit und Umständen das möglichste getan hat.

Johann Wolfgang von Goethe
Italienische Reise
16.03.1787

Vorwort

Die vorliegende Studie wurde im Sommersemester 2002 unter dem Titel

„Die individualvertragliche Abdingbarkeit tariflicher Leistungen zur Sicherung von Arbeitsplätzen unter Anwendung des Günstigkeitsprinzips – Individuelles Bündnis für Arbeit –“

von der Rechts- und Staatswissenschaftlichen Fakultät der Ernst-Moritz-Arndt-Universität Greifswald als Dissertation angenommen. Sie wurde zwischenzeitlich geringfügig ergänzt und berücksichtigt den Stand der Literatur und Rechtsprechung vom Frühjahr 2003.

Herrn Prof. Dr. Hans-Werner Eckert, der durch seine arbeitsrechtlichen Seminare mein Interesse am Arbeitsrecht geweckt und die Anfertigung dieser Arbeit wissenschaftlich begleitet hat, danke ich vielmals.

Herrn Prof. Dr. Stefan Habermeier gilt Dank für die zügige Erstellung des Zweitgutachtens.

Meinen Freunden, die während der Erstellung der Arbeit stets ein offenes Ohr für mich und meine Probleme hatten, möchte ich ebenso danken.

Mein ganz besonderer Dank gilt meinen Eltern, die mir mein Studium und diese Arbeit ermöglicht und mich auch sonst immer mit Rat und Tat unterstützt haben. Sie haben sehr großen Anteil am Gelingen dieser Arbeit.

Letztendlich möchte ich auf diesem Weg der Dr.-Carl-Böse-Stiftung, Lübeck, Dank sagen, die durch die großzügige Gewährung eines Druckkostenzuschusses die Veröffentlichung der Arbeit gefördert hat.

Lübeck, im Juli 2003 *Tim Kaden*

Inhaltsverzeichnis

Abkürzungsverzeichnis

a.A.	andere Ansicht
ABlKR	Amtsblatt des Kontrollrats in Deutschland
AEntG	Gesetz über zwingende Arbeitsbedingungen bei grenzüberschreitenden Dienstleistungen (Arbeitnehmer-Entsendegesetz)
AFG	Arbeitsförderungsgesetz
AGB	Arbeitsgesetzbuch der Deutschen Demokratischen Republik
AiB	Arbeitsrecht im Betrieb (Köln)
Alt.	Alternative
AOG	Gesetz zur Ordnung der nationalen Arbeit
AP	Nachschlagwerk des Bundesarbeitsgerichts - Arbeitsrechtliche Praxis (München, Berlin)
ARBEITGEBER	Der Arbeitgeber (Köln)
ArbG	Arbeitsgericht
AR-Blattei ES	Arbeitsrechts-Blattei - Entscheidungssammlung
AR-Blattei SD	Arbeitsrechts-Blattei - Systematische Darstellung
ArbSchG	Arbeitsschutzgesetz
ArbuR	Arbeit und Recht (Köln)
ArbZG	Arbeitszeitgesetz
ARS	Arbeitsrechts-Sammlung - Entscheidungen des Reichsarbeitsgerichts und des Reichsehrengerichtshofs, der Landesarbeitsgerichte, Arbeitsgerichte und Ehrengerichte (Berlin)
ASU	Arbeitsgemeinschaft Selbständiger Unternehmer
AuA	Arbeit und Arbeitsrecht (Berlin)
AZO	Arbeitszeitordnung
BAG	Bundesarbeitsgericht
BAGE	Amtliche Sammlung der Entscheidungen des Bundesarbeitsgerichts
BAT	Bundesangestelltentarif
BB	Betriebs-Berater (Heidelberg)
BDA	Bundesvereinigung der Deutschen Arbeitgeberverbände
BDI	Bundesverband der Deutschen Industrie
BetrAVG	Gesetz zur Verbesserung der betrieblichen Altersversorgung

BetrVG	Betriebsverfassungsgesetz
BGB	Bürgerliches Gesetzbuch
BlStSozArbR	Blätter für Steuerrecht, Sozialversicherung und Arbeitsrecht (Neuwied)
BMA	Bundesministerium für Arbeit und Sozialordnung
BR-Drucks.	Bundesratsdrucksache
BT-Drucks.	Bundestagsdrucksache
BUrlG	Mindesturlaubsgesetz für Arbeitnehmer (Bundesurlaubsgesetz)
BVerfG	Bundesverfassungsgericht
BVerfGE	Amtliche Sammlung der Entscheidungen des Bundesverfassungsgerichts
Capital-Vertraulich	Capital Vertraulich - Informationsdienst der Zeitschrift Capital (Berlin)
COMECON	Council for Mutual Economic Assistance
DArbR	Deutsches Arbeitsrecht (Mannheim, Berlin)
DB	Der Betrieb (Düsseldorf, Frankfurt am Main)
DIHT	Deutscher Industrie- und Handelstag
DIW	Deutsches Institut für Wirtschaftsforschung
DIW-Vjh.	DIW-Vierteljahresheft - Vierteljahresheft zur Wirtschaftsforschung (Berlin)
DJT	Deutscher Juristentag
DRdA	Das Recht der Arbeit (österreichische Zeitschrift - Wien)
DWiR	Deutsche Zeitschrift für Wirtschaftsrecht (Berlin)
EEA	Einheitliche Europäische Akte
EGV	Vertrag über die Gründung der Europäischen Gemeinschaft (EG-Vertrag)
EStG	Einkommensteuergesetz
EWU	Europäische Währungsunion
EzA	Entscheidungssammlung zum Arbeitsrecht (Neuwied)
f.	folgende
F.A.Z.	Frankfurter Allgemeine Zeitung (Frankfurt)
FDGB	Freier Deutscher Gewerkschaftsbund
ff.	fortfolgende
Fn.	Fußnote
FOCUS	Focus (München)
FS	Festschrift
FTD	Financial Times Deutschland

GBl.	Gesetzblatt der Deutschen Demokratischen Republik
Gesamtmetall	Gesamtverband der metallindustriellen Arbeitgeberverbände
GG	Grundgesetz
GK KSchG	Gemeinschaftskommentar zum Kündigungsschutzgesetz und zu sonstigen kündigungsschutzrechtlichen Vorschriften
GMH	Gewerkschaftliche Monatshefte (Köln)
GVBl.	Gesetz- und Verordnungsblatt
GW	Grundwerk
h.M.	herrschende Meinung
HANDELSBLATT	Handelsblatt - Wirtschafts- und Finanzzeitung (Düsseldorf, Frankfurt am Main)
Hrsg.	Herausgeber
IAB	Institut für Arbeitsmarkt- und Berufsforschung
Ifo-Institut	Ifo-Institut für Wirtschaftsforschung (München)
IG Metall	Industriegewerkschaft Metall
IG	Industriegewerkschaft
InsO	Insolvenzordnung
ISDN	Integrated Services Digital Network (digitales Telefonnetz der deutschen Telekom)
IW	Institut der deutschen Wirtschaft e.V. Köln
iwd	Informationsdienst des Instituts der deutschen Wirtschaft e.V. Köln (Köln)
IWH	Institut für Wirtschaftsforschung (Halle)
iw-trends	Quartalshefte zur empirischen Wirtschaftsforschung (Köln)
JArbSchG	Gesetz zum Schutz der arbeitenden Jugend (Jugendarbeitsschutzgesetz
JURA	Juristische Ausbildung (Berlin u.a.)
JW	Juristische Wochenschrift (Leipzig, Berlin)
JZ	Juristen Zeitung (Tübingen)
KJ	Kritische Justiz (Baden-Baden)
KND	Kurznachrichtendienst - Informationsdienst des BDA (Berlin)
KO	Konkursordnung
KSchG	Kündigungsschutzgesetz
LAG	Landesarbeitsgericht

LAGE	Amtliche Sammlung der Entscheidungen der Landesarbeitsgerichte (Neuwied)
LohnfortzG	Gesetz über die Fortzahlung des Arbeitsentgelts im Krankheitsfalle (Lohnfortzahlungsgesetz)
m.w.N.	mit weiteren Nachweisen
MITBESTIMMUNG	Die Mitbestimmung - Magazin der Hans-Böckler-Stiftung (Baden-Baden)
MittAB	Mitteilungen aus der Arbeitsmarkt- und Berufsforschung (Stuttgart, Berlin, Köln, Mainz)
MünchKomm BGB	Münchener Kommentar zum Bürgerlichen Gesetzbuch
MuSchG	Gesetz zum Schutz der erwerbstätigen Mutter (Mutterschutzgesetz)
n.F.	neue Fassung
NICE*-Index	NICE* Internet Index - Brenchmark für Internetwerte erstellt durch die NICE* Internet Beteiligungs AG
NJW	Neue Juristische Wochenschrift (München, Frankfurt am Main)
NZA	Neue Zeitschrift für Arbeitsrecht (München, Frankfurt am Main)
NZA-RR	NZA - Rechtsprechungs-Report (München, Frankfurt am Main)
NZfA	Neue Zeitschrift für Arbeitsrecht (Mannheim)
OECD	Organization for Economic Cooperation and Development
PERSONAL	Das Personal (Köln)
RAG	Reichsarbeitsgericht
RAGE	Amtliche Sammlung der Entscheidungen des Reichsarbeitsgerichts
RdA	Recht der Arbeit (München, Frankfurt am Main)
RG	Reichsgericht
RGBl.	Reichsgesetzblatt
RGZ	Amtliche Sammlung der Entscheidungen des Reichsgerichts für Zivilsachen
Rn.	Randnummer
Rspr.	Rechtsprechung
SAE	Sammlung Arbeitsrechtlicher Entscheidungen (Köln)
SchlichtW	Das Schlichtungswesen (Stuttgart)
SchwbG	Gesetz zur Sicherung der Eingliederung Schwerbehinderter in Arbeit, Beruf und Gesellschaft (Schwerbehindertengesetz)

SDZ	Süddeutsche Zeitung (München)
SMAD	Sowjetische Militäradministration
Sp.	Spalte
SPIEGEL	DER SPIEGEL (Hamburg)
TVG	Tarifvertragsgesetz
TVVO	Verordnung über Tarifverträge, Arbeiter- und Angestelltenausschüsse und Schlichtung von Arbeitsstreitigkeiten
UrlG	Urlaubsgesetz
VC	Vereinigung Cockpit e.V.
VermBG	Vermögensbildungsgesetz
WiGBl.	Gesetzblatt der Verwaltung des Vereinigten Wirtschaftsgebietes
Wirtschaftsdienst	Zeitschrift für Wirtschaftspolitik (Baden-Baden)
WSI	Wirtschafts- und Sozialwissenschaftliches Institut des DGB
WSI-Mitt.	WSI-Mitteilungen - Monatszeitschrift des Wirtschafts- und Sozialwissenschaftlichen Institutes des Deutschen Gewerkschaftsbundes in der Hans-Böckler-Stiftung (Köln)
WuW	Wirtschaft und Wettbewerb (Düsseldorf)
ZfA	Zeitschrift für Arbeitsrecht (Köln, Berlin, Bonn, München)
zfbf	Schmalenbachs Zeitschrift für betriebswissenschaftliche Forschung (Düsseldorf, Frankfurt a.M.)
ZSR	Zeitschrift für Sozialreform (Wiesbaden)
ZTR	Zeitschrift für Tarif-, Arbeits- und Sozialrecht des öffentlichen Dienstes (München)

Einleitung

„Die vergangenen fünfzig Jahre haben ein Goldenes Zeitalter des deutschen Arbeitsrechts gebracht. Es ist gelungen, die Rechte der Arbeitnehmer auszubauen, ohne die Existenzfähigkeit der Wirtschaft und die Vollbeschäftigung zu gefährden. In den letzten Jahren hat sich dieses Erscheinungsbild allerdings verdunkelt, da die Arbeitslosigkeit stark angestiegen ist. Die Entwicklung des Arbeitsrechts wird deshalb in eine neue Phase treten müssen, in der ein neues Gleichgewicht zwischen den Interessen der Arbeitnehmer, Arbeitgeber und Arbeitsuchenden gesucht und gefunden wird."[1]

A. Problemstellung

Das ausgehende 20. Jahrhundert hat die Bundesrepublik mit einer schweren Hypothek in das neue Jahrtausend entlassen - der Massenarbeitslosigkeit. Diese Problematik ist zwar nicht neu, zeigt sich aber in Zeiten von Wirtschaftskrisen immer wieder. Erschreckend ist jedoch, dass die große Anzahl von offiziell ca. vier Millionen Arbeitslosen zu einem Dauerphänomen geworden zu sein scheint.

Während früher zu einem großen Teil konjunkturelle Einflüsse die Arbeitslosenzahlen bedingt haben, beruht die Arbeitslosigkeit heute in großem Maß auf strukturellen Gegebenheiten, verstärkt durch die Probleme der Wiedervereinigung Deutschlands. Infolge des erheblichen Konkurrenzdruckes aus sogenannten Niedriglohnländern arbeiten inländische Unternehmen aufgrund hoher Betriebskosten vielfach unrentabel. Deshalb werden Betriebe aus Deutschland ausgelagert und dort angesiedelt, wo die Lohnkosten und damit die Gesamtkosten deutlich unter dem deutschen Niveau liegen. Alarmierend erscheint in diesem Zusammenhang, dass sich der Trend von Produktionsverlagerungen nicht mehr nur auf große internationale Unternehmen beschränkt, sondern in den letzten Jahren vermehrt bei mittelständischen Betrieben fortsetzt. Auch die Zahl der Unternehmen, die infolge Unrentabilität insolvent werden, ist gleichbleibend hoch.[2] Der damit einhergehende Verlust an Arbeitsplätzen ist trotz des Ausbaus

---

1 *Hanau*, DB 1998, S. 79.

2 Während im Jahr 2001 die Zahl der Regelinsolvenzen noch 32.300 betrug (vgl. *HANDELSBLATT* v. 04.04.2002, S. 1), stieg die Zahl 2002 auf 37.700 (vgl. *IW*, iwd 11/2003, S. 6). Die Entwicklung im Jahr 2003 lässt erwarten, dass die Insolvenzzahlen diesen Jahres den Vorjahreshöchststand übertreffen werden. Vgl. *Gischer / Hommel*, BB 2003, S. 945, Fn. 1. Überraschend erscheint in diesem Zusammenhang, dass die Insolvenzen renommierter Großunternehmen stark zunehmen. So stellten allein im ersten Vierteljahr 2002 die bekannten Unternehmen *Schneider* (28.01.2002 - *HANDELSBLATT* v. 04.04.2002, S. 1), *Philipp Holzmann AG* (21.03.2002 - vgl. *HANDELSBLATT* v. 22./23.03.2002, S. 1), *Mühl AG* (28.03.2002 - vgl. *HANDELSBLATT* v. 04.04.2002, S. 1, *Fairchild Dornier* (02.04.2002 - vgl. *HANDELSBLATT* v. 02.04.2002, S. 1), *Herlitz*

des Dienstleistungssektors und der Förderung neuer innovativer Bereiche in den letzten Jahren stetig gewachsen. Innerhalb der Unternehmen geht es immer häufiger nicht mehr um die Verteilung von Zuwächsen, sondern um die Verteilung des Mangels an Arbeitsplätzen und der betrieblichen Verluste.

Zwar besteht in Wissenschaft, Wirtschaft und Politik weitgehend Konsens darüber, dass der Abbau der Arbeitslosigkeit vorrangig wirtschaftspolitisches Ziel ist, allerdings herrscht wenig Übereinstimmung in der Diskussion um den richtigen Weg. Unverständlich erscheint in diesem Zusammenhang, warum in erster Linie der Staat in die Verantwortung genommen werden soll, dieses Problem zu lösen. Sind nicht neben dem Staat gerade auch die Tarifparteien gefordert, für Rahmenbedingungen zu sorgen, zu denen in Deutschland Arbeitsplätze erhalten bleiben bzw. neue geschaffen werden können? Es sind eben nicht nur die staatlichen Rahmenbedingungen, wie Steuern und Wirtschaftsförderung, sondern das gesamte Arbeitsrecht und insbesondere die Tarifpolitik, die aufgrund der untrennbaren Verknüpfung von Arbeitsrecht und Ökonomie entscheidenden Einfluss auf die Kostenbelastung der Unternehmen haben. Die Mitverantwortung der Tarifpartner, insbesondere der Gewerkschaften für die Arbeitslosigkeit wird besonders an folgendem Zitat deutlich:

> *„Arbeit ist nicht knapp. Knapp sind nur die Arbeitsplätze, die zu der von den Gewerkschaften stark beeinflussten Lohnhöhe im Inland rentabel sind.“*[3]

Das Tarifrecht wird, wie letztlich das gesamte Arbeitsrecht, als Schutzrecht zu Gunsten der Arbeitnehmer angesehen. Nicht vergessen werden darf in diesem Zusammenhang, dass der Schutz des einen immer der Nachteil des anderen ist. Hier entsteht ein Spannungsverhältnis zwischen Arbeitsrecht und Ökonomie. Wirtschaftliche Unternehmensführung erfordert Flexibilität. Aus ökonomischer Sicht gehört dazu, grundsätzlich nur soviel Arbeitsleistung entgegenzunehmen, wie wirtschaftlich einsetzbar ist und gleichzeitig nur soviel Lohn zu vergüten, um das hergestellte Produkt am Markt absetzen zu können.

Insbesondere seit den 90er Jahren verstärkte sich in der Literatur die Diskussion über diverse Möglichkeiten zur Lösung der Massenarbeitslosigkeit, die sich mit der Bedeutung des Tarifvertragssystems und der Rolle der Gewerkschaften kritisch auseinandersetzen. Es setzt sich zunehmend die Erkenntnis durch, dass die Unabdingbarkeit der Tarifverträge in der Praxis stets dann zu Problemen führt, wenn bei den Tarifvertragsinhalten die unterschiedliche Leistungsfähigkeit der erfassten Betriebe nicht hinreichend berücksichtigt wird.[4] Mehr Flexibilisierung und Deregulierung des Arbeitsrechts, sowie Dezentralisierung der Tarifver-

---

AG (03.04.2002 - vgl. *HANDELSBLATT* v. 04.04.2002, S. 12) und *KIRCH MEDIA AG* (08.04.2002 - vgl. *F.A.Z.* v. 09.04.2002, S. 1 f.) Insolvenzanträge.

3 *FRETER*, Das Tarifvertragssystem in der Krise, S. 34.

4 Vgl. *WALKER*, ZfA 2000, S. 29.

handlungen, insbesondere die Verlagerung der Regelungskompetenz auf die Betriebsebene, sind einige der wesentlichen Punkte, die in den letzten 15 Jahren immer wieder im Blickpunkt standen.

Da Unternehmen gerade in wirtschaftlichen Notlagen vor der Alternative stehen, den Betrieb wegen zu hoher Produktionskosten ganz oder teilweise stillzulegen bzw. an einen kostengünstigeren Standort zu verlagern oder aber die Belegschaft am bisherigen Standpunkt zu „schlechteren" als den tariflichen Konditionen weiterzubeschäftigen, um so Arbeitsplätze zu sichern,[5] wurden in den letzten Jahren in Tarifverträgen Öffnungsklauseln vereinbart, die im Falle einer Existenzbedrohung des Unternehmens eine vorübergehende Absenkung tariflicher Leistungen vorsahen. Diese Regelungen zielen darauf ab, einem sich in der Krise befindlichen Unternehmen eine Alternative zur Entlassung von Arbeitnehmern zu eröffnen, infolge zeitweiliger Abweichung vom Tarifvertrag durch Unterschreitung der Tariflöhne oder Verlängerung der Arbeitszeit bei gleichzeitiger Erhaltung von Arbeitsplätzen. Die spezielle Abdingbarkeit soll dabei bedrängte Unternehmen in die Lage versetzen, eine Sanierung ohne oder mit möglichst geringem Personalabbau zu erreichen. Weil aufgrund der Massenarbeitslosigkeit die Sicherung des eigenen Arbeitsplatzes immer stärker in den Vordergrund rückt, zeigen sich Belegschaft und Betriebsräte zunehmend bereit, untertarifliche Leistungen zu akzeptieren. Für die Arbeitnehmer geht es dabei im Regelfall um die existentielle Wahl Geld und Arbeit, zwischen Lohnverzicht oder Verlust der Erwerbsgrundlage als Alternative und damit das ökonomische und soziale Schicksal des Arbeitnehmers.[6]

Vor diesem Hintergrund kam und kommt es daher immer wieder zu kollektiven Vereinbarungen zwischen Arbeitgebern und Belegschaft, um dem überwiegenden Teil der Betriebsangehörigen den Arbeitsplatz zu sichern. Soweit es an einer Billigung durch die Gewerkschaften fehlte, wurde trotz der entgegenstehenden Regelung des § 77 Abs. 3 BetrVG versucht, derartige Vereinbarungen auf Betriebsebene über das Günstigkeitsprinzip zu rechtfertigen.[7] Obwohl eine solche

---

[5] Vgl. *BAUER*, NZA 1999, S. 957.

[6] Vgl. *PICKER*, NZA 2002, S. 767.

[7] Vgl. dazu die Gutachten, Referate und Diskussionen anlässlich des 61. DJT in Karlsruhe, Thema: Empfiehlt es sich, die Regelungsbefugnisse der Tarifparteien im Verhältnis zu den Betriebsparteien neu zu ordnen? Insbesondere: *RICHARDI*, Gutachten B zum 61. DJT, in: Ständige Deputation des Deutschen Juristentages (Hrsg.): Verhandlungen des einundsechzigsten Deutschen Juristentages Karlsruhe 1996, Band I, B 1 ff.; *WENDELING-SCHRÖDER*, Referat zum 61. DJT, in: Ständige Deputation des Deutschen Juristentages (Hrsg.): Verhandlungen des einundsechzigsten Deutschen Juristentages Karlsruhe 1996, Band II/1, K 9 ff.; *REUTER*, Referat zum 61. DJT, in: Ständige Deputation des Deutschen Juristentages (Hrsg.): Verhandlungen des einundsechzigsten Deutschen Juristentages

Auslegung des Günstigkeitsprinzips von der Rechtsprechung bisher nicht anerkannt wird,[8] werden in tarifgebundenen Unternehmen vielfach entsprechende Abreden getroffen, ohne dass dies publik wird.[9] So beabsichtigte beispielsweise das Unternehmen *LUDWIG SCHOKOLADEN* in Aachen neben einer Verlängerung der Wochenarbeitszeit bei gleichbleibenden Monatsbezügen und durch die Reduzierung des Jahresurlaubs von 27 auf 24 Tage den Unternehmensstandort in Deutschland zu sichern. Als Gegenleistung bot die Unternehmensführung eine dreijährige Beschäftigungsgarantie für die Arbeitnehmer an. Da die Gewerkschaft ein derartiges Bündnis für Arbeit verhinderte, erfolgte eine Verlagerung von Arbeitsplätzen nach Mittel- und Osteuropa.[10]

1996 plante das Unternehmen *VIESSMANN WERKE GMBH & CO.* aufgrund der sich verschärfenden Kostensituation ein neues Produktionswerk in Tschechien zu bauen und gleichzeitig die Anzahl der Mitarbeiter im Stammwerk in Allendorf stark zu reduzieren. Um dies zu verhindern, vereinbarten Betriebsrat und Unternehmensleitung ein betriebliches Bündnis für Arbeit. 96,4% der Mitarbeiter sprachen sich für eine Verlängerung der Wochenarbeitszeit um 3 Stunden ohne Lohnausgleich aus. Gleichzeitig wurde den Arbeitnehmern durch den Arbeitgeber für die Laufzeit der Vereinbarung der Erhalt der Arbeitsplätze zugesichert. Durch dieses Abkommen gelang es, die Arbeitsplätze im Stammwerk zu sichern und sogar ca. 160 zusätzliche Stellen zu schaffen.[11] Gegen dieses betriebliche Bündnis klagte die Gewerkschaft *IG METALL* und obsiegte.[12]

Eine ähnlich Absprache zwischen dem *BURDA-VERLAG* und den Arbeitnehmern war 1999 Gegenstand einer *BAG*-Entscheidung.[13] Der *BURDA-VERLAG* vereinbarte mit dem Betriebsrat eine vom Tarifvertrag abweichende Arbeitszeitregelung und gewährte im Gegenzug den betroffenen Arbeitnehmern eine fünfjährige Beschäftigungsgarantie, durch die 400 Entlassungen vermieden werden sollten. 98,5% der Beschäftigten stimmten für eine entsprechende Änderung ih-

---

Karlsruhe 1996, Band II/1, K 35 ff.; *NIEBLER / SCHMIEDL*, BB 2001, S. 1631 f.; *WANK*, NJW 1996, S. 2273; kritisch: *FRANZEN*, RdA 2001, S. 3.

8 *ARBG MARBURG* v. 07.08.1996, DB 1996, S. 1925 ff.; *BAG* v. 20.04.1999, BAGE 91, S. 210 ff.

9 So sollen nach einer branchenübergreifenden Umfrage zwischen 16% und 33% der Betriebe trotz bestehender Tarifbindung Vereinbarungen mit Betriebsräten bzw. Mitarbeitern getroffen haben, die vom tariflichen Niveau negativ abweichen. Vgl. *MAIER / SCHAUTIS*, in: Oppolzer / Zachert (Hrsg.), Krise und Zukunft des Flächentarifvertrages, S. 19.

10 Vgl. *ASU*, Arbeit ist genug da - Weg frei für Arbeitsplätze, S. 66.

11 Vgl. *ASU*, Arbeit ist genug da - Weg frei für Arbeitsplätze, S. 65 f.

12 Vgl. *ARBG MARBURG* v. 07.08.1996, DB 1996, S. 1925 ff.

13 *BAG* v. 20.04.1999, BAGE 91, S. 210-235.

rer Arbeitsverträge. Der gegen diese Vereinbarung klagenden Gewerkschaft wurde durch das *BAG* ein Unterlassungsanspruch eingeräumt.

1999 geriet das Sanierungskonzept der *PHILIPP HOLZMANN AG* in den Blickpunkt der Öffentlichkeit.[14] Zur Rettung von Kernbereichen des insolventen Unternehmens und damit auch von Arbeitsplätzen sollten nach Vorstellungen der Gläubigerbanken die Arbeitnehmer einen Sanierungsbeitrag iHv. 245 Mio. DM leisten. Beabsichtigt war, eine Betriebsvereinbarung oder einen Haustarifvertrag abzuschließen, in dem die Arbeitnehmer auf tarifliche Leistungen verzichteten.[15]

Ende 2001 geriet das Luftfahrtunternehmen *LTU* infolge des Konkurses des schweizerischen Mutterkonzerns *SWISS AIR* in wirtschaftliche Turbulenzen. Sowohl die *DIENSTLEISTUNGSGEWERKSCHAFT VER.DI*, als auch die *VEREINIGUNG COCKPIT E.V.* einigten sich auf Sanierungs-Tarifverträge. So verzichtet das Boden- und Kabinenpersonal in den Jahren 2001, 2002 und 2003 auf die Hälfte ihres 13. Gehaltes sowie bis Ende 2003 auf fünf Prozent Gehalts.[16] Das Cockpitpersonal stimmte ebenfalls einer 50%igen Reduzierung des 13. Gehaltes und von 10% des Gehaltes bis 2004 zu.[17] Durch diese Maßnahmen werden jährlich ca. 50 Mio. DM eingespart.[18]

Bedeutend weniger öffentliche Aufmerksamkeit als den tarifunterschreitenden Betriebsvereinbarungen wird den Fällen, in denen einzelvertraglich auf tarifliche Leistungen verzichtet wird, entgegengebracht.[19] Dies spiegelt sich auch in der juristischen Auseinandersetzung mit dieser Problematik wider. So blieb in der bisherigen Diskussion die Frage, inwieweit nach dem Günstigkeitsprinzip für tarifgebundene Arbeitnehmer eine individualvertragliche Vereinbarung untertariflicher Leistungen möglich ist, weitgehend unberücksichtigt. Eine derartige Abrede ist in Ermangelung einer tariflichen oder gesetzlichen Öffnungsklausel

---

14 Vgl. *HAUCH-FLECK*, DIE ZEIT v. 02.12.1999, S. 28; *DANIELS*, DIE ZEIT v. 16.12.1999, S. 34; IW, iwd 13/2000, S. 2.

15 Vgl. dazu u.a. die juristische Auseinandersetzung von *RIEBLE*, NZA 2000, S. 225 ff. Zur ökonomische Auseinandersetzung und der Kritik an der durchgeführten staatlichen Intervention vgl. *GISCHER / HOMMEL*, BB 2003, S. 950 f. Zwei Jahre nach der versuchten Rettung scheiterte die Sanierung der *PHILIPP HOLZMANN AG*. Das Unternehmen hat am 21.03.2002 Insolvenz angemeldet. *F.A.Z.* v. 09.04.2002, S. 1 f.

16 Vgl. SWR, www.frankenradio.de/thema/archiv/ltu_011030/index.html.

17 Vgl. VC, Pressemitteilung v. 2.11.2001, www.vcockpit.de/pages/presse/aktuell/ltu211.html.

18 So umfasst das Einsparungspotential beim Boden- und Kabinenpersonal jährlich ca. 28 Mio. DM (vgl. www.frankenradio.de/thema/archiv/ltu_011030/index.html.), während das Cockpitpersonal bis 2004 auf ca. 59-65 Mio. DM verzichtet. Vgl. VC, Pressemitteilung v. 02.11.2001, www.vcockpit.de/pages/presse/aktuell/ltu211.html.

19 So *ZACHERT*, KJ 1997, S. 414.

gemäß § 4 Abs. 3 Alt. 2 TVG nur dann zulässig, wenn die individualvertragliche Abrede **günstiger** als der Tarifvertrag ist.

B. Zielsetzung und Gang der Untersuchung

Von der *RECHTSPRECHUNG*[20] und der *H.M. IN DER LITERATUR*[21] wird es bisher abgelehnt, das Günstigkeitsprinzip zu erweitern, um betriebliche Bündnisse für Arbeit abzusichern.

Dennoch kam es in den letzten Jahren immer wieder zu Vorstößen verschiedener gesellschaftlicher Kräfte, um die Beschäftigungssicherung durch Bündnisse für Arbeit zu ermöglichen.[22] So verlangte eine Initiative des *BDA*, *BDI*, *DIHT* und *ZDH* eine entsprechende gesetzliche Erweiterung des Günstigkeitsprinzips.[23] Auch die Teilnehmer des 63. Deutschen Juristentages in Leipzig forderten, das Günstigkeitsprinzip neu zu definieren, um so die privatautonome Wahlmöglichkeit des einzelnen Arbeitnehmers zu stärken.[24] Ziel dieser Vorschläge ist es, die interne Flexibilität des bestehenden Arbeitsverhältnisses zu erhöhen und so den Arbeitnehmern und Arbeitgebern die Möglichkeit zu eröffnen, auf veränderte wirtschaftliche Bedingungen zu reagieren, ohne zum Instrument des Personalabbaus greifen zu müssen.

Anknüpfend an diese Überlegungen wird in der vorliegenden Arbeit untersucht, ob und inwieweit es dem einzelnen Arbeitnehmer möglich ist, über das Günstigkeitsprinzip durch individualvertraglichen Verzicht auf bestimmte tarifliche Leistungen von der zwingenden Wirkung des Tarifvertrages trotz Fehlens einer entsprechenden Öffnungsklauseln abzuweichen, wenn er sich dadurch die Sicherung seines bedrohten Arbeitsplatzes verspricht. Die Prüfung der rechtliche Zulässigkeit einer derartigen Interpretation des Günstigkeitsprinzips de lege lata ist Gegenstand dieser Arbeit.

---

20 *BAG* v. 20.04.1999, BAGE 91, S. 230 ff.

21 Vgl. *HANAU*, RdA 1993, S. 1 ff.; *GAMILLSCHEG*, Kollektives Arbeitsrecht, Bd. I, S. 839 f.; *BELLING*, Das Günstigkeitsprinzip im Arbeitsrecht, S. 170; so im Ergebnis auch *SCHAUB*, ZTR 2000, S. 12; *ADAM*, ZTR 2001, S. 117; *DIETERICH*, RdA 2002, S. 3; *FRANZEN*, RdA 2001, S. 3; *HENSSLER*, ZfA 1994, S. 507; *HROMADKA*, FS Wlotzke, S. 344; *RICHARDI*, DB 2000, S. 47; *WANK*, NJW 1996, S. 2278.

22 Vgl. dazu die detaillierten Ausführungen im *1. KAPITEL C.*

23 Initiative vom Februar 2000 - nicht veröffentlicht. Vgl. insoweit auch *BDA*, KND v. 06.10.2000, S. 3.

24 Beschluss Nr. 33 der Abteilung Arbeits- und Sozialrecht, in: Ständige Deputation des Deutschen Juristentages (Hrsg.): Verhandlungen des dreiundsechzigsten Deutschen Juristentages Leipzig 2000, Band I, Welche arbeits- und -ergänzenden sozialrechtlichen Regelungen empfehlen sich zur Bekämpfung der Arbeitslosigkeit?

Ausgangspunkt der nachfolgenden Untersuchung ist ähnlich den eingangs erwähnten Beispielen folgender Tatbestand:

Ein tarifgebundenes Unternehmen gerät in eine wirtschaftliche Krise. Die Insolvenz, die Stilllegung von Betriebsteilen bzw. die Unternehmensverlagerung an kostengünstigere Standorte droht und kann nur durch mehr oder minder in die Substanz des Betriebes eingreifende Maßnahmen gerettet werden. Entscheidend ist hierbei, dass die tarifgebundenen Arbeitnehmer durch eine Beteiligung an kostensenkenden Maßnahmen, nämlich dem Abschluss von Vereinbarungen, die negativ vom tariflichen Niveau abweichenden, ihren Arbeitsplatz sichern können, während sie diesen ohne einen Verzicht auf tarifliche Leistungen verlieren würden. Anders als bei den eingangs erwähnten Fällen *LUDWIG SCHOKOLADEN*, *VIESSMANN*, *BURDA*, *HOLZMANN* oder *LTU* soll dies jedoch nicht durch eine Betriebsvereinbarung bzw. Regelungsabrede, sondern mittels individualvertraglicher Vereinbarung geschehen.

Die Untersuchung, die in sechs Kapitel gegliedert ist, geht wie folgt vor:

Das folgende Kapitel setzt sich mit der Frage auseinander, warum es gerade in der heutigen Zeit einerseits einer der Produktivität angepassten Lohnpolitik und unter Umständen sogar einer Abweichung von tariflichen Niveau zum Erhalt des Unternehmens bedarf und andererseits die Sicherung von Arbeitsplätzen wachsende Bedeutung erlangt.[25] Dies wird insbesondere an den geänderten wirtschaftlichen, gesellschaftlichen Rahmenbedingungen, sowie den sich verschiebenden Prioritäten der Arbeitnehmer erörtert. Anschließend wird untersucht, inwieweit die verantwortlichen gesellschaftlichen Kräfte, die Tarifparteien, der Gesetzgeber bzw. die Rechtsprechung, auf diese Veränderungen reagiert haben.

Ob und unter welchen Voraussetzungen es die bestehende Gesetzeslage ermöglicht, im Falle der Arbeitsplatzgefährdung untertarifliche Leistungen als günstiger im Sinne von § 4 Abs. 3 Alt. 2 TVG zu bewerten, wird in den weiteren Kapiteln geprüft.

Im zweiten Abschnitt erfolgt eine Darstellung des Günstigkeitsprinzips, insbesondere dessen historische Entwicklung und die Einordnung ins Tarifvertragssystem.[26] Dabei wird untersucht, ob sich bereits hieraus Anhaltspunkte für die Zulässigkeit untertariflicher Vereinbarungen bzw. die Einbeziehung der Arbeitsplatzgefährdung in die Günstigkeitsbewertung ergeben. Da an dieser Stelle eine entscheidende Weichenstellung für den Untersuchungsgegenstand getroffen wird, liegt ein wesentlicher Schwerpunkt auf der Erörterung der Vor-

---

[25] *1. KAPITEL.*

[26] *2. KAPITEL.*

aussetzungen für die Anwendbarkeit des Günstigkeitsprinzips und der Elemente des Günstigkeitsvergleichs.

Die beiden folgenden Kapitel beschäftigen sich mit der Frage, inwieweit ein einzelvertraglicher Verzicht auf tarifliche Positionen tatsächlich denkbar und rechtlich zulässig ist. Dabei werden zunächst die Möglichkeiten eines Verzichts auf tarifliche Positionen aufgezeigt.[27] Des weiteren wird untersucht, auf welche dieser Optionen das Günstigkeitsprinzip anwendbar ist. Anschließend erfolgt die Erörterung der Günstigkeitsbewertung individualvertraglicher Vereinbarungen ohne bzw. mit gleichzeitig gewährter Arbeitsplatzgarantie.[28] In diesem Zusammenhang ist zu klären, ob die Sicherung des Arbeitsplatzes durch die Einräumung einer Arbeitsplatzgarantie als Kompensationsleistung des Arbeitgebers für die untertariflichen Leistungen überhaupt in den Günstigkeitsvergleich einbezogen werden kann.

Um einen Missbrauch der hier diskutierten Günstigkeitsbewertung zu verhindern, werden im fünften Kapitel Kriterien aufgestellt, unter denen die individualvertragliche Vereinbarung untertariflicher Leistungen zulässig ist.[29] Ein besonderer Schwerpunkt liegt dabei auf der Auseinandersetzung mit der Frage, wie weit der Arbeitnehmer auf tarifliche Leistungen verzichten kann. Da es den Arbeitsvertragsparteien nur möglich sein soll, im Fall der Arbeitsplatzgefährdung vom tariflichen Niveau abzuweichen, wird weiterhin untersucht, welche Anforderungen an eine solche Situation zu stellen sind. Nachdem diese Kriterien aufgestellt wurden, erfolgt eine Auseinandersetzung mit der Frage, ob und unter welchen Voraussetzungen es den Vertragspartnern erlaubt ist, auch während der Laufzeit der Vereinbarung zum Tarifvertrag zurückzukehren.

Nachdem die Zulässigkeitsvoraussetzungen einer individualvertraglichen Abdingbarkeit tariflicher Leistungen zur Sicherung von Arbeitsplätzen unter Anwendung des Günstigkeitsprinzips aufgezeigt wurden, erfolgt im sechsten Kapitel die Darlegung der Vorteile des Günstigkeitsprinzips gegenüber anderen in der arbeits- und wirtschaftsrechtlichen Diskussion vorgebrachten Optionen der Arbeitsplatzsicherung in wirtschaftlichen Notfällen.[30]

Die Untersuchung endet mit der Zusammenfassung der wichtigsten Ergebnisse.

---

27 *3. Kapitel.*

28 *4. Kapitel.*

29 *5. Kapitel.*

30 *6. Kapitel.*

Erstes Kapitel

Notwendigkeit der Abdingbarkeit tariflicher Leistungen zur Arbeitsplatzsicherung

Nachfolgend wird untersucht, weshalb gerade heute verstärkt Forderungen nach einer Abdingbarkeit tariflicher Leistungen auftreten, warum die Einbeziehung der Arbeitsplatzsicherheit in den Günstigkeitsvergleich notwendig erscheint und wie die verantwortlichen Stellen diese Erfordernisse berücksichtigen.

A. Änderung der wirtschaftlichen und gesellschaftlichen Rahmenbedingungen

Zunächst wird geprüft, inwieweit sich Rahmenbedingungen geändert haben und ob sich dies auf den Arbeitsmarkt auswirkt. Zudem soll gezeigt werden, wie diese Veränderungen das Tarifvertragssystem und die Tarifpolitik beeinflussen und inwieweit hier eine Anpassung an gegenwärtige und zukünftige Strukturen erforderlich ist.

I. Strukturwandel zur Dienstleistungs- und Informationsgesellschaft

Die Weltwirtschaft ist gegenwärtig durch den Wandel von der Industrie- zur Dienstleistungs- bzw. Informationsgesellschaft geprägt.[31] Obwohl Deutschland eine der weltbesten wirtschaftlichen Infrastrukturen besitzt,[32] wurde aufgrund der starken Orientierung auf die klassischen Industriezweige, von deren Wirtschaftswachstum die Bundesrepublik in der Vergangenheit besonders profitierte[33], der beginnende Strukturwandel zur Dienstleistungs- und Informationsgesellschaft verspätet eingeleitet.[34] Während in den USA allein zwischen 1967 und 1987 ca. 30 Mio. Arbeitsplätze in der Informationstechnik geschaffen wurden, stand man in Deutschland den neuen Branchen zunächst skeptisch gegenüber.[35] Statt über Innovationen in der Informations- und Biotechnologie die

---

31 In den 60iger Jahren waren im produzierenden Gewerbe noch 53% der Werktätigen beschäftigt. Deren Anteil wird auf etwa 10% schrumpfen. Gegenwärtig sind in entwickelten Industrieländern noch ca. 20% in der Güterproduktion tätig. *Giarini / Liedtke*, Wie wir arbeiten werden, S. 39.

32 *Hagemeier*, in: Simons / Westermann (Hrsg.), Standortdebatte und Globalisierung der Wirtschaft. S. 65.

33 So *Bremkamp*, Die Flexibilisierung des deutschen Tarifvertragssystems, S. 199.

34 Zu den Schwierigkeiten beim Wandel von der Industrie- zur Dienstleistungsgesellschaft vgl. *Baethge*, WSI-Mitt. 2000, S. 149 ff.

35 Vgl. *Bremkamp*, Die Flexibilisierung des deutschen Tarifvertragssystems, S. 199.

Produktivität und Wettbewerbsfähigkeit deutscher Unternehmen zu steigern und zukunftssichere Arbeitsplätze zu schaffen, werden auch heute noch die klassischen Industriezweige durch Subventionen, Forschungs- oder Fördergelder unterstützt und so z.T. künstlich am Leben gehalten.[36] Diese Entwicklung führte dazu, dass in den Zukunftstechnologien Telekommunikation, Mikroelektronik, Biotechnik, Kernenergie und Raumfahrt andere Nationen führend sind.[37]

Auch der Dienstleistungssektor fand lange nicht ausreichend Beachtung. Zwar wurden von Mitte der 70er bis Mitte der 90er Jahre in der alten Bundesrepublik etwa sechs Millionen zusätzliche Arbeitskräfte geschaffen,[38] dennoch ist der Beschäftigungszuwachs geringer als in anderen Ländern.[39] Aufgrund des verspäteten Übergangs zur Dienstleistungsgesellschaft bleiben bisher bis zu sechs Millionen Beschäftigungsmöglichkeiten ungenutzt.[40]

Der Strukturwandel zur Informationsgesellschaft wird gegenwärtig durch die Telekommunikation, die Verbreitung von Multimedia und das Internet bestimmt. Trotz günstiger infrastruktureller Voraussetzungen[41] besitzt Deutschland auch in bezug auf die kommerzielle Nutzung des Internets gegenüber anderen Staaten ein großes Nachholpotential.[42] In den USA erzielte die Internet-Branche

---

36 Vgl. *NEFIODOW*, Ifo-Schnelldienst 12/1994, S. 18; sowie die Diskusssion um die Abschaffung der Kohlesubvention, z.B. *HANDELSBLATT* v. 30.06.2003, S. 4; *HANDELSBLATT* v. 02.07.2003, S. 4.

37 Vgl. *HROMADKA*, NZA 1998, S. 2.

38 Vgl. *STREECK / HEINZE*, SPIEGEL 19/1999, S. 40. Neben Beratungsdienstleistungen entwickelten sich das Sozial-, Gesundheits- und Bildungswesen und der Sport- und Freizeitbereich zum wichtigen Beschäftigungsfeld. In den letzten 15 Jahren übertraf z.B. das Beschäftigungswachstum des Gesundheitssektors von 63,2% bei weitem das der Industrie. Vgl. *STREECK / HEINZE*, SPIEGEL 19/1999, S. 41.

39 Verglichen mit den USA ergibt sich ein Beschäftigungsdefizit von 1,7 Millionen bei distributiven Diensten (z.B. Handel, Instandhaltung), 2,1 Millionen bei wirtschaftsbezogenen Diensten (z.B. Versicherungen, Kreditwesen, Beratung, Planung), 1,9 Millionen bei freizeitbezogenen Dienstleistungen (z.B. Gastgewerbe, Kultur-, Sport- und Erholungsbereich), 1,3 Millionen im Bildungs- und Ausbildungswesen und 1,1 Millionen im Gesundheitswesen. Vgl. *STREECK / HEINZE*, SPIEGEL 19/1999, S. 41.

40 So *STREECK / HEINZE*, SPIEGEL 19/1999, S. 41. Der Anteil der im Dienstleistungsbereich Beschäftigten stieg in den USA und Kanada von 60% im Jahr 1969 auf 72,5% im Jahr 1992, in Europa wuchs er im selben Zeitraum von 42% auf 60%. *GIARINI / LIEDTKE*, Wie wir arbeiten werden, S. 179. Aufgrund dieses Nachholpotentials ist mit einem verstärkten Zustrom in den Dienstleistungssektor zu rechnen.

41 Die Bundesrepublik besitzt das weltweit größte zusammenhängende Glasfaserkabelnetz und die größte Verbreitung von ISDN-Anschlüssen in bezug auf die Gesamtzahl der Telefonanschlüsse.

42 Die Bundesrepublik ist neben den USA der zweitwichtigste Internet-Markt. Trotzdem ist es nur wenigen deutsche Unternehmen gelungen, einen Platz unter den bedeutendsten Internet-Firmen zu erobern. Von den 30 wichtigsten im NICE*-Index (http://www.nice-

1998 bereits Umsatzgrößen klassischer Wirtschaftsbranchen. Gleichzeitig wurden dort allein 1998 infolge rasant steigender Wachstumsraten[43] 1,2 Millionen Arbeitsplätze geschaffen.[44] Nach Schätzungen könnten in der Bundesrepublik in den nächsten Jahren allein in der Telekommunikation, der Informationstechnologie, den Medien und der damit verbundenen Elektronik jährlich rund 100.000 neue Arbeitsplätze entstehen.[45] Zwar sind nach der Konsolidierungsphase in der Telekommunikations- und Informationstechnologiebranche Anfang des zweiten Jahrtausend die Schätzungen in bezug auf die Schaffung neuer Arbeitsplätze nicht mehr so euphorisch, dennoch ist mit einem weiteren hohen Arbeitskräftebedarf zu rechnen.[46]

Die Umgestaltung zur Informations- und Dienstleistungsgesellschaft, die nur mit dem Wandel von der Agrar- zur Industriegesellschaft zu vergleichen ist,[47] verdeutlicht, dass die bisher bestehenden strukturbestimmenden Gebilde immer weiter zurückgedrängt werden. Der auf Massenfertigung ausgerichtete industrielle Großbetrieb und die für die Erbringung sozialer Dienstleistungen potentiell zuständige öffentliche Verwaltung gehören zunehmend der Vergangenheit an.[48] Entscheidender und wachsender Bedeutung kommt in der sich wandelnden Gesellschaft dem Faktor Arbeit zu, da dieser aufgrund der Personalintensität der neuen Branchen wesentliche Kostenquelle für die Unternehmen ist. Ob die hier diskutierte individualvertragliche Abdingbarkeit tariflicher Leistungen zur Arbeitsplatzsicherung mittels des Günstigkeitsprinzips den

---

ag.de) zusammengefassten Internet-Unternehmen haben lediglich fünf ihren Firmensitz in Deutschland. Dies sind: United Internet AG, Brokat AG, Cybernet AG, Intershop Communications AG, Teles AG. Siehe http://www.nice-ag.de/companies/index.htm. Der Technologievorsprung US-amerikanischer gegenüber deutschen Firmen betrug 1999 ca. 12 Monate. Vgl. *Bock*, INTERNET World 5/1999, S. 46.

43 Zwischen 1995 und 1998 betrug die jährliche Wachstumsrate der Internet-Industrie 174,5%. Vgl. *DIE WELT* v. 11.06.1999, S.18.

44 *DIE WELT* v. 11.06.1999, S. 18.

45 Vgl. *Thomssen*, DIE WOCHE v. 13.08.1999, S. 12. Gegenwärtig ist die Besetzung von ca. 180.000 im Multimedia- und E-Commerce-Bereich angesiedelten Arbeitsstellen aufgrund fehlender Qualifikation nicht möglich. Vgl. *Thomssen*, DIE WOCHE v. 13.08.1999, S. 1. Trotz über 4 Mio. Arbeitsloser werden in den nächsten 5 Jahren ca. 300.000 Arbeitsplätze in zukunftsträchtigen Bereichen nicht besetzt werden können. Vgl. *Thomssen*, DIE WOCHE v. 13.08.1999, S. 1.

46 Zumal die Wachstumsprognosen für die IT-Branche im Jahre 2002 bei 6,1% und 2003 mit 10,5% liegen. Vgl. *HANDELSBLATT* v. 12.03.2002, S. 1. Damit übertreffen sie deutlich die von der *Bundesregierung* erwartete Prognose für die Gesamtwirtschaft von 0,75%. Vgl. *HANDELSBLATT* v. 03.04.2002, S. 13.

47 Seit 1800 reduzierte sich der Anteil der in der Landwirtschaft Tätigen von ehemals 61,8% auf knapp 3%. Vgl. *Fischer / Krengel / Wietog*, Sozialgeschichtliches Arbeitsbuch, Bd. I, S. 52; *Henning*, Die Industrialisierung in Deutschland 1800-1914, S. 20.

48 So *Blanke*, ZTR 1998, S. 157.

differenzierteren Ansprüchen der neuen Branchen gerecht wird und in der Lage ist, die betriebliche Kostensituation zu berücksichtigen, wird später untersucht.[49]

II. Wiedervereinigung Deutschlands und Lage in den neuen Bundesländern

Die Wiedervereinigung Deutschlands führte nicht wie erhofft zu blühenden Landschaften im Osten Deutschlands. Statt des erwarteten starken Wirtschaftswachstums bleiben die Steigerungsraten in den neuen Bundesländern seit 1997 sogar hinter denen der alten Ländern zurück.[50] Zudem beträgt die Arbeitslosenquote gegenwärtig ca. 18%[51] und ist damit ungefähr doppelt so hoch wie in Westdeutschland.[52] Gleichzeitig belief sich die Produktivität der ostdeutschen Wirtschaft 1998 nur auf 59,4% des westdeutschen Niveaus,[53] während die Lohnstückkosten etwa ein Drittel über dem Westwert lagen.[54]

Ursächlich hierfür war neben der Ineffizienz des planwirtschaftlich ausgerichteten Produktionssystems und dem sich bei der Anpassung an die Marktwirtschaft ergebenden „Transformationsschock"[55] vor allem auch die Lohnentwicklung.

---

49 Vgl. dazu *3. Kapitel.*

50 Im Jahre 2000 blieb die Produktionssteigerung im Osten Deutschlands mit 1,3% deutlich hinter der in Westdeutschland (ohne Berlin) mit 3,4% zurück. Vgl. *Boss et al.*, Die Weltwirtschaft 1/2001, S. 45. Im Jahre 2001 schrumpfte die Produktion in Ostdeutschland sogar um 0,3%. Vgl. *Handelsblatt* v. 03.04.2002, S. 13. Auch gegenwärtig ist keine Trendwende zu erkennen. So wurde 2002 in Gesamtdeutschland ein Wirtschaftswachstum von 0,8% (nach Schätzung des IWH, vgl. *Handelsblatt* v. 21.03.2002, S. 7) in Ostdeutschland dagegen von nur -0,1% erwartet. Vgl. das *Handelsblatt*-Konjunkturbarometer Stand April 2002, *Handelsblatt* v. 03.04.2002, S. 13. Das zunächst für 2003 in den neuen Bundesländern erwartete Wachstum von 2,5%. (vgl. *Handelsblatt* v. 21.03.2002, S. 7), dürfte jedoch aufgrund der jüngsten Schätzungen für Gesamtdeutschland zwischen 0,0-0,9% kaum zu halten sein. Vgl. *F.A.Z.* v. 25.06.2003, S. 11.

51 Im Juni 2003 betrug die Arbeitslosenquote in Ostdeutschland 18,3% (vgl. *Bundesanstalt für Arbeit*, Der Arbeitsmarkt in Deutschland, S. 9) und in Westdeutschland lediglich 8,1% (vgl. *Bundesanstalt für Arbeit*, Der Arbeitsmarkt in Deutschland, S. 6).

52 Vgl. *Paqué*, Wirtschaftsdienst 2000, S. 399. Diese Tendenz wird sich auch in den nächsten Jahren nicht wesentlich verändern. Vgl. *Boss et al.*, Die Weltwirtschaft 1/2001, S. 44.

53 *Milbradt*, Wirtschaftsdienst 2000, S. 392. Die Produktivität stieg zwischen 1991 und 1996 von 31% auf 55%. Vgl. *Krumrey / Wilke*, FOCUS 48/1996, S. 21. Seit Mitte der 90er Jahre beträgt die Produktivitätslücke konstant ca. 40%. 1999 ist die Produktivität im Verhältnis zu Westdeutschland sogar erstmals seit der Wiedervereinigung gesunken. Vgl. *Paqué*, Wirtschaftsdienst 2000, S. 399.

54 *Schröder, Ch.*, iw-trends 2/1996, S. 3.

55 *Görzig*, MittAB 1998, S. 693. Zunächst gelang es ostdeutschen Unternehmen weder traditionelle Märkte zu sichern, noch ausreichend neue zu erschließen. Vgl. *Bremkamp*, Die

Bedingt durch die infolge der Währungsunion[56] durchgeführte Umstellung der Löhne kam es je nach Bewertung der DDR-Mark zu einer Reallohnerhöhung von 200-400%.[57] Aufgrund dieser Kostenbelastung und der geringen Arbeitsproduktivität[58] überstiegen im selben Jahr die ostdeutschen Lohnstückkosten die des früheren Bundesgebietes um 50,6%.[59] Dies führte zu einer enormen Belastung für die Unternehmen und einer zusätzlichen Gefährdung der bestehenden Arbeitsplätze. Mitverantwortlich für diese Entwicklung war auch die Tarifpolitik. Bei Übernahme des westdeutschen Modells der Tarifautonomie[60] verzichteten die Tarifpartner auf eine Reform des Tarifsystems und wandten dieses trotz bestehender „sektoraler Strukturheterogenität"[61] unverändert an. Zugleich beharrten die Gewerkschaften auf dem Prinzip: „Gleicher Lohn für gleiche Arbeit!"[62] und versuchten über den Abschluss von Stufentarifverträgen durch jährliche Lohnerhöhungen eine 100%ige Lohnangleichung spätestens für das Jahr 1996 zu erreichen. Mit dieser Maßnahme verstieß die Tarifpolitik gegen den Grundsatz des Geleitzugprinzips.[63] Da die DDR-Durchschnittslöhne nominal ein Drit-

---

Flexibilisierung des deutschen Tarifvertragssystems, S. 207. Neben dem Zusammenbruch des inländischen Marktes fiel durch die Auflösung des RGW (COMECON) der wichtigste Exportmarkt weg. Um sich auf dem Weltmarkt zu behaupten, fehlten konkurrenzfähige Produkte. Nachteilig wirkte sich zudem die Struktur der DDR-Wirtschaft aus. Der größte Teil der Arbeitnehmer war im produzierenden Gewerbe tätig. Die Beschäftigungsstruktur der DDR entsprach 1990 der der alten Bundesländer in den 70er Jahren. Vgl. *Hromadka*, NZA 1998, S. 2.

56 Art. 10 Staatsvertrag über die Schaffung einer Währungs-, Wirtschafts- und Sozialunion vom 18.05.1990. BGBL. (II) 1990, S. 537-544.

57 Vgl. *Adomeit*, Regelung von Arbeitsbedingungen und ökonomische Notwendigkeit, S. 13; *Horn / Fritsche / Scheremet*, DIW-Vjh. 2000, S. 172 ff.

58 Diese betrug 1991 31% des Niveaus der alten Bundesländern. Vgl. *Statistisches Bundesamt*, Wirtschaft und Statistik 1998, S. 185.

59 Vgl. *Statistisches Bundesamt*, Wirtschaft und Statistik 1998, S. 186.

60 Das TVG trat zum 01.07.1990 in Kraft. Vgl. § 31 des Gesetzes über die Inkraftsetzung von Rechtsvorschriften der Bundesrepublik Deutschland in der Deutschen Demokratischen Republik.

61 Diese zeichnet sich durch ein Nebeneinander von Betrieben aus, die sich nach Modernisierungsgrad, Rationalisierungsfortschritt, Liquiditätsreserven, Managementqualität und Wettbewerbsstärke ganz wesentlich unterscheiden. Vgl. *Rösner*, Wirtschaftsdienst 1993, S. 473.

62 Vgl. *Adomeit*, NZA 1993, S. 434. Dies zeigt auch die von der *IG Metall* in der Tarifrunde 2003 versuchte Anpassung an die westdeutschen Tarifbedingungen durch Einführung der 35-Stunden-Woche in der ostdeutschen Metallindustrie. Vgl. *F.A.Z.* v. 12.05.2003, S. 13; *F.A.Z.* v. 17.06.2003, S. 12; *F.A.Z.* v. 20.06.2003, S. 13; *F.A.Z.* v. 24.06.2003, S. 13; *Müller, U.*, DIE WELT v. 03.06.2003, S. 3; *F.A.Z.* v. 30.06.2003, S. 1; *HANDELSBLATT* v. 30.06.2003, S. 5; *FTD*, v. 30.06.2003, S. 9; *FTD* v. 01.07.2003, S. 25.

63 Nach diesem Prinzip geben die langsameren Schiffe das Tempo des Gesamtverbandes vor. Auf die Tarifpolitik bezogen bedeutet dies, dass tariflich vereinbarte Mindestarbeits-

tel der westdeutschen betrugen, wäre mit der 100%igen Lohnangleichung eine weitere Erhöhung der Lohnkosten um 200% verbunden.[64] Für diejenigen Betriebe, die eine 100%ige Lohnangleichung vornahmen verzehnfachten sich die Lohnkosten seit 1990.[65] Durch diese Kostenexplosion, mit denen das Produktivitätswachstum nicht mithalten konnte,[66] war die Masse der Unternehmen in ihrer Existenz bedroht. So kam es zwischen 1990 und 1995 zu einer förmlichen Deindustrialisierung, die mit einem Verlust von ca. drei Vierteln aller Industriearbeitsplätze verbunden war.[67]

Die aufgezeigte Entwicklung verdeutlicht, dass Tarifverträge, die ökonomische Notwendigkeiten grob missachten, äußerst nachteilige Folgen für Unternehmen und Arbeitnehmer haben.[68] Lohnsenkungen können ein wichtiger Baustein zum Überleben existenzgefährdeter Betriebe sein.[69] Sie sind dann erforderlich, wenn tarifpolitische Forderungen die Leistungsfähigkeit eines großen Teils der Unternehmen des beteiligten Arbeitgeberverbandes übersteigen. Soweit eine derartige wirtschaftliche Notsituation vorliegt und der Bestand von Arbeitsplätzen gefährdet ist, sind Ausnahmeregelungen erforderlich. Eine Günstigkeitsbetrachtung, die in derartigen Fällen eine individualvertragliche Vereinbarung untertariflicher

---

bedingungen nur diejenigen Leistungen sein können, die die Masse der Verbandsmitglieder, und damit auch die mittleren und kleinen Unternehmen unter Normalarbeitsbedingungen zu erwirtschaften in der Lage sind. Entsprechend ist eine Orientierung der Tarif- und insbesondere der Lohnpolitik an den in der Regel sehr leistungsfähigen Großbetrieben verfehlt. Vgl. dazu *Bremkamp*, Die Flexibilisierung des deutschen Tarifvertragssystems, S. 208.

64 *Adomeit*, Regelung von Arbeitsbedingungen und ökonomische Notwendigkeit, S. 14.

65 Trotz steigender Produktivität lagen die Lohnstückkosten 1997 noch 23,1% über denen im früheren Bundesgebiet. Vgl. *Statistisches Bundesamt*, Wirtschaft und Statistik 1998, S. 186. 1998 vergrößerte sich die Lohnproduktivitätslücke erneut, betrug 24,1% und bildet auch für die nächsten Jahre die Achillesferse des Aufbaus Ost. Vgl. *Milbrandt*, Wirtschaftsdienst 2000, S. 392.

66 Vgl. *Hagemann*, in: Sadowski / Schneider (Hrsg.), Vorschläge zu einer neuen Lohnpolitik, S. 61.

67 Vgl. *Adomeit*, Regelung von Arbeitsbedingungen und ökonomische Notwendigkeit, S. 14.

68 Vgl. *Adomeit*, Regelung von Arbeitsbedingungen und ökonomische Notwendigkeit, S. 15. Exemplarisch ist in diesem Zusammenhang die versuchte und letztlich gescheiterte Einführung der 35-Stunden-Woche in der ostdeutschen Metallindustrie im Jahre 2003. Vgl. *F.A.Z.* v. 12.05.2003, S. 13; *F.A.Z.* v. 17.06.2003, S. 12; *F.A.Z.* v. 20.06.2003, S. 13; *F.A.Z.* v. 24.06.2003, S. 13; *Müller, U.*, DIE WELT v. 03.06.2003, S. 3; *F.A.Z.* v. 30.06.2003, S. 1; *HANDELSBLATT* v. 30.06.2003, S. 5; *FTD*, v. 30.06.2003, S. 9; *FTD* v. 01.07.2003, S. 25.

69 So *Bremkamp*, Die Flexibilisierung des deutschen Tarifvertragssystems, S. 210.

Leistungen ermöglicht, könnte helfen, das Weiterbestehen von Unternehmen und Arbeitsplätzen zu sichern.[70]

III. Europäische Union und Auswirkungen der Europäischen Währungsunion

Durch den europäische Einigungsprozess und die damit einhergehende Waren-[71], Dienstleistungs-[72], Niederlassungs-[73] und Kapitalverkehrsfreiheit[74] sind deutsche Unternehmen einem verstärkten Wettbewerb ihrer europäischen Konkurrenten ausgesetzt.[75] Der bis dahin gegenüber ausländischen Einflüssen weitgehend abgeschottete und wettbewerblich geschützte Bereich des deutschen Arbeitsrechts ist nun dem direkten Vergleich mit dem Recht anderer europäischer Länder ausgesetzt. Ein einheitlicher und schrankenfreier Markt impliziert dabei nicht, dass es in der EU einheitliche Lebensbedingungen gibt. Diese sind, wie das Arbeitsrecht in den einzelnen Ländern, sehr unterschiedlich.[76] Da seit der Einführung der einheitlichen europäischen Währung[77] die Wechselkurse nicht mehr wie bisher das unterschiedliche wirtschaftliche Niveau verschiedener Länder ausgleichen,[78] erhalten die Arbeitskosten eine Art „Schleusenfunktion",[79] wie sie bisher die Wechselkurse ausübten.[80] In Zukunft wird der Standortwettbewerb in der EWU in einem noch stärkeren Maße als bisher durch die Arbeits-

---

70 Vgl. zu den Vorteilen der hier vorgeschlagenen Günstigkeitsbetrachtung *6. Kapitel.*

71 Art. 23-31 EGV vom 25.03.1957, geändert durch den Amsterdamer Vertrag vom 02.10.1997. BGBl. (II) 1998, S. 387-428.

72 Art. 49-55 EGV.

73 Art. 43-48 EGV.

74 Art. 56-60 EGV.

75 Die Reformen des EG-Vertrages (EGV vom 25.03.1957. In Kraft getreten am 01.01.1958. BGBl. (II) 1958, S. 753-1223.), die Einheitliche Europäische Akte (EEA vom 28.02.1986. In Kraft getreten am 01.07.1986. BGBl. (II) 1986, S. 1102-1113.), vor allem der Maastrichter Vertrag (EGV vom 07.02.1992. In Kraft getreten am 01.11.1993. BGBl. (II) 1992, S. 1253-1308.) und der Amsterdamer Vertrag (EGV vom 02.10.1997. In Kraft getreten am 01.05.1999. BGBl. (II) 1998, S. 387-428.), haben die rechtlichen Hindernisse beseitigt.

76 So besteht in Europa auch innerhalb derselben Branche eine starke Spreizung der Löhne. Gerade in den Ländern Südeuropas, insbesondere in Portugal und Griechenland liegen die Arbeitskosten deutlich unter dem deutschen Niveau. So betrugen 1999 die Arbeitskosten in der Verarbeitenden Industrie in Westdeutschland 49,23 DM, in Italien 30,24 DM, in Spanien 26,20 DM, in Griechenland 16,29 DM und in Portugal sogar nur 12,03 DM. *IW*, Deutschland im globalen Wettbewerb, S. 5.

77 Die gemeinsame Währung wurde zum 1. Januar 1999 eingeführt. Art. 121 Abs. 4 EGV.

78 Vgl. *Schneider, K.*, ARBEITGEBER 5/1997, S. 125.

79 Vgl. *Altvater / Mahnkopf*, WSI-Mitt. 1993, S. 506.

80 *Bremkamp*, Die Flexibilisierung des deutschen Tarifvertragssystems, S. 205.

und Sozialkosten bestimmt werden.[81] Aufgrund der Freizügigkeit der Arbeitnehmer,[82] die die Mobilität des Faktors Arbeit erhöht, ist zudem mit einer stärkeren Wanderung von Arbeitskräften aus den wachstumsschwächeren in die wachstumsstärkeren EU-Staaten zu rechnen.[83]

Die europäische Entwicklung verdeutlicht, dass inländische Arbeitnehmer verstärkter Konkurrenz aus dem Ausland ausgesetzt sind. Für deutsche Unternehmen entsteht aufgrund der in der EU stark variierenden Kosten des Produktionsfaktors Arbeit ein größerer Preisdruck. Dies kann im Extremfall sogar zu einer Unternehmensgefährdung führen. Eine Neubewertung des Günstigkeitsprinzips, welches bei wirtschaftlichen Schwierigkeiten die Absenkung tariflicher Leistungen ermöglicht, könnte hilfreich sein, um die Wettbewerbsfähigkeit angeschlagener Unternehmen wieder herzustellen. Gleichzeitig würden dadurch inländische Arbeitsplätze gesichert werden.[84]

IV. Globalisierung der Wirtschaft

Der Standort-, Produktions- und Dienstleistungswettbewerb erstreckt sich heute praktisch über den gesamten Globus. Die Volkswirtschaften in weiten Teilen der Welt sind bemüht, durch Schaffung günstiger Rahmenbedingungen[85] ausländische Unternehmen anzuziehen.[86] Gleichzeitig fördern der Wandel zur Informationsgesellschaft mit fortschreitender Vernetzung der Informations- und Kommunikationsstruktur, die weltweite Integration der Finanzmärkte, sowie ständig sinkende Raumüberwindungskosten das Zusammenwachsen der Weltmärkte zu einer „single world economy".[87] Die Einbindung in den globalen Wettbewerb verstärkt zwangsläufig den Druck auf inländische Unternehmen. Ihre Konkurrenzfähigkeit hängt wesentlich von Qualität und Kosten der Arbeit ab.[88] Sinkende Transaktionskosten erlauben eine zunehmende Fragmentierung und Regionalisierung von Produktionsprozessen und zerstören die natürliche Protektion weniger beweglicherer Produktionsfaktoren, wie der menschlichen Arbeit.[89] Während wertschöpfungsintensive Kernfunktionen in den deutschen

---

81 Vgl. *RÖSNER*, Wirtschaftsdienst 1993, S. 471.

82 Art. 39-42 EGV.

83 So *FRÖHLICH ET AL.*, Lohnpolitik in der Europäischen Währungsunion, S. 9.

84 Vgl. zu den Vorteilen einer Neuinterpretation des Günstigkeitsprinzips ausführlich *6. KAPITEL*.

85 Entscheidend sind Regelungen, die der Gleichbehandlung von In- und Ausländern Rechnung tragen und gleichzeitig ausländische Investitionen fördern. Vgl. *GIARINI / LIEDTKE*, Wie wir arbeiten werden, S. 218.

86 So *LÖWISCH*, RdA 1999, S. 72.

87 Vgl. *BREMKAMP*, Die Flexibilisierung des deutschen Tarifvertragssystems, S. 200.

88 *LÖWISCH*, RdA 1999, S. 72.

89 Vgl. *RÖSNER*, Wirtschaftsdienst 1995, S. 475.

Unternehmenszentralen bleiben, kommt für lohnintensive Bereiche der deutsche Standort immer weniger in Frage, da sich mit Errichtung moderner Produktionsstätten in Niedriglohnländern deutlich geringere Lohnstückkosten erzielen lassen.[90]

Immobile Produktionsfaktoren und standortspezifische Produktionsvoraussetzungen wie das Gefälle in den Arbeits- und Sozialkosten oder der Steuer- oder Abgabenbelastung schlagen ungehindert auf die Allokation von Arbeit und Kapital durch.[91] Die weltweite Mobilität des Kapitals lenkt Investitionen dorthin, wo die höchsten Rendite nach Steuern zu erwarten sind.[92] Der Faktor der Produktionskosten gewinnt immer mehr an Bedeutung und ist mittlerweile zu beherrschenden Motivation für Auslandsinvestitionen geworden.[93] Produktionsverlagerungen beschränken sich nicht mehr nur auf die Industrie, sondern auf sämtliche Wirtschaftszweige[94] und Betriebsgrößen[95], soweit die Unternehmen in irgendeiner Weise in die Globalisierung der Märkte involviert sind.[96] Zwischen 1990 und 1995 betrugen die produktionsverlagernden deutschen Auslandsinvestitionen insgesamt 64 Mrd. DM.[97] Mängel in der Infrastruktur und der Qualifikation der Arbeitnehmer werden durch vielfältige Erleichterungen bei der Industrieansiedlung und das niedrige Kostenniveau mehr als ausgeglichen.[98]

Der mit dem Globalisierungsprozess der Weltwirtschaft einhergehende Wettbewerbsdruck auf deutsche Unternehmen wurde durch die politische und wirt-

---

90 Vgl. *RÖSNER*, Wirtschaftsdienst 1995, S. 476.

91 *BREMKAMP*, Die Flexibilisierung des deutschen Tarifvertragssystems, S. 202.

92 Vgl. *BREMKAMP*, Die Flexibilisierung des deutschen Tarifvertragssystems, S. 202 mit Verweis auf *GRÜHSEM*, HANDELSBLATT v. 29./30.12.1995, S. 32.

93 Vgl. *IW*, iwd 47/1995, S. 5.

94 Vgl. dazu die Beispiele in *SPIEGEL* 37/1995, S. 42 ff. Betroffen sind auch Telekommunikations- und Dienstleistungsunternehmen. So plant beispielsweise der Telekommunikationszubehörspezialist „*TELES AG*" seine Produktion nach Irland zu verlagern, um so die Betriebskosten zu senken. Vgl. *CAPITAL-VERTRAULICH* 6/99, S. 2.

95 Kleine und mittlere Unternehmen verlagern ihre Produktion ins Ausland, weil eine Verlagerung für sie zumeist die letzte Möglichkeit zur Erhaltung ihrer Wettbewerbsfähigkeit und der damit verbundenen Sicherung der im Inland verbliebenen Arbeitsplätze bietet. *IW*, iwd 47/1995, S. 5.

96 *HÜMMERICH*, NZA 1996, S. 1291. Produktionsverlagernde Auslandsinvestitionen haben nicht nur eine Kostensenkung zur Folge, sondern ermöglichen es den Unternehmen gleichzeitig, globale Wertschöpfungsketten aufzubauen und Marktpotentiale zu erschließen. Vgl. *RÖSNER*, Wirtschaftsdienst 1995, S. 476 f. Die bisherigen Hauptaspekte deutscher Auslandsinvestitionen, wie Markt- und Kundennähe sowie Markterschließung und Rentabilitätssteigerung, spielen weiterhin eine Rolle in den Überlegungen der Unternehmen.

97 *HÜMMERICH*, NZA 1996, S. 1291; *DEUTSCHE BUNDESBANK*, Monatsbericht 5/1995, S. 54; *IW*, iwd 47/1995, S. 4.

98 Vgl. *BUCHNER*, DB 1996 Beilage, S. 5.

schaftliche Öffnung der ehemals sozialistischen Staaten Europas weiter verschärft.[99] Der dort eingeschlagene marktwirtschaftliche Kurs und die extrem niedrigen Lohnkosten[100] ermöglichen es auch kleinen und mittleren Unternehmen, dem starren und hochdotierten deutschen Tarifsystem auszuweichen.[101] Es bleibt jedoch nicht nur bei der Auslagerung von Arbeitsplätzen. Aufgrund der Mobilität bieten ausländische Arbeitnehmer ihre Leistungen zunehmend direkt in Deutschland an.[102] So entsteht eine zusätzliche Konkurrenzsituation, die mittels „Tarifkartell" nicht unterbunden werden kann, weil die ausländischen Arbeitnehmer nicht bereit sind, sich dem Kartell anzuschließen.[103] Da diese bestrebt sind, den Durchbruch auf dem hiesigen Arbeitsmarkt zu schaffen, bieten sie ihre Arbeitskraft deutlich unterhalb des deutschen Tarifniveaus an. Dieses Phänomen ist nicht nur auf Deutschland und die EU beschränkt,[104] sondern in jedem wirtschaftlich entwickelten Land zu finden. So bieten in den USA Arbeitnehmer aus Lateinamerika ihre Arbeit zu niedrigeren Konditionen an. Selbst in den Staaten Mittel- und Osteuropas besteht auf dem Arbeitsmarkt ein Wettbewerb. So drängen Arbeiter aus der Ukraine, anderen Staaten der ehemaligen Sowjetunion sowie Rumänien und Bulgarien insbesondere auf die Arbeitsmärkte

---

99 Sogenannte Billiglohnländern wie Polen, Ungarn, Tschechien und die ehemaligen Staaten der Sowjetunion liegen jetzt unmittelbar vor „der Haustür". Allein die 10 EU-Beitrittskandidaten haben eine Bevölkerung im arbeitsfähigen Alter von etwa 70 Millionen und würden das Arbeitskräftemonopol der EU um etwa ein Drittel erhöhen. Vgl. *Schüttpelz*, WSI-Mitt. 2003, S. 34.

100 1999 betrugen die Arbeitskosten pro Stunde in Westdeutschland 49,23 DM (*IW*, Deutschland im globalen Wettbewerb, S. 5.), dagegen 1997 in Ungarn nur 4,81 DM, in Polen 5,48 DM, in Tschechien 4,80 DM, in Russland 3,03 DM, in Rumänien 1,81 DM und in Bulgarien nur 1,42 DM. Vgl. *IW*, iwd 4/1999, S. 3.

101 Vgl. *Adomeit*, Regelung von Arbeitsbedingungen und ökonomische Notwendigkeit, S. 16. Insbesondere durch die Gründung von Unternehmen, den Bau von Produktionsstätten, aber auch durch Unternehmensbeteiligungen und die Vereinbarung von Zulieferverträgen werden Kapital und Arbeitsplätze in diese Länder ausgelagert.

102 Saisonal bedingte Arbeiten wie Obst- und Weinernte wären ohne preiswerte Arbeitskräfte aus Mittel- und Osteuropa bereits heute kaum denkbar. Das Angebot osteuropäischer Arbeitnehmer beschränkt sich jedoch nicht mehr nur auf diesen Bereich, sondern umfasst neben der Bauwirtschaft zunehmend auch andere Branchen. Häufig geschieht dies durch illegale Arbeit.

103 Vgl. *Buchner*, DB 1996 Beilage, S. 5.

104 Jedoch wird sich die Arbeitsmigration auf bestimmte EU-Länder, wie Deutschland und Österreich, konzentrieren. Insbesondere aufgrund der Tatsache, dass diese Länder heute EU-Grenzregionen sind, wird es hier durch die EU-Erweiterung zu einer starken Veränderung der Arbeitsmärkte aufgrund einer zunehmenden Anzahl von Pendlern kommen. Vgl. *Schüttpelz*, WSI-Mitt. 2003, S. 37.

Polens, Tschechiens und Ungarns, um unterhalb des landesüblichen Lohnniveaus ihre Arbeitskraft anzubieten.[105]

V. Gesellschaftliche Entwicklungstendenzen

Bedingt durch den wirtschaftlichen Wandel werden auch innerhalb der Gesellschaft Veränderungen deutlich, die die Situation auf dem Arbeitsmarkt beeinflussen.

1. Schrumpfender Innovationsvorsprung

Die hohe Effizienz des deutschen Standortes, bedingt durch moderne Sachanlagen, innovative Produktionsprozesse und einen hohen Ausbildungsstand der beschäftigten Arbeitnehmer,[106] kann nicht als unentziehbarer Besitzstand angesehen werden.[107] Zwar gehört die Bundesrepublik im industriellen Kernbereich noch immer zu den wettbewerbsfähigsten Ländern, jedoch haben insbesondere sogenannte Schwellenländer den Vorsprung immer weiter verkürzt.[108] Insbesondere aufgrund der großen Mobilität und Verfügbarkeit des Kapitals und der wachsenden Möglichkeit von Technologietransfers ist es möglich, in Ländern mit qualifizierten Arbeitnehmern annähernd gleiche Produktionstechnologien und damit eine vergleichbare Produktivität zu erreichen.[109] Zugleich sorgen weltweit umspannende Informationsnetze dafür, dass sich die Kenntnisse technischer Neuerungen rasch verbreiten und dass Innovationsvorsprünge nur noch kurze Zeit gegen Imitationswettbewerbe abgesichert werden können.[110] Technologische Führerschaft ist damit nicht mehr den bisherigen führenden Industrienationen Nordamerikas, Westeuropas und Japans vorbehalten. Um weiterhin den hohen Standart an sozialen Errungenschaften und damit die hohen Arbeitskosten in Deutschland zu rechtfertigen, muss es der deutschen Wirtschaft gelingen, erneut einen Vorsprung in bezug auf Innovation und Qualifikation zu erreichen bzw. die bestehenden technologischen Spitzenstellungen zu behaupten.

---

105 Während das Lohnniveau 1997 in Ungarn 4,81 DM, in Polen 5,48 DM und in Tschechien 4,80 DM betrug, lag es z.B. in Rumänien bei 1,81 DM und in Bulgarien bei nur 1,42 DM. Vgl. *IW*, iwd 4/1999, S. 3.

106 Vgl. *Bierich*, zfbf 1988, S. 829. So auch *Däubler*, NZA 1996, S. 233, der jedoch von einer Besitzstandswahrung ausgeht und dabei die Schnelllebigkeit des internationalen Wettbewerbes verkennt.

107 Vgl. *Buchner*, DB 1996 Beilage, S. 6.

108 *Rösner*, Wirtschaftsdienst 1995, S. 475.

109 Vgl. *Bierich*, zfbf 1988, S. 830.

110 *Rösner*, Wirtschaftsdienst 1995, S. 475.

2. Steigendes Arbeitsangebot

Bisher ist es in Deutschland durch verschiedene Maßnahmen, wie Vorruhestandsregelung, Weiterbildung und Arbeitszeitverkürzung[111] gelungen, große Teile des Arbeitsangebotes stillzulegen, um dem Arbeitsplatzmangel zu begegnen. So lag 1997 die Erwerbsquote[112] lediglich bei 71,1%, während sie beispielsweise in Dänemark über 80% betrug.[113]

Wesentlichen Anteil daran besaß die Frühverrentung. So befanden sich 1996 2,7 Millionen Deutsche vor Erreichen des normalen Rentenalters im Ruhestand, obwohl lediglich 1,2 Millionen davon berufsunfähig waren.[114] Aufgrund der Beschneidung der bis Mitte der 90er Jahre geltenden großzügigen Vorruhestandsregelungen und der Gefahr eines Absinkens der Renten wird zukünftig der Anteil älterer Arbeitnehmer steigen. Zudem weist Deutschland mit 61,8% die niedrigste weibliche Erwerbsquote außerhalb Südeuropas auf.[115] Veränderte Sozialstrukturen und Wertvorstellungen lassen einen Ausschluss der Frauen von der Erwerbstätigkeit nicht mehr zu. Es ist somit davon auszugehen, dass immer mehr Frauen auf den Arbeitsmarkt drängen. Ein weiterer Anstieg des Arbeitsangebotes ist durch die notwendige Reform des Bildungswesens bedingt. Eine Verkürzung der im internationalen Vergleich sehr langen deutschen Ausbildungszeiten[116] wird notwendig, um einen möglichst schnellen Transfer des erworbenen Wissens in die Arbeitswelt zu ermöglichen und somit die Innovationsfähigkeit der Unternehmen zu erhöhen. Nach entsprechender Reform drängen junge Leute früher als bisher auf den Arbeitsmarkt.

Die Beispiele verdeutlichen das künftig steigende Arbeitsangebot. Soweit sich die Zahl freier Arbeitsplätze nicht gleichzeitig proportional erhöht, verschärft sich die Arbeitsmarktlage weiter. Daher gewinnt der Erhalt des Arbeitsplatzes für viele Arbeitnehmer eine immer größere Bedeutung, so dass von ihnen die

---

111 Diese Politik verfolgten Regierung, Opposition, Arbeitgeber und Gewerkschaften lange Zeit weitestgehend einvernehmlich. *Streeck / Heinze*, SPIEGEL 19/1999, S. 38.

112 Die Erwerbsquote ist der prozentuale Anteil der Erwerbspersonen an der erwerbsfähigen Bevölkerung.

113 *Streeck / Heinze*, SPIEGEL 19/1999, S. 38.

114 Vgl. *Streeck / Heinze*, SPIEGEL 19/1999, S. 39.

115 Vgl. *Streeck / Heinze*, SPIEGEL 19/1999, S. 38.

116 Insbesondere die Dauer der universitären Ausbildung liegt mit 6,1 Jahren über dem Durchschnitt der entwickelten Industrieländer. Vgl. die Übersicht bei *IW*, Deutschland im globalen Wettbewerb, S. 93. So beträgt das durchschnittliche Alter eines examinierten Studenten gegenwärtig 28,4 Jahre. Vgl. *Streeck / Heinze*, SPIEGEL 19/1999, S. 38.

Arbeitsplatzsicherheit unter Umständen höher als die Beibehaltung tariflicher Standards bewertet wird.[117]

3. Hohe Sockelarbeitslosigkeit

Das Beschäftigungsproblem hat sich in den letzten Jahren in dramatischer Weise zugespitzt. So ist in der alten Bundesrepublik die Zahl der Arbeitslosen von 1974/1975 von 700.000[118] auf über 2,7 Millionen[119] gestiegen. Im gesamten Bundesgebiet liegt die Zahl der registrierten Arbeitslosen seit Dezember 1996 bei ca. 4 Millionen.[120] Gegenwärtig beträgt die Arbeitslosenquote 10,8%.[121] Auch wenn seit den Höchstständen die Zahl der Menschen ohne Arbeit leicht gesunken ist, hat es in der Geschichte der Bundesrepublik und des heutigen Tarifvertragssystems noch nie eine so hohe Anzahl wie Ende der 90er Jahre und zu Beginn des zweiten Jahrtausend gegeben. Insbesondere seit Mitte der 70er Jahre ist mit jeder Rezession die Sockelarbeitslosigkeit weiter gestiegen.[122] Die Zahl der offiziell Arbeitslosen und eine etwa um 50% zu addierende Gruppe von Menschen, die sich entweder in Umschulungsmaßnahmen oder ABM[123] bzw. im Vorruhestand befinden, belegen, dass heute nicht mehr ausreichend Arbeitsplätze zur Verfügung stehen.

Während der Abbau von industriellen Arbeitsplätzen weiter voranschreitet, sind der Dienstleistungssektor sowie die zukunftsorientierten Technologiebranchen noch nicht so weit entwickelt, dass sie in der Lage sind, ein derartig großes freiwerdendes Arbeitskräftepotential aufzufangen. Zudem drängen auch bisher aus dem Arbeitsprozess ausgeklammerte Menschen auf den Arbeitsmarkt und verschärfen so die Arbeitsmarktsituation weiter. Ohne ein konstantes, kräftiges Wirtschaftswachstum wird es kaum möglich sein, das gegenwärtige Problem der Massenarbeitslosigkeit zu lösen. Ob jedoch die gegenwärtige Wachstumsrate

---

117 Ob die wachsende Bedeutung des Arbeitsplatzes eine Modifizierung der Günstigkeitsbetrachtung legitimiert, wird ausführlich im *6. Kapitel E* erörtert.

118 *Monopolkommission*, Mehr Wettbewerb auf allen Märkten - Zehntes Hauptgutachten, Rn. 875.

119 *Siebert, H.*, Geht den Deutschen die Arbeit aus? S. 15.

120 *IW*, iwd 3/1997, S. 3.

121 Die Arbeitslosenquote ist allein im letzten Jahr von 10,0% im März 2002 und einer absoluten Zahl von 4.156.000 (vgl. *Schmitt*, SDZ v. 10.04.2002, S. 5; *F.A.Z.* v. 09.04.2002, S. 13) auf den zwischenzeitlichen Höchststand von 11,3% und 4.706.200 im Februar 2003 gestiegen. Vgl. *Bundesanstalt für Arbeit*, Presseinformation v. 06.03.2003, S. 1. Zwischenzeitlich erfolgte eine Absenkung auf nunmehr 10,2% und 4.257.400 Arbeitslose im Juni 2003. Saisonbereinigt sank die Erwerbslosenzahl um 33.000 (vgl. *Handelsblatt* v. 09.07.2003, S. 5).

122 Im April 2003 wurden 1.484.000 Menschen der Gruppe der Langzeitarbeitslosen zugeordnet. Vgl. *F.A.Z.* v. 08.05.2003, S. 2.

123 Vgl. *Hümmerich*, NZA 1996, S. 1294.

von ca. 0,75%[124] ausreicht, um genügend neue Arbeitsplätze zu schaffen, ist zweifelhaft.[125] Angesichts der gegenwärtigen Konjunkturentwicklung wird sich die Arbeitsmarktsituation in Deutschland in absehbarer Zeit kaum entspannen,[126] die hohe Sockelarbeitslosigkeit[127] wird damit vorerst bestehen bleiben.

4. Sinkende Erwerbschancen für gering Qualifizierte

Infolge der veränderten wirtschaftlichen Rahmenbedingungen, insbesondere aufgrund der wachsenden Technisierung von Produkten, Dienstleistungen, Produktionsabläufen und der wachsenden Bedeutung von Forschung und Entwicklung steigt der Bedarf an qualifizierten Arbeitskräften, während der an unqualifizierten sinkt.[128] Zudem ist auch die bisherige gewerkschaftliche Tarifpolitik aufgrund der überproportionalen Anhebung von Gehältern der unteren Einkommensklassen[129] mit verantwortlich für die sinkenden Erwerbschancen gering Qualifizierter. Dadurch ist die Arbeitskostenbelastung für einfache unproduktive Tätigkeiten sehr hoch, so dass viele derartige Arbeitsplätze an der Rentabilitätsgrenze liegen. Nachteilig wirkt sich zudem aus, dass gerade Tätigkeiten gering qualifizierter Arbeitnehmer aufgrund des Verschmelzens der internationalen Arbeitsmärkte häufig ohne Qualitätseinbußen im Ausland kostengünstiger ersetzt werden können. Die bisherige Entwicklung zeigt, dass insbesondere einfache, nicht zwingend ortsgebundene Dienstleistungen aufgrund der geringeren Kosten ins Ausland verlagert werden. Gefährdet durch diese Ent-

---

[124] Die *BUNDESREGIERUNG* rechnet 2003 mit einem Wirtschaftswachstum von 0,75%. Vgl. *F.A.Z.* v. 29.04.2003, S. 13. Nachdem noch im Frühjahr 2002 verschiedene Wirtschaftsinstitute, beispielsweise das Institut für Weltwirtschaft in Kiel, eine Steigerung von 1,2% (vgl. *HANDELSBLATT* v. 03.04.2002, S. 13), im Oktober 2002 gar von ca. 1,4% erwarteten, wurden diese Prognosen im April 2003 auf 0,5 % gesenkt. Vgl. *F.A.Z.* v. 26.04.2003, S. 13. Das *DIW* prognostiziert sogar ein Negativwachstum von -0,1%. Vor diesem Hintergrund zeigt sich selbst Bundeswirtschaftsminister *WOLFGANG CLEMENT* skeptisch, dass die Prognose der Regierung von 0,75% noch zu halten sind. Vgl. *HANDELSBLATT* v. 02.07.2003, S. 1.

[125] Während zwischen 1970 und 1994 für einen Beschäftigungszuwachs bereits ein wirtschaftliches Wachstum von 1,2% ausreichend war, (vgl. *OPPENLÄNDER*, Ifo-Schnelldienst 12/1994, S. 3) werden gegenwärtig nachhaltige Beschäftigungsimpulse erst bei ca. 2% Wachstum erwartet. Vgl. *IW*, iwd 25/2003, S. 2.

[126] Vgl. *FRÖHLICH ET AL.*, Lohnpolitik in der Europäischen Währungsunion, S. 13.

[127] Bereits 1994 wurde die Sockelarbeitslosigkeit in Westdeutschland auf 2,7 Millionen geschätzt. Vgl. *SIEBERT, H.*, Geht den Deutschen die Arbeit aus? S. 15. Aufgrund der weiter gestiegenen Arbeitslosenzahl ist auch die Sockelarbeitslosigkeit angewachsen.

[128] So im Ergebnis ebenfalls *LÖWISCH*, RdA 1999, S. 71; *JACOBS*, ZSR 1997, S. 411. Studien haben ergeben, dass sich bis 2010 die Zahl der Beschäftigten ohne abgeschlossene Ausbildung halbieren wird. *TESSARING*, MittAB 1994, S. 10. Dabei sind jedoch nicht nur Arbeitsplätze von Arbeitnehmern ohne Ausbildung, sondern auch solche mit lediglich geringen Qualifikationen gefährdet.

[129] Zustimmend *RIEBLE*, RdA 1996, S. 157.

wicklung sind jedoch nicht nur Arbeitnehmer ohne abgeschlossene Ausbildung, sondern zunehmend auch Industriearbeiter.[130] In absehbarer Zeit werden also gerade die gering qualifizierten Arbeitnehmer immer schlechtere Chancen auf dem Arbeitsmarkt haben.[131]

VI. Individuelle Entwicklungstendenzen

Nicht nur die Gesellschaft ist aufgrund der sich ändernden Rahmenbedingungen einem steten Wandel unterworfen. Damit einhergehend vollzieht sich gegenwärtig auch eine Verschiebungen der individuellen Präferenzen der Arbeitnehmer insbesondere in bezug auf die Anforderungen an das Arbeitsverhältnis.

1. Geänderte Schutzanliegen und Interessen der Arbeitnehmer

Die Gewerkschaften halten auch heute, fast 130 Jahre nach den ersten Zusammenschlüssen von Arbeitnehmern, im wesentlichen an den damaligen Grundzielen fest.[132] Eines der herausragenden Themen gewerkschaftlicher Tarifpolitik war und ist hierbei der Schutz der abhängig Beschäftigten. Das Bedürfnis der Arbeitnehmer nach Schutz hat sich weitgehend gewandelt. So sind die gesetzlichen Schutzvorschriften für Arbeiter und Angestellte sehr weit ausgebaut worden. Viele Forderungen der Gewerkschaft, die Arbeitnehmerschutz und die Regelung von Arbeitsbedingungen betreffen, sind heute als Mindeststandards vom Gesetzgeber vorgeschrieben. Die heutigen Arbeitsbedingungen, die durch eine Vielzahl von Gesetzen[133] geregelt werden, sind mit denen Ende des 19. und Anfang des 20. Jahrhunderts nicht mehr vergleichbar. Aufgrund der bestehenden sozialen Sicherung, den arbeitsrechtlichen Regelungen, aber auch der wirtschaftlichen Entwicklung hat sich die Lage der Arbeitnehmer entscheidend verbessert, die „soziale Frage" des 19. Jahrhunderts, als eines der ursprünglichen Hauptziele gewerkschaftlicher Tarifpolitik, ist gelöst.[134] *ADOMEIT*[135] geht sogar so weit, dass er den Arbeitnehmer aufgrund des heutigen Arbeitsrechtes nicht mehr als schutzbedürftig, sondern als geschützt, ansieht. So wird nicht nur der gesetzliche Schutz der abhängig Beschäftigten immer besser, sondern auch die

---

130 So *JACOBS*, ZSR 1997, S. 412.

131 *JACOBS*, ZSR 1997, S. 410.

132 Vgl. *FICKINGER*, F.A.Z. v. 13.04.2002, S. 4.

133 Nach Inkrafttreten des TVG hat der Bereich des Arbeitsschutzes im Falle von Krankheit, Schwangerschaft, Schwerbehinderung, aber auch in bezug auf Jugendarbeit, Berufsbildung, Arbeitsplatz und Kündigung etc., durch die Verabschiedung diverser Gesetze eine deutliche Erweiterung erfahren. So z.B. ArbZG, BUrlG, KSchG, MuSchG, ArbSchG, JArbSchG, LohnfortzG.

134 *OCKENFELS*, in: Dichmann (Hrsg.), Gewerkschaften in Deutschland, S. 33.

135 *ADOMEIT*, Das Arbeitsrecht und unsere wirtschaftliche Zukunft, S. 40.

Arbeitszeiten werden immer kürzer.[136] Auch der Schutz vor körperlicher und zeitlicher Überbeanspruchung, der am Anfang der Industrialisierung im Vordergrund gestanden hat, verliert in einer Zeit, in der fast überall unter 40 Stunden gearbeitet wird und in der die körperliche Schwere der Arbeit nur noch ein Bruchteil so groß ist wie vor Jahrzehnten, an Bedeutung.[137] Zudem ändert sich mit den modifizierten Berufsbildern, neuen Entwicklungen und dem Einsatz moderner Technologien die Richtung des Gefahrenschutzes.[138] Auch in der Lohnentwicklung hat sich in Deutschland seit 1949 ein dramatischer Wandel vollzogen. So betragen die heutigen durchschnittlichen Löhne etwa das Zehnfache der damaligen Höhe[139] und übersteigen das staatlich garantiere Existenzminimum bei weitem.

Während die Gewerkschaften an ihrem traditionellen Bild des Arbeitnehmers weiter festhalten, hat sich dieses insbesondere in den letzten Jahrzehnten stark gewandelt.[140] Die Industriearbeiterschaft als geschlossene und weitgehend homogene soziale Gruppe, wie sie zu Zeiten der Entstehung des kollektiven Arbeitsrechts bestand, ist heute schon weitgehend Fiktion geworden.[141] Heute ist bei den Beschäftigten eine sehr starke Individualisierungstendenz erkennbar. Gleichzeitig hat sich das Selbstverständnis der Arbeitnehmer geändert. Sie wollen nicht mehr bloß am Produktionsprozess teilnehmen, sondern die von ihnen zu leistende Arbeit mitgestalten.[142] Insbesondere in den letzten Jahren haben ihr Interesse und die Bestrebungen nach mehr Mitbestimmung über die Arbeitsbedingungen stark zugenommen. Das gewachsene Bedürfnis nach Individualisierung der Arbeit wird in bezug auf die Arbeitszeit besonders deutlich.[143] So

---

136 Zwar galt 1949 nach der AZO ebenso wie heute nach dem ArbZG die 48-Stunden-Woche als Obergrenze der Wochenarbeitszeit, jedoch wurde dieser Rahmen durch die damaligen Tarifverträge noch weitgehend ausgeschöpft, während die wöchentliche Arbeitszeit heute im öffentlichen Dienst bei 38,5 oder 39 Stunden, in der Metallindustrie gar bei 35 Stunden liegt. Vgl. *v. Hoyningen-Huene*, ZTR 1999, S. 289.

137 *Löwisch*, RdA 1999, S. 71.

138 So bringt verständlicherweise ein Bildschirmarbeitsplatz andere Gefahren mit sich als die schwere körperliche Arbeit.

139 So betrug beispielsweise 1949 das monatliche Entgelt bei BAT VI b 325,- DM, 1999 lag es mit 3.524,- DM um etwa 1.100% höher. Vgl. *v. Hoyningen-Huene*, ZTR 1999, S. 289. Im gleichen Zeitraum stiegen dagegen die Lebenshaltungskosten für einen 4-Personenhaushalt von Arbeitern und Angestellten mit mittlerem Einkommen lediglich um ca. 370%. Vgl. *Statistisches Bundesamt*, Statistisches Jahrbuch 2000 für die Bundesrepublik Deutschland, S. 619.

140 Vgl. dazu auch die Ausführungen von *Zachert*, AuA 2002, S. 45 f.

141 Vgl. *Rösner*, Wirtschaftsdienst 1994, S. 249.

142 Vgl. *Löwisch*, RdA 1999, S. 70.

143 Vgl. dazu *Löwisch*, ZfA 1996, S. 296 f. Vgl. zum Wertewandel in bezug auf die Arbeitszeit ausführlich *Wagner, D.*, in: Marr (Hrsg.), Arbeitszeitmanagement: Grundlagen und Perspektiven der Gestaltung flexibler Arbeitszeitsysteme, S. 299 ff.

werden heute in der Praxis eine Vielzahl von variablen, flexiblen und differenzierten Arbeitszeitmustern verwendet.[144] Die verschiedenen Arbeitszeitvariationen ermöglichen dem Arbeitgeber eine höhere Zeitautonomie.[145] Aber auch der kontinuierlich wachsende Anteil der Selbständigen[146] kann als Ausdruck nach mehr individueller Freiheit, Selbstentfaltung und dem gestiegenen Wunsch nach Beeinflussung der Arbeitsbedingungen gewertet werden.

Die stärkere Individualisierung von inneren Einstellungen und äußeren Verhaltensweisen resultiert nicht nur aus den veränderten wirtschaftlichen Rahmenbedingungen, sondern ist eng mit dem gesellschaftlichen Wertewandel, der alle Lebensbereiche erfasst, verbunden.[147] Es kommt insgesamt zu einer Verschiebung der Prioritäten. So verlieren die alten materialistischen Pflicht- und Akzeptanzwerte, wie Disziplin, Fleiß, Pflichterfüllung und Wohlstand, nicht ihre Bedeutung, jedoch kommen neue Selbstentfaltungs- und Autonomiewerte, wie Emanzipation, Partizipation, Abwechslung und Lebensgenuss hinzu und gewinnen immer mehr an Bedeutung.[148] Die Menschen sind zunehmend weniger bereit, dem Arbeitsalltag in der bisherigen Form alles unterzuordnen und suchen nach einer neuen Balance zwischen Berufs- und Privatleben. Die aktuellen Bedürfnisse nach Individualisierung und Pluralisierung der Arbeitsbedingungen und Beschäftigungsverhältnisse hängen untrennbar mit dem erreichten arbeitsrechtlichen Schutzniveau zusammen. Erst wenn die grundlegenden Schutz- und Sicherheitsbedürfnisse der abhängig Beschäftigten durch gesetzliche und tarifvertragliche Regelungen befriedigt sind, geraten weiterreichende Bedürfnisse nach individueller Selbstverwirklichung und Autonomie in den Erwartungshorizont.[149] Bedürfnisse, die bereits erfüllt sind, erscheinen zunehmend als selbstverständlich und verlieren somit an subjektiver Relevanz, während weiterreichende, noch nicht erfüllte Erwartungen, höhere Priorität gewinnen. Da mit einem Arbeitsplatz durch die rechtlichen Schutzvorschriften die Elementarbedürfnisse der Arbeitnehmer befriedigt sind, suchen diese verstärkt nach neuen individuellen Zielen.

Durch den Wertewandel und die verstärkte Individualisierung sind die grundlegenden Interessengemeinsamkeiten zwischen den Arbeitnehmern jedoch nicht

---

144 Vgl. *SIEGERS*, in: Ludwig-Erhard-Stiftung (Hrsg.), Arbeitsmarkt und Beschäftigung, S. 34.

145 Vgl. *SIEGERS*, in: Ludwig-Erhard-Stiftung (Hrsg.), Arbeitsmarkt und Beschäftigung, S. 35.

146 So wuchs zwischen 1991 und 1997 der prozentuale Anteil der Selbständigen und der mithelfenden Familienangehörigen in bezug auf die Gesamterwerbstätigenzahl von 8,1% auf 9,9%. Vgl. *IW*, iwd 28/1998, S. 7; *IW*, iwd 7/1998, S. 3.

147 Vgl. dazu genauer *OPPOLZER*, GMH 1994, S. 349 ff.

148 Vgl. *OPPOLZER*, ArbuR 1998, S. 52.

149 So *OPPOLZER*, ArbuR 1998, S. 53.

verschwunden. Die Grundinteressen[150] der abhängig Beschäftigten sind trotz gewachsener Differenzierung und Vielfältigkeit erhalten geblieben. Die Bedürfnisse nach stärkerer Individualisierung und Pluralisierung richten sich allenfalls auf die differenzierte Ausgestaltung und Gewichtung dieser drei Grundinteressen.[151] Entsprechend bildet das Arbeitsverhältnis zwar weiterhin typischerweise die materielle Lebensgrundlage, dennoch sind auch hier individuelle Verschiebungen zu erkennen. So sind der wachsende Anteil von Teilzeitarbeitsverhältnissen bzw. geringfügigen Arbeitsverhältnissen u.a. auch ein Indiz dafür, dass ein Interesse an umfangreicher Beschäftigung nicht immer gegeben ist. Diese Personen sind aufgrund ihrer persönlichen Verhältnisse, sei es durch eigenes Vermögen oder weil der Partner über ein ausreichendes Einkommen bzw. Vermögen verfügt, nicht auf eine umfangreiche Erwerbstätigkeit angewiesen.[152]

Es zeichnet sich das Ende des „Einheitsarbeitnehmers" ab, der geprägt war durch einen „Normalarbeitsplatz", eine „Normalarbeitszeit" und ein „Normalarbeitsentgelt".[153] Insgesamt benötigen die individuellen Prioritäten der Arbeitnehmer mehr Realisierungschancen.[154] Die der bisherigen Arbeitnehmerschaft innewohnende Gleichförmigkeit der Lebensverhältnisse wird einer zunehmenden Differenzierung des privaten und beruflichen Sektors weichen und mehr geübte Privatautonomie an die Stelle kollektiver Normen treten lassen.[155] So haben die aufgrund objektiver und subjektiver Faktoren vielfältiger gewordenen Bedürfnisse der Bevölkerung und insbesondere der abhängigen Beschäftigten im Betrieb zunehmend Auswirkungen auf die Einschätzung tariflicher Regelungen durch die Betroffenen.[156] Hier scheint der Arbeitsvertrag die geeignetste Regelungsebene zu sein. Der heutige Arbeitnehmer hat eine ökonomisch und juristisch so sehr verbesserte Position, dass man ihm zutrauen darf, wieder über

150 Dazu gehören: 1. Das Verwertungsinteresse an der Arbeitskraft, das sich am Ziel angemessenen Entgeltes und der Erwartung beruflichen Aufstieges orientiert. 2. Das Erhaltungsinteresse an der eigenen Leistungsfähigkeit, welches auf die Vermeidung des vorzeitigen Aufbrauchens und der Brachlegung der Arbeitskraft gerichtet ist. 3. Das Gestaltungsinteresse, welches auf die Einflussnahme des Arbeitsprozesses und der Arbeitsbedingungen durch Partizipation zielt. So *FÜRSTENBERG*, in: Rosenstiel et al. (Hrsg.), Wertewandel, Herausforderung für die Unternehmenspolitik in den 90er Jahren, S. 21.

151 So *OPPOLZER*, ArbuR 1998, S. 53.

152 Vgl. *LÖWISCH*, RdA 1999, S. 71.

153 Vgl. *KEUCHEL*, in: Scholz (Hrsg.), Wandel der Arbeitswelt als Herausforderung des Rechts, S. 49.

154 So *WENDELING-SCHRÖDER*, Referat zum 61. DJT, in: Ständige Deputation des Deutschen Juristentages (Hrsg.), Verhandlungen des einundsechzigsten Deutschen Juristentages Karlsruhe 1996, Bd. II/1, K 10.

155 *LINNENKOHL*, BB 1999, S. 52.

156 *ZACHERT*, WSI-Mitt. 1993, S. 485.

mehr Freiheit im Sinne der Vertragsfreiheit zu disponieren und diese Freiheit sinnvoll auszunutzen.[157]

2. Wachsende Bedeutung des Arbeitsplatzes

Im wesentlichen unverändert ist das Schutzbedürfnis der Arbeitnehmer, da das Arbeitsverhältnis typischerweise die materielle Lebensgrundlage des Arbeitnehmers ist. Zureichendes Arbeitsentgelt, Sicherung bezahlter Freizeit zu Erholungszwecken und möglichste Sicherung des Arbeitsplatzes sind nach wie vor typische Elementarbedürfnisse des Arbeitnehmers.[158] Gleichzeitig ist jedoch auch bei der Erwerbsarbeit ein Bedeutungswandel zu erkennen. Wie bereits dargestellt, dient sie heute insbesondere aufgrund der sozialen Sicherungssysteme weniger zur „nackten Existenzsicherung", sondern beinhaltet verstärkt Elemente der Selbstentfaltung und Selbstverwirklichung, der autonomen Lebensführung, der Erweiterung beruflicher Fähigkeiten.[159] Die Erwerbsarbeit ermöglicht den Arbeitnehmern die fachliche Kooperation sowie die Teilnahme an kommunikativen Prozessen. Sie hat damit im Laufe der Zeit ihr Spektrum über die traditionellen Zwecke hinaus erweitert und dient heute einer Vielzahl unterschiedlicher Arbeitnehmerziele. Wie bereits festgestellt, erwarten die Beschäftigten infolge des stattfindenden Wertewandels von ihrer Arbeit nicht mehr nur ein gutes Einkommen, einen sicheren Arbeitsplatz und eine berufliche Karriere, sondern darüber hinaus Möglichkeiten zur Realisierung eigener Vorstellungen, zur Mitbestimmung und zur Synchronisation beruflicher und persönlicher Belange.[160] Heute ist stärker als früher die Möglichkeit zur Persönlichkeitsentfaltung und zur selbstbestimmten Beteiligung an der wirtschaftlichen Ordnung für die Lebensgestaltung entscheidend mit dem Erwerb und Erhalt eines Arbeitsplatzes verbunden.[161] Für viele Menschen spielt der Arbeitsplatz eine derart große Rolle, dass man für diese davon ausgehen kann, dass derjenige, der ohne Beschäftigung ist, gehindert wird, seine persönlichen Fähigkeiten durch stetige Tätigkeit zu erhalten und fortzubilden und somit seine Persönlichkeit zu entfalten.[162] Die mit veränderten Sozialstrukturen und Wertvorstellungen einhergehende gewachsene Bedeutung der Erwerbstätigkeit als wichtiger Zugang zu persönlicher Autonomie und sozialen Bindungen manifestiert sich auch in der

[157] *ADOMEIT*, Arbeitrecht für die 90er Jahre, S. 102.

[158] *LÖWISCH*, RdA 1999, S. 71.

[159] Vgl. *BLANKE*, ZTR 1998, S. 157.

[160] So im Ergebnis *OPPOLZER*, ArbuR 1998, S. 52.

[161] So im Ergebnis *RICHARDI*, Gutachten B für den 61. Deutschen Juristentag, in: Ständige Deputation des Deutschen Juristentages (Hrsg.), Verhandlungen des einundsechzigsten Deutschen Juristentages Karlsruhe 1996, Bd. I, B 9.

[162] Vgl. *BLOMEYER*, in: Richardi / Wlotzke (Hrsg.), Münchener Handbuch zum Arbeitsrecht, Bd. 1, § 93 Rz. 3; so auch *BAG* v. 10.11.1955, BAGE 2, S. 225.

steigenden Frauenerwerbsquote.[163] Wie bereits in anderen Ländern geschehen, werden auch in Deutschland immer mehr Frauen Zugang zur Erwerbsarbeit verlangen.

Der Arbeitsplatz und eine Entlohnung oberhalb der Sozialhilfe und des Arbeitslosengeldes ermöglichen dem Arbeitnehmer eine Verbesserung seiner materiellen Lebensgrundlage über das staatlich garantierte Existenzminimum hinaus. Aufgrund des in Deutschland bestehenden recht hohen Lohnniveaus gelingt es den abhängig Beschäftigten, durch die Erwerbsarbeit ein gewisses Wohlstandsniveau zu sichern. Soweit die Arbeitnehmer nicht über ein entsprechendes persönliches Vermögen verfügen, kann dieser Wohlstand nur dann erreicht bzw. über längere Zeit aufrecht gehalten werden, wenn die Menschen nicht nur auf die sozialen Sicherungssysteme angewiesen sind, sondern andere Einnahmequellen besitzen. Für den überwiegenden Teil der arbeitsfähigen Bevölkerung stellt die Erwerbstätigkeit weiterhin die wichtigste Einnahmequelle dar. In einer Konsumgesellschaft spielen Werte wie materielle Zufriedenheit und Absicherung eine große Rolle. Es fällt vielen schwer, auf einen einmal erreichten Status zu verzichten und ihre Ansprüche stark zurückzunehmen. Diese erreichte Lebensqualität ist beim größten Teil der Arbeitnehmer unmittelbar an die Beschäftigung gekoppelt. Die sozialen Auffangsysteme, die beim Verluste des Arbeitsplatzes greifen, gewähren dagegen lediglich das Lebensnotwendige. Das heutige gesellschaftliche System verbindet mit dem Erwerb und Erhalt des Arbeitsplatzes auch entscheidend die Möglichkeit der Wohlstandssicherung. Entsprechend ist mit einer existentiellen Bedrohung des Arbeitsplatzes auch die Furcht der Arbeitnehmer, wirtschaftlich und sozial abzusteigen, verbunden.[164]

Grundsätzlich haben Arbeitnehmer die Möglichkeit, in anderen Unternehmen eine Beschäftigung aufzunehmen. So vollziehen sich in Deutschland jährlich hunderttausendfache Arbeitsplatzwechsel.[165] Die Freizügigkeit der Wahl des Arbeitsplatzes beschränkt sich nicht nur auf Deutschland, sondern ist aufgrund des EG-Vertrages[166] innerhalb der gesamten Europäischen Union gesichert. Jedoch gehen mit der Mobilität der Arbeit verschiedene Anpassungsprobleme einher. So stehen einem flexiblen Arbeitsplatzwechsel häufig das Alter und die Ge-

---

163 Während die Frauenerwerbsquote 1999 in Deutschland noch 62,5% betrug, lag sie insbesondere in den skandinavischen und angelsächsischen Ländern weit höher (Dänemark 76,1%, Schweden 76,0%, USA 70,7%, Großbritannien 68,4%). *IW*, Deutschland im globalen Wettbewerb, S. 65.

164 Vgl. *LINNENKOHL*, BB 1999, S. 50. Dieser sieht von derartigen, durch die revolutionären Veränderungen und insbesondere den Strukturwandel hervorgerufenen Verlustängsten, nicht nur die bisherigen Eliten des Industriezeitalters, sondern auch zunehmend Angehörige des Mittelstandes befallen.

165 Vgl. *REUTER*, RdA 1991, S. 195.

166 Art. 39 EGV.

sundheit des Arbeitnehmers, dessen private Lebensumstände insbesondere die familiären Verhältnisse, aber auch Bildungsstand und die Mentalität als nahezu unüberwindbare Barriere entgegen. Wer von seiner Familie getrennt würde, die oft ortsgebundene Ausbildung seiner Kinder gefährden müsste oder auch einen vergleichbaren Wohnraum für seine Familie nicht erlangen kann, tut sich mit einem Berufs- und Ortswechsel schwer.[167] Ein innereuropäischer Transfer von Arbeitskräften hat zudem noch die Sprachbarriere zu überwinden. Zugleich spielt die in Europa stark ausgeprägte Verwurzelung in die Heimat eine entscheidende Rolle bei der Wahl des Arbeitsplatzes.[168] Ein Arbeitsplatzwechsel innerhalb Europas würde zudem aufgrund des gegenwärtig sehr hohen Lohnniveaus in Deutschland für den größten Teil der Arbeitnehmer nicht zu einer finanziellen Verbesserung führen. Hinzu kommt, dass mit einem Arbeitsplatzwechsel innerhalb bzw. auch außerhalb Europas natürlich auch der Verlust des Schutzes durch die spezifisch deutschen sozialen Auffangsysteme als Absicherung für den Arbeitnehmer einhergeht. Diese Gründe verdeutlichen, warum sich trotz der Freizügigkeit des Arbeitsmarktes der Wechsel von Arbeitnehmern zu ausländischen Arbeitgebern aber auch die Mobilität innerhalb Deutschlands häufig in Grenzen hält. Es handelt sich um ein Problem der Fähigkeit zur Anpassung an die geänderten Rahmenbedingungen, die bei den einzelnen Arbeitnehmern ganz unterschiedlich ausgeprägt sind.

Der Mobilität der Arbeit sind trotz der Bereitschaft des Arbeitnehmers zum Arbeitsplatzwechsel durch die jeweilige Arbeitsmarktlage Grenzen gesetzt. Soweit kein Bedarf am entsprechenden Tätigkeitsprofil des Beschäftigungssuchenden besteht, werden dessen Bemühungen vergebens sein. Insbesondere hochqualifizierte Arbeitnehmer und solche mit einer zukunftsträchtigen Ausbildung haben große Chancen auf Wiederbeschäftigung in anderen Unternehmen, während sich die Erwerbsaussichten für gering Qualifizierte, aber auch zunehmend für Industriearbeiter weiter verschlechtern. Besonders für diese Gruppen greift die wettbewerbsrelevante Steuerungsfunktion des Tarifvertrages, durch die Belastungen mit Tarifbedingungen minder leistungsfähige Unternehmen aus dem Markt zu drängen und die so freiwerdenden Ressourcen, insbesondere die Arbeitskräfte, in wirtschaftlich arbeitende Unternehmen oder Branchen umzuleiten, nicht mehr.[169] Ein großer Teil der durch Belegschaftsabbau und Betriebsstilllegungen freigesetzten Arbeitskräfte findet nicht mehr den Weg in die Beschäftigung, sondern nur noch den in die Arbeitslosigkeit oder zu von den Arbeitsbehörden

---

167 Vgl. *Reuter*, in: Fischer (Hrsg.), Währungsreform und soziale Marktwirtschaft, S. 510.

168 Vgl. *Löwisch*, RdA 1999, S. 72.

169 *Kittner*, AiB 1996, S. 39 und *Lieb*, NZA 1994, S. 291 stellen trotz der gegenwärtigen schlechten ökonomischen Lage auch heute noch auf diese Steuerungsfunktion des Tarifvertrages ab.

geförderten Beschäftigungsgesellschaften.[170] Je rarer die Arbeitsplätze werden, um so geringer ist die „Exit-Option“ der Beschäftigten.[171] Trotz der Bereitschaft zur Mobilität nehmen dann für diese Gruppen die Chancen ab, einen neuen adäquaten Arbeitsplatz zu finden. Dies kann sogar dazu führen, dass die Beschäftigten trotz einer Verschlechterung der Arbeitsbedingungen versuchen, so weit und so lange wie möglich durch individual- oder kollektivvertragliche Vereinbarung an ihrem Arbeitsplatz festzuhalten.

VII. Zwischenfazit

Die Entwicklung des deutschen Arbeits- und Tarifrechts fällt in eine lange Periode anhaltender wirtschaftlicher Prosperität. Das heutige Tarifvertragssystem beruht weitgehend auf Gerechtigkeitsformen der Industriegesellschaft der Nachkriegszeit, deren Leitbilder stetes Produktivitäts- und Wirtschaftswachstum, Geldwertstabilität und annähernde Vollbeschäftigung waren.[172] Gerade diese Voraussetzungen bzw. Prämissen haben sich in den letzten Jahren stark gewandelt. Durch die Entgrenzung des nationalen Kapital- und Arbeitsmarktes kommt es zu einer forcierten Verdrängung einheimischer Arbeitskräfte, sei es im Wege des Kapitalexportes oder durch den verstärkten Einsatz ausländischer Arbeitnehmer.[173] Somit erlangt die Sicherung des Arbeitsplatzes aufgrund der wirtschaftlichen, gesellschaftlichen und individuellen Entwicklungstendenzen für viele Arbeitnehmer eine wachsende Bedeutung.

Die zunehmende Globalisierung der Wirtschaft zeigt eindrucksvoll, dass die Löhne nur aus den Erträgen bezahlt werden können, die die Unternehmen im internationalen Wettbewerb erwirtschaften.[174] Intensiver Wettbewerb auf den Arbeitsmärkten bedeutet nicht zwangsläufig eine Lohnanpassung nach unten. Ein hoher Lohn, der durch eine hohe Arbeitsproduktivität gedeckt ist, wird sich auch bei zunehmendem Wettbewerb halten und gegebenenfalls weiter steigern lassen. Es ist notwendig, die noch bestehenden Wettbewerbsvorteile der deutschen Wirtschaft, insbesondere den Technologievorsprung, auszubauen bzw. in den neuen zukunftsweisenden Bereichen einen solchen zu schaffen. Die deutsche Wirtschaft muss, um gegenüber ihren Konkurrenten bestehen zu können, diesen immer einen Schritt voraus sein.[175] Letztlich ist die Innovation neben den Kosten ein sehr wichtiger Faktor für die Konkurrenzfähigkeit eines Unternehmens. Allein auf diesem Wege kann das Kostenproblem jedoch nicht gelöst werden.[176]

---

170 Vgl. *Buchner*, DB 1996 Beilage, S. 11.
171 *Blanke*, ZTR 1998, S. 156.
172 Vgl. *Blanke*, ZTR 1998, S. 156.
173 Vgl. *Blanke*, ZTR 1998, S. 156.
174 Vgl. *Fischer, F.-W.*, BB 1994, S. 279.
175 Vgl. *Rappe*, DIE WELT v. 03.03, S. 5.
176 Vgl. *Fischer, F.-W.*, BB 1994, S. 280.

Stärker als bisher werden ökonomische Zwänge für eine produktivitätsorientierte Lohnpolitik sorgen.[177] Um Arbeitsplätze in Deutschland zu sichern, muss daher darüber nachgedacht werden, in einzelnen Bereichen bzw. unter bestimmten Voraussetzungen die Kosten für den Produktionsfaktor Arbeit zu senken. Dies ist insbesondere dann erforderlich, wenn sich ein Unternehmen in wirtschaftlichen Schwierigkeiten befindet und deshalb eine Insolvenz bzw. Auslagerung der Produktion droht. Über die hier diskutierte individualvertragliche Abdingbarkeit tariflicher Leistungen nach dem Günstigkeitsprinzip ließe sich eine Senkung der Arbeitskosten erreichen.[178] Dies kann dazu führen, dass die Wettbewerbsfähigkeit wieder hergestellt und gleichzeitig der Bestand des Unternehmens sowie inländische Arbeitsplätze gesichert werden.

B. Diskussion um die bestehenden Tarifstrukturen

In den letzten Jahren wirkten die Tendenzen zur Globalisierung der Marktstrategien und der Produktpolitik zur Dezentralisierung von Unternehmensstrukturen, zur Ausdifferenzierung der Interessen der Beschäftigten und Unternehmen, aber auch der Strukturwandel der Wirtschaft destabilisierend auf das Tarifsystem.[179] Ursächlich für die aktuelle tarifpolitische Diskussion ist zudem die Massenarbeitslosigkeit. Im Falle einer Vollbeschäftigung würden weder die geltenden Tarifstrukturen kritisiert, noch von der Rechtsprechung eine neue, den geänderten Rahmenbedingungen angepasste Auslegung der bestehenden Normen bzw. von der Politik entsprechende Gesetzesänderungen gefordert.

Vor dem Hintergrund des wirtschaftlichen und gesellschaftlichen Wandels ist zu untersuchen, warum Tarifautonomie bzw. Tarifpolitik in die Kritik geraten sind. Besonderer Augenmerk wird dabei darauf gerichtet, inwieweit ausreichend flexibel auf die unterschiedlichen Ausgangssituationen zwischen prosperierenden und stagnierenden Unternehmen eingegangen oder aber gar Investitionen in neue Arbeitsplätze be- oder verhindert und damit Arbeitslosigkeit gefestigt oder sogar noch gesteigert wird.

---

177 Vgl. *Bremkamp*, Die Flexibilisierung des deutschen Tarifvertragssystems, S. 205.

178 Vgl. zu den Vorteilen einer Neuinterpretation des Günstigkeitsprinzips ausführlich *6. Kapitel*.

179 Vgl. *Rosdücher*, Arbeitsplatzsicherung durch Tarifvertrag, S. 166; *Bahnmüller / Bispinck*, in: Bispinck (Hrsg.), Tarifpolitik der Zukunft, S. 138 ff.; *Hensche*, ArbuR 1996, S. 334; *Rösner*, Wirtschaftsdienst 1995, S. 475 ff.; *Mückenberger*, KJ 1995, S. 26 f.

I. Bedeutung des Tarifvertragssystems

Menschliche Arbeit ist kein Gut wie irgendeine Ware und bedarf deshalb besonderen staatlichen Schutzes und einer spezifischen Ordnung.[180] Durch das deutsche Arbeitsrecht und Tarifsystem sollen die Arbeitnehmer geschützt werden, indem ihnen mehr Rechte gegenüber den Arbeitgebern eingeräumt und so der Arbeitsmarkt außer Kraft gesetzt wird.[181] Die Tarifautonomie ist zwar nicht durch den Wortlaut des Art. 9 Abs. 3 GG, jedoch durch den Zweck der Koalitionsfreiheit im Kernbereich verfassungsrechtlich garantiert.[182] Das Tarifvertragsrecht ist gekennzeichnet durch die Verwandlung der bisher nur formalen Gleichstellung auf der Ebene des Einzelvertrages in eine wirkliche Gleichstellung auf kollektiver Ebene, es dient zur Herstellung sozialen Friedens und bewirkt eine Stetigkeit der Arbeitsbedingungen.[183] Der Tarifvertrag als Instrument der Tarifautonomie bietet die große Chance, sich bereits auf tariflicher Ebene zu verständigen und kalkulierbare Arbeitsbedingungen für eine Branche zu schaffen.[184] Die Tarifpartner entlasten den Staat von der Aufgabe, die Arbeitsbedingungen fair zu ordnen. Er kann sich statt dessen auf seine Stellung als neutraler Wächter über das Gemeinwohl zurückziehen.[185] Das deutsche Recht gibt den Tarifpartnern größte Freiheit und Verantwortung zugleich, die jemals Berufsverbänden übertragen worden sind.[186]

Die Tarifautonomie und insbesondere deren Grundbedingung, die konstruktive und vertrauensvolle Zusammenarbeit zwischen den Tarifparteien, hat in Deutschland nach 1945 zur Entwicklung eines relativ arbeitsfriedlichen Modells der sozialen Beziehungen geführt.[187] In diesem Zusammenhang erweist es sich als nicht zu unterschätzender Standortvorteil Deutschlands, dass die Gewerkschaften als systemstabilisierende Faktoren in die Rechtsordnung integriert werden konnten.[188] Das Tarifvertragssystem hat somit wesentlich zum Wiederaufbau und wirtschaftlichen Erfolg der Bundesrepublik nach dem zweiten Weltkrieg beitragen können.[189]

Soweit die Vorteile des deutschen Tarifmodells auch heute und in Zukunft noch voll zu Geltung kommen, und die Tarifpartner eine zeitgemäße Beschäftigungs-

---

180 *SCHLECHT*, in: Ludwig-Erhard-Stiftung (Hrsg.), Arbeitsmarkt und Beschäftigung, S. 7.
181 Vgl. *HANAU*, NZA 1993, S. 339.
182 Vgl. *KONZEN*, NZA 1995, S. 915.
183 *HUECK / NIPPERDEY*, Lehrbuch des Arbeitsrechts, Bd. II/1, S. 233 ff.
184 So im Ergebnis *V. HOYNINGEN-HUENE*, ZTR 1999, S. 290.
185 Vgl. *GAMILLSCHEG*, Kollektives Arbeitsrecht, Bd. I, S. 292.
186 Vgl. *GAMILLSCHEG*, Kollektives Arbeitsrecht, Bd. I, S. 290.
187 Ähnlich *RÜTHERS*, in: Beltz Rübelmann / Döding / Kleinhenz / Rüthers (Hrsg.), Zukunft der Tarifautonomie, S. 28.
188 *BREMKAMP*, Die Flexibilisierung des deutschen Tarifvertragssystems, S. 110.
189 So im Ergebnis auch *ENGELEN-KEFER*, PERSONAL 1993, S. 260.

politik betreiben, könnten die gegenwärtigen Tarifstrukturen in der bisherigen Form bestehen bleiben. Für eine Interpretation des Günstigkeitsprinzips, die eine Vereinbarung untertariflicher Leistungen rechtfertigt, bestände in diesem Fall keine Notwendigkeit.

II. Krise des Tarifvertragssystems

In Anbetracht steigender Arbeitslosigkeit, sinkender Erwerbstätigkeit, des sich aus den veränderten Rahmenbedingungen ergebenden Problemdrucks ist die Tarifautonomie in eine schwere Legitimationskrise geraten.[190] Der geringe Grad an Flexibilität und die Vorschriften des Tarifvertragsrechts scheinen nicht mehr in eine Zeit zu passen, in der weltwirtschaftlich und technologisch verursachter Strukturwandel ein hohes Maß an Anpassungsbereitschaft verlangt.[191]

Die vornehmlich seit den 90er Jahren geäußerten Reformvorschläge stellen jedoch nicht die Tarifautonomie in Frage, sondern beziehen sich vor allem auf die Kartellwirkung des Tarifvertrages, die Unflexibilität bestehender Tarifstrukturen, den Grad individueller und kollektiver Schutzrechte bzw. deren Umsetzung. Erst wenn das Tarifvertragssystem nicht in der Lage ist, sich den geänderten Bedingungen anzupassen, wären die Zweifel an dessen Zeitgemäßheit berechtigt. Zu berücksichtigen ist jedoch, dass das Tarifrecht nur Zustandekommen, Wirkung und Beendigung von Tarifbestimmungen regelt.[192] Das Tarifsystem stellt den Tarifpartnern verschiedene Instrumentarien zur Verfügung, damit diese eine den wirtschaftlichen Verhältnissen angepasste Tarifpolitik betreiben. Insbesondere Öffnungsklauseln ermöglichen die Chance, zwischen tarifgebundenen Unternehmen zu differenzieren, um so auf wirtschaftliche Schwierigkeiten zu reagieren. Gleichzeitig impliziert das Tarifsystem nicht den Abschluss von Verbands- bzw. Flächentarifverträge. Es ist ohne weiteres möglich, kleinere Einheiten zu bilden und von der zentralen Regulierung der Arbeitsbedingungen abzuweichen. Das Tarifsystem steht daher nicht den Belangen eines wirtschaftlich gefährdeten Unternehmens und den betroffenen Arbeitnehmern entgegen. Es bietet verschiedenste Möglichkeiten der Flexibilisierung von Arbeitsbedingungen dahingehend, dass diese im Falle einer unternehmerischen Krise und der Arbeitsplatzgefährdung den geänderten Bedingungen und Schutz-

190 Vgl. *Bremkamp*, Die Flexibilisierung des deutschen Tarifvertragssystems, S. 4; *Rosdücher*, Arbeitsplatzsicherung durch Tarifvertrag, S. 155.

191 *Fels*, FS Giersch, S. 212.

192 Vgl. *Hromadka*, FS Wlotzke, S. 336.

anliegen angepasst werden können. Somit ist eine grundlegende Reform des Tarifvertragssystems nicht erforderlich.[193]

III. Krise der Tarifpolitik

Da konkrete Ausgestaltungsformen und insbesondere die Lohnpolitik keine Fragen des Tarifrechtes sind, sondern den Tarifparteien die Gestaltung von Arbeits- und Wirtschaftsbedingungen obliegt, ist vor allem die Tarifpolitik gefordert, auf die gesellschaftliche Entwicklung und anhaltende Arbeitslosigkeit zu reagieren. In einer den ökonomischen Erfordernissen flexibel angepassten Tarifpolitik liegt der Sinn und die innere Rechtfertigung des Tarifvertragssystems.[194] Das Existenzrisiko der Mitgliedsunternehmen und das Arbeitsplatzrisiko der Gewerkschaftsangehörigen sind Vertragsrisiken der Tarifparteien.[195] Dieser Aspekt scheint gerade durch die Gewerkschaften bei Tarifverhandlungen häufig vernachlässigt zu werden. Das Vertrauen der Tarifparteien in die Leistungsfähigkeit des traditionellen Tarifsystems und in ihre eigene Arbeit währte viel zu lange.[196] Letztlich muss allen Beteiligten und damit auch den Gewerkschaften bewusst sein, dass Arbeitsplätze langfristig nur gesichert sind, wenn eine angemessene Produktivität vorhanden ist.[197] Daher müssen sich künftige Tarifforderungen am Fortschritt der Arbeitsproduktivität bei gleichzeitig steigender Beschäftigung ausrichten.[198]

Zudem sollten die Gewerkschaften bzw. Arbeitgeberverbände berücksichtigen, dass sie auf Dauer ihre Mitglieder nur halten können, wenn dem einzelnen die kollektive Interessenvertretung erfolgversprechender erscheint als die individuelle.[199] Daher ist es erforderlich, dass die Verbände ihre Politik stärker als bisher an den individuellen Bedürfnissen ihrer Mitglieder ausrichten. Dazu gehört u.a. auch, dass die Unternehmen in wirtschaftlichen Krisensituationen, die zu einer existentiellen Gefährdung des Betriebes führen, zur Kostensenkung von tariflichen Leistungen abweichen können, wenn dadurch Arbeitsplätze gesichert werden. Im Gegenzug muss unter derartigen Voraussetzungen bei den Gewerkschaften das Bewusstsein reifen, dass der Erhalt des Arbeitsplatzes für viele Arbeitnehmer höher anzusiedeln ist als die starre Einhaltung tariflicher Standards.

---

193 Zum gleichen Ergebnis kommen u.a. auch *Rieble*, RdA 1996, S. 151 ff.; *Waltermann*, RdA 1996, S. 129 ff.; *Wendeling-Schröder*, Referat zum 61. DJT, in: Ständige Deputation des Deutschen Juristentages (Hrsg.), Verhandlungen des einundsechzigsten Deutschen Juristentages Karlsruhe 1996, Bd. II/1, K 12 f.; *Zachert*, RdA 1996, S. 140 ff.

194 So *Bremkamp*, Die Flexibilisierung des deutschen Tarifvertragssystems, S. 111.

195 *Konzen*, NZA 1995, S. 914.

196 Vgl. insoweit *Fickinger*, F.A.Z. v. 13.04.2002, S. 4.

197 *Fischer, F.-W.*, BB 1994, S. 279.

198 So *Bremkamp*, Die Flexibilisierung des deutschen Tarifvertragssystems, S. 205.

199 So *Rieble*, RdA 1996, S. 155.

Diese Aspekte blieben durch die Kollektivvertretungen vielfach unberücksichtigt. Diese wollten keinen Kompetenzverlust hinnehmen und beanspruchten weiterhin uneingeschränkt die Beurteilungskompetenz bzgl. des gesamtgesellschaftlich Gebotenen und der zugebilligten Gestaltung der Arbeitsbedingungen.[200] Die Gewerkschaften haben lange Überlegungen abgeblockt, einzelnen Unternehmen oder Wirtschaftsbereichen eine Unterschreitung des festgelegten Tarifniveaus auf Grundlage sogenannter Tariföffnungsklauseln zu ermöglichen.[201] Grundlage gewerkschaftlichen Handelns war und ist das „Prinzip der Gleichheit", welches einerseits in Hinblick auf die Angleichung materieller Voraussetzungen wie der Einkommenshöhe und andererseits auf die Überwindung undemokratischer Hierarchien und Machtstellungen in den Unternehmen hinzielt.[202] Eine wesentliche gewerkschaftliche Strategie zur Bekämpfung der Massenarbeitslosigkeit stellt die Verkürzung der Arbeitszeit dar, durch die angesichts des abnehmenden Arbeitsvolumens eine gerechtere Verteilung der vorhandenen Arbeit beabsichtigt ist.[203] Die angestrebten Arbeitszeitverkürzungen sollen in der Regel mit vollem Lohnausgleich[204] durchgesetzt werden. Einig sind sich die Gewerkschaftsfunktionäre dabei weitestgehend darin, dass die einzelbetriebliche Rentabilität auf keinen Fall Grundlage der Tarifpolitik sein darf.[205] Notwendig werden vielmehr Lohnerhöhungen unabhängig von der wirtschaftlichen Lage angesehen, da diese zu einer Kaufkraftsteigerung, damit zum Wirtschaftswachstum und letztlich zum Abbau der Arbeitslosigkeit führen.[206] Ange-

---

200 Vgl. *BUCHNER*, DB 1996 Beilage, S. 5.

201 Vgl. *BUCHNER*, DB 1996 Beilage, S. 3.

202 Vgl. *WELZMÜLLER*, GMH 1988, S. 677; ähnlich auch *ZWICKEL*, GMH 1995, S. 9 f. Dies zeigt sich u.a. auch in den Forderungen der *IG METALL* in bezug auf die Einführung der 35-Stunden-Woche in Ostdeutschland und der damit verbundenen Hoffnung Arbeitsplätze sicher zu machen und neue zu schaffen. Dies scheint jedoch in Anbetracht der ökonomischen Realitäten und der zusätzlichen finanziellen Belastung für die Unternehmen eher ein frommer Wunsch. Vgl. *F.A.Z.* v. 12.05.2003, S. 13. Vgl. zum Streik auch *F.A.Z.* v. 17.06.2003, S. 12; *F.A.Z.* v. 20.06.2003, S. 13; *F.A.Z.* v. 24.06.2003, S. 13; *MÜLLER, U.*, DIE WELT v. 03.06.2003, S. 3; *F.A.Z.* v. 30.06.2003, S. 1; *HANDELSBLATT* v. 30.06.2003, S. 5; *FTD*, v. 30.06.2003, S. 9; *FTD* v. 01.07.2003, S. 25.

203 So beispielsweise: *STEINKÜHLER*, GMH 1986, S. 582; *ZWICKEL*, GMH 1994, S. 388 f.; *WELSCH*, GMH 1994, S. 754; *ENGELEN-KEFER*, in: Belitz (Hrsg.), Wege aus der Arbeitslosigkeit, S. 104.

204 Voller Lohnausgleich bedeutet, dass Arbeitnehmer trotz reduzierter Arbeitszeit ihren bisherigen nominalen Monatslohn erhalten. Dies führt zu einer Erhöhung der Stundenlöhne und damit zu einer wachsenden Kostenbelastung der Unternehmen. So wird bei Einführung der von der *IG METALL* geforderten 35-Stunden-Woche in der ostdeutschen Metall- und Elektroindustrie damit gerechnet, dass die höheren Arbeitskosten durch eine höhere Produktivität ausgeglichen werden müssen und in erster Linie Personal entlassen wird. Vgl. *F.A.Z.* v. 12.05.2003, S. 13.

205 Vgl. *WENDL*, GMH 1988, S. 179 f.; *WENDL*, GMH 1990, S. 211 ff.

206 Stellvertretend *WENDL*, GMH 1988, S. 180 f.

sichts der in den 90er Jahren und Anfang des 21. Jahrhunderts erfolgten wirtschaftlichen Stagnation und rapide gestiegener Arbeitslosenzahlen scheint sich diese Auffassung als falsch erwiesen zu haben.

Die vielfach verfehlte Tarifpolitik ist nicht nur den Gewerkschaften anzulasten. So stießen deren Forderungen in Tarifverhandlungen eher selten auf ernsthaften Widerstand der Arbeitgeberverbände. Die Unternehmen nahmen lieber eine höhere Kostenbelastung für alle Betriebe einer Branche in Kauf, da so aufgrund der einheitlichen Voraussetzungen ein Wettbewerbsvorteil nationaler Konkurrenten durch flexiblere Arbeitsbedingungen ausgeschlossen war. Andererseits akzeptierten möglicherweise die Unternehmen zunächst gewerkschaftliche Lohnforderungen, um Konflikten aus dem Weg zu gehen, und die sich ergebenden Nachteile später durch Stellenabbau und Kapitalintensivierung der Produktion im Inland sowie Produktionsverlagerungen ins Ausland zu kompensieren.[207] Die Arbeitgeberverbände drängten frühzeitig auf Reformen. Mitte der 80er Jahre setzten sie die Öffnung der Tarifverträge für betriebliche oder individuelle Regelungen bei der Lage und Verteilung der Arbeitszeit gegen den Widerstand der Gewerkschaften durch und unternahmen immer wieder Vorstöße, die Flächentarife stärker zu flexibilisieren bzw. betriebsnäher zu gestalten. Dennoch richtete sich ihre Politik prinzipiell auch auf den Erhalt der flächendeckenden Tarifverträge.[208] Auf die sich in den 90er Jahren rasant ändernden Rahmenbedingungen reagierten die Arbeitgeberverbände u.a. mit einem umfangreichen eigenen tarifpolitischen Forderungskatalog, der Kündigung von Tarifverträgen, der Durchsetzung von Öffnungsklauseln und der Reduzierung tariflicher Leistungen.[209] Gleichzeitig beabsichtigen die Arbeitgeber erneut eine Reformierung des Flächentarifes.[210] Der gewerkschaftliche Widerstand gegen diese Dezentralisierungsbemühungen verringerte sich Mitte der 90er Jahre. So kam es zu Zugeständnissen bei der Arbeitszeit und den Einkommen, Betriebsparteien wurde verstärkt das Recht eingeräumt, Arbeitszeit und Einkommen vorübergehend zu reduzieren, um Entlassungen zu vermeiden.[211] Vorherrschend ist bei den Ge-

---

207 So *FRETER*, Das Tarifvertragssystem in der Krise, S. 43.

208 Vgl. *MÜLLER-JENTSCH*, Industrielle Beziehungen 1995, S. 20 ff.; *GESAMTMETALL*, NZA 1997, S. 1335.

209 *ROSDÜCHER*, Arbeitsplatzsicherung durch Tarifvertrag, S. 168.

210 Dieses Konzept sah vor, den Flächentarif auf wenige Kernbereiche zu beschränken. Von diesen Regelungen, die für sämtliche Verbandsmitglieder einheitlich gelten, sollen Abweichungen nur im Einvernehmen mit den Betriebsparteien zulässig sein, wenn damit die Schaffung und Sicherung von Arbeits- und Ausbildungsplätzen erreicht werden könnte. Vgl. dazu das Konzept der *GESAMTMETALL*, das beim *BDA* auf Zustimmung stieß: *GESAMTMETALL*, iw-gewerkschaftsreport 2/1996, S. 12 ff.

211 Vgl. *ROSDÜCHER*, Arbeitsplatzsicherung durch Tarifvertrag, S. 177. Tarifliche Öffnungsklauseln beziehen sich in erster Linie auf Regelungen zu variablen Arbeitszeiten, Arbeitszeitverlängerungen, befristeten Arbeitszeitverkürzungen bzw. auf Einstiegstarife, die

werkschaften jedoch weiterhin die Auffassung, dass Entlohnung und Arbeitsbedingungen relativ abgekoppelt von der betriebs- und branchenwirtschaftlichen Situation geregelt werden müssen.[212]

Wenn durch Festhalten an alten Paradigmen Unternehmen und Arbeitsplätze gefährdet werden, stoßen die gewerkschaftlichen Strategien insbesondere bei Arbeitnehmern, denen der Erhalt des Arbeitsplatzes wichtiger ist als die Einhaltung tariflicher Normen, auf Unverständnis. Die Tarifautonomie wird immer weniger als schützens- und erhaltenswertes Gut angesehen. Dies hat zur Folge, dass die Mitgliederzahlen der Verbände sinken und es zu einer verringerten Repräsentanz von Tarifverträgen kommt.[213] Der Mitgliederschwund resultiert nicht nur aus dem Verlassen der Verbände. Vielmehr traten in den letzten Jahren insbesondere neu gegründete Unternehmen, für die eine Flexibilität bzgl. Lohn und Arbeitszeit häufig überlebenswichtig ist, immer seltener Arbeitgeberverbänden bei.[214]

Auch wenn eine Vielzahl der Betriebe bisher den Austritt aus den Verbänden scheut, versuchen sie dennoch, von den tariflichen Vorgaben abweichende, differenzierte unternehmensspezifische Regelungen zu treffen. So wurden in den letzten Jahren von immer mehr tarifgebundenen Arbeitnehmern und Arbeitgebern die tariflichen Vorgaben ohne rechtliche Grundlage unterschritten. Das Abweichen vom Tarifvertrag umfasst nahezu alle möglichen Regelungsbereich.

Kürzung / Aussetzung von Jahressonderzahlung und das Aussetzen von Tariferhöhungen. *Bispinck / Schulten*, WSI-Mitt. 2003, S. 159. Nach einer WSI-Betriebs- und Personalrätebefragung 2002 nutzen 35% der Betriebe und 22% der Dienststellen die tariflichen Öffnungsklauseln. Vgl. *Bispinck / WSI-Tarifarchiv*, Wie flexibel ist der Tarifvertrag? In: Informationen zur Tarifpolitik 2003, S. 6.

212 Vgl. *IG Metall*, NZA 1998, S. 89. Dies verdeutlichen auch die Tarifforderungen der Gewerkschaften im Rahmen der neuen Tarifrunde. Tarifabschlüsse, die eine Erhöhung der Löhne und Gehälter von bis zu 6,5% vorsehen, (vgl. *Hausschild*, HANDELSBLATT v. 11.04.2002, S. 1; *HANDELSBLATT* v. 18.03.2002, S. 1; *HANDELSBLATT* v. 13.04.2002, S. 5) sind angesichts der gegenwärtigen wirtschaftlichen Lage als verfehlt anzusehen.

213 Eine Befragung durch das IAB verdeutlicht, dass in Deutschland der Anteil der an einen Flächentarifvertrag gebundenen Betriebe rückläufig ist. So unterlagen in Ostdeutschland 1998 nur noch 50,5% aller Beschäftigten und 25,8% der Betriebe einer branchen- bzw. flächentariflichen Bindung, während der Anteil in Westdeutschland noch 67,8% der Angestellten bzw. Arbeitnehmer und 47,7% der Unternehmen betrug. Vgl. *Kohaut / Schnabel*, iw-trends 2/1999, S. 66 f. Gleichzeitig erhöhte sich die Akzeptanz von Firmentarifverträgen. Deren Zahl stieg von 2.550 im Jahre 1998 (Vgl. *IW*, iwd 9/1999, S. 2) auf 6.800 Ende 2001 (Vgl. *BMA*, Pressemitteilung v. 14.02.2002, S. 1). 1999 unterlagen 8,0% der westdeutschen und 12,7% der ostdeutschen Beschäftigten Firmentarifverträgen. Vgl. *IW*, iwd 9/1999, S. 2.

214 Die Verbandsbindung neu gegründeter Unternehmen ist in Ostdeutschland besonders gering. Vgl. *DIW*, DIW-Wochenbericht 61/1994, S. 214.

Neuere Untersuchungen gehen davon aus, dass zwischen 16% und 33% der tarifgebundenen Betriebe diese „Option“ nutzen, um auf die betriebliche Situation zu reagieren.[215] Praktisch geschieht dies wie in den eingangs erwähnten Beispielen *LUDWIG SCHOKOLADEN*, *VIESSMANN* durch Betriebs- bzw. individualvertragliche Vereinbarungen oder auch bloße Duldung durch die Belegschaft. Vielfach werden mit solchen Abreden befristete Arbeitsplatzgarantien verbunden, sei es durch den Verzicht auf betriebsbedingte Kündigungen oder den Abbau von Arbeitsplätzen während der Laufzeit der Absprache.[216] Derartige Formen der „wilden Dezentralisierung“[217] werden von der Rechtsprechung bisher ganz überwiegend nicht anerkannt.[218] Gegenüber den Austritten aus den Verbänden sind aber gerade die stillen Formen des Unterlaufens von qualitativ größerer Bedeutung.[219] Je länger die ökonomischen Probleme und die Arbeitslosigkeit dauern und die Verbände darauf nicht ausreichend reagieren, desto mehr wird die kollektive Gestaltungsmacht geschwächt.[220]

C. Verantwortung des Gesetzgebers

Es stellt sich die Frage, in wieweit der Gesetzgeber Verantwortung für den Wandel des Verhältnisses von Tarifvertrag und Arbeitsvertrag sowie für die verstärkte Beachtung der Notwendigkeit zur Anpassung der Arbeitsbedingungen in Unternehmenskrisen zu übernehmen hat. Akteure der Lohnpolitik sind, wie bereits dargestellt, in erster Linie die Gewerkschaften sowie die Unternehmensverbände. Gleichzeitig ist jedoch auch der Staat in seiner Funktion als Regelsetzer bzw. Regelüberwacher und als wirtschaftspolitische Gestaltungsinstanz an der Lohnbildung bzw. Lohnfortbildung beteiligt.[221] Auch wenn der Lohn heute weitgehend von den Verbänden ausgehandelt wird, so beeinflusst der Staat beispielsweise durch Regulierung der Arbeitszeit, durch gesetzliche Lohnnebenkosten und andere Maßnahmen die Lohnbildung und damit auch die Beschäftigung maßgeblich.[222] Zu einer flexiblen Gestaltung von Arbeitsbedingungen kann das Arbeitsrecht lediglich in einem begrenzten Umfang beitragen. Der Ge-

---

215 Vgl. die Übersicht bei *MAIER / SCHAUTIS*, in: Oppolzer / Zachert (Hrsg.), Krise und Zukunft des Flächentarifvertrages, S. 19.

216 Vgl. *BUCHNER*, DB 1996 Beilage, S. 4.

217 Vgl. *ZACHERT*, ZTR 1998, S. 98.

218 Vgl. die Beispiele bei *ZACHERT*, KJ 1997, S. 415 ff.

219 Vgl. *FUCHS / SEIBOLD*, ZTR 1997, S. 385.

220 Vgl. *HENSCHE*, ArbuR 1996, S. 335.

221 Vgl. *HÜBNER / BLEY*, Lohnstückkosten und internationale Wettbewerbsfähigkeit - eine ökonomietheoretische Analyse, S. 34.

222 So *SIEBERT, H.*, Einführung in die Volkswirtschaft, S. 175.

setzgeber gibt durch die jeweiligen Normen nur den rechtlichen Rahmen für entsprechende Vereinbarungen der Tarifpartner vor.[223]

Da trotz Fehlens von entsprechenden Öffnungsklauseln und des Entgegenstehens der Regelung des § 77 Abs. 3 BetrVG die Zahl der Abweichungen von Tarifverträgen, insbesondere durch Betriebsvereinbarungen mit Beschäftigungssicherungsklauseln, in den letzten Jahren zunahm, beabsichtigen nunmehr verschiedene gesellschaftliche Kräfte ebenso wie Teile der Literatur[224] Bündnisse für Arbeit gesetzlich abzusichern

Eine Initiative des *BDA*, *BDI*, *DIHT* und *ZDH* forderte bereits 2000 im Zuge der Novellierung des BetrVG eine gesetzliche Einbeziehung von Bündnissen für Arbeit in das Günstigkeitsprinzip.[225] Danach sollten vom Tarifvertrag abweichende Abmachungen zugunsten des Arbeitnehmers zulässig sein und als günstiger bewertet werden, wenn

> 1. *Arbeitnehmer und Arbeitgeber diese Vereinbarung einzelvertraglich treffen,*
> 2. *sie für eine vereinbarte Laufzeit eine Beschäftigungszusage oder eine Zusage über den Aufbau neuer Arbeitplätze umfasst oder der Bewältigung einer eindeutigen Notlage dient und*
> 3. *darüber hinaus im voraus oder nachträglich mit dem Betriebsrat Einvernehmen erzielt wird.*

Auch die Teilnehmer des 63. Deutschen Juristentages in Leipzig forderten, das Günstigkeitsprinzip neu zu definieren, um so die privatautonome Wahlmöglichkeit des einzelnen Arbeitnehmers zu stärken.[226] Genauere Empfehlungen, wie dies geschehen soll, wurden jedoch nicht gegeben.

Im Zusammenhang mit der Bundestagswahl 2002 erfolgten neuerlich Vorschläge in Bezug auf die Absicherung betrieblicher Bündnisse zur Beschäftigungssicherung.

So hielten die *CDU / CSU* in ihrem *REGIERUNGSPROGRAMM 2002 BIS 2006* fest:

> *„Wir brauchen eine tarifrechtliche Flankierung zur Erweiterung des Spielraums für betriebliche Bündnisse für Arbeit. Neben Lohn und Arbeitszeit müssen auch die Beschäftigungsaussichten in den Günstigkeitsvergleich einbezogen werden.*

---

223 Vgl. *WALKER*, ZfA 1996, S. 354.

224 So beispielsweise *HROMADKA*, NJW 2003, S. 1274.

225 Initiative vom Februar 2000 - nicht veröffentlicht. Vgl. insoweit auch *BDA*, KND v. 06.10.2000, S. 3.

226 Beschluss Nr. 33 der Abteilung Arbeits- und Sozialrecht, in: Ständige Deputation des Deutschen Juristentages (Hrsg.): Verhandlungen des dreiundsechzigsten Deutschen Juristentages Leipzig 2000, Band I, Welche arbeits- und -ergänzenden sozialrechtlichen Regelungen empfehlen sich zur Bekämpfung der Arbeitslosigkeit?

Den Tarifparteien muss zur Sicherung der Tarifautonomie jedoch ein begründetes Einspruchrecht bleiben."[227]

Auch diese Interpretation des Günstigkeitsprinzips ist wenig genau und enthält lediglich die Kernaussage, dass Beschäftigungsaussichten und -garantien in den Vergleichsmaßstab einbezogen werden sollen.

Wesentlich konkreter ist der von der *FDP-FRAKTION* eingebrachte Gesetzesvorschlag für betriebliche Bündnisse für Arbeit und die Neufassung des § 4 Abs. 3 S. 2 und 3 TVG:

> *„Eine Regelung zugunsten der Arbeitnehmer kann auch dann vorliegen, wenn dieser gegen Aufgabe oder Einschränkung einzelner tarifvertraglich festgelegter Positionen die Aufnahme in ein Arbeitsverhältnis oder den Verzicht des Arbeitgebers auf betriebsbedingte Kündigungen erlangt (betriebliche Beschäftigungssicherungsabrede). Von der Günstigkeit einer solchen Abrede ist auszugehen, wenn*
> *a) der Arbeitnehmer jederzeit unter Wahrung einer seiner gesetzlichen Kündigungsfrist entsprechenden Ankündigungsfrist die Tarifbedingungen in Anspruch nehmen kann oder*
> *b) ihr der Betriebsrat oder 75 v. H. der mit einem entsprechenden Angebot des Arbeitgebers bedachten Arbeitnehmer des Betriebes zustimmen."*[228]

Auch der *FREISTAAT BAYERN* hat in seinem *ENTWURF EINES GESETZES ZUR FLEXIBILISIERUNG DES ARBEITSRECHTS (FLEXIBILISIERUNGSGESETZ - FLEXG)* einen Vorschlag zur Regelung betrieblicher Bündnisse in den Bundesrat eingebracht. Der neu eingefügte § 88 a BetrVG soll danach wie folgt lauten:

> *„(1) Der Betriebsrat oder, falls kein Betriebsrat vorhanden ist, ein von den im Betrieb beschäftigten Arbeitnehmern Beauftragter kann mit dem Arbeitgeber eine Vereinbarung zur Beschäftigungssicherung treffen und dabei von einem für das Unternehmen geltenden Tarifvertrag abweichen.*
> *Die Vereinbarung wird wirksam, wenn*
> *- mindestens zwei Drittel der im Betrieb beschäftigten Arbeitnehmer zustimmen,*
> *- die Vereinbarung jeder Tarifvertragspartei angezeigt wurde,*
> *- keine Tarifvertragspartei der Vereinbarung innerhalb von vier Wochen, nachdem ihr die Mitteilung gemäß Spiegelstrich zwei zugegangen ist, unter Nennung der Gründe widerspricht.*
> *(2) Wird eine Zustimmung vor Ablauf der vier Wochen von beiden Tarifvertragsparteien erteilt, wird die Vereinbarung sofort wirksam. Die Zustimmung bedarf der Schriftform."*[229]

---

227 *CDU / CSU*, Leistung und Sicherheit - Zeiten für Taten, S. 12.

228 *FDP-FRAKTION*, Gesetzentwurf - Gesetz zur Sicherung betrieblicher Bündnisse für Arbeit, BT-Drucks. 14/6548, S. 2.

229 *FREISTAAT BAYERN*, Entwurf eines Gesetzes zur Flexibilisierung des Arbeitsrechts (Flexibilisierungsgesetz - FlexG), BR-Drucks. 863/02, S. 2 f.

Nach diesem Gesetzesentwurf sollte § 4 Abs. 3 folgende Fassung erhalten:

> *„(3) Abweichende Abmachungen sind zulässig, soweit sie durch den Tarifvertrag gestattet sind oder eine Änderung der Regelungen zugunsten des Arbeitnehmers enthalten. § 88 a Betriebsverfassungsgesetz bleibt davon unberührt."*[230]

Alle aufgezeigten Initiativen beabsichtigen, Bündnisse für Arbeit abzusichern, indem die interne Flexibilität des bestehenden Arbeitsverhältnisses erhöht und so den Arbeitnehmern und Arbeitgebern die Möglichkeit eröffnet wird, auf veränderte wirtschaftliche Bedingungen zu reagieren, ohne zum Instrument des Personalabbaus greifen zu müssen. Regelungsinstrument ist das Günstigkeitsprinzip. Die Kriterien für den Günstigkeitsvergleich sollen dabei nicht durch die Rechtsprechung allein aus der Natur der Sache abgeleitet, sondern durch gesetzliche Vorgaben festgeschrieben werden. Beabsichtigt ist letztlich eine Korrektur der Ergebnisse, die die Rechtsprechung zu dieser Problematik erzielt hat.[231]

Trotz dieser Gemeinsamkeit sind die einzelnen Vorschläge und Ausgestaltungen unterschiedlich zu beurteilen.

Während die Initiative des *BDA*, *BDI*, *DIHT* und *ZDH* klar eine individualvertragliche Abweichung favorisieren, ist bei dem *CDU / CSU* - Vorschlag nicht eindeutig zu erkennen, ob eine individuelle Regelung gemeint ist.[232] Im Gegensatz zu der hier untersuchten Lösung bezieht sich die vom *FREISTAAT BAYERN* eingebrachte Regelung auf eine Vereinbarung zwischen Betriebsrat und Arbeitgeber.

Der *FDP-VORSCHLAG* verknüpft Individualinteressen mit einem Belegschaftsvotum.[233] D.h., soweit drei Viertel der abstimmenden Mitglieder für eine abweichende Regelung stimmen, ist diese als günstiger anzusehen. Eine derartige Verbindung scheint nicht unproblematisch. Sie unterstellt bei einer entsprechenden Mehrheit letztlich unabhängig von der Beurteilung des Einzelnen die Günstigkeit der Regelung. Eine solche Wertung widerspricht jedoch dem individuellen Charakter des Günstigkeitsprinzips.

Einig ist man sich in den hier aufgezeigten Vorschläge dahingehend, dass derartige Bündnisse für Arbeit, unabhängig von ihren weiteren Voraussetzungen,

---

230 *FREISTAAT BAYERN*, Entwurf eines Gesetzes zur Flexibilisierung des Arbeitsrechts (Flexibilisierungsgesetz - FlexG), BR-Drucks. 863/02, S. 3.

231 Vgl. *DIETERICH*, RdA 2002, S. 14.

232 *HROMADKA*, DB 2003, S. 45, geht jedoch davon aus, dass bei der Neuinterpretation an eine individualrechtliche Abweichung gedacht ist.

233 So zutreffend *DIETERICH*, RdA 2002, S. 14.

unter dem Genehmigungsvorbehalt der Tarifparteien[234] oder des Betriebsrates[235] stehen. Zudem enthält keine Initiative einen Hinweise darauf, von welchen tariflichen Bedingungen, in welchem Umfang und für wie lange abgewichen werden kann. Damit ist eine Auslegung der Gesetzesvorschläge den Gerichten überlassen. Eine umfängliche Verbesserung der Rechtssicherheit wird somit nicht erreicht.

Bereits die frühere CDU-geführte Bundesregierung trat Änderungen der Rechtsetzung zur flexibleren Gestaltung von Arbeitsverhältnissen, um in Fällen von Unternehmenskrisen den Weiterbestand des betroffenen Betriebes und damit die dazugehörigen Arbeitsplätze zu sichern, einschließlich den durch die Monopolkommission vorgetragenen Forderungen nach gesetzlichen Öffnungsklauseln,[236] entschieden entgegen.[237] Nach ihrer Auffassung war eine Änderung der Gesetzeslage, insbesondere eine gesetzliche Öffnungsklausel nicht notwendig, da die Tarifpraxis zeigte, dass die Tarifpartner die Möglichkeiten, die das geltende Tarifrecht bereits einräumt, nutzen könnten, um wirtschaftlich in Bedrängnis geratenen Unternehmen zu helfen. Verwiesen wurde unter anderem auf die Vier-Tage-Woche der *VOLKSWAGEN AG*[238] und die Härtefallklausel in der ostdeutschen Metallindustrie.[239] Diese Beispiele stellten nach Auffassung dieser Bundesregierung einen Schritt in die richtige Richtung dar und seien Beleg für die Nutzung betriebsnaher Gestaltungsmöglichkeiten in Krisenzeiten. Anderen Reformbestrebungen wurde eine klare Absage erteilt, weil sie aus arbeitsrechtlicher Sicht eine Gefahr für die Tarifautonomie darstellen und zu einer Entwertung von Tarifverträgen hätten führen können. Die damalige Bundesregierung hatte in ihren Ausführungen deutlich gemacht, dass sie an der eigenverantwortlichen Lohngestaltung der Tarifvertragsparteien auch in Krisensituationen festzuhalten gedachte. Ein Eingreifen des Gesetzgebers, z.B. durch Schaffung einer gesetzlichen Öffnungsklausel, die es in Fällen wirtschaftlicher Not ermöglicht, untertarifliche Bedingungen zu vereinbaren, war somit nicht vorgesehen.

---

234 So *CDU / CSU*, Leistung und Sicherheit - Zeiten für Taten, S. 12; *FREISTAAT BAYERN*, Entwurf eines Gesetzes zur Flexibilisierung des Arbeitsrechts (Flexibilisierungsgesetz – FlexG), BR-Drucks. 863/02, S. 2 ff.

235 So die Initiative des *BDA*, *BDI*, *DIHT*, *ZDH* vom Februar 2000; *FDP-FRAKTION*, Gesetzentwurf - Gesetz zur Sicherung betrieblicher Bündnisse für Arbeit, BT-Drucks. 14/6548, S. 2.

236 *MONOPOLKOMMISSION*, Mehr Wettbewerb auf allen Märkten - Zehntes Hauptgutachten 1992/93, Rn. 936 ff.

237 *BUNDESREGIERUNG*, Stellungnahme der Bundesregierung zum Zehnten Hauptgutachten der Monopolkommission 1992/1993, BR-Drucks. 330/95, Rn. 55.

238 Tarifvertrag zwischen der *VOLKSWAGEN AG* und der *IG METALL-BEZIRKSLEITUNG HANNOVER*, abgedruckt in NZA 1994, S. 111 f. Vgl. dazu auch: *LÖWISCH*, BB 1993, S. 2371 ff.; *BAUER*, DB 1994, S. 44; *BAUER / DILLER*, NZA 1994, S. 353 ff.

239 Tarifvertrag von 1993, abgedruckt in RdA 1993, S. 298.

An dieser grundlegenden Einstellung hat sich leider bisher nichts geändert. Trotz des Bemühens der gegenwärtigen Regierung zur Behebung der aktuellen Beschäftigungskrise ist aufgrund fehlender Anhaltspunkte nicht mit einer Abkehr von dieser Auffassung zu rechnen. So stellt beispielsweise das Regierungsprogramm der *SPD* zur Bundestagswahl 2002 fest:

> *„Die Tarifautonomie und der Flächentarifvertrag haben sich bewährt. Sie ermöglichen bei Bedarf flexible Lösungen, die auf regionale und brachenspezifische Bedürfnisse und auf Beschäftigungssicherung ausgerichtet sind. Sie können gezielt und verstärkt auch betriebliche Aspekte berücksichtigen."*[240]

Auch wenn sich der amtierende Bundeskanzler *GERHARD SCHRÖDER* in seiner Regierungserklärung vom 14.03.2003 nunmehr im Zusammenhang mit Fragen des Flächentarifvertrages wie folgt geäußert hat:

> *„Ich erwarte, dass sich die Tarifparteien entlang dessen, was es bisher gibt - aber in weit größerem Umfang - auf betriebliche Bündnisse einigen, wie das in vielen Branchen bereits der Fall ist. Geschieht das nicht, wird der Gesetzgeber zu handeln haben."*[241],

ist nicht zu erwarten, dass sich die fest zementierte Position der Bundesregierung ändert. Da zudem auch die neueren Gesetzesvorschläge allesamt gescheitert sind, ist der rechtspolitische Weg über eine Gesetzesänderung letztlich erschwert.[242]

Vorrang vor der gesetzlichen Normierung zulässiger Maßnahmen im Falle der Arbeitsplatzgefährdung sollte daher aufgrund der aufgezeigten Flexibilität des Tarifvertragsrechts in jedem Fall die Ausschöpfung der bestehenden Möglichkeiten durch die Tarifpartner haben.[243] Es ist den Tarifpartnern ausreichend Handlungsspielraum zur Herstellung der notwendigen Bewegungsfreiheit auch in betrieblichen Ausnahmesituationen geben. Nur soweit eine Lösung durch die Tarifvertragsparteien nicht gelingt, insbesondere weil sie an bestehenden Regelungen scheitert bzw. der rechtliche Rahmen für eine von den Tarifparteien gewünschte Gestaltungsform zu eng ist,[244] kommt eine entsprechende gesetzliche Regelung in Betracht.[245] Wenn jedoch nach der bestehenden Gesetzeslage individuelle Bündnisse zur Arbeit zulässig sind, sollte diese Option auch von den Tarif- und Arbeitsvertragsparteien konsequent genutzt werden.

---

240 *SPD*, Erneuerung und Zusammenhalt - Wir in Deutschland, S. 27.

241 Regierungserklärung von Bundeskanzler *GERHARD SCHRÖDER* v. 14.03.2003 vor dem Deutschen Bundestag, www.bundesregierung.de/Nachrichten/Regierungserklaerungen-,8674.472179/regierungserklaerung/Regierungserklaerung-von-Bunde.htm

242 *ADOMEIT*, Regelung von Arbeitsbedingungen und ökonomische Notwendigkeit, S. 29.

243 So im Ergebnis auch *LÖWISCH*, RdA 1999, S. 77.

244 Vgl. *WALKER*, ZfA 1996, S. 354.

245 Vgl. *LÖWISCH*, NJW 1997, S. 909 f.

D. Verantwortung der Rechtsprechung

Die Ausgestaltung der von den Koalitionen und dem Gesetzgeber geschaffenen Rechtsnormen ist Sache der Arbeitsrechtsprechung. Deshalb kann die Auslegung von Normen durch die Arbeitsrechtsprechung den Arbeitsvertragsparteien Bedingungen setzen, die sie hindern, das Mögliche zur Vermeidung bzw. Beendigung von Arbeitslosigkeit zu tun. Zu den Aufgaben der Rechtsprechung gehört in diesem Zusammenhang auch, das Verhältnis des Tarifvertrages zu den anderen Rechtsinstituten unter Beachtung der verfassungsrechtlichen und gesetzlichen Vorgaben so zu interpretieren und fortzuentwickeln, dass er den neuen Anforderungen gerecht wird.[246]

Die Verantwortung von Staat, Unternehmen und Gewerkschaften für Arbeitsmarkt und Beschäftigung in der Sozialen Marktwirtschaft[247] wird vom *BAG* noch nicht ausreichend anerkannt.[248] In seiner Rechtsprechung hat sich das *BAG* bisher mit dem Recht, einen gewählten Arbeitsplatz ohne weiteres aufgeben zu können, auseinandergesetzt. Das Recht, einen bestehenden Arbeitsplatz ohne weiteres zu verlieren, wurde zunächst weitgehend vernachlässigt, ist jedoch jetzt vom *BVerfG*[249] aufgegriffen worden. Ausgehend von ihrer primären Aufgabenstellung ist es verständlich, dass die Arbeitsgerichtsbarkeit sich ganz den Arbeitnehmern und deren Interessen widmet, um hier mit allen Kräften zu fördern und zu helfen.[250] Die Rechtsprechung muss jedoch berücksichtigen, dass sich die Gesetze der Ökonomie nicht durch Rechtsgesetze aufheben lassen. So hat der *BGH* richtig erkannt, dass es in der Natur der Tarifverträge liegt, dass sie Auswirkungen, auch solche ungünstiger Art, auf die Gesamtwirtschaftslage haben können. Diese werden jedoch von der Rechtsordnung bewusst in Kauf genommen.[251]

Zu den staatlicherseits beeinflussbaren Rahmenbedingungen zählt neben dem Arbeitsrecht auch speziell die Arbeitsrechtsprechung. Diese hat daher eine grundlegende Bedeutung für die Funktionsfähigkeit eines ökonomischen Systems.[252] Aufgrund der gesellschaftlichen und ökonomischen Veränderungen hat es die Arbeitsrechtsprechung verstärkt mit Arbeitnehmern auf gefährdeten Ar-

---

246 So *Löwisch*, RdA 1999, S. 77.

247 Vgl. dazu eingehend *Schlecht*, in: Ludwig-Erhard-Stiftung (Hrsg.), Arbeitsmarkt und Beschäftigung, S. 6 ff.

248 Vgl. *Adomeit*, Regelung von Arbeitsbedingungen und ökonomische Notwendigkeit, S. 32.

249 *BVerfG* v. 10.03.1992, BVerfGE 85, S. 372 ff.

250 Vgl. *Adomeit*, Regelung von Arbeitsbedingungen und ökonomische Notwendigkeit, S. 32 f.

251 Vgl. *BGH* v. 14.03.1978, BB 1978, S. 931.

252 *Hümmerich*, NZA 1996, S. 1290.

beitsplätzen und zu gefährdeten Arbeitskonditionen zu tun.[253] Letztlich kann nicht nur die Tarifpolitik, sondern eine diese bestätigende Rechtsprechung die Existenz von Unternehmen und damit auch von Arbeitsplätzen gefährden. Hier schließt sich die Frage an, inwieweit die Judikative dem Anpassungsbedarf der Unternehmen ausreichend Rechnung trägt. Die Arbeitsrechtsprechung hat Verantwortung für Arbeitnehmer und Arbeitgeber.[254] Sie muss sich diesen Veränderungen stellen und einen interessengerechten Ausgleich zwischen ökonomischen Notwendigkeiten und arbeitsrechtlichem Schutz finden.

Bleiben das Tarifsystem und seine Ausgestaltung wenig dynamisch und ist weder von den Tarifvertragsparteien noch vom Gesetzgeber ein Tätigwerden zu erwarten, dann bleibt nur „das geschriebene Tarifrecht mit den Mitteln der Auslegung zweckgerecht fortzubilden"[255]. Es ist daher Aufgabe der Rechtsprechung, das Verhältnis des Tarifvertrages zu anderen Rechtsinstituten unter Beachtung der verfassungsrechtlichen und gesetzlichen Vorgaben so zu interpretieren und fortzuentwickeln, dass er neuen Anforderungen gerecht wird.[256] Entsprechend obliegt es der Rechtsprechung, die hier diskutierte erweiterte Günstigkeitsbetrachtung in seine Rechtsfortbildung einzubeziehen.

Erst wenn durch die Tarifvertragsparteien und die Rechtsprechung trotz der veränderten ökonomischen Rahmenbedingungen keine Korrektur erfolgt, muss sie letztlich durch die Gesetzgebung angeordnet werden.[257]

E. Zusammenfassung

Im Vergleich zu Zeiten der Vollbeschäftigung rückt bei Massenarbeitslosigkeit und einer Arbeitslosenquote von ca. 10% der Wert des Arbeitsplatzes immer mehr in den Mittelpunkt. So würde sich bei herrschender Vollbeschäftigung die Frage nach der Günstigkeit untertariflicher Leistung gar nicht stellen. Um den geänderten Voraussetzungen Rechnung zu tragen, bedarf es eines Überdenkens der bisherigen Gerechtigkeitsvorstellungen durch alle gesellschaftlichen Kräfte, die Einfuß auf die Wirtschafts- und Arbeitsmarktpolitik haben. Dabei müssen sich die Tarifpolitik, der Gesetzgeber und die Rechtsprechung den veränderten Realitäten stellen und neue Wege beschreiten. Anderenfalls besteht die Gefahr, dass die bestehenden tariflichen Strukturen zunehmend erodiert werden.

---

253 So im Ergebnis *ADOMEIT*, Regelung von Arbeitsbedingungen und ökonomische Notwendigkeit, S. 33.

254 *HÜMMERICH*, NZA 1996, S. 1304.

255 *ADOMEIT*, Regelung von Arbeitsbedingungen und ökonomische Notwendigkeit, S. 29.

256 Vgl. *LÖWISCH*, RdA 1999; S. 77.

257 So die zutreffende Forderung von *RÜTHERS*, NJW 2003, S. 552.

Obwohl zunehmend auch die Gewerkschaften die Notwendigkeit einer Öffnung des Tarifvertrages im Falle von wirtschaftlicher Schwierigkeiten eines Unternehmens erkennen, sind derartige tarifvertragliche Öffnungsklauseln bisher selten anzutreffen. Da zudem der Gesetzgeber keine Notwendigkeit für eine entsprechende gesetzliche Öffnungsklausel sieht, bleibt vor allem die Rechtsprechung gefordert, die bestehenden Normen zweckgerecht fortzubilden. Gerade aufgrund des gestiegenen Schutzbedürfnisses der Arbeitnehmer an der Sicherung des Arbeitsplatzes ergibt sich die Notwendigkeit, die Arbeitsplatzgefährdung stärker in rechtliche Erwägungen einzubeziehen. Durch die Vereinbarung untertariflicher Leistungen kann unter Umständen die Existenz des Unternehmens und damit der Erhalt von Arbeitsplätzen gesichert werden. Daher scheint es erforderlich, den drohenden Arbeitsplatzverlust in den Günstigkeitsvergleich mit aufzunehmen.

Zweites Kapitel

Günstigkeitsprinzip

Wird der Inhalt eines Rechtsverhältnisses durch verschiedene Normen geregelt, die in einem Konkurrenzverhältnis stehen, so geht die ranghöhere Norm grundsätzlich der rangniedrigeren vor. Dieser Grundsatz des Rangprinzips kann jedoch durch das Günstigkeitsprinzip durchbrochen werden. Das Günstigkeitsprinzip ist ein allgemeiner Rechtssatz, nach welchem von mehreren dasselbe Rechtsverhältnis gestaltenden Normen verschiedenen Ranges derjenigen der Vorzug gebührt, die für einen der an dem Rechtsverhältnis Beteiligten die günstigere ist.[258] Dies bedeutet nichts anderes, als dass im Falle der Günstigkeit auch eine rangniedrigere Regelung einer ranghöheren vorgehen kann.

Der Günstigkeitsgedanke kommt vor allem dort zur Geltung, wo der Gesetzgeber infolge gestörter Vertragsparität davon ausgeht, dass eine Partei aufgrund objektiver Gegebenheiten in ihrer Willensentscheidung beeinträchtigt und daher schutzbedürftig ist. Von den entsprechenden Schutzvorschriften kann dann abgewichen werden, wenn die Rechtsstellung des Schutzbedürftigen verbessert wird. D.h., soweit mehrere Rechtsquellen den gleichen Regelungsgegenstand haben und dem Schutz eines der am Rechtsverhältnis Beteiligten dienen, kommt immer das den Schutzbedürftigen begünstigende Recht zur Anwendung.[259]

NIKISCH[260] stellte zutreffend fest, dass sich das Günstigkeitsprinzip aus dem Sinn und Zweck einer Norm von selbst ergibt und deshalb nicht einmal besonders ausgesprochen werden muss. Das Günstigkeitsprinzip stellt also nicht nur einen rein arbeitsrechtlichen Grundsatz dar. Es ist vielmehr Ausdruck eines umfassenden Grundsatzes, der unabhängig von der Art der Rechtsquelle, auch außerhalb des Tarifvertragsgesetzes, Geltung beansprucht.[261] So ist das Rechtsprinzip beispielsweise auch im Mietrecht[262] und Minderjährigenrecht[263] angesiedelt. Die weitaus größte Bedeutung gebührt dem Günstigkeitsprinzip jedoch im Arbeitsrecht.[264] *NIKISCH*[265] begründet das damit, dass gerade hier die Zahl der Gestal-

258 *NIKISCH*, Arbeitsrecht, Bd. II, S. 418.

259 Vgl. *TECH*, Günstigkeitsprinzip und Günstigkeitsbeurteilung im Arbeitsrecht, S. 4.

260 *NIKISCH*, DB 1963, S. 1254.

261 Vgl. *BAG* v. 16.09.1986, BAGE 53, S. 60; *BAG* v. 07.11.1989, BAGE 63, S. 219.

262 Vgl. *BELLING*, Das Günstigkeitsprinzip im Arbeitsrecht, S. 32; *SCHULZE*, Das Günstigkeitsprinzip im Tarifvertragsrecht, S. 25; *KRAUSS*, Günstigkeitsprinzip und Autonomiebestreben am Beispiel der Arbeitszeit, S. 63, Fn. 317; weitere Nachweise bei *TECH*, Günstigkeitsprinzip und Günstigkeitsbeurteilung im Arbeitsrecht, S. 4, Fn. 2.

263 Vgl. *BELLING*, Das Günstigkeitsprinzip im Arbeitsrecht, S. 33; *FEDERLIN*, Der kollektive Günstigkeitsvergleich, S. 35, Fn. 7; weitere Nachweise bei *TECH*, Günstigkeitsprinzip und Günstigkeitsbeurteilung im Arbeitsrecht, S. 5, Fn. 1.

264 So *NIKISCH*, Arbeitsrecht, Bd. II, S. 418.

tungsmittel größer ist als auf anderen Rechtsgebieten und einige in erster Linie dem wirtschaftlichen und sozialen Schutz des Arbeitnehmers dienen. So kann der Inhalt des Arbeitsverhältnisses im Einzelfall von unterschiedlichen arbeitsrechtlichen Gestaltungsfaktoren, wie z.B. Arbeitsvertrag, Betriebsvereinbarungen, tarifvertraglichen Regelungen oder Gesetzen, bestimmt werden.[266]

A. Inhalt des arbeitsrechtlichen Günstigkeitsprinzips

Der Tarifvertrag wirkt gemäß § 4 Abs. 1 TVG zwingend und unmittelbar zwischen den Tarifparteien. Von dieser Wirkung des Tarifvertrages kann jedoch abgewichen werden. Die entsprechenden Voraussetzungen sind in § 4 Abs. 3 TVG normiert, wonach es zwei Möglichkeiten gibt, in denen abweichende Vereinbarungen gegenüber dem Tarifvertrag gestattet sind, zum einen durch sogenannte Tariföffnungsklauseln[267], zum anderen bei Eingreifen des Günstigkeitsprinzips.

Das arbeitsrechtliche Günstigkeitsprinzip ist in § 4 Abs. 3 Alt. 2 TVG verankert. Kollidieren mehrere Regelungen bzgl. desselben Gegenstandes miteinander, so hat diejenige Vorrang, die für den Arbeitnehmer günstiger ist.[268] D.h., durch das Günstigkeitsprinzip werden vom Tarifvertrag abweichende rangniedrigere Abmachungen unabhängig vom Willen der Tarifparteien gestattet, wenn diese sich als günstiger erweisen.

Günstigere Abmachungen können Individual- und Betriebsvereinbarungen[269] oder Regelungsabreden[270] sein. Nicht erfasst sind jedoch Normen aus anderen Tarifverträgen[271], denn das Günstigkeitsprinzip bietet keine Lösung für Tarifkonkurrenzen.[272] Im Verhältnis zwischen Individual- und Tarifvertrag sichert das Günstigkeitsprinzip den Parteien des Arbeitsvertrages eine sachliche Vorrangkompetenz für eigenständige günstigere Regelung[273] gegenüber dem Tarif-

---

265 Vgl. *NIKISCH*, Arbeitsrecht, Bd. II, S. 418.

266 Vgl. allgemein zum Spannungsverhältnis von Tarif-, Betriebs- und Privatautonomie z.B. *PICKER*, NZA 2002, S. 761 ff.

267 Vgl. zum Begriff der Tariföffnungsklauseln *GAMILLSCHEG*, Kollektives Arbeitsrecht, Bd. I, S. 810; *SCHAUB*, Arbeitsrechtshandbuch, S. 1701; *ZÖLLNER / LORITZ*, Arbeitsrecht, S. 367.

268 Vgl. *SCHULZE*, Das Günstigkeitsprinzip im Tarifvertragsrecht, S. 24; ähnlich *TECH*, Günstigkeitsprinzip und Günstigkeitsbeurteilung im Arbeitsrecht, S. 4.

269 *SCHAUB*, in: Dieterich / Hanau / Schaub (Hrsg.), Erfurter Kommentar zum Arbeitsrecht, § 4 TVG Rn. 55.

270 *DÖRNER*, in: Leinemann (Hrsg.), Kasseler Handbuch zum Arbeitsrecht, Bd. 2, Rn. 205.

271 Vgl. *LÖWISCH / RIEBLE*, TVG, § 4 Rn. 166.

272 Vgl. *DÖRNER*, in: Leinemann (Hrsg.), Kasseler Handbuch zum Arbeitsrecht, Bd. 2, Rn. 205.

273 Vgl. *WANK*, in: Wiedemann (Hrsg.), TVG, § 4 Rn. 381.

vertrag[274]. Trotz der in § 4 Abs. 1 TVG normierten unmittelbaren und zwingenden Wirkung des Tarifvertrages wird durch das Günstigkeitsprinzip den Arbeitgebern und Arbeitnehmern ein Bereich zur eigenständigen Gestaltung des Arbeitsverhältnisses vorbehalten.[275] Die Freiheit günstiger Abmachungen ist die Wiederherstellung der Vertragsfreiheit in dem Bereich, in dem sie die Schutzaufgabe des Arbeitsrechts nicht gefährdet.[276] Wo der Schutz des Schwachen endet, setzt die Freiheit des Individualvertrages wieder ein.[277]

B. Historische Entwicklung

Wie bereits eingangs festgestellt, kann das Günstigkeitsprinzip nur unter zwei Voraussetzungen Bedeutung erlangen: Es müssen zunächst zwei Rechtsquellen verschiedenen Ranges gegeben sein, so dass eine Kollisionslage entstehen kann. Außerdem darf die höherrangige Rechtsquelle nicht ausnahmslos verbindlich sein,[278] indem sie jegliche Abweichungen verbietet, also auch solche, die für den Arbeitnehmer günstiger sind.

Bis zum Erlass des Betriebsrätegesetzes[279] vom 4. Februar 1920 war der Tarifvertrag die einzige kollektivrechtliche Kollisionsregel, die neben dem Individualarbeitsvertrag das Arbeitsverhältnis gestaltete. Entsprechend ist die historische Entwicklung des Günstigkeitsprinzips, aus der sich evtl. bereits Hinweise auf die Zulässigkeit untertariflicher Vereinbarungen zu Sicherung von Arbeitsplätzen ergeben, eng mit der Entstehung des Tarifvertragsrechts verbunden.

I. Entwicklung bis 1918

Die ersten Ansätze gemeinsamer Interessenwahrnehmungen der Arbeitnehmer zur Verbesserung der Arbeitsbedingungen reichen bis ins Mittelalter zurück.[280] Jedoch hatte das Günstigkeitsprinzip bei den ersten tarifvertragsähnlichen Gebilden[281] noch keine Bedeutung.

Mitte des 19. Jahrhunderts kam es im Rahmen der durch Liberalismus geprägten Staats- und Wirtschaftsordnung und der damit einhergehenden industriellen Re-

---

274 Vgl. *KEMPEN / ZACHERT*, TVG, § 4 Rn. 135.

275 Vgl. *WANK*, in: Wiedemann (Hrsg.), TVG, § 4 Rn. 381.

276 *GAMILLSCHEG*, Kollektives Arbeitsrecht, Bd. I, S. 837.

277 *DÄUBLER*, Tarifvertragsrecht, Rn. 197.

278 Vgl. *BELLING*, Das Günstigkeitsprinzip im Arbeitsrecht, S. 26.

279 RGBl. (I) 1920, S. 147-194.

280 Z.B. Streik der Breslauer Gürtlergesellen 1329, Streiks der Weberknechte in Speyer 1351-1362; vgl. Fundstellen bei *Brox / RÜTHERS*, Arbeitskampfrecht, Rn. 2.

281 Z.B. Lohnvertrag der Webergesellen in Speyer 1362; vgl. *Brox / RÜTHERS*, Arbeitskampfrecht, Rn. 2.

volution zu einem starken Anwachsen der Arbeitnehmerschaft. Die damaligen Arbeitsbedingungen waren u.a. durch Sechzehnstundenarbeit an allen sechs Werktagen, Hungerlöhne, Sonn- und Feiertagsarbeit und tägliche Kündbarkeit des Arbeitsvertrages gekennzeichnet.[282] Obwohl oder gerade weil eine schrankenlose Vertragsfreiheit[283] herrschte, wurde zwischen Arbeitgebern und Arbeitnehmern die „Ware“ Arbeit wie unter Kaufleuten gehandelt.[284] Die wirtschaftliche und soziale Überlegenheit der Arbeitgeber ermöglichte es diesen, die Arbeitsbedingungen faktisch allein zu bestimmen.[285] Der Arbeitsvertrag degenerierte aufgrund fehlender Vertragsgerechtigkeit zu einem „Herrschaftsvertrag“[286] des Arbeitgebers über den Arbeitnehmer. In Ermangelung der Vertragsparität war die Privatautonomie praktisch aufgehoben.[287] Die Situation für die Arbeitnehmer konnte nur geändert werden, wenn diese sich im Wege der Selbsthilfe zu Koalitionen zusammenschlossen, um so ein annähernd adäquates Gegengewicht zu den Arbeitgebern darzustellen oder indem der Staat regulierend eingriff.[288] Obwohl bis 1869 in § 152 GewO[289] ein ausdrückliches Koalitionsverbot bestand, schlossen sich Arbeiter immer häufiger zusammen, um gemeinsam ihre Verhandlungsposition gegenüber den Arbeitgebern zu stärken.[290]

Dem Günstigkeitsgedanke wurde in den ersten Tarifverträgen noch nicht die Beachtung beigemessen, die ihm später zukommen sollte. Er war in den sogenannten Arbeitsnormverträgen und späteren Tarifverträgen meistens nur durch die Festsetzung von Mindestnormen für Löhne enthalten.[291]

---

282 Vgl. dazu *PICKER*, ZfA 1986, S. 251 f.

283 Vgl. *BELLING*, Das Günstigkeitsprinzip im Arbeitsrecht, S. 27.

284 *HUECK / NIPPERDEY*, Lehrbuch des Arbeitsrechts, Bd. I, S. 9; *NIKISCH*, Arbeitsrecht, Bd. I, S. 16.

285 Vgl. *FEDERLIN*, Der kollektive Günstigkeitsvergleich, S. 41; ähnlich *PICKER*, ZfA 1986, S. 251.

286 *SINZHEIMER*, Der korporative Arbeitsnormenvertrag, 1. Teil, S. 16; *SÄCKER*, RdA 1969, S. 302, charakterisiert die Vertragsfreiheit als „staatlich abgesicherte Vogelfreiheit“.

287 Vgl. *TECH*, Günstigkeitsprinzip und Günstigkeitsbeurteilung im Arbeitsrecht, S. 8; *FEDERLIN*, Der kollektive Günstigkeitsvergleich, S. 41.

288 Vgl. *BELLING*, Das Günstigkeitsprinzip im Arbeitsrecht, S. 27; *TECH*, Günstigkeitsprinzip und Günstigkeitsbeurteilung im Arbeitsrecht, S. 9; *FEDERLIN*, Der kollektive Günstigkeitsvergleich, S. 41.

289 Preußische Gewerbeordnung von 1845. Vgl. *HUECK / NIPPERDEY*, Lehrbuch des Arbeitsrechts, Bd. II/1, S. 115 f.

290 Z.B. Vertrag der Breslauer Buchdrucker 1848, in dem erstmals ein wöchentlicher Mindestlohn vereinbart wurde; vgl. Nachweise bei *ULLMANN*, Tarifverträge und Tarifpolitik in Deutschland bis 1914, S. 25.

291 Vgl. *TECH*, Günstigkeitsprinzip und Günstigkeitsbeurteilung im Arbeitsrecht, S. 11; *FEDERLIN*, Der kollektive Günstigkeitsvergleich, S. 43.

Erst mit der Bildung von Gewerkschaften[292], der starken Verbreitung von Tarifverträgen in nahezu allen Bereichen der Wirtschaft gegen Ende des 19. Jahrhunderts,[293] der ersten höchstrichterlichen Anerkennung von Tarifverträgen im Jahre 1910[294] und der legislativen Bezugnahme,[295] setzte sich auch die Rechtswissenschaft verstärkt mit dem Gestaltungsmittel des Tarifvertrages auseinander.

Eines der häufig erörterten Probleme war hierbei das Verhältnis zwischen Tarifvertrag und Arbeitsvertrag. Die beiden Hauptströmungen in der Literatur zur Interpretation dieser Problematik in der damaligen Zeit gehen auf *SINZHEIMER* und *LOTMAR* zurück. Nach der Theorie von *LOTMAR*[296] entfaltete der Tarifvertrag unmittelbare und zwingende Wirkung, da durch eine einzelvertragliche Abdingbarkeit alle Vorteile der kollektiven Vertragsschließung preisgegeben würden. Die von *SINZHEIMER*[297] vertretene herrschende Lehre[298] befürwortete lediglich die obligatorische Wirkung des Tarifvertrages, aufgrund derer die Parteien sich verpflichtet sahen, sich an die Tarifnormen zu halten. Wich der Arbeitgeber jedoch durch Individualvertrag von den Tarifnormen ab, so wurden der verletzten Tarifpartei Schadenersatzansprüche wegen Vertragsverletzung gewährt.[299] Aufgrund dieser Ersatzpflicht wurde dem Tarifvertrag im Ergebnis praktisch ebenfalls eine nahezu unabdingbare Wirkung beigemessen.[300]

Die beiden Hauptmeinungen gingen übereinstimmend davon aus, dass ein Abweichen vom Tarifvertrag durch den Arbeitsvertrag zugunsten des Arbeitnehmers mit dem verbindlichen Charakter des Tarifvertrages vereinbar war.[301]

---

292 *NIKISCH*, Arbeitsrecht, Bd. I, S. 18.

293 Stellvertretend: Reichstarifvertrag für das Buchdruckergewerbe 1873, Allgemeiner Deutscher Buchdrucker-Tarif 1889, Berliner Bauarbeitertarifvertrag 1899; insgesamt kam es bis 1890 zu 64 Tarifabschlüssen; vgl. *ULLMANN*, Tarifverträge und Tarifpolitik in Deutschland bis 1914, S. 79.

294 *RG* v. 20.01.1910, RGZ 73, S. 99 ff.

295 § 16 Gesetz über den Absatz von Kalisalzen (Kaligesetz) vom 25. Mai 1910, RGBl. 1910, S. 775-790.

296 *LOTMAR*, Der Arbeitsvertrag nach dem Privatrecht des Deutschen Reiches, Bd. 1, S. 773-788.

297 *SINZHEIMER*, Der korporative Arbeitsnormenvertrag, 2. Teil, S. 66 ff.

298 Vgl. *HUECK*, Das Recht des Tarifvertrages unter besonderer Berücksichtigung der Verordnung vom 23. Dezember 1918, S. 97; *HUECK / NIPPERDEY*, Lehrbuch des Arbeitsrechts, Bd. II/1, S. 215; *KÖPPE*, Der Arbeitstarifvertrag als Gesetzgebungsproblem, S. 93 f.; *SCHALL*, Das Privatrecht der Arbeitstarifverträge, S. 150 ff.

299 *SINZHEIMER*, Der korporative Arbeitsnormenvertrag, 2. Teil, S. 108 ff.; *SCHMIDT*, Das Günstigkeitsprinzip im deutschen und schweizerischen Arbeitsrecht, S. 16.

300 Vgl. *BELLING*, Das Günstigkeitsprinzip im Arbeitsrecht, S. 31; *SCHMIDT*, Das Günstigkeitsprinzip im deutschen und schweizerischen Arbeitsrecht, S. 16.

301 *BELLING*, Das Günstigkeitsprinzip im Arbeitsrecht, S. 32.

Die Bedeutung des Günstigkeitsprinzips war jedoch auf seine Funktion als Auslegungsregel reduziert. Diese besagte, dass die in erster Linie dem Schutz des einzelnen Arbeitnehmers dienenden allgemeinen Arbeitsbedingungen nur als Mindestbedingungen aufzufassen waren, soweit die Tarifvertragsparteien nichts Abweichendes vereinbart hatten.[302]

Der Günstigkeitsgedanke hatte trotz bisher noch fehlender positiv-rechtlicher Normierung seine Anerkennung erfahren. Es deutete sich in diesem Zeitabschnitt bereits an, dass dem Günstigkeitsprinzip eine wichtige Funktion im Spannungsverhältnis zwischen individual- und kollektivvertraglicher Ebene zukommen kann.[303]

II. Erste gesetzliche Normierung

Die erste ausdrückliche positiv-rechtliche Regelung des Tarifvertragswesens erfolgte am 23. Dezember 1918 in der „Verordnung über Tarifverträge, Arbeiter- und Angestelltenausschüsse und Schlichtung von Arbeitsstreitigkeiten" (TVVO).[304]

§ 1 Abs. 1 Satz 1 TVVO definierte den Begriff des Tarifvertrages und räumte, der Auffassung *LOTMAR'S* folgend, den Normen des Tarifvertrages unmittelbare und zwingende Wirkung ein. Danach waren Arbeitsverträge unwirksam, wenn sie von den tariflichen Regeln abwichen. Allerdings war es den Tarifparteien vorbehalten, die unmittelbare und zwingende Wirkung auszuschließen.[305]

Mit Einführung der TVVO wurde das in § 1 Abs. 1 Satz 2 TVVO normierte Günstigkeitsprinzip als eines der beherrschenden Grundsätze des Tarifvertragsrechtes anerkannt.[306] Die Vorschrift hatte folgenden Wortlaut:

> *„Abweichende Vereinbarungen sind jedoch wirksam, soweit sie im Tarifvertrag grundsätzlich zugelassen sind oder soweit sie eine Änderung der Arbeitsbedingungen zugunsten des Arbeitnehmers enthalten und im Tarifvertrag nicht ausdrücklich ausgeschlossen sind."*

Es wäre jedoch falsch, mit dieser gesetzlichen Verankerung eine wesentliche Erweiterung des bisherigen Günstigkeitsgedanken zu verbinden, denn noch immer stand das Günstigkeitsprinzip ebenso wie die Unabdingbarkeit der Tarif-

---

302 Vgl. *RICHARDI*, Kollektivgewalt und Individualwille bei der Gestaltung des Arbeitsverhältnisses, S. 360 f.; *SINZHEIMER*, Der korporative Arbeitsnormenvertrag, 2. Teil, S. 60; *BELLING*, Das Günstigkeitsprinzip im Arbeitsrecht, S. 32.

303 Ähnlich auch *FEDERLIN*, Der kollektive Günstigkeitsvergleich, S. 46.

304 RGBl. (I) 1918, S. 1456-1467. Neuverkündet am 1. März 1928, RGBl. (I) 1928, S. 47-51.

305 Vgl. *JACOBI*, Grundlagen des Arbeitsrechts, S. 224.

306 Vgl. *RICHARDI*, Kollektivgewalt und Individualwille bei der Gestaltung des Arbeitsverhältnisses, S. 361 f.

normen zur Disposition der Tarifvertragsparteien.[307] Wenn die Tarifvertragsparteien Abweichungen vom Tarifvertrag ausschlossen, so wurde gleichzeitig das Günstigkeitsprinzip abgedungen und die Tarifnormen stellten dann Höchstarbeitsbedingungen dar.[308]

Auch der Gesetzgeber folgte der bisher geübten Tarifpraxis, so dass das Günstigkeitsprinzip aufgrund der fehlenden zwingenden Wirkung den Charakter einer Auslegungsregel behielt.[309] Dies zeigt, dass der Individualarbeitsvertrag nicht als selbständiges Gestaltungsmittel neben dem Tarifvertrag anerkannt wurde.[310] Die TVVO verdeutlichte zwar die Existenz des Günstigkeitsprinzips, billigte diesem aber lediglich eine beschränkte Wirkung zu, da es sich nicht unabhängig von den Kollektivmächten entfalten konnte.[311]

Trotz der eingeschränkten Wirkung des Günstigkeitsprinzips entbrannte bereits frühzeitig in der Literatur ein heftiger Streit darüber, auf welche Interessen bei der Günstigkeitsbeurteilung abzustellen ist. Während *HUECK*[312] das Gesamtinteresse der Arbeitnehmerschaft berücksichtigte, stellte *NIPPERDEY*[313] einzig auf die Individualinteressen des Arbeitnehmers ab. Das *RAG* schloss sich der Auffassung *NIPPERDEY'S* an und erklärte bei der Beurteilung der Günstigkeit das Einzelinteresse für maßgeblich.[314] Damit hatte sich während der Geltung der TVVO nach anfänglich vorherrschender gegenteiliger Auffassung[315] der individuelle Vergleichsmaßstab durchgesetzt.

Während bisher die Frage, ob durch individualvertragliche Vereinbarung zur Sicherung existentiell bedrohter Arbeitsplätze vom Tarifvertrag abgewichen werden kann, keine entscheidende Rolle spielte, hatte die Rechtsprechung Mitte der 20er Jahre diese Frage erstmals zu entscheiden. Ursächlich war die wirtschaftliche Krise in Deutschland und die steigende Arbeitslosigkeit. Arbeitnehmer waren in der Zeit zwischen 1925 und 1930 und insbesondere in der

---

307 Vgl. *HUECK*, Das Recht des Tarifvertrages unter besonderer Berücksichtigung der Verordnung vom 23. Dezember 1918, S. 60; *RICHARDI*, Kollektivgewalt und Individualwille bei der Gestaltung des Arbeitsverhältnisses, S. 386 f.; *JACOBI*, Grundlagen des Arbeitsrechts, S. 232 f.

308 *NIKISCH*, Arbeitsrecht, Bd. II, S. 420.

309 So *HUECK*, Das Recht des Tarifvertrages unter besonderer Berücksichtigung der Verordnung vom 23. Dezember 1918, S. 118. Vgl. auch *RICHARDI*, Kollektivgewalt und Individualwille bei der Gestaltung des Arbeitsverhältnisses, S. 360 f.

310 So *BELLING*, Das Günstigkeitsprinzip im Arbeitsrecht, S. 36.

311 Vgl. *FEDERLIN*, Der kollektive Günstigkeitsvergleich, S. 48.

312 Vgl. *HUECK*, Das Recht des Tarifvertrages unter besonderer Berücksichtigung der Verordnung vom 23. Dezember 1918, S. 119 f.

313 *NIPPERDEY*, Beiträge zum Tarifrecht, S. 10.

314 *RAG* v. 13.03.1929, ARS 6, S. 78.

315 Vgl. *RG* v. 27.11.1925, JW 1927, S. 242.

Wirtschaftskrise um 1930 verstärkt bereit, zu untertariflichen Konditionen zu arbeiten, um der Arbeitslosigkeit zu entfliehen.[316] So entschied das *GewGer Oberlahnstein*[317], dass eine Günstigkeit im Sinne von § 1 Abs. 1 Satz 2 TVVO nicht rein formalistisch dahingehend ausgelegt werden dürfte, dass eine Veränderung der Arbeitsbedingungen des Arbeitnehmers nur vorliege, wenn die abweichende Vereinbarung eine tatsächliche Verbesserung des Tarifvertrages darstelle. Die Schaffung einer Verdienstmöglichkeit sei daher für die Arbeitnehmer günstiger als auf die Erwerbslosenunterstützung angewiesen zu sein, auch wenn dabei untertarifliche Löhne vereinbart würden.[318] Ähnlich entschied das *LG Bautzen*[319], welches eine Herabsetzung des tariflichen Grundlohns als zulässig ansah, da die Betriebsabteilung der betroffenen Arbeitnehmer zuvor stillgelegt worden war, diese entlassen und nunmehr auf Arbeitslosenunterstützung angewiesen waren. In diesem Zusammenhang hat es das *LG Bautzen* als bedeutsam angesehen, dass die Situation der Arbeitnehmer nur durch die Schaffung von Arbeitsgelegenheit verbessert werden konnte. Da ihnen der Arbeitgeber jedoch nur Arbeit zu solchen Löhnen anzubieten in der Lage war, die für das Werk tragbar gewesen seien und bei denen nicht eine sofortige erneute Werksschließung drohte, wurden untertarifliche Löhne als zulässig gewertet.[320]

Auch die Literatur setzte sich im Zusammenhang mit der Auseinandersetzung um den Vergleichsmaßstab erstmals mit der Günstigkeit untertariflicher Leistungen auseinander,[321] auch wenn die Bewertung der Günstigkeit einer Arbeit zu untertariflichen Bedingungen im Vergleich zur Arbeitslosigkeit eine eher untergeordnete Rolle spielte. Wenn man wie *Nipperdey* auf das Interesse des einzelnen Arbeitnehmers abstellt, so wäre nach Auffassung von *Hueck* konsequenterweise der Arbeitsvertrag mit untertariflichem Lohn vorteilhafter, soweit der betroffene Arbeitnehmer sonst arbeitslos sein würde.[322] *Hueck* und *Nipperdey* waren sich jedoch diesbezüglich einig, dass untertarifliche Löhne niemals als günstigere Arbeitsbedingungen und somit als zulässige Abweichung des Einzelarbeitsvertrages vom Tarifvertrag anzusehen seinen.[323] *Nipperdey*[324] wie auch

---

316 Vgl. *Wlotzke*, Das Günstigkeitsprinzip im Verhältnis des Tarifvertrages zum Einzelvertrag und zur Betriebsvereinbarung, S. 73.

317 *GewGer Oberlahnstein* v. 09.09.1924, SchlichtW 1924, S. 177 ff.

318 *GewGer Oberlahnstein* v. 09.09.1924, SchlichtW 1924, S. 178.

319 *LG Bautzen* v. 19.02.1925, NZfA 1925, Sp. 553 f.

320 *LG Bautzen* v. 19.02.1925, NZfA 1925, Sp. 554.

321 Vgl. *Nipperdey*, NZfA 1926, Sp. 211 ff; *Hueck*, SchlichtW 1924, S. 183 ff.; *Baum*, JW 1919, S. 72 ff.

322 *Hueck*, SchlichtW 1924, S. 184.

323 *Hueck*, SchlichtW 1924, S. 184; *Nipperdey*, NZfA 1926, Sp. 211 f. Die Begründung hierfür waren jedoch unterschiedlich. So nahm *Nipperdey*, NZfA 1926, Sp. 211 f., einen Vergleich zwischen Tarifvertrag und Arbeitsvertrag vor und kam dabei zu dem Ergebnis, dass untertariflicher Lohn immer zuungunsten des Arbeitnehmers anzusehen ist. *Hueck*,

das *SÄCHSISCHE OVG*[325] kamen zudem zu dem Ergebnis, dass sich das Günstigkeitsprinzip nicht zur Bekämpfung der Arbeitslosigkeit eignet. Dieser Auffassung wurde im folgenden nicht widersprochen, so dass eine vertiefende juristische Auseinandersetzung zunächst fehlte.

III. Zeitraum zwischen 1933 und 1945

Während der Zeit des Nationalsozialismus in Deutschland (1933-1945) spielte das Günstigkeitsprinzip lediglich eine untergeordnete Rolle.

Bereits kurze Zeit nach Machtergreifung der Nationalsozialisten am 30. Januar 1933 wurden Gewerkschaften und Arbeitgeberverbände durch Gesetz[326] aufgelöst. An ihre Stelle traten sog. „Treuhänder der Arbeit", deren Aufgabe es als staatliche Schlichter war, rechtsverbindlich die Bedingungen für den Abschluss von Arbeitsverhältnissen durch Rechtsverordnungen zu regeln.[327] Durch dieses Gesetz wurde das Recht der kollektiven Selbstbestimmung im Prinzip beseitigt.[328] Die Tarifmacht war in die Hand des Staates übergegangen.

Eine weitere gesetzliche Grundlage zur Durchsetzung des Führerprinzips im Arbeitsrecht[329] und des staatlichen Zwangsrechts[330] war das am 20. Januar 1934 erlassene „Gesetz zur Ordnung der nationalen Arbeit" (AOG).[331] In § 32 Abs. 2 Satz 2 AOG wurden unmittelbar und zwingend Mindestbedingungen für das Einzelarbeitsverhältnis festgelegt. Danach waren einerseits für den Arbeitnehmer günstigere Regelungen zugelassen[332], während andererseits Klauseln,

---

SchlichtW 1924, S. 184, der die Günstigkeitsbeurteilung aus Sicht der Gesamtarbeitnehmerschaft vornahm, sah in der Vereinbarung untertariflicher Löhne die Gefahr einer allgemeinen Durchbrechung des Tarifvertrages und bejahte somit einen Verstoß gegen die Interessen der Gesamtarbeitnehmerschaft.

324 Vgl. *NIPPERDEY*, NZfA 1926, Sp. 212.

325 *SÄCHSISCHE OVG* v. 18.12.1925, NZfA 1927, Sp. 185.

326 Gesetz über die Treuhänder der Arbeit vom 19. Mai 1933, RGBl. (I) 1933, S. 285.

327 Vgl. § 2 Gesetz über die Treuhänder der Arbeit; *NIPPERDEY*, BB 1948, S. 158.

328 Vgl. *FEDERLIN*, Der kollektive Günstigkeitsvergleich, S. 55; *NIPPERDEY*, BB 1948, S. 158.

329 Vgl. *PROBST*, Das Günstigkeitsprinzip im Arbeitsrecht unter besonderer Berücksichtigung seiner Regelung in den Tarifordnungen, S. 9.

330 Vgl. *NIPPERDEY*, BB 1948, S. 158; vgl. *BELLING*, Das Günstigkeitsprinzip im Arbeitsrecht, S. 38.

331 RGBl. (I) 1934, S. 45-56.

332 Vgl. *NIPPERDEY*, in: Hueck / Nipperdey / Dietz (Hrsg.), Gesetz zur Ordnung der nationalen Arbeit und Gesetz zur Ordnung der Arbeit in öffentlichen Verwaltungen und Betrieben mit der Verordnung über die Lohngestaltung und Kriegswirtschaft (Kriegslöhne), § 32 Rn. 63, 186 ff.

die Höchstbedingungen zum Gegenstand hatten, zwingend ausgeschlossen waren.[333]

Das Günstigkeitsprinzip stand somit nicht mehr zur Disposition, sondern es wurde ihm erstmals zwingende Geltung verliehen. Der Grundsatz des Leistungslohns (§ 29 AOG) und das Günstigkeitsprinzip dienten jedoch nur als vorläufiges Erziehungsmittel für die Durchsetzung des Leistungsprinzips[334] zur Stärkung der Gemeinschaft durch leistungsmotivierte Arbeitnehmer.[335] Eine Förderung des Interesses der einzelnen Arbeitnehmer war nicht beabsichtigt, denn ein über Selbstverantwortung und Vertragsfreiheit interpretiertes Günstigkeitsprinzip widersprach den Leitmotiven der nationalsozialistischen Gemeinschaft und den Bestrebungen nach einer totalen staatlichen Lohnführung.[336] Zu den dies verdeutlichenden nationalsozialistisch-arbeitsrechtlichen Grundsätzen gehörten u.a. die Beachtung des Gesamtwohls nach dem Leitgedanken „Gemeinnutz geht vor Eigennutz" bzw. „die natürliche Unterordnung der am Einzelvertrag beteiligten Individuen unter das Gesamtwohl".[337]

Mit Beginn der starken Aufrüstung der Streitkräfte und insbesondere während des Zweiten Weltkrieges vollzog sich der endgültige Niedergang des Günstigkeitsprinzips. Arbeitskräfte wurden in vielen Bereichen der Wirtschaft knapp, so dass mit höheren Lohnforderungen der Arbeitnehmerschaft zu rechnen war. Der nationalsozialistische Staat sah sich veranlasst, eine vollkommene staatliche Lohnkontrolle einzuführen und gleichzeitig jeden Wettbewerb sowie die Vertragsfreiheit im Arbeitsleben zu verbieten.[338] Durch die Lohnstoppgesetzgebung[339] wurde das Günstigkeitsprinzip bereits stark eingeschränkt, um später durch Erlass der Kriegswirtschaftsverordnung[340] endgültig beseitigt zu werden. Die Kriegswirtschaftsordnung ermächtigte den Treuhänder der Arbeit, Höchstarbeitsbedingungen festzulegen und stellte in § 21 die Abweichung von der Tarifordnung zugunsten des Arbeitnehmers sogar unter Strafe.

Während der Zeit des Nationalsozialismus zeigte sich deutlich, dass das Günstigkeitsprinzip als Ausdruck des Schutzgedankens zugunsten benachteiligter Arbeitnehmer und als Mittel zur Durchsetzung individueller Rechte den Grund-

---

333 Vgl. *Hueck*, Deutsches Arbeitsrecht, S. 163; *Richter*, JW 1934, S. 1016.

334 Vgl. *Belling*, Das Günstigkeitsprinzip im Arbeitsrecht, S. 39.

335 *Tech*, Günstigkeitsprinzip und Günstigkeitsbeurteilung im Arbeitsrecht, S. 14.

336 Vgl. *Belling*, Das Günstigkeitsprinzip im Arbeitsrecht, S. 39.

337 Vgl. *Tech*, Günstigkeitsprinzip und Günstigkeitsbeurteilung im Arbeitsrecht, S. 13; *Dersch*, DArbR 1933, S. 10; *Streich*, Die Entwicklung des Arbeitsrechts in der amerikanischen Besatzungszone unter Berücksichtigung der Bizone. S. 22 f.

338 Vgl. *Belling*, Das Günstigkeitsprinzip im Arbeitsrecht, S. 39.

339 Verordnung über die Lohngestaltung vom 25. Juni 1938, RGBl. (I) 1938, S. 691.

340 Kriegswirtschaftsverordnung vom 4. September 1939, RGBl. (I) 1939, S. 1609-1613.

sätzen eines totalitären, auf Führerprinzip und Volksgemeinschaft basierenden Gesellschaftssystems widersprach.

IV. Entwicklung in den westlichen Besatzungszonen nach 1945

Nach dem zweiten Weltkrieg galten in den westlichen Besatzungszonen zunächst die arbeitsrechtlichen Vorschriften des Nationalsozialismus und damit auch das AOG weiter fort.[341] 1946 kam es zur Wiederzulassung von Gewerkschaften[342] und Arbeitgeberverbänden.

Die Regelungsbefugnis und damit auch die Arbeit der Tarifparteien war jedoch bis zum Inkrafttreten des „Gesetzes zur Aufhebung des Lohnstopps"[343] stark eingeschränkt. Erst durch dieses Gesetz wurde die Möglichkeit, Tarifverträge abzuschließen, wieder hergestellt[344] und die behördliche Einflussnahme auf die Lohngestaltung untersagt.[345] Das Günstigkeitsprinzip galt nach Außerkraftsetzung der AOG[346] mangels einer anderen gesetzlichen Regelung zunächst gewohnheitsrechtlich weiter,[347] wobei die Grundsätze des § 1 TVVO herangezogen wurden.[348]

In den Landesverfassungen Hessens[349] und Bremens[350] erlangte das Günstigkeitsprinzip sogar Verfassungsrang. Lediglich Besatzungsrecht hatte noch Vorrang vor dem deutschen Verfassungsrecht.[351] Nach der in Hessen und Bremen getroffenen Regelung besaßen Vereinbarungen der Tarifvertragsparteien verbindlichen Charakter und durften nur zugunsten der Arbeitnehmer abgedungen werden.

---

341 Vgl. *Belling*, Das Günstigkeitsprinzip im Arbeitsrecht, S. 24.

342 Direktive Nr. 31 des alliierten Kontrollrats vom 3. Juni 1946, ABlKR 1946, Nr. 8, S. 160 f.

343 Gesetz zur Aufhebung des Lohnstops vom 3. November 1948, WiGBl. 1948, S. 117.

344 Vgl. *Federlin*, Der kollektive Günstigkeitsvergleich, S. 58.

345 Vgl. *Krauss*, Günstigkeitsprinzip und Autonomiebestreben am Beispiel der Arbeitszeit, S. 66.

346 Gesetz Nr. 1 des alliierten Kontrollrats vom 20.09.1945, ABlKR 1945, Nr. 1, S. 6 ff. Dieses bestimmte, dass Gesetze und Normen typisch nationalsozialistischen Charakters nicht mehr anzuwenden sind.

347 *Leydhecker*, BlStSozArbR 1947, S. 164; Ob die TVVO durch die Aufhebung des AOG wieder in Kraft trat, war umstritten.; vgl. dazu *Nipperdey*, BB 1948, S. 159.

348 So im Ergebnis *Nipperdey*, BB 1948, S. 159.

349 Art. 29 Abs. 2 Satz 2 Verfassung des Landes Hessen vom 1. Dezember 1946.

350 Art. 50 Abs. 2 Satz 2 Verfassung der Freien Hansestadt Bremen vom 21. Oktober 1947.

351 *BVerfG* v. 18.03.1953, BVerfGE 2, S. 201.

Nach Aufhebung des Lohnstopps kam es zu einer stark zunehmenden Anzahl von Tarifabschlüssen.[352] Angesichts dieser Entwicklung und der unsicheren Rechtslage im Tarifwesen bedurfte es einer raschen, einheitlichen und klaren Regelung des Tarifrechts.[353] In dieser sollten die bisherigen Erfahrungen verarbeitet und an neuzeitliche Wertungen angepasst werden.[354]

Es entstanden verschiedene Gesetzesentwürfe.[355] Diese lehnten sich in bezug auf das Günstigkeitsprinzip weitgehend an die Regelungen der TVVO an. Es sollte weiterhin den Charakter einer Auslegungsregel besitzen und zur Disposition der Tarifparteien stehen.[356]

Am 9. April 1949 trat in der Bizone das Tarifvertragsgesetz[357] in Kraft. § 4 Abs. 3 TVG stellte nunmehr die gesetzliche Grundlage des Günstigkeitsprinzips dar. Das TVG und damit auch das Günstigkeitsprinzip galt seit 1953 im gesamten Bundesgebiet und wurde 1974 auch in Berlin übernommen.[358]

Im Gegensatz zu den Entwürfen zum TVG wurde in dessen endgültiger Fassung die Vereinbarung von Höchstarbeitsbedingungen und damit die Abdingbarkeit des Günstigkeitsprinzips nicht vorgesehen. Hierin ist eine bewusste Abkehr von der Regelung des § 1 Abs. 1 Satz 2 TVVO zu sehen.[359] Es hatte sich die Erkenntnis durchgesetzt, dass eine nach oben einengende Wirkung von Tarifnormen weder einem praktischen Bedürfnis noch der natürlichen Funktion des Tarifvertrages entsprach.[360] § 4 Abs. 3 TVG stellt erstmals eine Schranke der Tarifmacht[361] und eine Stärkung der Rechtsstellung des einzelnen Arbeitnehmers gegenüber der bisherigen Rechtslage dar.[362]

---

352 Vgl. *BELLING*, Das Günstigkeitsprinzip im Arbeitsrecht, S. 46; *FEDERLIN*, Der kollektive Günstigkeitsvergleich, S. 58.

353 Vgl. *NIPPERDEY*, BB 1948, S. 160; so auch *FETTBACH*, RdA 1949, S. 404 f.; zur Entwicklung des Arbeitsrechts in der DDR ausführlich *THIEL*, Arbeitsrecht in der DDR.

354 *HERSCHEL*, ZfA 1973, S. 183.

355 Ausführlich *BELLING*, Das Günstigkeitsprinzip im Arbeitsrecht, S. 48 f.; *SCHULZE*, Das Günstigkeitsprinzip im Tarifvertragsrecht, S. 40.

356 Eine entsprechende Regelung erfolgte im Tarifvertragsgesetz des Landes Rheinland-Pfalz vom 14. Februar 1949, GVBl. Rheinland-Pfalz 1949 (I) Nr. 14, S. 82-83.

357 WiGBl. 1949 Nr. 11, S. 55-56.

358 Vgl. *REICHEL*, DB 1975, S. 104.

359 Vgl. *TECH*, Günstigkeitsprinzip und Günstigkeitsbeurteilung im Arbeitsrecht, S. 18; *FEDERLIN*, Der kollektive Günstigkeitsvergleich, S. 59; *SCHULZE*, Das Günstigkeitsprinzip im Tarifvertragsrecht, S. 40; zweifelnd *WLOTZKE*, Das Günstigkeitsprinzip im Verhältnis des Tarifvertrages zum Einzelvertrag und zur Betriebsvereinbarung, S. 21 f., da die Fassung des § 4 Abs. 3 nicht eindeutig ist.

360 *HERSCHEL*, ZfA 1973, S. 193.

361 *BELLING*, Das Günstigkeitsprinzip im Arbeitsrecht, S. 48.

362 So auch *BELLING*, Das Günstigkeitsprinzip im Arbeitsrecht, S. 50.

V. Entwicklung in der sowjetischen Besatzungszone und der DDR

Nach dem Ende des Zweiten Weltkrieges bildete sich in der sowjetischen Besatzungszone, dem Gebiet der späteren DDR, ein anderes Tarifsystem heraus.[363]

Zunächst oblag der Sowjetischen Militäradministration (SMAD) die oberste Regierungs- und Gesetzgebungsgewalt. Wie in den westlichen Besatzungszonen wurde die AOG durch den alliierten Kontrollrat, dem der SMAD übergeordnet war, außer Kraft gesetzt.[364] Der Befehl Nr. 2[365] der SMAD ermöglichte die Bildung freier Gewerkschaften, die berechtigt waren, zur Wahrung der Interessen der Arbeitenden mit den Arbeitgebern Kollektivverträge abzuschließen.[366] Eine Wiederzulassung von Arbeitgeberverbänden erfolgte nicht. Statt dessen wurde durch Befehl Nr. 61[367] der SMAD die Funktion des tarifrechtlichen Gegenspielers der Gewerkschaften den Industrie- und Handelskammern und Handwerkskammern übertragen.[368] Tarifverträge im Sinne einer freien tariflichen Selbstverwaltung konnten nicht zustande kommen,[369] denn es fehlte für eine wirkliche Tarifautonomie an tariffähigen Koalitionen und deren Möglichkeit, unabhängig von äußeren Einflüssen Arbeits- und Lohnbedingungen zu vereinbaren.[370] Eine einzelvertragliche Lohnvereinbarung war in der DDR ausgeschlossen.[371] Statt dessen bestimmten gesetzliche und kollektivvertragliche Regelungen zwingend die Lohnhöhe. Hierbei ist zu berücksichtigen, dass die kollektivvertraglichen Regelungen nicht mit denen in der Bundesrepublik Deutschland gleichgesetzt werden können, da sie keinen vertraglichen Charakter besaßen und eher als besondere Form der Berufsgesetzgebung anzusehen sind.[372] Sie waren gerade nicht Ausdruck privatautonomer Vereinbarungen kollektiver Rechtssubjekte.[373] Die Festlegung des Tariflohnes erfolgte gemäß § 97 AGB[374] durch den Ministerrat der DDR gemeinsam mit dem Bundesvorstand des FDGB. Unter Tarifsystem

---

363 *TECH*, Günstigkeitsprinzip und Günstigkeitsbeurteilung im Arbeitsrecht, S. 17. Vgl. zur Entwicklung des Tarifsystems in der DDR, *DOMBROWSKY*, Vom Tarifsystem der DDR zur Tarifautonomie der Bundesrepublik, S. 1 ff.

364 Gesetz Nr. 1 des alliierten Kontrollrates vom 20.09.1945.

365 Befehl Nr. 2 vom 10.06.1945, abgedruckt bei *GILL*, FDGB, S. 87 f.

366 Vgl. *KUNZ / THIEL*, Arbeitsrecht, S. 468.

367 Vom 14. März 1947, abgedruckt in: Arbeit- und Sozialfürsorge 1947/8. S. 168.

368 Vgl. *SITZLER*, RdA 1948, S. 10.

369 Vgl. *SITZLER*, RdA 1948, S. 10.

370 Vgl. *THIEL*, Arbeitsrecht in der DDR, S. 29.

371 *BELLING*, Das Günstigkeitsprinzip im Arbeitsrecht, S. 41.

372 Vgl. *SITZLER*, RdA 1948, S. 10.

373 *THIEL*, Arbeitsrecht in der DDR, S. 57.

374 Arbeitsgesetzbuch der DDR vom 16. Juni 1977, GBl. (I) Nr. 18, S. 185-227.

wurde die Gesamtheit der staatlichen Bestimmungen, auf deren Grundlage der Tariflohn der Arbeiter und Angestellten festgelegt wird, verstanden.[375]

Gelegentlich billigte man den Arbeitnehmern eine gewisse Lohnspanne zu, die im Detail im Rahmenkollektivvertrag festgelegt war.[376] Der individuelle Arbeitsvertrag wurde als ungeeignete Form der Lohnfestlegung angesehen.[377] Jede Abweichung von der staatlichen Lohnregelung war auch dann unwirksam, wenn sie für den Arbeitgeber günstiger gewesen wäre. Eine solche Vereinbarung wurde als unvereinbar mit der zentralen Gestaltung der Löhne und „Verstoß gegen die Politik der Partei der Arbeiterklasse, gegen den Willen der Arbeiterklasse und gegen die Staatsdisziplin"[378] betrachtet.

In der DDR degradierte das Arbeitsrecht durch Partei und Regierung zunehmend zum Instrument der Planerfüllung. Das kollektive Arbeitsrecht wurde zur Bedeutungslosigkeit reduziert, die Anfänge der Tarifautonomie mussten der zentralen Organisation der Arbeits- und Lohnbedingungen durch Rahmenkollektivverträge weichen.[379] Im Verlauf der gesellschaftlichen Entwicklung kam es zu einer endgültigen Abkehr von der privatautonomen Gestaltung durch die Arbeitsrechtssubjekte. Absoluten Vorrang besaß statt dessen die einheitliche und zentrale Regulierung der Arbeitsverhältnisse.[380] So hatte der Arbeitsvertrag nach § 40 AGB lediglich die Funktion, den Arbeitsort und die Arbeitsaufgabe festzulegen. Verglichen mit den Werten einer freiheitlich-demokratischen Rechtsordnung stellte dies eine Entmündigung der Arbeitnehmer dar.

Das Günstigkeitsprinzip konnte aufgrund fehlender Autonomie im Sinne des westlichen Tarifsystem, der zentralistischen Organisation der Arbeitsverhältnisse und der damit einhergehenden fehlenden Selbstbestimmung des Einzelnen keine Anerkennung im Arbeitsrecht der DDR finden.[381] Unabhängig davon stellte sich die Ausgangsfrage nach der Abdingbarkeit tariflicher Leistungen in betrieblichen Ausnahmesituationen in der DDR nicht, da es offiziell keine wirtschaftlichen Notsituationen gab und zudem die Löhne überwiegend staatlich garantiert waren.

---

375 *KUNZ / THIEL*, Arbeitsrecht, S. 183.

376 Soweit in den Tarifregelungen für Lohn- und Gehaltsgruppen sog. „Von-Bis-Spannen" getroffen wurden, musste in den Rahmenkollektivverträgen geregelt werden, in welcher Form diese für die Leistungssteigerung zu verwenden waren. (§ 98 Abs. 1 AGB); vgl. *KUNZ / THIEL*, Arbeitsrecht, S. 185.

377 Vgl. *PÄTZOLD*, Durchsetzung des Leistungsprinzips, S. 13 f.

378 *PÄTZOLD*, Durchsetzung des Leistungsprinzips, S. 7.

379 Vgl. *THIEL*, Arbeitsrecht in der DDR, S. 44.

380 Vgl. *THIEL*, Arbeitsrecht in der DDR, S. 98.

381 Vgl. *NIKISCH*, RdA 1947, S. 4 ff.; *THIEL*, Arbeitsrecht in der DDR, S. 57.

Durch den Staatsvertrag über die Währungs- Wirtschafts- und Sozialunion zwischen der DDR und BRD[382] wurde das TVG mit Wirkung zum 1.7.1990 auch für das Gebiet der DDR in Kraft gesetzt. Seit dem Beitritt der DDR gilt das TVG aufgrund des Einigungsvertrages[383] als Bundesgesetz auch im Beitrittsgebiet. Von diesem Zeitpunkt an stellt auch das Günstigkeitsprinzip gesamtdeutsches Recht dar.

VI. Zwischenfazit

Die geschichtliche Entwicklung zeigt, dass der dem Günstigkeitsprinzip zugrundeliegende Begünstigungsgedanke bis zum Inkrafttreten des TVG in seinem Kern nahezu unverändert geblieben ist. Die sich ergebenden Differenzierungen sind auf die jeweils herrschenden unterschiedlichen gesellschaftlichen Gegebenheiten zurückzuführen. Ferner wird deutlich, dass der Begünstigungsgedanke von Beginn an eine Gegenbewegung zur zunehmenden Gestaltung kollektivrechtlicher Normen darstellte, auch wenn er bis zum Inkrafttreten des TVG nicht als Schranke der Kollektivmacht fungierte.[384]

Nach 1945 verliefen die gesellschaftlichen Entwicklungen in West- und Ostdeutschland unterschiedlich. Entsprechend des in der DDR herrschenden Gesellschaftssystems fand das Günstigkeitsprinzip keine Anerkennung. In den westlichen Besatzungszonen bzw. der Bundesrepublik wurde der Begünstigungsgedanke in § 4 Abs. 3 Alt. 2 TVG gesetzlich normiert. Im Zuge der Wiedervereinigung 1990 wurde das Günstigkeitsprinzip zu einem gesamtdeutschen Rechtsgrundsatz. Da das Tarifvertragsgesetz seit dessen Verkündigung 1949 im wesentlichen unverändert geblieben ist, hat auch das Günstigkeitsprinzip seit dieser Zeit keine Veränderung erfahren.

Die Frage, ob durch individualvertragliche Vereinbarung zur Sicherung existentiell bedrohter Arbeitsplätze vom Tarifvertrag abgewichen werden kann, spielte bis zum Inkrafttreten der TVVO keine entscheidende Rolle. Die juristische Auseinandersetzung begann erstmals in den wirtschaftlich schwierigen Jahren zwischen 1920 und 1930. Sowohl *NIPPERDEY*[385] als auch das *SÄCHSISCHE OVG*[386] kamen zum Ergebnis, dass sich das Günstigkeitsprinzip nicht zur Bekämpfung

---

382 Staatsvertrag vom 18.5.1990, BGBl. (II) 1990, S. 537-544 / Gesetz über die Inkraftsetzung von Rechtsvorschriften der Bundesrepublik Deutschland in der Deutschen Demokratischen Republik vom 21.06.1990, GBl. (I) 1990, S. 357-363.

383 Anlage 1 Kap. III Sachgebiet A Absch. II Nr. 14 EVertr. vom 31.08.1990, BGBl. (II) 1990, S. 889-1235; § 31 des Gesetzes über die Inkraftsetzung von Rechtsvorschriften der Bundesrepublik Deutschland in der Deutschen Demokratischen Republik.

384 Vgl. *FEDERLIN*, Der kollektive Günstigkeitsvergleich, S. 46.

385 *NIPPERDEY*, NZfA 1926, Sp. 212.

386 *SÄCHSISCHES OVG* v. 18.12.1925, NZfA 1927, Sp. 185.

der Arbeitslosigkeit eignet. Somit wurde auch die Vereinbarung untertariflicher Leistungen zur Sicherung von Arbeitsplätzen als unzulässig angesehen. Da dieser Auffassung kaum widersprochen wurde, fehlte es an einer vertiefenden juristischen Auseinandersetzung. Dennoch bietet die historische Entwicklung Anhaltspunkte für die Problembehandlung. Bereits nach Inkrafttreten der TVVO setzte man sich in der Literatur damit auseinander, welche Aspekte in einen Günstigkeitsvergleich einfließen.[387] Hauptstreitpunkt war dabei, welcher Beurteilungsmaßstab für die Günstigkeitsbetrachtung heranzuziehen ist. Der Günstigkeitsgedanke bezog sich jedoch bereits in seinen ersten Ausgestaltungen nur auf die Situation des einzelnen Arbeitnehmers.[388] Das Günstigkeitsprinzip hat sich heute als Instrument zur Durchsetzung der individuellen und wirtschaftlichen Freiheit des Arbeitnehmers etabliert.[389]

C. Verfassungsrechtliche Garantie des Günstigkeitsprinzips

Das Günstigkeitsprinzips wird teilweise als einfachgesetzlich oder aber verfassungsrechtlich garantiert angesehen.[390]

Da das *BAG* in zwei älteren Entscheidungen das Günstigkeitsprinzip als „verfassungsmäßig anerkannten Grundsatz des kollektiven Arbeitsrechts"[391] qualifiziert hat, wurde dies teilweise als Verfassungsgarantie ausgelegt.[392] Dieser Standpunkt kollidiert jedoch mit der Auffassung des *BVerwG*.[393] Richtigerweise hat der Große Senat des *BAG* lediglich die frühere Rechtsprechung referiert, ohne selbst zu ihr Stellung zu nehmen.[394]

Nach Auffassung von *Hueck / Nipperdey* entspricht § 4 Abs. 3 Alt. 2 TVG dem modernen Arbeitsrecht[395] und ist daher in der Verfassung verankert. Diese Meinung stützt sich auf eine Entscheidung des *BVerfG*,[396] in der von einem staatlicherseits nach Art. 9 Abs. 3 GG bereitzustellenden Tarifvertragssystem im

387 Vgl. *Hueck*, Das Recht des Tarifvertrages unter besonderer Berücksichtigung der Verordnung vom 23. Dezember 1918, S. 119 f.; *Nipperdey*, Beiträge zum Tarifrecht, S. 10.

388 Vgl. *Federlin*, Der kollektive Günstigkeitsvergleich, S. 62.

389 Vgl. *Belling*, Das Günstigkeitsprinzip im Arbeitsrecht, S. 51.

390 Vgl. Nachweise bei *Kempen / Zachert*, TVG, § 4 Rn. 163 ff.; *Belling*, Das Günstigkeitsprinzip im Arbeitsrecht, S. 55 ff.; *Dietz*, DB 1965, S. 591 ff.

391 *BAG* v. 15.12.1960, BAGE 10, S. 256.

392 Dann wäre das Günstigkeitsprinzip eine verfassungsrechtlich Schranke der Tarifautonomie. Vgl. *Hueck / Nipperdey*, Grundriß des Arbeitsrechts, S. 241; *Reuss*, ArbuR 1958, S. 326; *Schelp*, DB 1962, S. 1242; missverständlich *Kempen / Zachert*, TVG, § 4 Rn. 164.

393 *BVerwG* v. 13.03.1964, BVerwGE 18, S. 139.

394 *BAG* v. 16.09.1986, BAGE 53, S. 60.

395 *Hueck / Nipperdey*, Lehrbuch des Arbeitsrechts, Bd. II/1, S. 573 Fn. 2b.

396 *BVerfG* v. 18.11.1954, BVerfGE 4, S. 106.

Sinne des modernen Arbeitsrechts die Rede war. Teilweise wird das Günstigkeitsprinzip als Ausdruck der „freiheitlich-rechtsstaatlichen Wirtschafts- und Sozialverfassung"[397] angesehen.

Auch wenn hinsichtlich der rechtlichen Grundlagen des Günstigkeitsprinzips unterschiedliche Auffassungen existieren, wird die grundsätzliche Geltung des Rechtsinstituts nicht angezweifelt.[398] Für die Frage nach der Zulässigkeit einer individualvertraglichen Abdingbarkeit tariflicher Leistungen zur Sicherung von gefährdeten Arbeitsplätzen ist es zudem nicht relevant, ob das Günstigkeitsprinzip Verfassungsrang besitzt. Somit kann eine vertiefende Auseinandersetzung mit den verschiedenen Meinungen unterbleiben. Da das Tarifvertragssystem in der heutigen Form nicht durch die Verfassung vorgegeben,[399] es weder historisch überkommen ist, noch sich als einziges System durchgesetzt hat,[400] ergibt sich das Günstigkeitsprinzip trotz unmittelbarer Verankerung im Tarifsystem richtigerweise nur aus § 4 Abs. 3 TVG und ist somit nicht verfassungsrechtlich garantiert.[401]

D. Unmittelbare und zwingende Wirkung des Günstigkeitsprinzips

Das Günstigkeitsprinzip entfaltet unmittelbare Wirkung. Diese besteht darin, dass § 4 Abs. 3 Alt. 2 TVG ohne jede darauf gerichtete Willenseinigung oder Bezugnahme der Vertragsbeteiligten und ohne Rücksicht auf die Kenntnis der Arbeitsvertrags- bzw. Tarifvertragsparteien vom Bestehen oder dem Inhalt des Günstigkeitsprinzips auf das Arbeitsverhältnis einwirkt.[402]

---

397 *SÄCKER*, Gruppenautonomie und Übermachtkontrolle im Arbeitsrecht, S. 52 in Fn. 26 und S. 293 f.

398 So im Ergebnis *FEDERLIN*, Der kollektive Günstigkeitsvergleich, S. 63.

399 *BVERFG* v. 01.03.1979, BVerfGE 50, S. 337 f.; *SCHOLZ*, Die Koalitionsfreiheit als Verfassungsproblem, S. 36 ff.

400 *MEIK*, Der Kernbereich der Tarifautonomie, S. 175. Statt dessen hat das Grundgesetz selbst prinzipielle Aspekte der Wirtschaftsverfassung bewusst offen gelassen, um hier freier Auseinandersetzung, Entscheidung und Gestaltung freien Lauf zu lassen. Vgl. *SCHOLZ*, Die Koalitionsfreiheit als Verfassungsproblem, S. 36; *BVERFG* v. 01.03.1979, BVerfGE 50, S. 337 f.

401 Vgl. *MEIK*, Der Kernbereich der Tarifautonomie, S. 175. Gegen eine Verfassungsqualität sprechen sich u.a. aus: *WANK*, in: Wiedemann (Hrsg.), TVG, § 4 Rn. 393 ff.; *RICHARDI*, Kollektivgewalt und Individualwille bei der Gestaltung des Arbeitsverhältnisses, S. 367 f.; *DIETZ*, DB 1965, S. 594; *PAPIER*, RdA 1989, S. 141; *SÄCKER / OETKER*, ZfA 1996, S. 95 ff.

402 Vgl. in bezug auf die unmittelbare Wirkung des Tarifvertrages *SCHAUB*, Arbeitsrechtshandbuch, S. 1699; *DÄUBLER*, Tarifvertragsrecht, Rn. 180.

Das Günstigkeitsprinzip enthält nach ganz *h.M.* zwingendes Recht[403] und ist damit als Grenze der Tarifmacht tariffest.[404] Der Wortlaut des TVG gibt über die zwingende Wirkung keinen genauen Aufschluss, jedoch wird von der *h.M.* statt des in § 4 Abs. 3 TVG stehenden „nur" ein „stets" hineingelesen.[405] Die zwingende Wirkung des Günstigkeitsprinzips gegenüber den Tarifpartnern ergibt sich aus dessen Entstehungsgeschichte.[406] Insbesondere die Diskussionen[407] im Vorfeld der gesetzlichen Normierung in § 4 Abs. 3 Alt. 2 TVG verdeutlichen, dass es dem Gesetzgeber bei der Schaffung des Tarifvertragsgesetzes darum ging, das Günstigkeitsprinzip als zwingenden Rechtssatz zu verankern.[408]

Würden Tarifvertragsparteien die Vereinbarung günstiger Arbeitsbedingungen für unzulässig erklären, so wäre eine solche Bestimmung ohne jede rechtliche Wirkung, sie würde die ihr zuwiderlaufenden Vereinbarungen nicht unwirksam machen.[409] Tarifverträge, die günstigere Arbeitsbedingungen verdrängen oder verhindern wollen, sind dagegen unwirksam.[410] Das Günstigkeitsprinzip kann weder normativ noch schuldrechtlich abgedungen werden.[411]

E. Funktionen des Günstigkeitsprinzips

Das Günstigkeitsprinzip dient im wesentlichen zur Regelung des Verhältnisses zwischen dem individualvertraglichen und dem kollektiven Bereich des Arbeitsrechts.[412] Es gewährleistet, dass das Arbeitsverhältnis nicht ausschließlich kollektivvertraglich geregelt wird, sondern auch der einzelvertraglichen Vereinbarung zwischen dem Arbeitgeber und Arbeitnehmer ein Bereich zur ergänzenden Gestaltung verbleibt.[413] Aus dieser Einordnung lassen sich die Funktionen des Günstigkeitsprinzips und damit möglicherweise wertvolle Hinweise in Hinblick auf die Ausgangsfrage ableiten.

---

403 *SCHAUB*, in: Dieterich / Hanau / Schaub (Hrsg.), Erfurter Kommentar zum Arbeitsrecht, § 4 TVG Rn. 57; *DÄUBLER*, Tarifvertragsrecht, Rn. 189; *BUCHNER*, DB 1990, S. 1720; *LÖWISCH*, in: Richardi / Wlotzke (Hrsg.), Münchener Handbuch zum Arbeitsrecht, Bd. 3, § 265 Rn. 14; *BAUER / DILLER*, DB 1993, S. 1088.

404 *LÖWISCH / RIEBLE*, TVG, § 4 Rn. 169.

405 *GAMILLSCHEG*, Kollektives Arbeitsrecht, Bd. I, S. 842.

406 Vgl. *2. KAPITEL B*, insbesondere Punkt *I-II*.

407 Dazu ausführlich *BELLING*, Das Günstigkeitsprinzip im Arbeitsrecht, S. 48 ff.

408 Vgl. *WANK*, in: Wiedemann (Hrsg.), TVG, § 4 Rn. 382.

409 *NIKISCH*, Arbeitsrecht, Bd. II, S. 421.

410 *BAG* v. 15.12.1960, BAGE 10, S. 255; BAG v. 15.12.1960, AP Nr. 3 zu § 4 TVG Angleichungsrecht; *BAG* v. 26.02.1986, BAGE 51, S. 181.

411 So im Ergebnis *BAG* v. 21.02.1961, AP Nr. 8 zu § 4 TVG Günstigkeitsprinzip.

412 *FEDERLIN*, Der kollektive Günstigkeitsvergleich, S. 64.

413 Vgl. *RICHARDI*, Kollektivgewalt und Individualwille bei der Gestaltung des Arbeitsverhältnisses, S. 360.

Die historische Betrachtung hat u.a. gezeigt, dass dem Günstigkeitsprinzip verschiedene Funktionen zugebilligt wurden. So haben sich im Laufe der Zeit und der damit einhergehenden Auseinandersetzung in Rechtsprechung und Literatur unterschiedliche Schutzrichtungen herauskristallisiert.

I. Sicherung der Privatautonomie

Der Tarifvertrag wirkt zwischen den Tarifgebundenen gemäß § 4 Abs. 1 TVG unmittelbar und zwingend. Da die tariflichen Normen unabdingbar sind, schränken sie die Vertragsfreiheit des einzelnen Arbeitnehmers ein. Diese Begrenzung der Freiheit des Einzelnen resultiert aus dem Schutzzweck des Tarifvertrages. Dieser Schutz und die damit einhergehende Einschränkung der Vertragsfreiheit ist aber dann nicht mehr erforderlich, wenn der einzelne Arbeitnehmer selbst in der Lage ist, seine Interessen wirksam wahrzunehmen.[414]

Anders als die Tarifnormen stellt das Günstigkeitsprinzip die Rechtsstellung des einzelnen Arbeitnehmers in den Mittelpunkt. Es hat die Funktion, die individuelle Vertragsfreiheit zu schützen.[415] Die Privatautonomie wird dadurch gewährleistet, dass vom Tarifvertrag abweichende einzelvertragliche Vereinbarungen zulässig sind, wenn sie eine Änderung der Tarifnormen zugunsten des Arbeitnehmers beinhalten.[416]

Nicht immer stimmen die Belange der Gesamtarbeitnehmerschaft mit denen des einzelnen Arbeitnehmers überein. Es ist unmöglich, in den kollektiven Vereinbarungen Regelungen zu treffen, die den Interessen aller Arbeitnehmer entsprechen. Hier greift daher das Günstigkeitsprinzip. Es ermöglicht dem einzelnen Arbeitnehmer, seine spezifischen Interessen selbst besser durchzusetzen. Jedoch garantiert das Günstigkeitsprinzip keinen tariffreien Raum.[417] Denn die individuelle Vertragsfreiheit lebt nur dort wieder auf, wo sie besser als die kollektiven Vereinbarungen die Interessen des Arbeitnehmers wahrnehmen kann. Wo dies nicht der Fall ist, gewährleistet die kollektive Ordnung sämtliche Rechte des Arbeitnehmers.[418]

Das Günstigkeitsprinzip ermöglicht es, einen Freiraum zur Entfaltung eines souveränen, aber gemeinschaftsbezogenen, jedoch grundsätzlich selbstverant-

---

414 Vgl. *Krauss*, Günstigkeitsprinzip und Autonomiebestreben am Beispiel der Arbeitszeit, S. 67.

415 *BAG* v. 15.12.1960, BAGE 10, S. 259 f.; *Heinze*, NZA 1991, S. 330; *Bengelsdorf*, AuA 1994, S. 99; ähnlich *Bulla*, RdA 1962, S. 13; *Martens*, RdA 1983, S. 222; *Richardi*, RdA 1983, S. 216.

416 *Krauss*, Günstigkeitsprinzip und Autonomiebestreben am Beispiel der Arbeitszeit, S. 67.

417 Vgl. *Richardi*, Kollektivgewalt und Individualwille bei der Gestaltung des Arbeitsverhältnisses, S. 360; so auch *Wank*, in: Wiedemann (Hrsg.), TVG, § 4 Rn. 387.

418 Ähnlich *Federlin*, Der kollektive Günstigkeitsvergleich, S. 67.

wortlichen Individuums zu schaffen.[419] Es macht der potentiellen Ausübung der Vertragsfreiheit durch den einzelnen Arbeitnehmer den Weg frei.[420]

Entsprechend ist das Günstigkeitsprinzip selbst Bestandteil der Privatautonomie. Es sichert die wirtschaftliche Entscheidungsfreiheit des Einzelnen und garantiert dem tarifgebundenen Arbeitnehmer ein Mindestmaß an Eigenständigkeit und Selbstverantwortung bei der rechtlichen Gestaltung seiner Arbeitsverhältnisse.[421]

II. Schutz vor dem Kollektiv

Die Sicherung der Privatautonomie ist untrennbar mit dem Schutz des Arbeitnehmers vor dem Kollektiv verbunden. Dem Tarifvertragssystem liegt die Überlegung zugrunde, dass ein Arbeitnehmer einer Gewerkschaft beitritt, um Arbeitsbedingungen, die er allein in Vertragsverhandlungen mit einem Arbeitgeber nicht durchsetzen kann, durch seinen Beitritt zu einem Kollektiv zu verbessern.[422] Diese Koalitionen haben die Aufgabe, primär die Interessen ihrer Mitglieder wahrzunehmen. Sie sollen die wirtschaftliche und soziale Unterlegenheit der Arbeitnehmer ausgleichen, indem auf der kollektiven Ebene ein Verhandlungs- und Machtgleichgewicht[423] und damit die gestörte Vertragsfreiheit wieder hergestellt wird.[424] Die Kollektivmacht ist jedoch an der Stelle einzuschränken, wo es den Verbänden nicht mehr möglich ist, die individuellen Interessen einzelner Arbeitnehmer wahrzunehmen.

Ohne die Regelung des § 4 Abs. 3 TVG käme es zu einem Widerspruch zwischen der freien Entfaltung des Arbeitnehmers und der Koalitionsautonomie.[425] Das Günstigkeitsprinzip stellt als Korrelat zur Kollektivautonomie im Tarifrecht das freiheitliche Element der Wirtschafts- und Sozialordnung dar.[426] Der sich hieraus ergebende Vorbehalt zu Gunsten der Vertragsfreiheit schützt den Arbeitnehmer vor dem Kollektiv, das seinerseits zu seinem Schutze antritt. Das Günstigkeitsprinzip gewährt letztlich einen Schutz vor dem Beschützer[427] und bietet somit die Möglichkeit, einem übermäßigen Einfluss des Kollektives auf den Arbeitnehmer vorzubeugen.[428] Es soll somit verhindern, dass die kollektive Interessenwahrnehmung zum Schutz des einzelnen Arbeitnehmers in Be-

---

419 *Belling*, Das Günstigkeitsprinzip im Arbeitsrecht, S. 72.
420 *Belling*, Das Günstigkeitsprinzip im Arbeitsrecht, S. 73.
421 *Belling*, Das Günstigkeitsprinzip im Arbeitsrecht, S. 71.
422 Ähnlich *Leinemann*, DB 1990, S. 732.
423 Vgl. *1. Kapitel B I; Nikisch*, Arbeitsrecht, Bd. II, S. 420.
424 Vgl. *v. Hoyningen-Huene / Meier-Krenz*, ZfA 1988, S. 311.
425 So im Ergebnis *Nikisch*, Arbeitsrecht, Bd. II, S. 420.
426 *Säcker*, Gruppenautonomie und Übermachtkontrolle im Arbeitsrecht, S. 293 f. und S. 52 in Fn. 26.
427 Vgl. *Joost*, ZfA 1984, S. 175.
428 *Federlin*, Der kollektive Günstigkeitsvergleich, S. 67.

vormundung des einzelnen umschlägt.[429] Hat der Arbeitnehmer individualvertraglich bessere Bedingungen für sich erreicht, so würde sich die Tarifgebundenheit letztlich gegen ihn wenden.[430] Durch das Günstigkeitsprinzip wird die vertragsfreiheitliche Rechtsgestaltung gegenüber der Rechtsetzungsmacht der Tarifvertragsparteien ebenso wie der Betriebspartner abgesichert.[431]

Das Günstigkeitsprinzip ist entsprechend als Schranke der Kollektivmacht zugunsten der individuellen Vertragsfreiheit anzusehen[432] und begrenzt somit die Kartellwirkung der Tarifnormen.[433]

III. Sicherung des Leistungsprinzips

Eine weitere Funktion des Günstigkeitsprinzips ist es, das sogenannte Leistungsprinzip zu gewährleisten. Das Leistungsprinzip ist als bedeutsame Aufgabe des Günstigkeitsprinzips heute nahezu unbestritten.[434] Es besagt, dass es dem einzelnen Arbeitnehmer möglich sein muss, durch Steigerung seiner individuellen Leistungen seine wirtschaftliche Lage zu verbessern.[435] Das Leistungsprinzip basiert auf dem Grundgedanken, dass der einzelne Arbeitnehmer sich im Arbeitsleben nur dann voll entfalten kann, wenn seine persönliche Leistung auch in den Arbeitsbedingungen, vornehmlich in der Höhe der Entlohnung, Anwendung findet.[436]

Der Leistungsgedanke findet sich heute bereits in tarifvertraglichen Regelungen wieder.[437] Eine wirklich leistungsgerechte Entlohnung wird durch den Tarifvertrag jedoch nicht immer gewährleistet. Es liegt vielmehr in der Natur der Sache, dass bei einer tariflichen Regelung auf die durchschnittliche Leistung eines durchschnittlichen Arbeitnehmers abgestellt wird.[438] Auch die kollektive Festle-

---

429 Vgl. *HUECK / NIPPERDEY*, Lehrbuch des Arbeitsrechts, Bd. II/1, S. 572; *WANK*, in: Wiedemann (Hrsg.), TVG, § 4 Rn. 387; so im Ergebnis auch *NIKISCH*, Arbeitsrecht, Bd. II, S. 420.

430 Vgl. *LEINEMANN*, DB 1990, S. 732.

431 Vgl. *BELLING*, DB 1982, S. 2514.

432 Vgl. *RICHARDI*, Kollektivgewalt und Individualwille bei der Gestaltung des Arbeitsverhältnisses, S. 372; *JOOST*, ZfA 1984, S. 179.

433 *WIEDEMANN, A.*, Die Tarifbindung an die Grundrechte, insbesondere an Art, 12 GG, S. 122.

434 Vgl. *JOOST*, ZfA 1984, S. 175; *HUECK / NIPPERDEY*, Lehrbuch des Arbeitsrechts, Bd. II/1, S. 572; *NIKISCH*, Arbeitsrecht, Bd. II, S. 421; *SIEBERT, W.*, FS Nipperdey, S. 127; *HROMADKA*, DB 1985, DB, S. 866.

435 *FEDERLIN*, Der kollektive Günstigkeitsvergleich, S. 65.

436 *NIKISCH*, Arbeitsrecht, Bd. II, S. 421.

437 *FEDERLIN*, Der kollektive Günstigkeitsvergleich, S. 65.

438 Vgl. *FEDERLIN*, Der kollektive Günstigkeitsvergleich, S. 65; *KRAUSS*, Günstigkeitsprinzip und Autonomiebestreben am Beispiel der Arbeitszeit, S. 68.

gung von unterschiedlichen Lohngruppen[439] ändert daran nichts, denn innerhalb derselben wird wieder auf einen durchschnittlichen leistungsfähigen und -bereiten Arbeitnehmer abgestellt.[440]

Es muss dem Arbeitnehmer deshalb möglich sein, den Leistungsgedanken zu verwirklichen und die individuelle Mehrleistung aufgrund einzelvertraglicher Abmachung mit dem Arbeitgeber zu honorieren.

Das Leistungsprinzip ist als Ausdruck einer freiheitlich demokratischen Wirtschaftsordnung anzusehen. Eine Regelung, die dem natürlichen Streben des Arbeitnehmers, durch Leistungssteigerung seine wirtschaftliche Lage zu verbessern, widerspräche, wäre in einem freiheitlichen und sozialen Staat mit marktwirtschaftlichem System nur in vorübergehenden Ausnahmefällen zu rechtfertigen.[441]

Wirtschaftlich dient das Günstigkeitsprinzip nicht nur dem Arbeitnehmer. Der Arbeitgeber hat die Möglichkeit, bei einem Mangel an Arbeitskräften durch Versprechen besserer Leistungen als tariflich vereinbart, diese zu gewinnen und an sich zu binden. Auch kann er Leistungsanreize schaffen und die Arbeitnehmer zur Weiterbildung motivieren. Somit dient das Günstigkeitsprinzip mittelbar auch der Schaffung und Erhaltung der Konkurrenz unter den Arbeitnehmern.[442] Der Arbeitnehmer seinerseits kann seine besonderen Kenntnisse und Fertigkeiten günstiger „verkaufen“.[443]

Das Leistungsprinzip spielt in erster Linie im Zusammenhang mit Entlohnungsfragen über das tarifliche Niveau hinaus eine Rolle. Für die hier interessierende Frage der individualvertraglichen untertariflichen Abweichung ist das Leistungsprinzip dagegen nicht von Relevanz.

IV. Sicherung des Sozialstaatsprinzips

Teilweise wird das Günstigkeitsprinzip als Ausdruck des Sozialstaatsprinzips verstanden.[444] Danach widerspricht es dem Sozialstaatsgedanken, wenn ein Arbeitgeber daran gehindert ist, seiner sozialen Einstellung durch eine leistungsgerechte Gestaltung der Arbeitsverhältnisse zu genügen. Das Günstigkeitsprinzip

---

439 *Wlotzke*, Das Günstigkeitsprinzip im Verhältnis des Tarifvertrages zum Einzelvertrag und zur Betriebsvereinbarung, S. 24.

440 *Krauss*, Günstigkeitsprinzip und Autonomiebestreben am Beispiel der Arbeitszeit, S. 68.

441 Vgl. *Nikisch*, Arbeitsrecht, Bd. II, S. 421.

442 Vgl. *Kempen / Zachert*, TVG, § 4 Rn. 162.

443 *Löwisch*, in: Richardi / Wlotzke (Hrsg.), Münchener Handbuch zum Arbeitsrecht, Bd. 3, § 265, Rn. 5.

444 Vgl. *Küchenhoff*, Verbandsnachrichten der Deutschen Orchestervereinigung in der DAG, 1992, Nr. 7/8, S. 12; *Müller, G.*, DB 1967, S. 905; *Ramm*, JZ 1966, S. 218 in Anm. 26.

soll es dem Arbeitgeber ermöglichen, seinen Angestellten und Arbeitern über den Tarifvertrag hinaus soviel zukommen zu lassen, „wie es dem Wert ihrer Arbeit für sein Unternehmen entspricht".[445] Die inhaltliche Bedeutung des Sozialstaatsprinzips wird unterschiedlich beurteilt und kann schwer definiert werden.[446] Es ist jedoch wenig überzeugend, den Vorrang von keineswegs stets gemeinwohl- und sozialstaatskonformen Individualinteressen gegenüber kollektiven Regelungen mit der Sicherung des Sozialstaatsprinzips zu begründen.[447]

V. Zwischenfazit

Das Günstigkeitsprinzip vereint verschiedene Schutzrichtungen. Auch wenn die Sicherung der Privatautonomie und der damit einhergehende Schutz vor dem Kollektiv die wichtigsten Schutzfunktionen sind, kann keine der unterschiedlichen Funktionen eine absolute Geltung für sich in Anspruch nehmen. Das Günstigkeitsprinzip dient der Durchsetzung der einzelnen Prinzipien, ohne sich dabei in einer einzelnen Aufgabe zu erschöpfen. Vielmehr wirken diese kumulativ zusammen und ergänzen einander.[448] Nur in den seltensten Fällen werden alle möglichen Aufgaben des Günstigkeitsprinzips gleichzeitig erfüllt werden. In der Regel wirken sie eher allein oder zu zweit zusammen.

Insbesondere die Sicherung der Privatautonomie, des Leistungsprinzips und des Schutzes vor dem Kollektiv verdeutlichen anschaulich die Individualbezogenheit des Günstigkeitsprinzips, da diese Schutzgedanken unmittelbar auf den einzelnen Arbeitnehmer und dessen Selbständigkeit gegenüber dem Kollektiv Bezug nehmen. Mithin scheint es für den Einzelnen zumindest möglich, unter Anwendung des Günstigkeitsprinzips von den tariflichen Standards abweichende individuelle Sonderinteressen zu realisieren.

F. Voraussetzungen für die Anwendbarkeit des Günstigkeitsprinzips

Für die Prüfung der Zulässigkeit individualvertraglicher Abdingbarkeit tariflicher Leistungen nach § 4 Abs. 3 Alt. 2 TVG sind zunächst die Grundvoraussetzungen der Anwendbarkeit des Günstigkeitsprinzips festzustellen. Diese ergeben sich aus § 4 Abs. 3 TVG in Verbindung mit § 1 ff. TVG.

---

[445] Vgl. *KÜCHENHOFF*, Verbandsnachrichten der Deutschen Orchestervereinigung in der DAG, 1992, Nr. 7/8, S. 12.

[446] Vgl. zu den unterschiedlichen Auslegungsansätzen des Sozialstaatsgedanken *KEMPEN*, in: Kempen (Hrsg.), Sozialstaatsprinzip und Wirtschaftsordnung, S. 7 ff.

[447] So auch *SCHWEIBERT*, Die Verkürzung der Wochenarbeitszeit durch Tarifvertrag, S. 242; gegen eine Funktion des Günstigkeitsprinzips zur Sicherung des Sozialstaatsprinzips: *DIETZ*, DB 1965, S. 596; *ZEUNER*, DB 1965, S. 632.

[448] Vgl. *FEDERLIN*, Der kollektive Günstigkeitsvergleich, S. 63.

I. Bestehendes Arbeitsverhältnis

Wesentliche Bedingung für die Anwendung von § 4 Abs. 3 TVG ist das Vorliegen eines Arbeitsverhältnisses.[449] Als Begründung wird der Wortlaut des § 4 Abs. 3 TVG herangezogen, der von einer „Änderung zugunsten des Arbeitnehmers" spricht.[450] Die Anwendung des Günstigkeitsprinzips setzt somit den Bestand zweier Regelungen unterschiedlichen Ranges voraus. Erst wenn dies erfüllt ist, kann im Rahmen des Günstigkeitsvergleichs eine Gegenüberstellung der beiden Regelungen erfolgen und somit geklärt werden, welche der Normen den Inhalt des jeweiligen Arbeitsverhältnisses bestimmen. Ein Rückgriff auf das Günstigkeitsprinzip ist damit nur dort zulässig, wo bereits ein Arbeitsvertrag besteht.

Entsprechend kann § 4 Abs. 3 TVG nicht herangezogen werden, um untertarifliche Gehälter Arbeitsloser zu rechtfertigen. Das z.T. in diesem Zusammenhang angesprochene Problem, ob der Verzicht auf tarifliche Leistungen im Gegenzug zur Erlangung eines Arbeitsplatzes bzw. Schaffung neuer Arbeitsplätze über das Günstigkeitsprinzip gerechtfertigt werden kann,[451] stellt sich somit nicht,[452] da sich sonst ein systematischer Bruch zum Wortlaut des § 4 Abs. 3 TVG ergäbe.[453]

II. Tarifgebundenheit

Gemäß § 4 Abs. 1 TVG gelten die Tarifnormen zwischen den beiderseitig Tarifgebundenen unmittelbar und zwingend. Da das Günstigkeitsprinzip davon eine Ausnahme macht, ist es unablässig, dass die Parteien der abweichenden Vereinbarung ebenfalls tarifgebunden sind, d.h., es müssen beide Parteien Mitglieder im tarifvertragsschließenden Verband sein. Der Regelfall beidseitiger Tarifbindung besteht dann, wenn der Arbeitgeberverband, dessen Mitglied der Arbeitge-

---

449 Vgl. *Wiedemann / Stumpf*, TVG, § 4 Rn. 223; 5. Aufl.; *Annuss*, RdA 2000, S. 295.

450 Vgl. *Nikisch*, Arbeitsrecht, Bd. II, S. 424; *Wlotzke*, Das Günstigkeitsprinzip im Verhältnis des Tarifvertrages zum Einzelvertrag und zur Betriebsvereinbarung, S. 28.

451 Vgl. dazu *Adomeit*, NJW 1984, S. 26.

452 So auch *Mayer*, Das Verhältnis des Tarifvertrages zu früheren und späteren günstigeren arbeitsvertraglichen Absprachen, S. 173. Dieser stellt in dem Zusammenhang zutreffend fest, dass es bei der untertariflichen Bezahlung zur Erlangung eines „neuen" Arbeitsplatzes bereits am Bestand des Arbeitsvertrages fehlt. Dieser wäre erst die zu erwartende Folge einer Einigung zwischen Arbeitnehmer und Arbeitgeber.

453 So treffend *Annuss*, RdA 2000, S. 295.

ber ist,[454] mit der Gewerkschaft, dessen Mitglied der Arbeitnehmer ist, einen Tarifvertrag abschließt.[455]

Eine einseitige Tarifbindung reicht nicht. So ist ein Arbeitgeber, der Mitglied eines Arbeitgeberverbandes ist, keineswegs verpflichtet, den nichtorganisierten Arbeitnehmern aufgrund eines Verbandstarifvertrages Tariflöhne zu zahlen. Auch Gewerkschaftsmitglieder, die bei einem nicht tarifgebundenen Arbeitgeber beschäftigt sind, haben keinen Anspruch auf tarifliche Leistungen.[456]

Obwohl bei nicht tarifgebundenen Arbeitnehmern die Abdingbarkeit tariflicher Positionen unproblematisch erscheint, wird auf diese Möglichkeit bisher faktisch kaum zurückgegriffen. In der Praxis werden meist auch mit nicht tarifgebundenen Arbeitnehmern Verträge zu den gleichen Konditionen wie die geltenden Tarifverträge abgeschlossen.[457] Dies erfolgt einerseits, um den Betriebsfrieden zu erhalten und eine Gleichbehandlung aller Betriebsangehörigen zu erreichen, andererseits könnte der Außenseiter durch seinen Gewerkschaftsbeitritt den tariflichen Lohn fordern.[458] Zudem würde der Arbeitgeber ohne die Gleichbehandlung den gegnerischen Organisationsgrad stärken.[459] Für die nicht tarifgebundenen Arbeitnehmer, die sogenannten Außenseiter, gelten die tarifvertraglichen Normen nur kraft einzelvertraglicher Bezugnahme oder kraft betrieblicher Übung, d.h. nicht normativ.[460] Aus der Gleichbehandlung aller Arbeitnehmer ergibt sich für die Tarifaußenseiter jedoch keine Unabdingbarkeit der einzelvertraglichen Übernahme des tariflichen Inhalts.[461] Auch durch die einzelvertragliche Bezugnahme kann die fehlende Tarifbindung nicht ersetzt werden. Hier unterwerfen sich die Arbeitsvertragsparteien gerade nicht der Tarifmacht, sondern nehmen nur die Regelungen des Tarifvertrages in ihren Arbeitsvertrag auf.[462] Durch eine Bezugnahme entsteht keine Beziehung zwischen

---

454 Inwieweit eine Mitgliedschaft in einem Arbeitgeberverband ohne Tarifbindung zulässig ist, untersuchten u.a. *OSTROP*, Mitgliedschaft ohne Tarifbindung, S. 1 ff.; *RÖCKL*, DB 1993, S. 2382 ff.; *BUCHNER*, NZA 1994, S. 2 ff.; *BUCHNER*, DB 1995, S. 761 ff.; so im Ergebnis auch *LAG RHEINLAND-PFALZ* v. 17.02.1995, NZA 1995, S. 802.

455 *KRAUSS*, Günstigkeitsprinzip und Autonomiebestreben am Beispiel der Arbeitszeit, S. 3.

456 Vgl. *FRETER*, Das Tarifvertragssystem in der Krise, S. 10.

457 Vgl. *MAYER*, Das Verhältnis des Tarifvertrages zu früheren und späteren günstigeren arbeitsvertraglichen Absprachen, S. 168.

458 Die unmittelbare und zwingende Wirkung des Tarifvertrages setzt nach § 4 Abs. 1, § 3 Abs. 1 TVG seitens des Arbeitnehmers die Tarifgebundenheit kraft Gewerkschaftsmitgliedschaft voraus. Auf eine Mitgliedschaft zum Zeitpunkt des Tarifabschlusses kommt es nicht an.

459 Vgl. *KONZEN*, NZA 1995, S. 915.

460 Vgl. *ZÖLLNER / LORITZ*, Arbeitsrecht, S. 396.

461 Vgl. *LIEB*, Arbeitsrecht, Rn. 513.

462 Vgl. *BREMKAMP*, Die Flexibilisierung des deutschen Tarifvertragssystems, S. 85.

Arbeits- und Tarifvertragsparteien.[463] D.h., soweit individualvertraglich die Geltung von Tarifverträgen vereinbart wurde, ist ein Verzicht auf die tariflichen Positionen durch Änderung des Arbeitsvertrages unproblematisch möglich.[464] Da es in beiden Fällen an der zwingenden Wirkung der Tarifnormen fehlt, können die Arbeitsvertragsparteien ohne Rücksicht auf bestehende tarifliche Regelungen vom Tarifvertrag negativ abweichende Vereinbarungen treffen.[465] Somit braucht bei Außenseitern der Weg über das Günstigkeitsprinzip nicht gewählt werden.

Etwas anderes ergibt sich nur, wenn der Tarifvertrag gemäß § 5 TVG für allgemeinverbindlich erklärt wird. In diesem Fall wirken die Vorschriften des Kollektivvertrages innerhalb seines Geltungsbereichs auch zwingend auf die bisher nicht tarifgebundenen Arbeitnehmer,[466] so dass die folgenden Ausführungen auch für den dem Tarifvertrag zwangsunterworfenen Arbeitnehmer gelten.

III. Kollidierende Regelungen

Da das Günstigkeitsprinzip das gesetzlich vorgesehene Mittel zur Auflösung einer echten Konkurrenz zwischen einer tariflichen und rangniedrigeren Norm darstellt, können neben dem Individualarbeitsvertrag grundsätzlich auch Betriebsvereinbarungen sowie allgemeine Arbeitsbedingungen Rechtsgrundlagen für eine gegenüber dem Tarifvertrag günstigere Regelung sein.[467]

Im Rahmen dieser Untersuchung wird jedoch nur die Bedeutung des Günstigkeitsprinzips im Verhältnis zwischen Individualarbeits- und Tarifvertrag erörtert, so dass damit die Existenz dieser beiden Regelungen zwingend notwendig ist. Es ist folglich erforderlich, dass sowohl Tarif- als auch Individualarbeitsvertrag gültig und damit formell und inhaltlich wirksam zustande gekommen sind. Die beiden Normen müssen darüber hinaus denselben Regelungsgegenstand betreffen und miteinander kollidieren. Im Rahmen des dann vorzunehmenden Günstigkeitsvergleiches muss sich letztlich durch die Vereinbarung

---

463 Vgl. *Löwisch / Rieble*, TVG, § 3 Rn. 12.

464 Soweit der Tarifvertrag unter individualvertraglicher Bezugnahme übernommen wurde, wirken die Tarifnormen unmittelbar, jedoch nicht zwingend, und sind damit abdingbar. Vgl. *Müller, H.*, NZA 1985, S. 309.

465 Vgl. *Mayer*, Das Verhältnis des Tarifvertrages zu früheren und späteren günstigeren arbeitsvertraglichen Absprachen, S. 168 f.; *Müller, H.*, NZA 1985, S. 309.

466 Vgl. § 5 Abs. 4 TVG; *Löwisch / Rieble*, TVG, § 5 Rn. 14.

467 Vgl. *Kempen / Zachert*, TVG, § 4 Rn. 175; *Wank*, in: Wiedemann (Hrsg.), TVG, § 4 Rn. 418.

zwischen Arbeitnehmer und Arbeitgeber eine Verbesserung des Arbeitsverhältnisses[468] gegenüber den tariflichen Vorgaben ergeben.

IV. Zeitliche Einschränkung - Ordnungsprinzip

Unzweifelhaft ist § 4 Abs. 3 TVG auf günstigere Abmachungen anzuwenden, die nach Abschluss des Tarifvertrages vereinbart wurden.[469] Es mag wohl die Intension des Gesetzgebers gewesen sein, auf Abmachungen, die nach Inkrafttreten des Tarifvertrages getroffen wurden, abzustellen. Denn bei dieser Konstellation können die Arbeitsvertragsparteien auf Grundlage des bestehenden Kollektivvertrages die Besonderheiten des Einzelarbeitsvertrages berücksichtigen.[470]

Gleichwohl gilt das Günstigkeitsprinzip nach der heute *h.M.*[471] auch für günstigere Abmachungen, die vor Abschluss des Tarifvertrages getroffen wurden. So hat das *BAG* im Jahre 1986[472] nochmals ausdrücklich hervorgehoben, dass das Günstigkeitsprinzip auch für bereits bestehende einzelvertraglich begründete Arbeitsbedingungen gilt. Seit dieser Entscheidung ist die früher gegenteilige, auf das Ordnungsprinzip[473] zurückgreifende Ansicht,[474] überholt.[475] Somit finden bei der Günstigkeitsbewertung individualvertraglicher untertariflicher Vereinbarungen auch solche Berücksichtigung, die vor Abschluss des gültigen Tarifvertrages getroffen wurden.

V. Relevante Normen des Tarifvertrages

Gemäß § 1 Abs. 1 TVG enthält der Tarifvertrag verschiedene Rechtsnormen. § 4 Abs. 1 TVG bestimmt, dass die Normen des Tarifvertrages, die den Inhalt, den Abschluss und die Beendigung von Arbeitsverhältnissen regeln, ebenso wie die Rechtsnormen, die betriebliche oder betriebsverfassungsrechtliche Fragen ordnen, unmittelbar und zwingend für die beiderseits Tarifgebundenen, die unter den Geltungsbereich des Tarifvertrages fallen, bindend sind. Obwohl sich das Günstigkeitsprinzip nach seiner Gesetzesstellung in § 4 Abs. 3 TVG auf diese

---

468 Vgl. *Wank*, in: Wiedemann (Hrsg.), TVG, § 4 Rn. 418.

469 Vgl. *Kempen / Zachert*, TVG, § 4 Rn. 178.

470 Vgl. *Wank*, in: Wiedemann (Hrsg.), TVG, § 4 Rn. 421.

471 *Däubler*, Tarifvertragsrecht, Rn. 200; *Wank*, in: Wiedemann (Hrsg.), TVG, § 4 Rn. 421; *Kempen / Zachert*, TVG, § 4 Rn. 178; *Lieb*, Arbeitsrecht, Rn. 495; a.A. *Schmidt*, RdA 1952, S. 305 ff.

472 *BAG* v. 16.09.1986, BAGE 53, S. 59 mit Verweis auf *BAG* v. 11.10.1967, DB 1968, S. 134.

473 Vgl. *Hueck / Nipperdey*, Lehrbuch des Arbeitsrechts, Bd. II/1, S. 592 f.

474 *BAG* v. 04.02.1960, SAE 1960, S. 145.

475 Vgl. *BAG* v. 07.11.1989, BAGE 63, S. 221.

normativen Tarifvertragsnormen beziehen müsste, ist dennoch strittig, ob es auf sämtliche Rechtsnormen i.S. von § 1 Abs. 1 TVG Anwendung findet.[476]

1. Individualnormen

Individualnormen regeln das Rechtsverhältnis des Arbeitgebers zu den einzelnen Arbeitnehmern und unterteilen sich gemäß § 1 Abs. 1 TVG in Inhalts-, Abschluss- und Beendigungsnormen.[477]

a) Inhaltsnormen

Inhaltsnormen regeln die Rechte und Pflichten der Arbeitsvertragsparteien im Arbeitsverhältnis.[478] Ursprünglich wurde das Günstigkeitsprinzip des § 4 Abs. 3 TVG so verstanden, dass es uneingeschränkt auf das Verhältnis arbeitsvertraglicher Abmachungen zu tariflichen Inhaltsnormen anzuwenden ist.[479] Auf diese Normart soll das Günstigkeitsprinzip nach ganz *h.M.* zugeschnitten sein.[480]

Obwohl das Tarifvertragsgesetz lediglich von Inhaltsnormen spricht und keine darüber hinausgehende Untergliederung vornimmt,[481] wird innerhalb dieser Kategorisierung dennoch vielfach zwischen negativen und positiven Inhaltsnormen differenziert. Diese Unterscheidung hat insoweit Auswirkung, als von einem Teil der Literatur eine Anwendbarkeit des Günstigkeitsprinzips auf negative Inhaltsnormen abgelehnt wird.[482]

Positive Inhaltsnormen sind Normen, die den Inhalt der einzelnen Arbeitsverhältnisse betreffen. Sie stellen Gebote dar, die regeln, wie das einzelne Beschäftigungsverhältnis auszugestalten ist und können sich auf sämtliche Rechte und

---

476 Ausführlich *Tech*, Günstigkeitsprinzip und Günstigkeitsbeurteilung im Arbeitsrecht, S. 74 ff.; *Krauss*, Günstigkeitsprinzip und Autonomiebestreben am Beispiel der Arbeitszeit, S. 74 ff.

477 Vgl. *Löwisch / Rieble*, TVG, § 1 Rn. 24.

478 Vgl. *Löwisch / Rieble*, TVG, § 1 Rn. 24; *Wiedemann, H.*, TVG, § 1 Rn. 314-478; *Kempen / Zachert*, TVG, § 1 Rn. 26; *Schaub*, Arbeitsrechtshandbuch, S. 1681.

479 Vgl. *Kempen / Zachert*, TVG, § 4 Rn. 165; *Linnenkohl / Rauschenberg / Reh*, BB 1990, S. 630.

480 *Kempen / Zachert*, TVG, § 4 Rn. 165; *Schaub*, Arbeitsrechtshandbuch, S. 1703; *Schaub*, ZTR 2000, S. 11; *Wank*, in: Wiedemann (Hrsg.), TVG, § 4 Rn. 409; *Däubler*, Tarifvertragsrecht, Rn. 190.

481 Der Gesetzeswortlaut des § 1 Abs. 1 TVG spricht lediglich von Rechtsnormen, die den Inhalt von Arbeitsverhältnissen ordnen.

482 *Nikisch*, Arbeitsrecht, Bd. II, S. 423; *Bötticher*, RdA 1968, 419 f.; *Etzel*, NZA 1987 Beilage 1, S. 23; *Hueck / Nipperdey*, Lehrbuch des Arbeitsrechts, Bd. II/1, S. 572 Fn. 2; *Wank*, in: Wiedemann (Hrsg.), TVG, § 4 Rn. 409 f.

Pflichten beziehen.[483] Auch wenn eine Differenzierung zwischen positiven und negativen Inhaltsnormen vorgenommen wird, besteht grundsätzlich Einigkeit darin, dass das Günstigkeitsprinzip auf positive Inhaltsnormen uneingeschränkt Anwendung findet.[484]

Als negative Inhaltsnormen werden üblicherweise solche Regelungen qualifiziert, die bestimmen, welchen Inhalt ein Arbeitsverhältnis nicht haben soll, d.h. welche Vereinbarungen von den Arbeitsvertragsparteien nicht getroffen werden können.[485] Sie verbieten eine bestimmte Art und Weise der Tätigkeit des Arbeitnehmers zu bestimmten Zeiten oder für bestimmte Personen.[486]

Die Argumente gegen eine generalisierte Anwendung des § 4 Abs. 3 Alt. 2 TVG auf alle Inhaltsnormenarten können auf zwei wesentliche Meinungen reduziert werden. So wird einerseits angeführt, dass es gegenüber negativen Inhaltsnormen keine günstigere Vereinbarung gibt.[487] Diese Begründung kann jedoch nicht bereits zu einem Ausschluss der Anwendbarkeit des Günstigkeitsprinzips auf negative Inhaltsnormen führen, denn die Feststellung, es gäbe keine günstigere Regelung, kann nicht vorab getroffen werden, sondern muss sich erst im Rahmen des durchzuführenden Günstigkeitsvergleichs ergeben. Andererseits soll eine durch die Tarifpartner festgelegte negative Inhaltsnorm den Günstigkeitsvergleich bereits generalisierend vorwegnehmen.[488] Auch diese Argumentation kann zu keiner Nichtanwendbarkeit des § 4 Abs. 3 Alt. 2 TVG führen. Da das Günstigkeitsprinzip entsprechend seines Regelungszwecks subjektiv und individuell ausgerichtet ist, kann durch die Tarifpartner vorab kein Günstigkeitsvergleich vorgenommen werden, da dieser sich stets nur an den Interessen des durchschnittlichen Arbeitnehmers orientieren würde.[489]

---

483 Vgl. zum Begriff und Meinungsstand *KRAUSS*, Günstigkeitsprinzip und Autonomiebestreben am Beispiel der Arbeitszeit, S. 79; *NIKISCH*, Arbeitsrecht, Bd. II, S. 290; *NIPPERDEY*, Lehrbuch des Arbeitsrechts, Bd. II/1, S. 257.

484 *WANK*, in: Wiedemann (Hrsg.), TVG, § 4 Rn. 405; *DÄUBLER*, Tarifvertragsrecht, Rn. 190; *KEMPEN / ZACHERT*, TVG, § 4 Rn. 140.

485 So *SCHWEIBERT*, Die Verkürzung der Wochenarbeitszeit durch Tarifvertrag, S. 150; *JOOST*, ZfA 1984, S. 188; *NIKISCH*, Arbeitsrecht, Bd. II, S. 423. Vgl. zum Begriff und Meinungsstand auch *KRAUSS*, Günstigkeitsprinzip und Autonomiebestreben am Beispiel der Arbeitszeit, S. 77; *KRAMER*, DB 1994, S. 426; *BÖTTICHER*, RdA 1968, S. 418 ff. m.w.N.

486 *WIEDEMANN, H.*, TVG, § 1 Rn. 251.

487 Vgl. *WLOTZKE*, Das Günstigkeitsprinzip im Verhältnis des Tarifvertrages zum Einzelvertrag und zur Betriebsvereinbarung, S. 26 f.

488 Vgl. dazu u.a. *KRAUSS*, Günstigkeitsprinzip und Autonomiebestreben am Beispiel der Arbeitszeit, S. 78.

489 Nach der hier vertretenen Auffassung ist jedoch einerseits auf eine subjektive Beurteilungsperspektive abzustellen und andererseits kein kollektiver, sondern ein individueller Günstigkeitsvergleich vorzunehmen. Vgl. die Ausführungen in *2. KAPITEL G II 3.*

Gegen eine Unterteilung der Inhaltsnormen und eine Beschränkung der Anwendbarkeit des Günstigkeitsprinzips in bezug auf negative Inhaltsnormen ist einerseits einzuwenden, dass der Gesetzgeber weder in § 1 Abs. 1 TVG noch in § 4 Abs. 1, 3 TVG, eine Unterscheidung zwischen negativen und positiven Inhaltsnormen getroffen hat.[490] Des weiteren ist zu berücksichtigen, dass durch die Tarifvertragspartner tarifliche Inhaltsbestimmungen ohne weiteres sowohl als positive als auch negative Inhaltsnormen formuliert werden.[491] Ihr Regelungsgehalt ändert sich dadurch nicht. Denn letztlich ist die negative Formulierung nur die Kehrseite der positiven Formulierung und vice versa.[492] Aufgrund der Beliebigkeit dieser Formulierung könnten die Tarifpartner durch die gewählte Ausgestaltungsform über das Günstigkeitsprinzip disponieren.[493] Dies ist jedoch mit der Entstehungsgeschichte des Günstigkeitsprinzips nicht zu vereinbaren. Danach ist § 4 Abs. 3 Alt. 2 TVG als zwingender Rechtssatz ausgestaltet, der nicht zur Disposition der Tarifpartner steht.[494]

Entsprechend ist das Günstigkeitsprinzip, auch wenn man eine Differenzierung zwischen positiven und negativen Inhaltsnormen vornimmt, auf beide Normarten uneingeschränkt anwendbar.[495]

b) Abschlussnormen

Abschlussnormen betreffen das „Ob" und das „Wie" des Zustandekommens von Arbeitsverträgen[496]. Zu ihnen gehören Abschlussverbote, Abschlussgebote so-

---

490 So *TECH*, Günstigkeitsprinzip und Günstigkeitsbeurteilung im Arbeitsrecht, S. 83; *KRAUSS*, Günstigkeitsprinzip und Autonomiebestreben am Beispiel der Arbeitszeit, S. 78; *MAYER*, Das Verhältnis des Tarifvertrages zu früheren und späteren günstigeren arbeitsvertraglichen Absprachen, S. 161.

491 So bereits *RICHARDI*, Kollektivgewalt und Individualwille bei der Gestaltung des Arbeitsverhältnisses, S. 383 in Hinblick auf die strittige Einordnung von Arbeitszeitbestimmungen als positive bzw. negative Inhaltsnormen. Vgl. dazu auch die Ausführungen im *3. KAPITEL C II 1-3.*

492 *SCHWEIBERT*, Die Verkürzung der Wochenarbeitszeit durch Tarifvertrag, S. 151; *KRAUSS*, Günstigkeitsprinzip und Autonomiebestreben am Beispiel der Arbeitszeit, S. 78; *MAYER*, Das Verhältnis des Tarifvertrages zu früheren und späteren günstigeren arbeitsvertraglichen Absprachen, S. 108; *BENGELSDORF*, ZfA 1990, S. 567.

493 Vgl. *KRAUSS*, Günstigkeitsprinzip und Autonomiebestreben am Beispiel der Arbeitszeit, S. 78; *SCHWEIBERT*, Die Verkürzung der Wochenarbeitszeit durch Tarifvertrag, S. 151.

494 Vgl. dazu die Ausführungen in *2. KAPITEL B IV.*

495 So im Ergebnis auch *KEMPEN / ZACHERT*, TVG, § 4 R. 165; *SCHAUB*, Arbeitsrechtshandbuch, S. 1703; *WANK*, in: Wiedemann (Hrsg.), TVG, § 4 Rn. 414; *DÄUBLER*, Tarifvertragsrecht, Rn. 190; *MAYER*, Das Verhältnis des Tarifvertrages zu früheren und späteren günstigeren arbeitsvertraglichen Absprachen, S. 162; *KRAMER*, DB 1994, S. 426; a.A.: *NIKISCH*, Arbeitsrecht, Bd. II, S. 423; *BÖTTICHER*, RdA 1968, 419 f.; *ETZEL*, NZA 1987 Beilage 1, S. 23; *HUECK / NIPPERDEY*, Lehrbuch des Arbeitsrechts, Bd. II/1, S. 572 Fn. 2.

wie Formvorschriften.[497] Bei Abschlussverboten erlangt das Günstigkeitsprinzip zwar nach überwiegender Meinung keine Bedeutung,[498] es bleibt aber richtigerweise ebenso wie bei Abschlussgeboten[499] und letztlich auch in Hinblick auf Formvorschriften[500] anwendbar.

c) Beendigungsnormen

Beendigungsnormen haben das „Ob" und das „Wie" der Beendigung von Arbeitsverhältnissen zum Gegenstand.[501] Sie können die Dauer und Befristung des Arbeitsverhältnisses, Kündigungsfristen und -formen sowie Kündigungsgründe regeln.[502] Die Anwendbarkeit des Günstigkeitsprinzips ist auch in bezug auf diese Normarten umstritten. Aufgrund der Gesetzessystematik ist das Günstigkeitsprinzip richtigerweise auch auf Beendigungsnormen anwendbar.[503] Da Beendigungsnormen im Zusammenhang mit der individualvertraglichen Abdingbarkeit tariflicher Leistungen zur Sicherung von Arbeitsplätzen keine praktische Relevanz besitzen, wird auf eine vertiefende Auseinandersetzung mit dem entsprechenden Meinungsstreit verzichtet.

2. Betriebliche Fragen

§ 1 Abs. 1 TVG definiert betriebliche Fragen nicht genauer. Der Gesetzgeber zielt hiermit auf Gegenstände, deren Bedeutung über das einzelne Arbeitsverhältnis hinausgeht[504] und die prinzipiell für alle Arbeitnehmer des Betriebes, unabhängig von deren Tarifbindung, Geltung beanspruchen.[505] Es handelt sich um

---

496 Vgl. *Löwisch / Rieble*, TVG, § 1 Rn. 24; *Schaub*, Arbeitsrechtshandbuch, S. 1682; *Nikisch*, Arbeitsrecht, Bd. II, S. 296.

497 *Schaub*, Arbeitsrechtshandbuch, S. 1682; *Wank*, in: Wiedemann (Hrsg.), TVG, § 4 Rn. 479 ff.

498 *Kempen / Zachert*, TVG, § 4 Rn. 166; *Wank*, in: Wiedemann (Hrsg.), TVG, § 4 Rn. 406; *Tech*, Günstigkeitsprinzip und Günstigkeitsbeurteilung im Arbeitsrecht, S. 78; *Däubler*, Tarifvertragsrecht, Rn. 190; *Zöllner*, DB 1989, S. 2124 Fn. 28.

499 *Krauss*, Günstigkeitsprinzip und Autonomiebestreben am Beispiel der Arbeitszeit, S. 75; *Wank*, in: Wiedemann (Hrsg.), TVG, § 4 Rn. 406; *Tech*, Günstigkeitsprinzip und Günstigkeitsbeurteilung im Arbeitsrecht, S. 77.

500 *Krauss*, Günstigkeitsprinzip und Autonomiebestreben am Beispiel der Arbeitszeit, S. 76; a.A. *Tech*, Günstigkeitsprinzip und Günstigkeitsbeurteilung im Arbeitsrecht, S. 79.

501 Vgl. *Löwisch / Rieble*, TVG, § 1 Rn. 24; *Schaub*, Arbeitsrechtshandbuch, S. 1683.

502 *Kempen / Zachert*, TVG, § 1 Rn. 31; *Wiedemann, H.*, TVG, § 1 Rn. 511 ff.

503 *Krauss*, Günstigkeitsprinzip und Autonomiebestreben am Beispiel der Arbeitszeit, S. 76; *Tech*, Günstigkeitsprinzip und Günstigkeitsbeurteilung im Arbeitsrecht, S. 80; im Ergebnis zustimmend: *Kempen / Zachert*, TVG, § 4 Rn. 166; *Schaub*, Arbeitsrechtshandbuch, S. 1703.

504 *Löwisch / Rieble*, TVG, § 1 Rn. 76.

505 Vgl. *Wiedemann, H.*, TVG, § 1 Rn. 567 ff.

Bestimmungen, die „in der sozialen Wirklichkeit aus tatsächlichen oder rechtlichen Gründen nur einheitlich geregelt werden können“.[506]

Richtigerweise kann zugunsten einzelner Arbeitnehmer von betrieblichen Regelungen abgewichen werden.[507] Das ist der Fall, wenn die Betriebsnormen zugleich Inhaltsnormen sind und diese dem Arbeitnehmer als Einzelnem Rechte und Pflichten einräumen.[508] Das Günstigkeitsprinzip stößt im Verhältnis zu Betriebsnormen lediglich dann an eine Grenze, wenn diese den Kollektivschutz der Belegschaft bezweckt.[509] In diesem Fall kann keine abweichende individualvertragliche Vereinbarung getroffen werden.[510]

Aufgrund der Gesetzessystematik ist das Günstigkeitsprinzip im Ergebnis auch auf betriebliche Fragen anwendbar. Eine abschließende Beurteilung ist jedoch nicht erforderlich,[511] da der individualvertragliche Verzicht auf entsprechende Normen bei der Sicherung existentiell bedrohter Arbeitsplätze keine entscheidende Rolle spielt.

3. Betriebsverfassungsrechtliche Fragen

Betriebsverfassungsrechtliche Normen umfassen die Gesamtheit aller Regelungen über die Rechtsstellung der Arbeitnehmerschaft im Betrieb einschließlich ihrer Organe, ihrer Rechte und Pflichten sowie ihrer Stellung zum Arbeitgeber.[512]

Die Anwendbarkeit des Günstigkeitsprinzips auf betriebsverfassungsrechtliche Fragen wird ebenfalls unterschiedlich beantwortet.[513]

---

506 *BAG* v. 26.04.1990, BAGE 64, S. 383; *BAG* v. 21.01.1987, DB 1987, S. 492; *BAG* v. 21.01.1987, BAGE 54, S. 123.

507 Vgl. *Löwisch / Rieble*, TVG, § 4 Rn. 177 m.w.N.; *Tech*, Günstigkeitsprinzip und Günstigkeitsbeurteilung im Arbeitsrecht, S. 90; *Krauss*, Günstigkeitsprinzip und Autonomiebestreben am Beispiel der Arbeitszeit, S. 81 f.; a.A. *Schaub*, Arbeitsrechtshandbuch, S. 1703; *Wank*, in: Wiedemann (Hrsg.), TVG, § 4 Rn. 410; *Buschmann*, NZA 1990, S. 388; *Linnenkohl / Rauschenberg / Reh*, BB 1990, S. 630.

508 Vgl. *Schaub*, Arbeitsrechtshandbuch, S. 1683.

509 *Löwisch / Rieble*, TVG, § 4 Rn. 179; *Wank*, in: Wiedemann (Hrsg.), TVG, § 4 Rn. 415.

510 In diesen Fällen kann nur durch eine dem Kollektivschutz der Belegschaft dienende kollektive Regelung (z.B. Betriebsvereinbarung) von der Betriebsnorm abgewichen werden.

511 Zum Meinungsstand vgl. *Krauss*, Günstigkeitsprinzip und Autonomiebestreben am Beispiel der Arbeitszeit, S. 80 ff.; *Tech*, Günstigkeitsprinzip und Günstigkeitsbeurteilung im Arbeitsrecht, S. 87 ff.; *Löwisch / Rieble*, TVG, § 4 Rn. 176 ff.

512 *Wiedemann, H.*, TVG, § 1 Rn. 587; *Richardi*, BetrVG, § 1 Rn. 1 ff.

513 Gegen eine Anwendung des Günstigkeitsprinzips sprechen sich u.a. *Kempen / Zachert*, TVG, § 4 Rn. 16; *Wank*, in: Wiedemann (Hrsg.), TVG, § 4 Rn. 416 aus. *Tech*, Günstigkeitsprinzip und Günstigkeitsbeurteilung im Arbeitsrecht, S. 91 ff. und *Schulze*, Das Günstigkeitsprinzip im Tarifvertragsrecht, S. 72 f., wenden es dagegen an.

Aufgrund der Gesetzessystematik ist das Günstigkeitsprinzip richtigerweise auch auf diesen Normtyp anwendbar. Eine vertiefende Auseinandersetzung mit dem Streitstand kann hier unterbleiben, da eine einzelvertragliche Verbesserung betriebsverfassungsrechtlicher Normen nicht möglich ist. Denn durch die Ausweitung der Mitwirkungsmöglichkeiten des Betriebsrates kann eine konkrete Besserstellung einzelner Arbeitnehmer nicht erreicht werden.[514]

4. Gemeinsame Einrichtungen

Der Begriff der gemeinsamen Einrichtungen ist in § 1 Abs. 1 TVG nicht genannt, wird aber in § 4 Abs. 2 TVG verwendet. Es handelt sich hierbei um eine von den Tarifvertragsparteien geschaffene und in ihrer Ausgestaltung sowie in ihrem Bestand von diesen abhängige Organisation.

Nach *h.M.*[515] kann das Günstigkeitsprinzip auf diese Tarifnormen keine Anwendung finden.[516] Das zwischen Arbeitnehmer und der Einrichtung unmittelbar bestehende Rechtsverhältnis kann nicht durch einzelvertragliche Vereinbarungen zwischen Arbeitgeber und Arbeitnehmer verändert werden. Dies stellt nach Auffassung des *BAG* einen unzulässigen Vertrag zu Lasten der Einrichtung dar.[517]

5. Schuldrechtliche Abreden

Die Tarifparteien sind nicht unbedingt auf die Setzung von Normen angewiesen. Sie können in dem Tarifvertrag auch schuldrechtliche Abreden treffen.[518] Abreden, die die Rechte und Pflichten der Tarifvertragsparteien regeln, sind schuldrechtliche Abreden i.S. des BGB.[519] Soweit der Tarifvertrag neben dem normativen auch einen schuldrechtlichen Teil enthält, ist er durch eine Doppelnatur gekennzeichnet. Der schuldrechtliche Teil richtet sich primär an die Tarifvertragsparteien. Die getroffenen Abreden müssen im Verhältnis zur anderen Tarifpartei, gegebenenfalls auch durch Einwirkung auf ihre Mitglieder, eingehalten werden. Der einzelne Arbeitnehmer kann aus derartigen Vereinbarungen lediglich dann ein subjektives Recht ableiten, wenn eine drittbegünstigende Abrede vorliegt.

---

514 *TECH*, Günstigkeitsprinzip und Günstigkeitsbeurteilung im Arbeitsrecht, S. 93.

515 *KEMPEN / ZACHERT*, TVG, § 4 Rn. 169; *WANK*, in: Wiedemann (Hrsg.), TVG, § 4 Rn. 417; *DÄUBLER*, Tarifvertragsrecht, Rn. 192; *BAG* v. 05.12.1958, BAGE 7, S. 117.

516 Vgl. zum genauen Meinungsstand *TECH*, Günstigkeitsprinzip und Günstigkeitsbeurteilung im Arbeitsrecht, S. 90 ff.

517 *BAG* v. 05.12.1958, BAGE 7, S. 117.

518 Vgl. *JOOST*, ZfA 1984, S. 190.

519 *SCHAUB*, Arbeitsrechtshandbuch, S. 1675.

Die Anwendbarkeit des Günstigkeitsprinzips auf schuldrechtliche Abreden wird unterschiedlich interpretiert.[520] Die wohl überwiegende Meinung[521] misst dem Günstigkeitsprinzip absolute Bedeutung bei und wendet es dementsprechend auf alle tariflichen Abreden an. Nach dieser Auffassung liefe das Günstigkeitsprinzip leer, wenn es den Tarifvertragsparteien möglich wäre, durch schuldrechtliche Abreden die Vereinbarung günstiger Regelungen auszuschließen.[522] Für die erste Auffassung spricht vor allem die Gesetzessystematik.

Da einerseits eine individualvertragliche Abdingbarkeit schuldrechtlicher Absprachen, wie z.B. die Einhaltung der Friedenspflicht und die Durchführungspflicht bei der Sicherung existentiell bedrohter Arbeitsplätze, bisher keine entscheidende Rolle spielt, andererseits unter Umständen auch durch den Verzicht auf schuldrechtliche Vereinbarungen eine Kostenentlastung des tarifvertraglich gebundenen Unternehmens erreicht werden kann, sich die vorliegende Untersuchung jedoch nur auf normativ wirkende Tarifvereinbarungen bezieht, wird auf eine vertiefende Streitdarstellung verzichtet.

6. Zwischenfazit

Aufgrund der Gesetzesstellung des Günstigkeitsprinzips in § 4 Abs. 3 TVG und der damit einhergehenden absoluten Bedeutung ist es sowohl auf Individualnormen, schuldrechtliche Abreden, als auch Normen über betriebliche und betriebsverfassungsrechtliche Fragen anwendbar. Lediglich bei Normen, die gemeinsame Einrichtungen betreffen, kann auf § 4 Abs. 3 TVG nicht zurückgegriffen werden.

Zwar kann grundsätzlich durch die Abdingbarkeit von Abschluss, Beendigungsnormen, schuldrechtlichen Abreden und von Normen über betriebliche Fragen eine Reduzierung der Kostenbelastung des Arbeitgebers, d.h., eine Verbesserung der betrieblichen Kostensituation und damit auch eine mögliche Sicherung von Arbeitsplätzen erreicht werden, jedoch spielen diese Normen bei individualvertraglichen Vereinbarungen bisher eher eine untergeordnete Rolle. In der Praxis wird bei der Abdingbarkeit tariflicher Leistungen vor allem auf Inhaltsnormen zurückgegriffen, so dass diese auch Hauptanwendungsfall der Untersuchung sein werden.

---

520 Vgl. zum genauen Meinungsstand *Kempen / Zachert*, TVG, § 4 Rn. 169 ff.; *Krauss*, Günstigkeitsprinzip und Autonomiebestreben am Beispiel der Arbeitszeit, S. 71.

521 *Wlotzke*, Das Günstigkeitsprinzip im Verhältnis des Tarifvertrages zum Einzelvertrag und zur Betriebsvereinbarung, S. 24 f.; *Hueck / Nipperdey*, Lehrbuch des Arbeitsrechts, Bd. II/1, S. 574 f.; *Joost*, ZfA 1984, S. 191; *Nikisch*, DB 1963, S. 1254.

522 Vgl. *Krauss*, Günstigkeitsprinzip und Autonomiebestreben am Beispiel der Arbeitszeit, S. 71.

G. Günstigkeitsvergleich

Entscheidende Bedeutung im Zusammenhang mit der Prüfung der individualvertraglichen Abdingbarkeit tariflicher Leistungen nach dem Günstigkeitsprinzip des § 4 Abs. 3 TVG obliegt dem Günstigkeitsvergleich. Durch diesen ist festzustellen, ob die abweichende Vereinbarung gegenüber der höherrangigen Regelung letztlich günstiger ist. Die Entscheidung, welcher Regelung der Vorrang gebührt, erfolgt durch ein rechtliches Werturteil.[523]

§ 4 Abs. 3 TVG enthält keine Hinweise darüber, wann Abmachungen als günstiger anzusehen sind oder wie ein Vergleich der divergierenden Regelungen vorzunehmen ist. Unstrittig ist, dass der Günstigkeitsvergleich nur zwischen der einschlägigen tariflichen Regelung und der abweichenden Vereinbarung gezogen werden kann.[524]

Der Begriff der Günstigkeit ist aufgrund seiner vielfältigen Konstellation, in der abweichende Regelungen und Grundregeln stehen, einer abstrakten, allgemeinen und umfassenden Definition nicht zugänglich.[525] Aufgrund der Unvorhersehbarkeit der möglichen Einzelfallgestaltungen ist ein Katalog von allgemeingültigen Kriterien nur schwerlich denkbar.[526] Entsprechend ist die Frage, ob vom Tarifvertrag abweichende Vereinbarungen günstiger sind, nicht immer leicht zu beantworten. Gleichwohl setzt die Handhabung des Günstigkeitsprinzips voraus, dass der Vergleichsmaßstab für die Günstigkeitsbeurteilung feststeht.[527] Es müssen daher bestimmte methodische Grundsätze zur Ermittlung der Günstigkeit aufgestellt werden. Um im Rahmen des Günstigkeitsvergleichs nachvollziehbare Wertungen vorzunehmen, haben Rechtsprechung und Literatur verschiedene Auslegungskriterien und -hilfen entwickelt.[528]

---

523 *Wlotzke*, Das Günstigkeitsprinzip im Verhältnis des Tarifvertrages zum Einzelvertrag und zur Betriebsvereinbarung, S. 72; so auch *Herschel*, SAE 1973, S. 3.

524 Vgl. *Wlotzke*, Das Günstigkeitsprinzip im Verhältnis des Tarifvertrages zum Einzelvertrag und zur Betriebsvereinbarung, S. 72; *Nikisch*, Arbeitsrecht, Bd. II, S. 430; *Schaub*, Arbeitsrechtshandbuch, S. 1703; *Löwisch*, in: Richardi / Wlotzke (Hrsg.), Münchener Handbuch zum Arbeitsrecht, Bd. 3, § 265 Rn. 39; *Wank*, in: Wiedemann (Hrsg.), TVG, § 4 Rn. 432; *Belling*, Das Günstigkeitsprinzip im Arbeitsrecht, S. 170.

525 *Tech*, Günstigkeitsprinzip und Günstigkeitsbeurteilung im Arbeitsrecht, S. 72.

526 Vgl. *Belling*, Das Günstigkeitsprinzip im Arbeitsrecht, S. 169.

527 *Löwisch*, in: Richardi / Wlotzke (Hrsg.), Münchener Handbuch zum Arbeitsrecht, Bd. 3, § 233 Rn. 35.

528 Vgl. *Kempen / Zachert*, TVG, § 4 Rn. 185.

I. Vergleichsmethode und Vergleichsgegenstand

Die Vergleichsmethode betrifft die Frage, welche Regelungsgegenstände einem Günstigkeitsvergleich unterzogen werden.[529] Die Vergleichsmethode ist dann unproblematisch, wenn nur eine Bestimmung vom Tarifvertrag abweicht. In diesem Fall kann lediglich die fragliche Vereinbarung mit der entsprechenden Bestimmung der kollektiven Regelung verglichen werden.[530]

Umstritten ist die Vergleichsmethode jedoch dann, wenn mehrere Punkte vom Tarifvertrag abweichend geregelt werden sollen und dabei einzelne Bestimmungen untertarifliche und andere übertarifliche Regelungen enthalten.

1. Einzelvergleich

Der Einzelvergleich wird auch als isolierter Vergleich bezeichnet. Im Rahmen dieses Vergleichs wird jede einzelne abweichende Bestimmung des Arbeitsvertrages jeder einzelnen Bestimmung der höherrangigen Rechtsquelle gegenübergestellt.[531]

Betrifft die abweichende Vereinbarung nur einen einzigen Punkt des Tarifvertrages, so kann, wie bereits oben festgestellt, lediglich ein Einzelvergleich der beiden kollidierenden Regelungen vorgenommen werden.[532]

Bei mehreren Regelungen unterschiedlichen Charakters bestimmt sich die Abweichung für jede einzelne Position. Der isolierte Vergleich führt letztlich dazu, dass nur jeweils die günstigere Bestimmung angewandt wird. D.h., übertarifliche Bestimmungen wären nach § 4 Abs. 3 TVG wirksam, untertarifliche dagegen gemäß § 4 Abs. 1 TVG unwirksam.[533] Dieses Ergebnis entspricht einer „Rosinentheorie", bei der durch den Arbeitnehmer die jeweils günstigere Lösung he-

---

529 *GITTER*, FS Wlotzke, S.298.

530 *KRAUSS*, Günstigkeitsprinzip und Autonomiebestreben am Beispiel der Arbeitszeit, S. 84; *GITTER*, FS Wlotzke, S. 299; *NIKISCH*, Arbeitsrecht, Bd. II, S. 433; *GAMILLSCHEG*, Kollektives Arbeitsrecht, Bd. I, S. 852.

531 Vgl. *TECH*, Günstigkeitsprinzip und Günstigkeitsbeurteilung im Arbeitsrecht, S. 103; *KEMPEN / ZACHERT*, TVG, § 4 Rn. 188; *GITTER*, FS Wlotzke, S. 298; *GAMILLSCHEG*, Kollektives Arbeitsrecht, Bd. I, S. 852.

532 *KRAUSS*, Günstigkeitsprinzip und Autonomiebestreben am Beispiel der Arbeitszeit, S. 84; *GITTER*, FS Wlotzke, S. 299; *NIKISCH*, Arbeitsrecht, Bd. II, S. 433; *GAMILLSCHEG*, Kollektives Arbeitsrecht, Bd. I, S. 852.

533 *GITTER*, FS Wlotzke, S. 299; *KRAUSS*, Günstigkeitsprinzip und Autonomiebestreben am Beispiel der Arbeitszeit, S. 84.

rausgegriffen werden könnte.[534] Eine derartiges Resultat wird von der überwiegenden Meinung[535] als unbillig angesehen.

Soweit eine individualvertragliche Abrede mehrere abweichende Vereinbarungen, die nach oben und unten vom Tarifvertrag divergieren, enthält, wird damit nach dem Willen der Vertragsparteien oft ein Zusammenhang bezweckt.[536] Hier wird die Unzulänglichkeit der „Rosinentheorie" deutlich. Dieser innere Zusammenhang würde bei einem Einzelvergleich gerade entgegen dem Willen der Vertragsparteien auseinandergerissen.[537] Somit führt die „Rosinentheorie" zu einem Ergebnis günstigster Arbeitsbedingungen, das in dieser Form weder von den Tarifvertragsparteien noch den Arbeitsvertragsparteien gewollt ist.[538]

Der isolierte Vergleichsmaßstab hat sich im Rahmen des Günstigkeitsvergleichs nicht als allgemeine Auslegungsmethode durchgesetzt.[539] Er ist immer dann abzulehnen, wenn mehrere Punkte im Individualarbeitsvertrag vom Tarifvertrag abweichen.[540]

2. Gesamtvergleich

Bei einem Gesamtvergleich erfolgt eine Gegenüberstellung sämtlicher Bedingungen des Individualarbeitsvertrages mit denen des gesamten Tarifvertrages.[541]

---

534 Vgl. *Courth*, Günstigkeitsprinzip und Günstigkeitsvergleich im Spannungsverhältnis zwischen Individual- und Kollektivmacht, S. 120; *Leinemann*, DB 1990, S. 733; *Zachert*, ArbuR 1995, S. 10.

535 *Bengelsdorf*, ZfA 1990, S. 592 f.; *Däubler*, Tarifvertragsrecht, Rn. 205; *Gamillscheg*, Kollektives Arbeitsrecht, Bd. I, S. 852 f.; *Hueck / Nipperdey*, Lehrbuch des Arbeitsrechts, Bd. II/1, S. 610 f.; *Kempen / Zachert*, TVG, § 4 Rn. 188; *Löwisch*, in: Richardi / Wlotzke (Hrsg.), Münchener Handbuch zum Arbeitsrecht, Bd. 3, § 265 Rn. 40; *Löwisch / Rieble*, TVG, § 4 Rn. 197; *Nikisch*, Arbeitsrecht, Bd. II, S. 434 f.; *Schaub*, in: Dieterich / Hanau / Schaub (Hrsg.), Erfurter Kommentar zum Arbeitsrecht, § 4 TVG Rn. 68; *Tech*, Günstigkeitsprinzip und Günstigkeitsbeurteilung im Arbeitsrecht, S. 103; stellvertretend für die Rspr.: *BAG* v. 25.11.1958, BAGE 7, S. 78 f.; *LAG Hamburg* v. 20.12.1994, LAGE Nr. 4 zu § 4 TVG Günstigkeitsprinzip; a.A. *Rauschenberg*, Flexibilisierung und Neugestaltung der Arbeitszeit, S. 127 f.

536 Vgl. *Krauss*, Günstigkeitsprinzip und Autonomiebestreben am Beispiel der Arbeitszeit, S. 85.

537 *Etzel*, NZA 1987 Beilage 1, S. 24; *Bengelsdorf*, ZfA 1990, S. 592; *RAG* v. 24.11.1937, RAGE 19, S. 57; *RAG* v. 30.11.1938, ARS 35, S. 12.

538 Vgl. *Löwisch*, in: Richardi / Wlotzke (Hrsg.), Münchener Handbuch zum Arbeitsrecht, Bd. 3, § 265 Rn. 40.

539 *Kempen / Zachert*, TVG, § 4 Rn. 188; *Däubler*, Tarifvertragsrecht, Rn. 205; a.A., *Rauschenberg*, Flexibilisierung und Neugestaltung der Arbeitszeit, S. 127 f.

540 *Gitter*, FS Wlotzke, S. 299. Gegen eine Anwendbarkeit der Rosinentheorie spricht sich u.a. auch das *LAG Frankfurt* v. 11.10.1979, AP TVG § 4 Ausschlußfristen Nr. 70 aus.

541 *Krauss*, Günstigkeitsprinzip und Autonomiebestreben am Beispiel der Arbeitszeit, S. 85; *Gitter*, FS Wlotzke, S. 299; *Tech*, Günstigkeitsprinzip und Günstigkeitsbeurteilung im

Soweit die einzelvertraglichen Vereinbarungen insgesamt gegenüber denen des Tarifvertrages als günstiger anzusehen sind, wären diese zulässig.[542]

Der Gesamtvergleich wird richtigerweise von der *h.M.*[543] abgelehnt. Es würde zu großen Schwierigkeiten bei der praktischen Durchführbarkeit eines solchen Vergleiches führen.[544] Die Frage der Günstigkeit wäre einerseits infolge der unübersehbaren Vielfältigkeit der Gestaltungsmöglichkeiten nicht zu beantworten.[545] Andererseits würde der Gesamtvergleich zu einer Gegenüberstellung inkommensurabler, d.h. nicht messbarer oder vergleichbarer Gegenstände und somit zu einer den Parteiwillen missachtenden Verknüpfung verschiedenster Regelungen führen.[546]

3. Sachgruppenvergleich

Nach *h.M.*[547] ist bei der Günstigkeitsbeurteilung als Vergleichsmethode ein Sachgruppenvergleich anzuwenden. Im Rahmen eines derartigen Vergleichs werden diejenigen abweichenden Vereinbarungen mit den entsprechenden Re-

---

Arbeitsrecht, S. 102; *Däubler*, Tarifvertragsrecht, Rn. 204; *Belling*, Das Günstigkeitsprinzip im Arbeitsrecht, S. 178.

542 *Krauss*, Günstigkeitsprinzip und Autonomiebestreben am Beispiel der Arbeitszeit, S. 85.

543 *Courth*, Günstigkeitsprinzip und Günstigkeitsvergleich im Spannungsverhältnis zwischen Individual- und Kollektivmacht, S. 121; *Löwisch*, in: Richardi / Wlotzke (Hrsg.), Münchener Handbuch zum Arbeitsrecht, Bd. 3, § 265 Rn. 40; *Hromadka*, DB 1992, S. 1047; *Löwisch / Rieble*, TVG, § 4 Rn. 197; *Annuss*, RdA 2000, S. 296; *Belling*, Das Günstigkeitsprinzip im Arbeitsrecht, S. 179; *Däubler*, Tarifvertragsrecht, Rn. 204; *Gamillscheg*, Kollektives Arbeitsrecht, Bd. I, S. 852; *Schmidt*, Das Günstigkeitsprinzip im deutschen und schweizerischen Arbeitsrecht, S. 70 f.; *Wlotzke*, Das Günstigkeitsprinzip im Verhältnis des Tarifvertrages zum Einzelvertrag und zur Betriebsvereinbarung, S. 83 f.

544 Vgl. *BAG* v. 25.11.1958, BAGE 7, S. 78.

545 Vgl. *RAG* v. 31.01.1940, RAGE 22, S. 339. In dieser Entscheidung wurde die bisherige Rechtsprechung (vgl. *RAG* v. 01.11.1939, ARS 37, S. 437; RAG v. 30.11.1938, ARS 35, S. 11 ff.) aufgegeben.

546 *Wlotzke*, Das Günstigkeitsprinzip im Verhältnis des Tarifvertrages zum Einzelvertrag und zur Betriebsvereinbarung, S. 84; *Kempen / Zachert*, TVG, § 4 Rn. 188; *Wank*, in: Wiedemann (Hrsg.), TVG, § 4 Rn. 470; *Belling*, Das Günstigkeitsprinzip im Arbeitsrecht, S. 179; *Etzel*, NZA 1987 Beilage 1, S. 24; *Schulze*, Das Günstigkeitsprinzip im Tarifvertragsrecht, S. 217. Nach Auffassung von *Kort*, ZfA 2000, S. 364 sprechen jedoch rechtspolitische Überlegungen für einen Gesamtvergleich.

547 So z.B. *BAG* v. 25.11.1958, BAGE 7, S. 79; *BAG* v. 19.12.1958, BAGE 7, S. 151; *BAG* v. 08.10.1958, BAGE 6, S. 299; *BAG* v. 23.05.1984, BAGE 46, S. 58; *Schaub*, Arbeitsrechtshandbuch, S. 1704; *Wank*, in: Wiedemann (Hrsg.), TVG, § 4 Rn. 471 f.; *Wlotzke*, Das Günstigkeitsprinzip im Verhältnis des Tarifvertrages zum Einzelvertrag und zur Betriebsvereinbarung, S. 84 ff.; *Joost*, ZfA 1984, S. 177; *Hueck / Nipperdey*, Lehrbuch des Arbeitsrechts, Bd. II/1, S. 611; *Nikisch*, Arbeitsrecht, Bd. II, S. 434; *Bengelsdorf*, AuA 1994, S. 99; *Etzel*, NZA 1987 Beilage 1, S. 24.

gelungen des Tarifvertrages, die sich auf ein bestimmtes Sachgebiet beziehen und dabei in einem inneren sachlichen Zusammenhang stehen, gegenübergestellt.[548] Es werden somit „artverwandte" Regelungen zu einer Gruppe zusammengefasst und mit der entsprechenden Gruppe der ranghöheren Rechtsquelle verglichen, wobei letztlich die jeweils günstigere anzuwenden ist.[549]

Problematisch erscheint bei dieser Vergleichsmethode die Frage, wann ein derartiger sachlicher und innerer Zusammenhang besteht. Ein solcher soll sowohl den objektiven als auch den subjektiven inneren Zusammenhang umfassen.[550]

Ein objektiver innerer Zusammenhang liegt vor, wenn die eine Regelung ohne die andere sinnlos oder nicht verständlich wäre.[551] Dies ist der Fall, wenn die abweichenden Bestimmungen isoliert keine eigenständige Existenz haben können und nur in ihrer Gesamtheit einen Sinn ergeben.[552] D.h., es ergibt sich aus der Natur der Sache, wann ein objektiver innerer Zusammenhang vorliegt.[553] Eine solche objektive Verknüpfung wird beispielsweise zwischen tariflichem Grundlohn und tariflichen Lohnzuschlägen,[554] zwischen Grundvergütung mit Leistungszulage und Gesamtvergütung,[555] zwischen Vergütungsgruppe und Vergütungsdienstalter, zwischen Verlängerung der Probezeiten und Kündigungsfristen[556] oder auch der Fahrtkostenerstattung und Stellung eines Firmenwagens[557] gesehen.[558]

Ein subjektiver innerer Zusammenhang liegt vor, wenn sich dies aus dem Willen der Vertragspartner ergibt.[559] Dieser ist insbesondere dann gegeben, wenn die

---

548 Vgl. stellvertretend für die *h.M.*: *BAG* v. 19.12.1958, BAGE 7, S. 151; *RICHARDI*, Kollektivgewalt und Individualwille bei der Gestaltung des Arbeitsverhältnisses, S. 377; *GITTER*, FS Wlotzke, S. 299; *ANNUSS*, RdA 2000, S. 296; *WANK*, in: Wiedemann (Hrsg.), TVG, § 4 Rn. 470 f. m.w.N.

549 Vgl. *GAMILLSCHEG*, Kollektives Arbeitsrecht, Bd. I, S. 853.

550 Vgl. *SCHULZE*, Das Günstigkeitsprinzip im Tarifvertragsrecht, S. 220.

551 Vgl. *SCHULZE*, Das Günstigkeitsprinzip im Tarifvertragsrecht, S. 217.

552 *TECH*, Günstigkeitsprinzip und Günstigkeitsbeurteilung im Arbeitsrecht, S. 104.

553 Vgl. *BELLING*, Das Günstigkeitsprinzip im Arbeitsrecht, S. 179.

554 *BAG* v. 23.05.1984, BAGE 46, S. 58.

555 *BAG* v. 10.12.1965, BAGE 18, S. 26.

556 *SCHULZE*, Das Günstigkeitsprinzip im Tarifvertragsrecht, S. 217.

557 *LÖWISCH / RIEBLE*, TVG, § 4 Rn. 19.

558 Vgl. auch die weiteren Beispiele bei *SCHULZE*, Das Günstigkeitsprinzip im Tarifvertragsrecht, S. 217 f.

559 Vgl. *BELLING*, Das Günstigkeitsprinzip im Arbeitsrecht, S. 179; *KRAUSS*, Günstigkeitsprinzip und Autonomiebestreben am Beispiel der Arbeitszeit, S. 87; *GITTER*, FS Wlotzke, S. 299; *WANK*, in: Wiedemann (Hrsg.), TVG, § 4 Rn. 471; *TRAPPEHL / LAMBRICH*, NJW 1999, S. 3220 f.

Parteien einen Zusammenhang im Arbeitsvertrag festhalten.[560] Mangelt es an einer derartigen ausdrücklichen Festschreibung, kann der Parteiwille auch durch Auslegung gemäß § 133, 157 BGB ermittelt werden.[561] Ein subjektiver innerer Zusammenhang ist somit auch zwischen verschieden sachlich nicht zusammenhängenden Regelungen möglich.[562]

Wird ein innerer Sachzusammenhang bejaht, so ist ein Vergleich zwischen den zusammenhängenden Regelungsabreden mit den entsprechenden Tarifnormen durchzuführen. Da es beim Sachgruppenvergleich entscheidend darauf ankommt, welche der in die Vergleichsgruppe einbezogenen Bestimmungen im ganzen günstiger sind, setzen sich die verglichenen günstigeren Abmachungen insgesamt gegenüber den entsprechenden tariflichen Regelungen durch, während diese die Gruppe der diesbezüglich ungünstigeren Abmachungen verdrängen.[563]

Liegt jedoch nach dem Sachgruppenvergleich kein innerer Zusammenhang zwischen den unterschiedlichen Vereinbarungen vor, so ist ein isolierter Vergleich durchzuführen.[564] Dann sind die verschiedenen Abmachungen einzeln auf ihre Günstigkeit zu untersuchen.

II. Beurteilungsperspektive

Die Beurteilungsperspektive betrifft die maßgebliche Sicht, aus der die Günstigkeit zu beurteilen ist.[565] In Frage kommt hier eine objektive oder subjektive Betrachtung.

1. Objektive Beurteilung

Bei der objektiven Beurteilung der Günstigkeit wird auf die objektive Sicht eines verständigen Arbeitnehmers unter Berücksichtigung der Anschauung seines Berufsstandes und der Verkehrsanschauung abgestellt.[566] Dieser Auffassung

---

560 Vgl. *Belling*, Das Günstigkeitsprinzip im Arbeitsrecht, S. 179; *BAG* v. 10.12.1965, BAGE 18, S. 26; *Wank*, in: Wiedemann (Hrsg.), TVG, § 4 Rn. 471; *Krauss*, DB 2000, S. 1962; *Kast / Stuhlmann*, BB 2000, S. 615.

561 *Schulze*, Das Günstigkeitsprinzip im Tarifvertragsrecht, S. 220; *Wank*, in: Wiedemann (Hrsg.), TVG, § 4 Rn. 471.

562 Vgl. insoweit die Beispiele bei *Schulze*, Das Günstigkeitsprinzip im Tarifvertragsrecht, S. 220.

563 Vgl. *Wank*, in: Wiedemann (Hrsg.), TVG, § 4 Rn. 473.

564 Vgl. *Krauss*, Günstigkeitsprinzip und Autonomiebestreben am Beispiel der Arbeitszeit, S. 86.

565 Vgl. *Krauss*, Günstigkeitsprinzip und Autonomiebestreben am Beispiel der Arbeitszeit, S. 88; *Gitter*, FS Wlotzke, S. 300.

566 Vgl. *Belling*, Das Günstigkeitsprinzip im Arbeitsrecht, S. 176; *Löwisch*, BB 1991, S. 62.

folgen sowohl die Rechtsprechung[567] als auch in unterschiedlichen Modifikationen der überwiegende Teil der Literatur.[568]

Als eines der Hauptargumente für die objektive Beurteilungsperspektive gilt der Schutzzweck des Tarifvertrages.[569] Bei einer subjektiven Beurteilung wird die Gefahr einer unüberlegten oder abgenötigten Absprache gesehen,[570] die den Arbeitnehmer aufgrund mangelnder Einsicht letztlich objektiv benachteiligt.[571] Wenn solche Vereinbarungen gültig wären, so wäre der Schutzzweck des Tarifvertrages beeinträchtigt. Die kollektive Regelung soll jedoch gerade den Arbeitnehmer vor sich selbst schützen.[572]

Als weitere Argumente werden Rechtssicherheit und Rechtsklarheit angeführt. Diese erfordern zwingend einen objektiven Ansatz. Zum einen ist eine gerichtliche Überprüfung dann problematisch, wenn sie nach den subjektiven Anschauungen zu beurteilen ist. In diesem Fall wäre der Richter an einer unparteiischen Entscheidung gehindert.[573] Da zum anderen nicht absehbar ist, wie und wann sich der subjektive Wille des Arbeitnehmers entwickelt, ist ein objektiver Maßstab richtig.[574]

---

567 *LAG München* v. 04.05.1990, LAGE Nr. 3 zu § 4 Günstigkeitsprinzip, S. 5; *LAG Baden-Württemberg* v. 14.06.1989, DB 1989, S. 2029.

568 *Wlotzke*, Das Günstigkeitsprinzip im Verhältnis des Tarifvertrages zum Einzelvertrag und zur Betriebsvereinbarung, S. 79; *Belling*, Das Günstigkeitsprinzip im Arbeitsrecht, S. 175 ff.; *Däubler*, Tarifvertragsrecht, Rn. 209; *Lieb*, NZA 1994, S. 293; *Neumann*, NZA 1990, S. 962; *Zachert*, DB 1990, S. 989; *Bengelsdorf*, AuA 1994, S. 99; *Courth*, Günstigkeitsprinzip und Günstigkeitsvergleich im Spannungsverhältnis zwischen Individual- und Kollektivmacht, S. 118; *Mayer*, Das Verhältnis des Tarifvertrages zu früheren und späteren günstigeren arbeitsvertraglichen Absprachen, S. 113 f.; *Annuss*, RdA 2000, S. 296 f.; *Wank*, in: Wiedemann (Hrsg.), TVG, § 4 Rn. 451; *Kempen / Zachert*, TVG, § 4 Rn. 187; *Löwisch / Rieble*, TVG, § 4 Rn. 203; *Söllner*, Grundriss des Tarifvertrags, S. 141; *Ehmann / Schmidt*, NZA 1995, S. 201; *Linnenkohl / Rauschenberg / Reh*, BB 1990, S. 629; *Adam*, ZTR 2001, S. 117.

569 *Gamillscheg*, Kollektives Arbeitsrecht, Bd. I, S. 856.

570 Vgl. *Mayer*, Das Verhältnis des Tarifvertrages zu früheren und späteren günstigeren arbeitsvertraglichen Absprachen, S. 113; *Nikisch*, Arbeitsrecht, Bd. II, S. 432; *Bengelsdorf*, ZfA 1990, S. 595.

571 Vgl. *Courth*, Günstigkeitsprinzip und Günstigkeitsvergleich im Spannungsverhältnis zwischen Individual- und Kollektivmacht, S. 118.

572 Vgl. *Nipperdey*, Beiträge zum Tarifrecht, S. 14.

573 Vgl. *Wlotzke*, Das Günstigkeitsprinzip im Verhältnis des Tarifvertrages zum Einzelvertrag und zur Betriebsvereinbarung, S. 79; *Belling*, Das Günstigkeitsprinzip im Arbeitsrecht, S. 176; *Schulze*, Das Günstigkeitsprinzip im Tarifvertragsrecht, S. 211; *Tech*, Günstigkeitsprinzip und Günstigkeitsbeurteilung im Arbeitsrecht, S. 127; *Hueck / Nipperdey*, Lehrbuch des Arbeitsrechts, Bd. II/1, S. 609.

574 Vgl. *Neumann*, NZA 1990, S. 962; *Ehmann / Schmidt*, NZA 1995, S. 201.

Weiterhin wird argumentiert, dass die subjektiven Interessen des Arbeitnehmers nicht den in den Tarifverträgen zum Ausdruck kommenden Willen der Koalitionen unterlaufen dürfen.[575] Entsprechend soll der Wille der Tarifvertragsparteien als „gebündeltes Individualinteresse“ mit berücksichtigt werden.[576]

Teilweise wird der objektive Maßstab aufgeweicht und mit subjektiven Elementen vermischt. So sollen persönliche Umstände des Einzelfalls bei einer objektiven Würdigung nicht unberücksichtigt bleiben[577] und ein Indiz für die Günstigkeitsentscheidung darstellen.[578] Dem Einzelnen ist hierbei zumindest ein großer Entscheidungsspielraum einzuräumen.[579] Soweit eine objektive Betrachtung nicht zur Feststellung einer günstigeren Regelung führt, soll dem Individualwillen der Vorrang gebühren.[580] Andererseits wird eine individualvertragliche Abweichung nur dann als legitim angesehen, wenn sie der sozialen Selbstbestimmung entspricht und dem sozialen Schutzzweck des Art. 9 Abs. 3 GG gerecht wird.[581]

2. Subjektive Beurteilung

Die subjektive Beurteilungsperspektive stellt allein auf die subjektive Sicht des von der Abweichung konkret betroffenen Arbeitnehmers ab.[582]

Die Vertreter der subjektiven Beurteilung[583] unterscheiden sich in ihren Auffassungen lediglich geringfügig. Die Meinungen, die eine Vermischung des objektiven Maßstabes mit subjektiven Elementen vertreten,[584] lehnen sich zwar in

---

575 Vgl. *Zachert*, DB 1990, S. 989; *Kempen / Zachert*, TVG, § 4 Rn. 186; *Däubler*, Tarifvertragsrecht, Rn. 209; *v. Hoyningen-Huene / Meier-Krenz*, ZfA 1988, S. 313.

576 *Kempen / Zachert*, TVG, § 4 Rn. 187.

577 Vgl. *Wank*, in: Wiedemann (Hrsg.), TVG, § 4 Rn. 451; *Löwisch*, DB 1989, S. 1187; *Löwisch*, BB 1991, S. 62.

578 *Hueck / Nipperdey*, Lehrbuch des Arbeitsrechts, Bd. II/1, S. 609, Fn. 90.

579 Vgl. *Hromadka*, DB 1992, S. 1047.

580 Vgl. *Wank*, in: Wiedemann (Hrsg.), TVG, § 4 Rn. 451; *Löwisch*, DB 1989, S. 1187; *Löwisch*, BB 1991, S. 62; *Hromadka*, DB 1992, S. 1047; *Joost*, ZfA 1984, S. 183.

581 *Heinze*, NZA 1991, S. 333.

582 Vgl. *Krauss*, Günstigkeitsprinzip und Autonomiebestreben am Beispiel der Arbeitszeit, S. 92.

583 *Krauss*, Günstigkeitsprinzip und Autonomiebestreben am Beispiel der Arbeitszeit, S. 111 ff.; *Gitter*, FS Wlotzke, S. 301 f.; *Martens*, FS Zeuner, S.109 ff.; *Krauss*, NZA 1996, S. 296; *Reuter*, in: Fischer (Hrsg.), Währungsreform und soziale Marktwirtschaft, S. 519; *Käppler*, NZA 1991, S. 751 f.

584 Z.B.: *v. Hoyningen-Huene / Meier-Krenz*, ZfA 1988, S. 313; *Heinze*, NZA 1991, S. 333; *Krummel*, Die Geschichte des Unabdingbarkeitsgrundsatzes und des Günstigkeitsprinzips im Tarifvertragsrecht, S. 243; wohl auch *Buchner*, DB 1990, S. 1720 und *Adomeit*, NJW 1984, S. 27. Vgl. dazu *Krauss*, Günstigkeitsprinzip und Autonomiebestreben am Beispiel der Arbeitszeit, S. 92 ff.

weiten Teilen der subjektiven Theorie an, stellen jedoch streng auf die individuellen Interessen des betroffenen Arbeitnehmers ab. So soll nur die Einschätzung des konkret betroffenen Arbeitnehmers für die Beurteilungsperspektive entscheidend sein,[585] denn einzig seine Interessen „allein sind es, um die es geht“[586].

3. Stellungnahme

Die wesentliche Funktion des Günstigkeitsprinzips besteht neben der Sicherung des Leistungsprinzips vor allem darin, den einzelnen Arbeitnehmer vor dem Kollektiv zu schützen und seine Privatautonomie zu sichern, indem es ihm von den kollektiven Regelungen abweichende autonome günstigere Vereinbarungen ermöglicht.[587]

Die auf ihre Günstigkeit zu überprüfende Abmachung kommt zwischen Arbeitgeber und Arbeitnehmer zustande. Da zum Zeitpunkt der Vereinbarung lediglich die beiden Vertragsparteien beteiligt sind, kann auch nur auf deren Sicht abgestellt werden. Die Beurteilung des Arbeitgebers ist hier jedoch irrelevant, da das Tarifvertragsgesetz und damit letztlich auch das Günstigkeitsprinzip dem Schutz der Arbeitnehmer dienen soll. Entsprechend kann nur auf die andere beteiligte Vertragspartei abgestellt werden. Wer, wenn nicht der unmittelbar von der Änderung der Arbeitsbedingungen betroffene Arbeitnehmer, soll beim Vertragsschluss beurteilen können, was für ihn günstiger ist oder nicht.[588]

Die durch das Günstigkeitsprinzip gewährleistete Privatautonomie kann in der Endkonsequenz nur dann verwirklicht werden, wenn dem betroffenen Arbeitnehmer die Entscheidungsbefugnis eingeräumt wird, über die Günstigkeit der von ihm getroffenen Vereinbarung selbst zu entscheiden. Wenn dem Arbeitnehmer eine derartige privatautonome Freiheit zugestanden wird, besteht möglicherweise jedoch die Gefahr, dass er sich aus Unkenntnis oder durch Fremdbeeinflussung zu objektiv ungünstigeren Vereinbarungen überreden lässt. Dieses Risiko haftet aber letztlich jeder privatautonomen Abrede an.[589] Wenn das Günstigkeitsprinzip als Instrument zur Sicherung der Privatautonomie anzusehen ist, müssen auch derartige Nebenwirkungen akzeptiert werden.[590] Diese sind jedoch im Arbeitsrecht eher gering, denn hier wird dem Arbeitgeber durch den Gesetz-

---

585 Vgl. *Kramer*, DB 1994, S. 427.
586 *Zöllner*, DB 1989, S. 2125.
587 Vgl. *Gitter*, FS Wlotzke, S. 301; *Krauss*, Günstigkeitsprinzip und Autonomiebestreben am Beispiel der Arbeitszeit, S. 111. Vgl. dazu auch die Ausführungen im *2. Kapitel E I-II.*
588 So *Gitter*, FS Wlotzke, S. 301; *Krauss*, Günstigkeitsprinzip und Autonomiebestreben am Beispiel der Arbeitszeit, S. 111.
589 Vgl. *Gitter*, FS Wlotzke, S. 301.
590 So im Ergebnis auch *Käppler*, NZA 1991, S. 751.

geber infolge vielfältiger Regelungen[591] Schutz gewährt.[592] Auch wenn die Beurteilung der Günstigkeit einer Regelung individuell durch den betroffenen Arbeitnehmer erfolgt, heißt das nicht zwangsläufig, dass alles, was dieser mit dem Arbeitgeber vereinbart, günstiger ist. Die privatautonome Freiheit, die dem Arbeitnehmer aufgrund der subjektiven Beurteilungsperspektive eingeräumt wird, darf dabei nicht soweit führen, dass die arbeitsrechtlichen Schutzvorschriften ausgehebelt werden.[593] Jedoch kann der notwendige Schutz des Arbeitnehmers nicht dazu führen, dass dieser entmündigt wird[594] und keine individuell günstigeren Vereinbarungen mehr treffen kann. Da dem nicht tarifgebundenen Arbeitnehmer im Rahmen der gesetzlichen Schutzvorschriften die individuelle Vertragsfreiheit gewährt wird, ist nicht ersichtlich, warum gerade dieser besser als der tarifgebundene Arbeitnehmer abwägen und frei entscheiden können soll, welche vertraglichen Vereinbarungen er eingeht. Eine derartige, im Sinne der Privatautonomie freie Entscheidung muss sich letztlich immer an der individuellen Einschätzung des unmittelbar Betroffenen orientieren.

a) Keine Gefährdung der Tarifautonomie

Auch die Schutzfunktion des Tarifvertrages wird durch eine subjektive Beurteilungsperspektive nicht beeinträchtigt.[595] Der Tarifvertrag soll verhindern, dass es im Bereich der Wirtschafts- und Arbeitsbedingungen aufgrund schrankenloser Freiheit zu schädlichen Auswirkungen kommt.[596]

Das Ziel der hier vorgeschlagenen Interpretation des Günstigkeitsprinzips besteht nicht darin, es den Arbeitsvertragsparteien zu ermöglichen, trotz bestehender Tarifbindung je nach Gutdünken und Interessenlage von den normativ wirkenden kollektivvertraglichen Regelungen nach „unten“ abzuweichen. Anderenfalls würde die Möglichkeit eröffnet werden, unter dem Deckmantel der Günstigkeit die zwingende unmittelbare Wirkung der Tarifnormen zu umgehen und

---

591 Vgl. *GITTER*, FS Wlotzke, S. 301; *KRAUSS*, Günstigkeitsprinzip und Autonomiebestreben am Beispiel der Arbeitszeit, S. 111. Als Schutzgesetze seinen hier nur beispielhaft ArbZG, KSchG; MuSchG, BUrlG, SchwbG genannt.

592 Vgl. auch *TRAPPEHL / LAMBRICH*, NJW 1999, S. 3219.

593 Auf die Frage, unter welchen Umständen und innerhalb welcher Grenzen überhaupt eine untertarifliche Abdingbarkeit tariflicher Regelungen möglich ist, um dennoch den arbeitsrechtlichen Schutzvorschriften zu entsprechen, wird im *5. KAPITEL* ausführlich eingegangen.

594 Vgl. *KRAUSS*, Günstigkeitsprinzip und Autonomiebestreben am Beispiel der Arbeitszeit, S. 111; *GITTER*, FS Wlotzke, S. 301.

595 Dies ist jedoch eine Befürchtung, aufgrund dessen die subjektive Beurteilungsperspektive abgelehnt wird. Vgl. u.a. *FRANZEN*, RdA 2001, S. 3; *HENSSLER*, ZfA 1994, S. 507; *HROMADKA*, FS Wlotzke, S. 344; *HROMADKA*, NJW 2003, S. 1274; *RICHARDI*, DB 2000, S. 47; *WANK*, NJW 1996, S. 2278, *DIETERICH*, RdA 2002, S. 3.

596 Vgl. *BVERFG* v. 17.08.1956, BVerfGE 5, S. 206.

so den Arbeitsmarkt nach Angebot und Nachfrage auszurichten. Eine Rückkehr des Arbeitsmarktes in ein marktwirtschaftliches System führt im Ergebnis zur völligen Vertragsfreiheit. Für die Tarifautonomie wäre dann kein Platz mehr.[597] In diesem Falle könnte eine Vollbeschäftigung über den Marktpreis hergestellt werden, was im Ergebnis voraussichtlich zu einem starken Absinken des Arbeitslohns bei einem Großteil der abhängig Beschäftigten führen würde. Eine derartige Veränderung wäre jedoch mehr als eine Randkorrektur und entzöge dem in Deutschland bestehenden Arbeitsrecht die Grundlage. Die Rechtfertigung untertariflicher Leistungen zur Arbeitsplatzsicherung soll deshalb gerade nicht zu einer Beseitigung der Tarifautonomie, einem in allen Details frei aushandelbaren Individualarbeitsvertrag und damit zu einer Neukonzeption des Arbeitsrechts führen. Die hier diskutierte Interpretation des Günstigkeitsprinzips soll und muss sich dabei in das bestehende Tarifsystem integrieren und neben diversen anderen Optionen eine Flexibilisierung der Arbeitsbedingungen, insbesondere in wirtschaftlichen, noch näher zu bestimmenden, Ausnahmesituationen und im Falle der Gefährdung von Arbeitsplätzen, ermöglichen. Obwohl sich gezeigt hat, dass das industrielle Beschäftigungsmodell seine universelle Geltung für die ganze Gesellschaft nicht mehr beanspruchen kann[598] und der Strukturwandel der Wirtschaft und die geänderten gesellschaftlichen Rahmenbedingungen eine verstärkte Differenzierung zwischen einzelnen Branchen, Betrieben und den jeweiligen Arbeitnehmern erfordern, soll das bestehende Tarifvertragssystem weiterhin Geltung haben. Gleichwohl erscheint eine betriebsnähere Ausgestaltung der Arbeitsbedingungen unumgänglich. Zudem ist es erforderlich, die zur Verfügung stehenden gesetzlichen und tariflichen Flexibilisierungsmöglichkeiten konsequenter zu nutzen, um so die Tarifpolitik den veränderten ökonomischen und gesellschaftlichen Entwicklungen anzupassen.[599] Eine Option wäre im Falle der Gefährdung von Arbeitsplätzen die individualvertragliche Vereinbarung untertariflicher Leistungen. Soweit eine derartige Abrede zulässig ist, soll es den Vertragsparteien dennoch nicht ermöglicht werden, aufgrund der subjektiven Günstigkeitsbewertung eine unbegrenzte individuelle Öffnung des Tarifvertrages nach unten durchzusetzen. An welche Voraussetzungen die Legitimation untertariflicher Leistungen durch § 4 Abs. 3 Alt. 2 TVG gebunden ist, wird später genauer untersucht.[600]

Auch wenn eine Gefährdung der Tarifautonomie nicht Ziel der hier diskutierten Einbeziehung von Arbeitsplatzsicherheiten in die Günstigkeitsbewertung ist, könnte sich im Rahmen einer rechtlichen Bewertung ein anderes Ergebnis zei-

---

597 Vgl. *Konzen*, NZA 1995, S. 918.
598 So *Streek / Heinze*, SPIEGEL 19/1999, S. 41.
599 Vgl. dazu die Ausführungen im *1. Kapitel*.
600 Vgl. die Ausführungen im *5. Kapitel*.

gen. So sehen ein großer Teil der Literatur[601] und das *BAG*[602] bei Berücksichtigung von Arbeitsplatzrisiken die Gefahr, dass dann die zwingende Wirkung der Tarifnormen praktisch zur freien Disposition einzelner Arbeitnehmer stünde. Damit würde in den Kernbereich der grundgesetzlich geschützten Tarifautonomie eingegriffen, so dass im Endeffekt das gesamte Tarifsystem in seinem Bestand gefährdet wäre.[603]

Zutreffend ist, dass durch das Günstigkeitsprinzip eine einheitliche Gewährleistung tariflicher Regelungen nicht mehr erreicht wird.[604] Bei Inanspruchnahme des § 4 Abs. 3 TVG kommt es unweigerlich zu einer Abweichung vom Tarifvertrag und damit zwangsläufig zu einer uneinheitlichen Gestaltung der Arbeitsbedingungen. Diese individuelle Abstimmung auf die Interessen der einzelnen Arbeitnehmer und die damit verbundene Uneinheitlichkeit sind die zwangsläufige Konsequenz des Günstigkeitsgrundsatzes[605] unabhängig davon, ob vom tariflichen Niveau positiv oder negativ abgewichen wird.

Allein aus der Tatsache, dass durch die individualvertragliche Abdingbarkeit tariflicher Leistungen zur Sicherung von Arbeitsplätzen eine Verschlechterung gegenüber dem bisherigen tariflichen Niveau zulässig sein kann, ergibt sich noch keine Gefährdung für die Tarifautonomie, da der Tarifvertrag ungeachtet der Schutzfunktion zugunsten der Arbeitnehmer kein Institut zur ständigen Verbesserung der Arbeitsbedingungen darstellt. Tarifliche Leistungen bewegen sich nicht ständig in aufsteigender Linie. Sie hängen vielmehr von der gesamtwirtschaftlichen Situation bzw. insbesondere der Ertragslage der Unternehmen ab und sind insoweit konjunkturbedingt. Dementsprechend kann die Aufgabe der Arbeitnehmervereinigungen nicht nur darin bestehen, die Arbeitsbedingungen stets über den bisher erreichten Stand hinaus zu steigern.[606] Dies wird deutlich, indem bestehende Tarifverträge auch durch nachfolgende verschlechternde ab-

---

601 Vgl. *HANAU*, RdA 1993, S. 1 ff.; *GAMILLSCHEG*, Kollektives Arbeitsrecht, Bd. I, S. 839 f.; *BELLING*, Das Günstigkeitsprinzip im Arbeitsrecht, S. 170; so im Ergebnis auch *SCHAUB*, ZTR 2000, S. 12; *ADAM*, ZTR 2001, S. 117; *DIETERICH*, RdA 2002, S. 3; *FRANZEN*, RdA 2001, S. 3; *HENSSLER*, ZfA 1994, S. 507; *HROMADKA*, FS Wlotzke, S. 344; *RICHARDI*, DB 2000, S. 47; *WANK*, NJW 1996, S. 2278; *ZACHERT*, AuA 2002, S. 48; *FISCHER, CH.*, ZfA 2002, S. 239.

602 *BAG* v. 20.04.1999, BAGE 91, S. 232.

603 *DIETERICH*, RdA 2002, S. 3; *FRANZEN*, RdA 2001, S. 3; *HENSSLER*, ZfA 1994, S. 507; *HROMADKA*, FS Wlotzke, S. 344; *RICHARDI*, DB 2000, S. 47; *WANK*, NJW 1996, S. 2278.

604 Vgl. *KRAUSS*, Günstigkeitsprinzip und Autonomiebestreben am Beispiel der Arbeitszeit, S. 113.

605 *KRUMMEL*, Die Geschichte des Unabdingbarkeitsgrundsatzes und des Günstigkeitsprinzips im Tarifvertragsrecht, S. 238 f.

606 *RÖMER*, Tarifvertrag und Arbeitslosigkeit, S. 53.

gelöst werden können.[607] Andererseits besteht auch aufgrund eingeschränkter Öffnungsklauseln die Möglichkeit, untertarifliche Leistungen zu vereinbaren.

Ein Unterschied zu diesen Klauseln liegt jedoch darin, dass es bei Vorliegen noch genau festzulegender Voraussetzungen und innerhalb bestimmter Grenzen[608] den Arbeitnehmern relativ freigestellt ist, auf welche tarifliche Leistungen sie verzichten. Eine restriktive Vorgabe, wie es in der Regel bei anderen Tariföffnungen der Fall ist, besteht nicht. Fraglich ist, ob nicht gerade dadurch der Inhalt des Tarifvertrages zur Disposition der Arbeitsvertragsparteien gestellt wird und damit die verfassungsrechtlich geschützte Tarifautonomie in ihrem Kernbereich aus den Angeln gehoben wäre.[609] Zwar scheint die hier diskutierte Günstigkeitsbewertung die Tarifautonomie zu Gunsten der Privatautonomie zu schwächen. Dies ist jedoch nur auf den ersten Blick richtig. Zutreffend und gewollt ist, dass die individuellen Voraussetzungen, Wünsche und Bedürfnisse des Arbeitnehmers mehr Aufmerksamkeit erhalten sollen, was jedoch in der Regel nicht durch standardisierte Tarifverträge oder Betriebsvereinbarungen geschehen kann.[610] Entsprechend bleibt daher nur die individualvertragliche Vereinbarung zwischen Arbeitnehmer und Arbeitgeber, um eine optimale Berücksichtigung der spezifischen Parteiinteressen zu erreichen.

Zu berücksichtigen ist in diesem Zusammenhang, dass die mögliche Beeinträchtigung der Tarifautonomie letztlich um so geringer ist, je enger die Voraussetzungen für die Anwendung der hier diskutierten Günstigkeitsbewertung sind. Soweit die Vereinbarung untertariflicher Leistungen unter Anwendung des Günstigkeitsprinzips von vornherein nicht beliebig, sondern auf bestimmte, noch näher festzulegende, Ausnahmesituationen beschränkt[611] und nur innerhalb gewisser Grenzen zugelassen wird,[612] ist die Wahrscheinlichkeit, dass von der Regelung eine ernsthafte Gefahr für das gesamte Tarifvertragssystem ausgeht, äußerst gering einzuschätzen.

---

607 Die neuen Tarifnormen gelten aufgrund des Ordnungsprinzips / Ablösungsgrundsatzes unabhängig von ihrem Inhalt. Auch verschlechternde Regelungen treten in Kraft, die spätere verdrängt die frühere und damit auch die günstigere. Vgl. *GAMILLSCHEG*, Kollektives Arbeitsrecht, Bd. I, S. 760; *HANAU / ADOMEIT*, Arbeitsrecht, S. 76. Dies ist eine Auswirkung der Tarifautonomie und Anwendung des allgemeinen Satzes „lex posterior derogat legi priori". Vgl. *HANAU / ADOMEIT*, Arbeitsrecht, S. 76.

608 Vgl. *5. KAPITEL.*

609 Obwohl *WALKER*, ZTR 1997, S. 199, die Vereinbarung untertariflicher Leistungen als Gegenleistung für eine Beschäftigungssicherung in notleidenden Betrieben für rechtlich zulässig hält, kommt er im Falle eines subjektiven Günstigkeitsvergleichs zu diesem Ergebnis.

610 Vgl. dazu die Ausführungen im *1. KAPITEL B II-III.*

611 Vgl. dazu die Ausführungen im *5. KAPITEL B II.*

612 Vgl. dazu die Ausführungen im *5. KAPITEL C.*

Eine genaue Eingrenzung durch einen Positivkatalog, der sämtliche zulässigen Abweichungen umfasst, verbietet sich dabei konsequenterweise schon aufgrund der subjektiven Ausrichtung des Günstigkeitsprinzips.[613] Soweit die Tarifautonomie den Schutz des Arbeitsplatzes und damit den für viele Arbeitnehmer entscheidenden Primärschutz nicht mehr gewährleistet, dies jedoch durch eine individualvertragliche Regelung erreicht werden kann, ist in diesem Bereich der Privatautonomie der Vorrang zu gewähren. Wie der Günstigkeitsvergleich ausgeht, hängt von den persönlichen Verhältnissen und Interessen des betroffenen Arbeitnehmers ab. Der subjektive Charakter des Günstigkeitsprinzips erlaubt es, individuelle Präferenzen zu berücksichtigen. Mit Hilfe der Einbeziehung von Arbeitsplatzgarantien in den Günstigkeitsvergleich wird bei einer Kollision von Interessen des Kollektivs und des Einzelnen und insbesondere im Falle der Gefährdung von Arbeitsplätzen durch die strikte Einhaltung tariflicher Standards verstärkt der individuelle Wille des Arbeitnehmers berücksichtigt. Es ist der abhängig Beschäftigte, der vom Arbeitsplatzverlust unmittelbar betroffen ist. Die Gewerkschaften werden davon lediglich indirekt berührt. Gerade in derartigen Situationen können sich die Interessen der Kollektivverbände und des Einzelnen widersprechen. Nur Letzterer ist jedoch in der Lage, seine persönliche Situation genau einzuschätzen. Entsprechend muss es ihm möglich sein, zu entscheiden, ob er auch über den in der Regel recht engen Rahmen tariflicher Öffnungsklauseln hinaus von den kollektivvertraglichen Standards abzuweichen bereit ist. Soweit die hier diskutierte Günstigkeitsbewertung als strikte Ausnahme verstanden wird und sich damit lediglich beschränkte Anwendungsmöglichkeiten eröffnen, ist trotz einer Legitimation untertariflicher Abweichung über das Günstigkeitsprinzip das Tarifvertragssystem nicht in seinem Bestand gefährdet.

Soweit in der untertariflichen Vereinbarung eine die Koalitionen gefährdende Existenzbeeinträchtigung gesehen wird, scheint die hier diskutierte Günstigkeitsbetrachtung den Einfluss der Gewerkschaften zu schwächen. Dies wäre insbesondere dann der Fall, wenn infolge der erweiterten Günstigkeitsbewertung ein die Tarifparteien existenzgefährdender bzw. einflussschwächender Mitgliederschwund zu befürchten ist. Zu diesem Ergebnis führt die hier diskutierte Interpretation des Günstigkeitsprinzips jedoch dann nicht, wenn sie einerseits nur in begrenzten, noch näher zu bestimmenden[614] Ausnahmefällen die Möglichkeit eröffnet, von den tarifvertraglich vereinbarten Bedingungen nach unten abzuweichen. Dadurch werden die Tarifpartner ihrer Aufgabe, verbindliche materielle Arbeitsbedingungen festzulegen, nicht enthoben. Andererseits ist zu berücksichtigen, dass nicht tarifgebundene Arbeitnehmer an Vertragsabschlüssen, die untertarifliche Leistungen bei gleichzeitiger Einräumung einer Beschäftigungsgarantie vorsehen, nicht gehindert werden können. Soweit durch die Ta-

613 Vgl. dazu die Ausführungen im *2. Kapitel G II 3.*

614 Vgl. *5. Kapitel B II.*

rifparteien eine Tariföffnung im Fall der Gefährdung von Unternehmen und damit letztlich von Arbeitsplätzen nicht vorgesehen ist, und zugleich eine Abweichung von den tariflichen Standards über das Günstigkeitsprinzip trotz der Zusicherung von Beschäftigungsgarantien entsprechend dem bisherigen Verständnis ausgeschlossen bleibt, besteht die Gefahr, dass die Arbeitnehmer in noch stärkerem Maße als bisher aus den Gewerkschaften austreten, um direkt individualvertraglich den Weg zur Arbeitsplatzsicherung zu gehen.[615] In diesem Falle wäre zwar das Tarifvertragssystem mit der grundsätzlich zwingenden Wirkung tarifvertraglicher Normen nicht unmittelbar berührt[616] bzw. gefährdet, jedoch ginge von den Austritten der Gewerkschaftsmitglieder eine mittelbare Bedrohung für das gesamte Tarifsystem aus. Dieses verfehlt aber dann seine gewünschte Schutz- und Breitenwirkung und letztlich sogar seine Funktion, wenn die Akzeptanz tariflicher Normen bei einem Großteil der abhängig Beschäftigten nicht mehr gegeben ist, und es damit an einer entsprechenden flächendeckenden Wirkung fehlt.[617] Die hier diskutierte Günstigkeitsbewertung stellt ein Flexibilisierungsinstrument der heute in der Regel noch recht starren Tarifverträge dar, da es durch diese den betroffenen Arbeitnehmern und Arbeitgebern ermöglicht wird, unter noch genauer festzulegenden Voraussetzungen und innerhalb bestimmter Grenzen,[618] trotz weiterbestehender Tarifbindung durch untertarifliche Leistungen eine Kostenentlastung des Unternehmens herbeizuführen. Soweit eine solche Ausnahmeregelung greift, sehen sich die Beteiligten nicht mehr zwingend veranlasst, die jeweiligen Verbände zu verlassen. Die Wahrscheinlichkeit, dass Unternehmen nach einem Verbandsaustritt und erfolg-

---

615 Jüngstes Beispiel ist der „Fall" *PHILIPP HOLZMANN AG*. Die Holzmann-Belegschaft hatte zunächst Abschlägen bei Entgelt und unbezahlten Überstunden zugestimmt, um ihre Arbeitsplätze zu sicher. Vgl. *F.A.Z.* v. 03.12.1999, S. 15; *F.A.Z.* v. 11.12.1999, S. 19. Nachdem in der Öffentlichkeit eine kontroverse Diskussion über die Zulässigkeit einer solchen Vereinbarung entbrannte, wurde nicht mehr über tarifwidrige Vereinbarungen verhandelt, sondern eine Ersatzregelung in Form eines Sanierungstarifvertrages getroffen, um einer Klage wegen Tarifbruchs aus dem Wege zu gehen. Die Arbeitnehmer sollen über 18 Monate hinweg 5 Stunden Mehrarbeit leisten, die ab 2002 durch Freizeit ausgeglichen werden soll. Vgl. IW, iwd 13/2000, S. 2. Es besteht die Gefahr eines massiven Austritts aus den Arbeitnehmerverbänden, wenn der in das Sanierungskonzept eingebundene Lohnverzicht und die Verlängerung der Arbeitszeit am Widerstand der Gewerkschaften scheitern. Vgl. *HAUCH-FLECK*, DIE ZEIT v. 02.12.1999, S. 28; *DANIELS*, DIE ZEIT v. 16.12.1999, S. 34. Zur juristischen Bewertung des „*FALL PHILIPP HOLZMANN AG*" vgl. *RIEBLE*, NZA 2000, S. 225 ff.

616 So *WANK*, in: Wiedemann (Hrsg.), TVG, § 4 Rn. 444.

617 Nach Auffassung von *ADOMEIT*, NJW 1984, S. 27, wird das Tarifvertragsgesetz und damit auch der Einfluss der Gewerkschaften für die Regelung von Arbeitsbedingungen bereits dann ausgehöhlt, wenn das TVG für eine Vielzahl von Arbeitnehmern aufgrund deren Arbeitslosigkeit nicht mehr gilt.

618 Vgl. die Ausführungen im *5. KAPITEL B-C*.

reicher Sanierung wieder dem Arbeitgeberverband beitreten, ist eher gering. Auch die Gewerkschaften verlieren infolge des Mitgliederverlustes noch mehr an „Schlagkraft“, als dies bei einer Inanspruchnahme der hier diskutierten Neubewertung des Günstigkeitsprinzips der Fall ist. Entsprechend droht von Verbandsaustritten, die in Ermangelung flexibler tariflicher Regelungen erfolgen, eine bedeutend größere Gefahr für das Tarifvertragssystem als durch die hier diskutierte Günstigkeitsbeurteilung. Es kann nicht im Sinne der Tarifautonomie sein, dass die Tarifparteien und insbesondere die Gewerkschaften auf Altbewährtem beharren, um ihre Machtpositionen nicht zu gefährden, sich jedoch durch eine den heutigen Erfordernissen unangebrachte Tarifpolitik ihrer eigenen Basis berauben. Die erweiterte Günstigkeitsbetrachtung kann daher aufgrund der Vorteile für Arbeitnehmer und Arbeitgeber helfen, die Akzeptanz des Tarifvertragssystems zu erhöhen.

Auch das Argument, bei einer subjektiven Beurteilungsperspektive bestände die Gefahr, dass der sich im Tarifvertrag manifestierende Wille der Koalition unterlaufen würde, kann eine objektive Beurteilung nicht rechtfertigen. Das Günstigkeitsprinzip soll gerade von den kollektiven Regelungen abweichende individuelle Vereinbarungen ermöglichen. Es beschränkt in diesem Punkt die Macht der Kollektivvertretungen. Die individuellen abweichenden Vereinbarungen widerspiegeln die individuellen Wünsche des beteiligten Arbeitnehmers. Der Wille der Koalitionen muss bei der Günstigkeitsbeurteilung unberücksichtigt bleiben, denn sonst würde der Sinn des Günstigkeitsprinzips, die Verwirklichung privatautonomer Entscheidungen, ad absurdum geführt.

Aufgrund der Existenz von Tarifverträgen und der weiterhin bestehenden Bindung des Arbeitnehmers an dieselben besteht weder bei einem objektiven noch einem subjektiven Maßstab die Gefahr schrankenloser Freiheit.[619] Der Arbeitgeber kann auch bei einer rein individuellen Beurteilungsperspektive nicht ohne Mitwirkung des Arbeitnehmers von der tariflichen Regelung abweichen. Es obliegt somit der freien Entscheidung des Arbeitnehmers, ob er sich für die abweichende Vereinbarung entscheidet oder bei dem bestehenden tariflichen Niveau bleibt. In der Regel wird der betroffene Arbeitnehmer die arbeitsvertragliche Regelung als günstiger ansehen, weil er sie anderenfalls nicht abgeschlossen hätte.[620]

b) Keine erhöhte Rechtsunsicherheit

Durch eine rein subjektive Beurteilung der Günstigkeit kommt es nicht zu einer größeren Rechtsunsicherheit bzw. Rechtsunklarheit als bei einer objektiven Be-

---

619 Vgl. *Gitter*, FS Wlotzke, S, 302.
620 Vgl. *Kramer*, DB 1994, S. 427.

urteilung.[621] Insofern wird verkannt, dass der Günstigkeitsbeurteilung in jedem Fall ein Werturteil zugrunde liegt.[622] Es gibt keinen objektiven Maßstab, an dem die Günstigkeit zu messen ist. Der Richter soll bei einer objektiven Beurteilung unabhängig von der Wertung der an der abweichenden Vereinbarung Beteiligten unparteiisch entscheiden können. Indem der Richter bei seiner Beurteilung auf die objektive Sicht eines verständigen Arbeitnehmers unter Berücksichtigung der Anschauung seines Berufsstandes und der Verkehrsanschauung abstellt, muss er hier ebenfalls subjektive Wertungen einfließen lassen. In diesem Zusammenhang stellen sich Fragen, wie: Welche Präferenzen setzt ein „verständiger" Arbeitnehmer? Was gehört zur fallspezifischen Verkehrs- bzw. Berufsstandsanschauung? Verlässliche objektive Kriterien, die zu einer einheitlichen Rechtsanwendung und kalkulierbaren Günstigkeitsbeurteilung führen, existieren hierzu nicht, so dass deren Bestimmung vom Richter letztlich oft Unmögliches verlangt.[623] Zudem ist der Richter gehalten, das Interesse eines „durchschnittlichen" Arbeitnehmers einzuschätzen. Um hier zu einem Urteil zu gelangen, müsste er sich bei verschiedenen Arbeitnehmern desselben Betriebes und derselben Branche nach deren Interessenlage erkundigen. Erst aufgrund deren subjektiver Einschätzungen kann der Richter sich selbst ein Werturteil über die „objektive" Günstigkeit bilden. Warum der Richter jedoch ein besseres Werturteil als der betroffene Arbeitnehmer fällen können soll, ist nicht verständlich.[624]

Ebenfalls ist nicht ersichtlich, inwieweit das der Einschätzung des Richters obliegende Günstigkeitsurteil besser vorhersehbar sein soll als die konkrete subjektive Bewertung des betroffenen Arbeitnehmers. Eine vorhersehbare Beurteilung liegt dagegen auf der Hand, wenn es auf die Einschätzung des vertragschließenden Arbeitnehmers ankommt. Hier würde dem Gericht ein Maßstab in die Hand gegeben werden, an dem die Entscheidung ausgerichtet werden kann.[625]

Eine subjektive Beurteilungsperspektive kann zwar dazu führen, dass die Einschätzung der Günstigkeit für jeden Arbeitnehmer unterschiedlich ausfällt. Jedoch liegt dies in der Natur der Sache. Denn das Günstigkeitsprinzip soll ja gerade dem Einzelnen die Möglichkeit einräumen, individuell abweichende Ver-

---

621 So jedoch z.B. *ADAM*, ZTR 2001, S. 117; *DIETERICH*, RdA 2002, S. 3.

622 So auch *KRAUSS*, Günstigkeitsprinzip und Autonomiebestreben am Beispiel der Arbeitszeit, S. 112.

623 Vgl. *GAMILLSCHEG*, Kollektives Arbeitsrecht, Bd. I, S. 856, der dennoch eine objektive Beurteilungsperspektive favorisiert.

624 Diese Frage stellen sich ebenfalls *KRAUSS*, Günstigkeitsprinzip und Autonomiebestreben am Beispiel der Arbeitszeit, S. 112 und *GITTER*, FS Wlotzke, S. 302.

625 *GITTER*, FS Wlotzke, S. 302.

einbarungen zu treffen.[626] Soweit ein Arbeitgeber diese Option nutzt, spricht dies dafür, dass er sie ebenfalls für günstiger als den Tarifvertrag hält.

4. Ergebnis

Auch wenn die subjektive Beurteilungsperspektive von der überwiegenden Meinung abgelehnt wird, so sprechen letztlich für sie die besseren Argumente. Aufgrund der individuellen Ausrichtung des Günstigkeitsprinzips lassen sich nur über eine subjektive Beurteilung Ergebnisse finden, die dem Sinn und Zweck von § 4 Abs. 3 Alt. 2 TVG entsprechen.

III. Beurteilungsmaßstab

Unabhängig von der Beurteilungsperspektive wird zusätzlich noch der Beurteilungsmaßstab als weiteres Kriterium für den Günstigkeitsvergleich herangezogen. Dieser setzt sich mit der Frage nach den maßgeblichen Interessengruppen, aus deren Sicht eine Günstigkeitsbeurteilung erfolgt, auseinander. In Frage kommt hierbei ein kollektiver oder individueller Günstigkeitsvergleich. Während ersterer die Gesamtinteressen der Arbeitnehmerschaft für die Günstigkeitsbeurteilung heranzieht[627] und vor allem während der Geltung der TVVO von *HUECK*[628] und der damaligen Rechtsprechung[629] vertreten wurde, wendet die heute *h.M.*[630] einen individuellen Günstigkeitsvergleich an und stellt allein auf die Interessen des einzelnen Arbeitnehmers ab.

Der Individualvergleich ist vorzugswürdig, da eine der Funktionen des Günstigkeitsprinzips insbesondere darin besteht, die Kollektivmacht zugunsten der Privatautonomie einzuschränken.[631] Die Privatautonomie dient gerade der Verfolgung des subjektiven Einzelinteresses.[632] Bei einem kollektiven Vergleich würde zwar die mögliche Benachteiligung anderer Beschäftigter ausgeschlossen, aber

---

626 Vgl. *KRAUSS*, Günstigkeitsprinzip und Autonomiebestreben am Beispiel der Arbeitszeit, S. 113; *GITTER*, FS Wlotzke, S. 302.

627 *KRAUSS*, Günstigkeitsprinzip und Autonomiebestreben am Beispiel der Arbeitszeit, S. 94; *LÖWISCH / RIEBLE*, TVG, § 4 Rn. 192.

628 *HUECK*, Das Recht des Tarifvertrages unter besonderer Berücksichtigung der Verordnung vom 23. Dezember 1918, S. 119 f.

629 *RG* v. 27.11.1925, JW 1927, S. 242.

630 *NIKISCH*, Arbeitsrecht, Bd. II, S. 431; *HUECK / NIPPERDEY*, Lehrbuch des Arbeitsrechts, Bd. II/1, S. 608; *SCHAUB*, Arbeitsrechtshandbuch, S. 1703; *JOOST*, ZfA 1984, S. 178; *WLOTZKE*, Das Günstigkeitsprinzip im Verhältnis des Tarifvertrages zum Einzelvertrag und zur Betriebsvereinbarung, S. 77; *BUCHNER*, RdA 1990, S. 8; *RICHARDI*, Kollektivgewalt und Individualwille bei der Gestaltung des Arbeitsverhältnisses, S. 381; *WANK*, in: Wiedemann (Hrsg.), TVG, § 4 Rn. 446; *DÄUBLER*, Tarifvertragsrecht, Rn. 202; *BAG* v. 16.09.1986, BAGE 53, S. 66.

631 Vgl. *4. KAPITEL E II*. So auch *JOOST*, ZfA 1984, S. 178.

632 *JOOST*, ZfA 1984, S. 178; *BELLING*, Das Günstigkeitsprinzip im Arbeitsrecht, S. 174.

gleichzeitig wird die Vertragsfreiheit beschränkt. Die Interessen Dritter, also der Belegschaft, können jedoch nicht dazu dienen, die Vertragsfreiheit der Arbeitsvertragsparteien einzuschränken.[633] Ein weiteres Indiz für den Individualvergleich ergibt sich aus dem Gesetzeswortlaut des § 4 Abs. 3 TVG. Hier wird von einer Abweichung zugunsten „des Arbeitnehmers" und nicht zugunsten „der Arbeitnehmer" gesprochen.[634] Nur wenn ein individueller Beurteilungsmaßstab angewandt wird, kann man der Funktion des Günstigkeitsprinzips entsprechen und die Interessen des Arbeitnehmers umfassend berücksichtigen.

Soweit man bei der Beurteilungsperspektive auf die subjektiven Interessen des einzelnen Arbeitnehmers abstellt, ergibt sich auch die Frage nach dem Beurteilungsmaßstab nicht mehr. Hier kann nur ein individueller Günstigkeitsvergleich erfolgen. Eine kollektive Beurteilung würde dem subjektiven Charakter des Günstigkeitsprinzips widersprechen und wäre folglich mit einer subjektiven Beurteilungsperspektive nicht vereinbar. Entsprechend sind primär die Interessen der Gesamtbelegschaft als unbeachtlich anzusehen. Zwar können diese die Meinungsbildung des einzelnen Arbeitnehmers in einem gewissen Maße beeinflussen, die endgültige Gewichtung erfolgt jedoch allein entsprechend der subjektiven Sicht des konkret Betroffenen.[635]

IV. Ungünstigeres bzw. günstigkeitsneutrales Ergebnis

Bereits aus dem Wortlaut des § 4 Abs. 3 TVG ergibt sich, dass dieser keine Anwendung findet, wenn der Günstigkeitsvergleich ergibt, dass die getroffene Abmachung ungünstiger als der Tarifvertrag ist. Die Norm ist aber auch dann nicht einschlägig, wenn unklar bleibt, d.h. durch den Arbeitnehmer nicht eindeutig belegt werden kann, ob die betreffende Vereinbarung für ihn günstiger ist oder nicht.[636] Das Gleiche gilt, wenn der Günstigkeitsvergleich neutral ausfällt,[637] da die Parteien eine zweischneidige Vereinbarung getroffen haben, die in gleichen Maßen zugunsten wie zu Lasten des abhängig Beschäftigten ausschlägt.[638] In

633 Vgl. *GITTER*, FS Wlotzke, S. 303.

634 *KRAUSS*, Günstigkeitsprinzip und Autonomiebestreben am Beispiel der Arbeitszeit, S. 94, ebenso im Ergebnis *GITTER*, FS Wlotzke, S. 303 und *FIRLEI*, DRdA 1981, S. 2, sehen den Gesetzeswortlaut als eine eindeutige Untermauerung für den individuellen Vergleich an. *JOOST*, ZfA 1984, S. 178 Fn. 23, weist richtigerweise darauf hin, dass man hierin lediglich einen Indiz auf den Willen des Gesetzgebers sehen kann. Denn häufig wird die Einzahl auch als Allgemeinbezeichnung gebraucht. Auch *NIKISCH*, Arbeitsrecht, Bd. II, S. 431, sieht die Formulierung des § 4 Abs. 3 TVG als Indiz für den Willen des Gesetzgebers an.

635 So im Ergebnis auch *KRAUSS*, Günstigkeitsprinzip und Autonomiebestreben am Beispiel der Arbeitszeit, S. 115.

636 *KEMPEN / ZACHERT*, TVG, § 4 Rn. 190; vgl. *SCHAUB*, Arbeitsrechtshandbuch, S. 1704.

637 *LÖWISCH / RIEBLE*, TVG, § 4 Rn. 207.

638 Vgl. *GAMILLSCHEG*, Kollektives Arbeitsrecht, Bd. I, S. 857.

diesen Fällen wird die Grundregel, d.h., die zwingende Geltung des Tarifvertrages nicht durch das Günstigkeitsprinzip modifiziert.[639] Die entsprechende individualarbeitsvertragliche Abrede ist unzulässig. Es bleibt somit bei der tariflichen Regelung. Die Abweichung vom Tarifvertrag ist durch § 4 Abs. 3 TVG als Ausnahme konzipiert worden, so dass die Unabdingbarkeit des Tarifvertrags als zentraler Grundsatz des Tarifsystems nach Möglichkeit keine unbewusste oder irrtümliche Durchbrechung erfahren darf.[640] Alles andere würde dem Schutzzweck der Tarifvertragsnormen widersprechen.[641] Entsprechend muss für eine Anwendung von § 4 Abs. 3 TVG der Günstigkeitsvergleich stets zu einem eindeutig positiven Ergebnis führen.

V. Zeitpunkt

Maßgeblicher Zeitpunkt für den Günstigkeitsvergleich ist der, zu dem die Tarifnorm und die andere Abmachung erstmals konkurrieren. Denn zu diesem Zeitpunkt muss entschieden werden, ob die andere Abmachung (weiter-) gilt oder sich der zwingenden Norm des Tarifvertrages beugen muss.[642]

Ein ständiger Günstigkeitsvergleich wäre mit der Rechtssicherheit nicht vereinbar. Ob sich eine andere Abmachung in der Zukunft als günstiger erweist, muss zum Zeitpunkt des Günstigkeitsvergleichs durch Prognose eindeutig festgestellt werden können.[643] Es muss von vornherein absehbar sein, ob eine Regelung günstiger ist oder nicht. Soweit sich die künftige Entwicklung der arbeitsrechtlichen Ansprüche nicht genau abschätzen lässt, kann nicht auf einen Zeitpunkt während der Dauer des Arbeitsverhältnisses oder auf einen einzelnen Abrechnungszeitraum abgestellt werden.[644]

Ein neuer Günstigkeitsvergleich ist nur dann vorzunehmen, wenn eine Änderung der zu vergleichenden Normen, hier des Tarif- oder Arbeitsvertrages, erfolgt.[645]

---

639 Vgl. *BAG* v. 12.04.1972, BAGE 24, S. 231; *BAG* v. 19.12.1958, BAGE 7, S. 152; *Wank*, in: Wiedemann (Hrsg.), TVG, § 4 Rn. 452; *Löwisch / Rieble*, TVG, § 4 Rn. 207; *Däubler*, Tarifvertragsrecht, Rn. 213; *Wlotzke*, Das Günstigkeitsprinzip im Verhältnis des Tarifvertrages zum Einzelvertrag und zur Betriebsvereinbarung, S. 102 f.

640 *Däubler*, Tarifvertragsrecht, Rn. 213.

641 Vgl. *Schaub*, Arbeitsrechtshandbuch, S. 1704.

642 *LAG München* v. 04.05.1990, LAGE Nr. 3 zu § 4 Günstigkeitsprinzip, S. 4; vgl. auch *BAG* v. 25.11.1970, AP Nr. 12 zu § 4 TVG Günstigkeitsprinzip.

643 *BAG* v. 12.04.1972, BAGE 24, S. 231.

644 *Dörner*, in: Leinemann (Hrsg.), Kasseler Handbuch zum Arbeitsrecht, Bd. 2, 6.1. Rn. 212; *Däubler*, Tarifvertragsrecht, Rn. 207.

645 Vgl. *Dörner*, in: Leinemann (Hrsg.), Kasseler Handbuch zum Arbeitsrecht, Bd. 2, 6.1. Rn. 212; *Löwisch / Rieble*, TVG, § 4 Rn. 215; *Löwisch*, in: Richardi / Wlotzke (Hrsg.), Münchener Handbuch zum Arbeitsrecht, Bd. 3, § 4 Rn. 216.

H. Zusammenfassung

Das seit 1949 in § 4 Abs. 3 Alt. 2 TVG normierte Günstigkeitsprinzip ist ein allgemeiner Rechtssatz, der im Arbeitsrecht eine besondere Bedeutung besitzt. Es dient neben der Sicherung des Leistungsprinzips vor allem der Gewährleistung der Privatautonomie und dem Schutz des Arbeitnehmers vor dem Kollektiv.

Voraussetzung für die Anwendung des Günstigkeitsprinzips ist neben der Tarifgebundenheit der beteiligten Parteien die Existenz zweier gültiger verschiedenrangiger miteinander kollidierender Rechtsnormen, so dass das Günstigkeitsprinzip nicht auf Absprachen angewandt werden kann, in denen Arbeitslose auf tarifliche Leistungen verzichten, um als Gegenleistung einen Arbeitsplatz zu erlangen. Die Frage nach der Günstigkeitsbewertung untertariflicher Leistungen im Gegenzug zu Beschäftigungsgarantien beschränkt sich daher lediglich auf bestehende Arbeitsverhältnisse.

Beim Günstigkeitsvergleich ist auf die Interessen des einzelnen Arbeitnehmers abzustellen. Aus dessen subjektiver Sicht ist ein Sachgruppenvergleich vorzunehmen. Nur ein nach diesen Kriterien vorgenommener Vergleich wird dem individuellen Charakter des Günstigkeitsprinzips gerecht. Soweit die Vereinbarung untertariflicher Leistungen nicht uneingeschränkt, sondern lediglich in noch genau zu bestimmenden Ausnahmefällen[646] gestattet ist, führt der subjektiv vorzunehmende Günstigkeitsvergleich auch zu keiner Gefährdung der Tarifautonomie.

Eine zeitliche Einschränkung des Günstigkeitsprinzips existiert nicht. Es bezieht sich sowohl auf günstigere Abmachungen, die nach oder auch vor Abschluss des Tarifvertrages vereinbart wurden. Eine Abweichung von diesem ist nur dann möglich, wenn der Günstigkeitsvergleich zu einem eindeutig positiven Ergebnis führt. Ist das nicht der Fall, bleibt es bei der bestehenden kollektiven Regelung. Bereits zum Zeitpunkt der ersten Konkurrenz zwischen Tarif- und Arbeitsvertrag ist der Günstigkeitsvergleich mit genauer Prognose für die Zukunft vorzunehmen. Eine Neubewertung kann nur dann erfolgen, wenn es zu einer Änderung der zu vergleichenden Regelung kommt.

Das Günstigkeitsprinzip hat sich seit der ersten gesetzlichen Normierung in der TVVO als ein wichtiges Instrument zur Förderung und Sicherung der wirtschaftlichen und sozialen Freiheit des einzelnen Arbeitnehmers erwiesen. Es schützt diesen vor einer Bevormundung durch die Tarifvertragsparteien. Aufgrund des Günstigkeitsprinzips ist es dem Arbeitnehmer trotz Tarifbindung durch vertragliche Vereinbarung mit seinem Arbeitgeber möglich, von den kollektivvertraglichen Regelungen abweichende individuelle Sonderinteressen zu

---

646 Vgl. die Ausführungen im *5. Kapitel B-C*.

realisieren. Gerade infolge dieser Zielrichtung und der subjektiven Ausrichtung des § 4 Abs. 3 Alt. 2 TVG scheint es zumindest rechtlich möglich, untertarifliche Leistungen als günstiger zu charakterisieren. Eine abschließende Beurteilung wird durch den betroffenen Arbeitnehmer jedoch erst im Rahmen des Günstigkeitsvergleichs vorgenommen.

Drittes Kapitel

Einzelvertraglicher Verzicht auf tarifvertragliche Positionen

Nachdem die wichtigsten allgemeinen Grundlagen des Günstigkeitsprinzips erörtert worden sind, ist jetzt zu prüfen, ob und inwieweit der individualvertragliche Verzicht auf tarifliche Leistungen überhaupt als günstiger bewertet werden kann. Besondere Bedeutung kommt dabei der Frage nach dem Verhältnis zwischen untertariflichen Leistungen und Arbeitsplatzsicherung zu. Dafür sind zunächst einige wirtschaftliche Grundlagen darzustellen, insbesondere, welche Bedeutung die Personalkosten für die Unternehmen besitzen, inwieweit ein Zusammenhang zwischen der Senkung der Personalkosten und der Arbeitsplatzsicherheit besteht und wie die Arbeitsvertragsparteien die unternehmerische Kostenbilanz beeinflussen können. Danach ist zu prüfen, welche Optionen der Arbeitnehmer in bezug auf die Abdingbarkeit tariflicher Bestimmungen besitzt, um seinen gefährdeten Arbeitsplatz zu erhalten. Des weiteren ist zu untersuchen, ob der individualvertragliche Verzicht auf die entsprechenden tarifvertraglichen Positionen der Günstigkeitsbewertung zugänglich ist und wie dieses Günstigkeitsurteil rechtlich ausfällt.

A. Ökonomische Grundlagen

I. Bedeutung der Personalkosten für die Unternehmen

Der Erfolg eines Unternehmens sowohl im internationalen als auch im nationalen Wettbewerb hängt davon ab, inwieweit das angebotene Produkt qualitativ und preislich konkurrenzfähig ist. Die Entscheidung eines Unternehmens für und gegen einen Produktionsstandort wird neben der Marktstrategie und den Standortbedingungen nicht zuletzt vom jeweiligen Kostenniveau abhängen. Denn langfristig wird die Wettbewerbsfähigkeit von Unternehmen entscheidend durch die Entwicklung der relativen Kosten bestimmt. Für die Wettbewerbsfähigkeit eines Unternehmens spielen damit die Preise für die Produktionsfaktoren Arbeit, Kapital und Boden eine entscheidende Rolle. Der Anteil der Kosten für diese Faktoren an den Gesamtkosten der Unternehmen ist von Branche zu Branche unterschiedlich. Während in arbeitsintensiven Bereichen die Personalkosten einen sehr großen Teil der Gesamtkosten ausmachen, ist ihr Anteil in weitgehend automatisierten Branchen entsprechend geringer. Insbesondere im personalintensiven Dienstleistungsbereich erreicht der Personaletat den größten prozentualen Anteil an den Gesamtkosten. Trotz dieser unterschiedlichen Gewichtung in den einzelnen Wirtschaftszweigen beinhalten die Lohnkosten in der

Regel den größten Teil der Kosten.[647] Damit hängt die Konkurrenzfähigkeit eines Unternehmens wesentlich von Qualität und Kosten der Arbeit ab.[648]

Die Lohn- oder auch Personalkosten umfassen alle Aufwendungen, die durch den Einsatz menschlicher Arbeit im Betrieb entstehen. Die Personalkosten der Unternehmen gliedern sich in das unmittelbare Leistungsentgelt in Form von Löhnen und Gehältern (Brutto- und Sachbezüge) und die für den Arbeitgeber darüber hinaus anfallenden Personalzusatz- bzw. Lohnnebenkosten, zu denen Entgelt für arbeitsfreie Tage (Urlaub, gesetzliche Feiertage, Krankheitstage, sonstige Ausfallzeiten), Sonderzahlungen (Urlaubsgeld, Weihnachtsgeld, Gratifikationen, Tantiemen), Vorsorgeaufwendungen (insbesondere Beiträge zur Sozialversicherung, Aufwendungen für die betriebliche Altersvorsorge), sowie sonstige Personalzusatzkosten (etwa Familienhilfen, Kosten der Berufsausbildung) zählen.[649]

1997 betrugen die Lohnnebenkosten in Westdeutschland 82% des Bruttostundenlohns.[650] Damit nimmt Deutschland hinter Italien und Frankreich weltweit einen Spitzenplatz ein. Die Personalnebenkosten bedeuten aufgrund deren Höhe eine große Belastung für die deutschen Unternehmen. Lohnnebenkosten reduzieren das Wertgrenzprodukt der Arbeit, und die Nachfragekurve nach Arbeit verschiebt sich nach unten.[651] Letztlich wirken die Lohnnebenkosten ähnlich wie eine Steuer auf den Faktor Arbeit.

Allein die Höhe der Gehälter und der Lohnnebenkosten sagen jedoch nichts über die Wettbewerbsfähigkeit eines Standortes bzw. Unternehmens aus, solange dies nicht auf die Leistungsfähigkeit der Arbeitnehmer und damit die Arbeitsproduktivität bezogen wird.[652] Entscheidend ist nicht, wie lange in einem Land gearbeitet wird und welcher Stundenlohn gezahlt wird, sondern ob die Entlohnung eines Arbeiters in angemessener Relation zu seiner Leistung steht. Wenn in einem Land in weniger Zeit mehr produziert wird als in einem anderen, so rechtfertigt das kürzere Arbeitszeiten und / oder höhere Löhne.[653] Diese Aspekte werden bei der Berechnung der Lohnstückkosten berücksichtigt. Die Lohnstückkostenindizes bewerten die Lohnkosten, die zur Erstellung einer Outputeinheit erforder-

---

647 Vgl. *Härtel / Jungnickel et al.*, Grenzüberschreitende Produktion und Strukturwandel - Globalisierung der deutschen Wirtschaft, S. 217.

648 Vgl. *Löwisch*, RdA 1999, S. 72.

649 *Leisner*, NJW 1996, S. 1511.

650 Vgl. *Streeck / Heinze*, SPIEGEL 19/1999, S. 39.

651 So *Siebert, H.*, Einführung in die Volkswirtschaft, S. 179.

652 Vgl. *Heise*, in: Simons / Westermann (Hrsg.), Standortdebatte und Globalisierung der Wirtschaft, S. 52.

653 So im Ergebnis *Köddermann / Wilhelm*, Umfang und Bestimmungsgründe einfließender und ausfließender Direktinvestitionen ausgewählter Industrieländer - Entwicklungen und Perspektiven, S. 80 ff.

lich sind. Dabei umfassen die Lohnkosten pro Zeiteinheit „Arbeit“ alle Personalkosten und damit auch die Lohnnebenkosten, die den Unternehmen entstehen.[654] Da sich die Lohnstückkosten auf ein ganz bestimmtes Zeitmaß beziehen, können sie auch als Lohnsatz pro Arbeitsproduktivität interpretiert werden.[655] Somit stellen die Lohnstückkosten einen wichtigen Indikator für die Wettbewerbsfähigkeit eines Unternehmens bzw. einer nationalen Wirtschaft dar. Zwar basiert die Konkurrenzfähigkeit angesichts der rasant wachsenden Rolle von Innovation und Technik nicht mehr nur auf preislichen Faktoren,[656] dennoch reflektieren Kostenindikatoren, wie die relativen Lohnstückkosten, weiterhin die Attraktivität eines Standortes und spielen bei der Standortdiskussion eine zentrale Rolle.[657] Die Lohnstückkosten können jedoch nur dann als Indikator für die preisliche Wettbewerbsfähigkeit verwendet werden, wenn implizit angenommen wird, dass die anderen Faktorenkosten gleich bleiben.

Festzuhalten bleibt, dass für alle deutschen Unternehmen die Personalkosten einen sehr wichtigen, wenn nicht sogar den bedeutendsten Kostenfaktor darstellen.

II. Zusammenhang zwischen Senkung der Personalkosten und Sicherung des Arbeitsplatzes

Ein Unternehmen ist dann wettbewerbsfähig, wenn es durch den Verkauf seiner Produkte Gewinne erzielt. Bei wettbewerbsfähigen Betrieben stellt sich in der Regel die Frage nach einem einzelvertraglichen Verzicht auf tarifliche Positionen zur Arbeitsplatzsicherung nicht. Dies wäre erst dann der Fall, wenn in Hinblick auf eine weitere Kostenreduzierung durch Rationalisierungsmaßnahmen Arbeitsplätze gefährdet sind. Entsprechend ist der Hauptanwendungsbereich der Frage nach der Zulässigkeit untertariflicher Leistungen zur Sicherung von Arbeitsplätzen nach dem Günstigkeitsprinzip in Unternehmen zu sehen, deren wirtschaftliche Ertragslage sich so weit verschlechtert hat, dass von Seiten der Geschäftsführung ein Arbeitsplatzabbau als unausweichlich angesehen wird. Dennoch sind auch prosperierende Betriebe im Zuge der Gewinnoptimierung und Kostensenkung vor einem Arbeitsplatzabbau nicht gefeit. Auf den Gütermärkten stehen die Unternehmen in gegenseitiger Konkurrenz. Die Vorstellung

---

654 Vgl. *Hübner / Bley*, Lohnstückkosten und internationale Wettbewerbsfähigkeit - eine ökonomietheoretische Analyse, S. 54.

655 Vgl. *Hübner / Bley*, Lohnstückkosten und internationale Wettbewerbsfähigkeit - eine ökonomietheoretische Analyse, S. 55.

656 Vgl. *OECD*, Technology and Economy, S. 254, zitiert nach *Hübner / Bley*, Lohnstückkosten und internationale Wettbewerbsfähigkeit - eine ökonomietheoretische Analyse, S. 43.

657 So im Ergebnis auch *Härtel / Jungnickel et al.*, Grenzüberschreitende Produktion und Strukturwandel - Globalisierung der deutschen Wirtschaft, S. 217.

von sich nicht verändernden Marktverhältnissen ist eine Illusion. Statt dessen versuchen die Unternehmen mit steten Änderungen auf den Bezug- und Absatzmärkten durch Investition, Innovation, Werbung und Produktdifferenzierungen, Marktsegmentierung, Unternehmensaufkäufen und -fusionen u.ä. ihre eigene Marktstellung zu verstärken oder in Marktpositionen anderer einzudringen. Insbesondere in Zeiten allgemeiner konjunktureller Schwäche ist aufgrund fehlender stärkerer Nachfrage eine Umsatzsteigerung häufig nicht möglich, so dass viele der aufgezählten Möglichkeiten keinen Erfolg zeigen. Zur Steigerung der Ertragsfähigkeit bleibt daher letztlich nur eine Reduzierung der Kosten für die sogenannten Produktionsfaktoren Arbeit, Kapital und Boden. Insbesondere bei wirtschaftlich gefährdeten Unternehmen stellt sich somit die Frage, durch welche Maßnahmen der Gesamtkostenfaktor herabgesetzt werden kann, um die Produktivität und Effizienz zu erhöhen. Gerade in Engpasssituationen sehen sich viele Unternehmen veranlasst, durch Rationalisierungsmaßnahmen die Kosten zu senken oder die Produktion gar ins Ausland an kostengünstigere Standorte zu verlagern.[658]

Zu einer Erhöhung der Lohnstückkosten und damit zu einer stärkeren betrieblichen Gesamtkostenbelastung kommt es, wenn die Lohnkosten stärker steigen als die Arbeitsproduktivität. Anwachsende Lohnstückkosten verschlechtern die preisliche Wettbewerbsfähigkeit der betroffenen Unternehmen.[659] Länger anhaltende Kostendivergenzen lassen sich durch Gewinnkompression auf Dauer nicht überspielen,[660] so dass das betroffene Unternehmen dann bemüht ist, den entsprechenden Kostenfaktor zu senken. Geht also die Lohnentwicklung nennenswert über die technische und wirtschaftliche Produktivitätsentwicklung hinaus, führt dies zu einem Beschäftigungsabbau.

Wie bereits festgestellt, sind Löhne sowohl Einkommen der Beschäftigten als auch Kosten des Unternehmens.[661] Sie können nur aus dem Ertrag bezahlt werden, den das Unternehmen erwirtschaftet. Kein Unternehmen kann es sich leisten, seinen Arbeitnehmern Löhne zu zahlen, die über seine Leistungsfähigkeit hinausgehen. Dies ist evtl. bei kurzfristigen Unternehmensschwierigkeiten und entsprechenden Rücklagen des Betriebes möglich. Jedoch verfügen insbesondere viele kleine und mittlere Unternehmen nicht über entsprechende Kapitalreserven, um eine längere konjunkturelle Schwächeperiode ohne wirtschaftliche Einschnitte zu überstehen. Ein Unternehmen, das nicht mehr investieren

---

658 Vgl. *SIEGERS*, in: Ludwig-Erhard-Stiftung (Hrsg.), Arbeitsmarkt und Beschäftigung, S. 38.

659 *HÜBNER / BLEY*, Lohnstückkosten und internationale Wettbewerbsfähigkeit - eine ökonomietheoretische Analyse, S. 55.

660 *HÄRTEL / JUNGNICKEL ET AL.*, Grenzüberschreitende Produktion und Strukturwandel - Globalisierung der deutschen Wirtschaft, S. 217.

661 *FISCHER, F.-W.*, BB 1994, S. 279.

kann, weil es durch zu hohe Kosten in seiner Flexibilität eingeschränkt ist, kann in dem sich verschärfenden Wettbewerb nicht bestehen. Ein weiterer Arbeitsplatzabbau und letztlich die Schließung des Unternehmens sind die unvermeidbare Folge.

Den Arbeitnehmern kommt es hierbei primär auf die Sicherung von Arbeitsplätzen an. Wie bereits festgestellt wurde, geht dies in der Regel nur durch die Verbesserung der betrieblichen Kostenbilanz und Sicherung des Unternehmensstandortes. In vielen Unternehmen kann eine Arbeitsplatzsicherung und Weiterbeschäftigung der Belegschaft über die mit Hilfe der Arbeitnehmer erzielte Reduzierung der Personalkosten erreicht werden. D.h., insbesondere im Falle der Gefährdung von Arbeitsplätzen müssen die betroffenen Arbeitnehmer an einer Verbesserung der Kostensituation des Unternehmens interessiert sein.

III. Einflussnahmemöglichkeiten der Tarif- und Arbeitsvertragsparteien auf die unternehmerische Kostenbelastung

Ein Teil der Lohn- und Lohnzusatzkosten wird durch die Tarifparteien, ein anderer durch den Gesetzgeber vorgegeben. Während beispielsweise Steuern, Gehaltsanteile für die gesetzlichen Sozialleistungsträger, Mindesturlaub oder Lohnfortzahlung bei Krankheit oder Mutterschaft durch den Gesetzgeber bestimmt sind, beeinflussen die Koalitionspartner insbesondere die Preisbildung von Stundenlöhnen, Überstundenzuschläge, Fahrkostenerstattungen oder Sonderzuwendungen.[662] Der Gesetzgeber hat den Tarifparteien keine Schranken gesetzt, wie weit sie sich mit Personalnebenkosten belasten wollen. So sind die Unternehmen frei, ihren Arbeitnehmern über die gesetzlichen Vorschriften hinaus, einseitig Leistungen zu gewähren.[663] Gegenwärtig beträgt das Verhältnis zwischen betrieblicher und gesetzlicher Personalzusatzkosten-Belastung ca. 55% zu 45%.[664]

Den wohl größten Entscheidungsspielraum besitzen die Tarifpartner bei der Lohnhöhe. Diese macht zwar aufgrund der außerdem anfallenden Lohnzusatzkosten nur einen Teil der gesamten Personalkosten aus. Jedoch darf in diesem Zusammenhang nicht vernachlässigt werden, dass die gesetzlichen Lohnnebenkosten, insbesondere die Arbeitgeberbeiträge zur Sozialversicherung, unmittelbar an die Lohnhöhe gekoppelt sind. Somit steigt durch eine Erhöhung der tariflichen Löhne die Belastung der Unternehmen stärker als die den Arbeitnehmern gewährte Einkommenssteigerung.

---

662 Vgl. *HÜMMERICH*, NZA 1996, S. 1290.
663 Vgl. *LEISNER*, NJW 1996, S. 1512.
664 Vgl. *LEISNER*, NJW 1996, S. 1512.

Soweit ein Unternehmen Rentabilität und Gewinne steigern will, kann es sich nicht allein mit den Lohnkosten befassen, sondern muss alle Kostenfaktoren mit einbeziehen.[665] Das ändert jedoch nichts daran, dass die Personalkosten häufig der durch die Betriebspartner am einfachsten zu beeinflussende Kostenfaktor ist. Somit kommt den Tarifparteien eine wesentliche Rolle bei der Senkung der Arbeitskosten zu.

Da die Arbeitsvertragsparteien keine Möglichkeiten haben, auf die Faktoren Kapital und Boden einzuwirken, ist letztlich nur der Produktionsfaktor Arbeit durch Arbeitgeber und Arbeitnehmer beeinflussbar. So sind sämtliche durch das Arbeitsverhältnis verursachte Aufwendungen des Arbeitgebers Arbeitskosten, die die Stückkosten belasten und damit die Chancen des Unternehmens auf den Gütermärkten beeinflussen.[666] Obwohl die größten Einsparungen von Arbeitskosten vor allem durch einen Beschäftigungsabbau zu erzielen sind, besteht aber auch die Möglichkeit, durch einen Verzicht auf vom Arbeitnehmer gewährte Leistungen eine Reduzierung der Personalkosten zu erreichen.

Ein Verzicht auf gesetzliche Leistungen ist ohne entsprechende gesetzliche Öffnungsklausel nicht möglich. In Frage kommt daher für den abhängig Beschäftigten nur ein möglicher Verzicht auf die im Individualarbeitsvertrag bzw. Tarifvertrag festgelegten Leistungen. Da insbesondere bei tarifgebundenen Arbeitnehmern das Arbeitsverhältnis mehr durch den Tarifvertrag als den Individualarbeitsvertrag bestimmt wird, könnte der Verzicht auf bestimmte tarifliche Leistungen eine wesentlich Rolle bei der Senkung des unternehmerischen Kostenfaktors spielen und damit zur Sicherung der betrieblichen Arbeitsplätze beitragen. In längeren Krisenzeiten kann allerdings schon die Erhaltung des tariflichen Reallohns nur noch von den leistungsfähigeren Unternehmen erbracht werden.[667] Insbesondere leistungsschwache Unternehmen kommen bei der Beibehaltung des Tarifniveaus in Bedrängnis. Es erhöht sich dann der Druck auf die Tarifstandards selbst. Um den Bestand des Unternehmens und damit gleichzeitig den eigenen Arbeitsplatz zu sichern, werden in vielen Betrieben Vereinbarungen zur Kostensenkung und Steigerung der Wettbewerbsfähigkeit getroffen, die oft bis an die Grenze des tarifvertraglich Zulässigen und darüber hinaus gehen.[668] Die realen Erscheinungsformen diesbezüglicher Absprachen sind außerordentlich vielfältig. Untersucht werden sollen hier nur die Möglichkeiten, die der Arbeitnehmer direkt mit dem Arbeitgeber durch individualvertragliche Vereinbarungen abschließen kann.

---

665 *GÖRZIG*, MittAB 1998, S. 692.
666 So bereits *ZÖLLNER*, Sonderbeilage zu NZA 3/2000, S. 4.
667 Vgl. *KONZEN*, NZA 1995, S. 916.
668 So *BISPINCK*, WSI-Mitt. 1997, S. 554.

B. Möglichkeiten des Verzichts auf tarifvertragliche Positionen

Es sind verschiedene Arten des Verzichts auf tarifliche Leistungen vorstellbar. Allen ist gemeinsam, dass entweder direkt ein Verzicht auf finanzielle Mittel vorgenommen wird bzw. infolge längerer oder flexiblerer Arbeitszeiten eine bessere Auslastung der Produktionsmittel, damit eine Kostensenkung innerhalb des Unternehmens und dadurch letztlich auch eine Sicherung bestehender Arbeitsplätze erreicht werden kann.[669]

I. Verzicht auf finanzielle Mittel

Um über eine Senkung der Personalkosten die Sicherung von Arbeitsplätzen zu erreichen, stellt der direkte Verzicht auf dem Arbeitnehmer tarifvertraglich zustehende finanzielle Mittel die in der Praxis erfahrungsgemäß gebräuchlichste Variante dar. Hierbei sind unterschiedliche Möglichkeiten denkbar. Zu den wichtigsten zählen wohl: Gehaltsverzicht bei gleicher Arbeitszeit, Verzicht auf geldwerte Leistungen,[670] Verzicht auf soziale Leistungen des Arbeitgebers,[671] Verzicht auf tarifvertragliche Einkommenserhöhungen.[672]

II. Maßnahmen in bezug auf die Arbeitszeit

Des weiteren können die Kosten für den Produktionsfaktor Arbeit für den Unternehmer auch verbilligt werden, ohne dass sich dabei das Entgelt des Arbeitnehmers verringert. Dies kann erreicht werden, indem die Arbeitnehmer für den gleichen Lohn vorübergehend oder dauernd mehr arbeiten[673] oder wenn durch eine flexiblere Gestaltung der Arbeitszeiten eine bessere Auslastung der Pro-

---

669 Zu den gleichgelagerten Varianten von tariflichen Vereinbarungen zur Beschäftigungssicherung vgl. *Seifert*, WSI-Mitt. 2000, S. 438 f. insbesondere S. 440 f.

670 In Frage kommt hier ein Verzicht auf z.B. Gratifikationen, wie Weihnachtsgeld, Urlaubsgeld usw. Die in der Praxis gebräuchlichsten Formen sind nach einer neueren Studie: Absenkung der Entgelthöhe, Verzicht auf Urlaubsgeld, Einsparungen bei der Entgeltfortzahlung, Erhöhung der Arbeitszeit ohne Lohnausgleich und Kürzung von Überstundenzuschlägen. Vgl. *Maier / Schaulis*, in: Oppolzer / Zachert (Hrsg.), Krise und Zukunft des Flächentarifvertrages, S. 19. Vgl. dazu z.B. die neu geschaffenen Öffnungsklauseln im Beamtenbesoldungsrecht. Danach sind Kürzungen des Weihnachts- und Urlaubsgeldes möglich (*F.A.Z.* v. 02.07.2003, S. 1; *F.A.Z.* v. 12.07.2003, S. 1).

671 In Frage kommt ein Verzicht auf Betriebsrentenansprüche u.ä.

672 Vgl. dazu die Beispiele bei *Freter*, Das Tarifvertragssystem in der Krise, S. 66.

673 So zutreffend *Hanau*, AuA 1998, S. 5. Vgl. dazu auch die von Bundeswirtschaftsminister *Wolfgang Clement* initiierte Diskussion um die Verlängerung der Arbeitszeit, *F.A.Z.* v. 18.06.2003, S. 11. Nach Schätzung des *IW* würde durch eine Erhöhung der Wochenarbeitszeit ohne Lohnausgleich das Bruttoinlandsprodukt um fast 22 Mrd. Euro gesteigert. *F.A.Z.* v. 18.06.2003, S. 11.

duktionsmittel erzielt wird.[674] Heute existieren eine Vielzahl von variablen, flexiblen und differenzierten Arbeitszeitmustern. Deren Vorteile für die Unternehmen liegen klar auf der Hand. So bieten die Arbeitszeitvariationen weit besser als früher die Chance, den Personaleinsatz exakt der jeweiligen Auftragslage anzugleichen. Durch die unterschiedlichen Arbeitszeitbestimmungen ist es möglich, sowohl Arbeitsspitzen, die nur mit teurer Mehrarbeit zu überwinden sind, als auch Arbeitsleerläufe zu vermeiden. Die Folge sind für das Unternehmen deutliche Kostensenkungen.[675] Jedoch sind mit den unterschiedlichen Arbeitszeitmodellen nicht nur einseitige Vorteile für den Arbeitgeber verbunden. Die Arbeitnehmer erhalten durch sie eine höhere Zeitautonomie. Das wiederum kann zu einer verbesserten Arbeitsmotivation und damit zu einer Verbesserung der Produktivität führen.[676] Wenn es den Unternehmen gelingt, die Möglichkeiten der Arbeitszeitflexibilisierung noch besser auszunutzen, kann es zu einer Effizienzverbesserung, Kostenentlastung und damit letztendlich auch zu einer Beschäftigungssicherung kommen.[677]

Innerhalb dieses Komplexes sind ebenfalls verschiedene Varianten möglich. Zu den wichtigsten zählen: Mehrarbeit ohne Lohnausgleich, diverse Möglichkeiten der Arbeitszeitflexibilisierung, Verzicht auf Urlaubstage.

III. Kombination von Maßnahmen in bezug auf Arbeitszeit und Verzicht auf finanzielle Mittel

Um für den Unternehmer einen optimalen Kosteneinsparungseffekt zu erreichen, bietet es sich bei Arbeitszeitflexibilisierungsmodellen an, diese mit dem Verzicht auf finanzielle Mittel zu kombinieren. Je nach Art des praktizierten Arbeitszeitmodells sind aufgrund der Verschiebungen der „normalen" Arbeitszeiten häufig Lohnzuschläge zu zahlen. So kann zwischen Vertragsparteien ein normalerweise zuschlagspflichtiges Arbeitszeitmodell mit dem gleichzeitigen Verzicht der für das Unternehmen kostenintensiven Lohnzuschläge vereinbart werden. Dadurch ist der Kostensenkungseffekt des Arbeitnehmers in bezug auf die Gesamtkosten entschieden höher als durch die bloße Einführung von Arbeitszeitflexibilisierungsmodellen.

---

674 Infolge längerer bzw. flexiblerer Arbeitszeiten kann der Unternehmer durch die bessere und längere Nutzung der vorhandenen Produktionsanlagen kostengünstiger produzieren. Vgl. *BUCHNER*, RdA 1990, S. 18.

675 Vgl. *SIEGERS*, in: Ludwig-Erhard-Stiftung (Hrsg.), Arbeitsmarkt und Beschäftigung, S. 34 f.

676 So im Ergebnis *SIEGERS*, in: Ludwig-Erhard-Stiftung (Hrsg.), Arbeitsmarkt und Beschäftigung, S. 35.

677 Vgl. *SIEGERS*, in: Ludwig-Erhard-Stiftung (Hrsg.), Arbeitsmarkt und Beschäftigung, S. 35.

Welches Einsparpotential bei einer Kombination von Maßnahmen in bezug auf die Arbeitszeit und dem gleichzeitigen Verzicht auf finanzielle Mittel möglich ist, wird am Beispiel des *BURDA-VERLAG'S* deutlich. Hier sollten durch den mit dem Betriebsrat beschlossenen „Sparmaßnahmenkatalog", der die Erhöhung der Wochenarbeitszeit ohne vollen Lohnausgleich und die Herabsetzung zahlreicher Zuschläge vorsah, eine jährliche Senkung der Betriebskosten von 30 Mio. DM realisiert und so gleichzeitig 400 Entlassungen vermieden werden.[678]

C. Anwendbarkeit des Günstigkeitsprinzips

Problematisch erscheint der Verzicht auf tarifliche Positionen, wenn die Arbeitsvertragsparteien tarifgebunden sind. Da hier die Inhaltsnormen des Tarifvertrages gemäß § 4 Abs. 1 iVm. § 1 Abs. 1 TVG normativ auf das Individualvertragsverhältnis wirken, wäre eine abweichende Vereinbarung nur zulässig, wenn sie im Sinne von § 4 Abs. 3 TVG günstiger ist. Um die Anwendbarkeit des Günstigkeitsprinzips auf die unterschiedlichen Maßnahmen zur Kostensenkung festzustellen, ist in erster Linie deren jeweiliger Normentypus zu charakterisieren. Lediglich wenn es sich um Inhaltsnormen handelt, ist § 4 Abs. 3 Alt. 2 TVG nach *h.M.* uneingeschränkt anwendbar.[679] Soweit sich eine rechtliche Zuordnung zu diesem Normentypus nicht ergibt, ist zu untersuchen, ob dennoch ein Rückgriff auf das Günstigkeitsprinzip zulässig ist.

Da sich neben dem bloßen Verzicht auf finanzielle Mittel und Regelungen in bezug auf die Arbeitszeit auch eine Kombination dieser Maßnahmen denkbar ist, eröffnen sich den Vertragspartnern nahezu unzählige Variationen, die im Ergebnis alle zu einer Kostenreduzierung des Unternehmens führen können. Die Vielzahl der verschiedenen Optionen macht es unmöglich, alle einzeln auf die Anwendbarkeit des Günstigkeitsprinzips hin zu untersuchen. Entsprechend beschränken sich die folgenden Ausführungen auf die jeweiligen Sachgruppen bzw. relevante Einzelfälle.

I. Anwendbarkeit auf tarifliche Arbeitsentgeltbestimmungen

Soweit das Günstigkeitsprinzip nicht auf tarifliche Arbeitsentgeltbestimmungen anwendbar ist, führt die zwingende Wirkung des Tarifvertrages zur Unwirksamkeit widerstreitender einzelvertraglicher Abreden und damit also zur Nichtigkeit der Vereinbarung untertariflicher Entlohnung gemäß § 134 BGB.[680]

---

678 Vgl. *BAG* v. 20.04.1999, BAGE 91, S. 212.
679 Vgl. die Ausführungen im *2. KAPITEL F V 1.*
680 So im Ergebnis *SCHAUB*, Arbeitsrechtshandbuch, S. 1709.

1. Anwendbarkeit auf Entgelt im engeren Sinne

Tarifliche Arbeitsentgeltbestimmungen beziehen sich in erster Linie auf Arbeitslohn und Gehalt. Diese werden auch Entgelt im engeren Sinne genannt. In der Regel erhält der Arbeitnehmer für die geleistete Arbeit Geldlohn.[681] Als Vergütung oder Vergütungsteil können über den Stundenlohn hinaus auch Naturalleistungen, wie beispielsweise die Überlassung von Waren, Dienstwohnungen, Kraftfahrzeugen[682] u.ä., vereinbart werden. Zwar werden im Tarifvertrag in bezug auf das Entgelt im engeren Sinne hauptsächlich die Einstufungen in Lohngruppen, Lohn- und Gehaltszuschläge u.ä. geregelt, eine tarifvertragliche Normierung des sogenannten Naturallohns ist zwar eher ungewöhnlich, wäre jedoch grundsätzlich möglich.

Von wesentlicher Bedeutung bei der Senkung von Personalkosten sind neben der Kürzung des Grundgehalts die Reduzierung von Lohn- und Gehaltszuschlägen.[683] Diese sind ebenfalls Teile der Vergütung, werden jedoch aus besonderem Grund gezahlt.[684] Häufig sind derartige Vergütungsbestandteile, z.B. Nacht-, Sonntags-, Feiertags-, Orts- und Teuerungszuschläge oder Erschwerniszulage, wie Gefahren-, Schmutzzulagen oder Trennungsentschädigungen und Wegegeld, kollektivvertraglich geregelt.

Fraglich ist, ob das Günstigkeitsprinzip auf das sogenannte Entgelt im engeren Sinne anwendbar ist. Kollektivvertragliche Normen, die die Vergütung betreffen, beziehen sich auf einen Teil der Rechte und Pflichten des beteiligten Arbeitnehmers und Arbeitgebers und regeln damit den Inhalt des bestehenden Arbeitsverhältnisses. Vom Rechtscharakter her handelt es sich somit bei derartigen Arbeitsentgeltbestimmungen um Inhaltsnormen.[685] Dieser Normtypus gehört zu den Individualnormen, die den Hauptanwendungsfall des Günstigkeitsprinzips darstellen, so dass § 4 Abs. 3 Alt. 2 TVG uneingeschränkt anwendbar ist.[686]

2. Anwendbarkeit auf Entgelt im weiteren Sinne

Tarifliche Entgeltbestimmungen sind nicht nur auf das Direktentgelt beschränkt. So existieren über den direkten Arbeitslohn hinaus eine Vielzahl weiterer geldwertbezogener Leistungen, die auch aufgrund kollektivvertraglicher Vereinbarungen zu zahlen sind. Üblich ist es, im Kollektivvertrag besondere zusätzliche

---

681 Vgl. auch § 115 Abs. 1 GewO.

682 Vgl. *BAG* v. 23.06.1994, DB 1994, S. 2239; *BAG* v. 16.11.1995, BAGE 81, S. 297.

683 Vgl. dazu ausführlich *Schaub*, in: MünchKomm BGB, Bd. 4, § 612 Rn. 209 ff.

684 Vgl. *Putzo*, in: Palandt-BGB, § 611 Rn. 59.

685 So die absolut *h.M.*, stellvertretend: *Löwisch / Rieble*, TVG, § 1 Rn. 43; *Däubler*, Tarifvertragsrecht, Rn. 170. Nach Auffassung von *Däubler*, Tarifvertragsrecht, Rn. 170, stellt die Regelung von Lohn als Entgelt im engeren Sinne sogar eine der wichtigsten Inhaltsnormen dar.

686 Vgl. die Ausführungen im *2. Kapitel F V 1.*

Vergütungsformen, sogenannte Sondervergütungen, vorzusehen. Zu diesen gehören u.a. Prämien[687], Gratifikationen[688], Beteiligungen[689], Provisionen[690], vermögenswirksame Leistungen[691], Urlaubsgeld[692] und zusätzliche Monatsgehälter[693]. Diese zusätzlichen Vergütungen werden häufig als Entgelt im weiteren Sinne bezeichnet. Die Tarifvertragsparteien können hierbei bestimmen, ob die entsprechenden Leistungspflichten im Austauschverhältnis stehen oder Nebenleistungen sind.

Eine Abgrenzung und Einordnung der denkbaren und in der Praxis verwandten Varianten der über das Direktentgelt hinausgehenden geldwerten Leistungen stellt sich in der Regel als recht kompliziert dar. Eine solche Differenzierung innerhalb des Entgeltes im weiteren Sinne ist an dieser Stelle jedoch nicht erforderlich. Die entsprechenden kollektivvertraglichen Vereinbarungen beziehen sich in jedem Fall auf Pflichten und Rechte der Arbeitsvertragsparteien und damit den Inhalt des Arbeitsverhältnisses. Somit stellen die tariflichen Regelungen über Entgelt im weiteren Sinne Inhaltsnormen dar. Wie bereits festgestellt, ist auf diese das Günstigkeitsprinzip uneingeschränkt anwendbar,[694] unabhängig von ihrer Zuordnung zu den unterschiedlichen Sondervergütungsformen und der tarifvertraglichen Festlegung als Haupt- bzw. Nebenleistungspflicht.

3. Anwendbarkeit auf soziale Leistungen

Die Tarifvertragsparteien können aufgrund ihrer Tarifautonomie vereinbaren, dass der Arbeitgeber den Arbeitnehmern über die gesetzlichen Bestimmungen hinaus weitere soziale Leistungen zu gewähren hat. Soweit die gesetzlichen Mindestvorgaben eingehalten werden, können die Vertragspartner bzgl. der Inhalte der jeweiligen Absprachen nach oben hin frei disponieren. Durch derartige

---

687 Prämien sind ein zusätzliches, zum Lohn oder Gehalt gewährtes Entgelt für einen bestimmten vom Arbeitnehmer oder Dienstverpflichteten beeinflussbaren Erfolg. Vgl. *PUTZO*, in: Palandt-BGB, § 611 Rn. 77.

688 Gratifikationen sind Vergütungen, die aus besonderem Anlass zusätzlich zu den sonstigen Bezügen gewährt werden. Vgl. *PUTZO*, in: Palandt-BGB, § 611 Rn. 81.

689 In Frage kommt bei Arbeitnehmern lediglich eine Gewinnbeteiligung. Vgl. *PUTZO*, in: Palandt-BGB, § 611 Rn. 78.

690 Provisionen sind Vergütungen, die in einem bestimmten Prozentsatz des Wertes eines abgeschlossenen oder vermittelten Geschäfts bemessen werden. Vgl. *PUTZO*, in: Palandt-BGB, § 611 Rn. 79.

691 Vermögenswirksame Leistungen werden entsprechend den Bestimmungen des VermBG zur Vermögensbildung der Arbeitnehmer erbracht.

692 Urlaubsgeld ist die zusätzliche, über das Urlaubsentgelt hinaus gezahlte Vergütung. Der Arbeitgeber ist zur Zahlung nur bei Bestehen eines besonderen Rechtsgrundes verpflichtet. Vgl. *SCHAUB*, Arbeitsrechtshandbuch, S. 887.

693 In Frage kommt hier hauptsächlich die Zahlung eines 13. Monatsgehaltes.

694 Vgl. die Ausführungen im *2. KAPITEL F V 1*.

Vereinbarungen zwischen den Kollektivverbänden können sämtliche denkbaren sozialen Leistungen geregelt werden.[695] Alle derartigen Abreden stellen geldwerte Leistungen dar. Die in der Praxis am häufigsten tarifvertraglich gewährten Sozialleistungen sind vor allem Betriebsrenten sowie über das gesetzliche Mindestmaß hinausgehende Entgeltfortzahlungen im Krankheitsfalle. Erstere werden vom Arbeitgeber aufgrund tarifvertraglicher Absprache oder Betriebsvereinbarung den Arbeitnehmern als zusätzliche Altersvorsorge gewährt.

Sämtliche Vereinbarungen der Tarifpartner, die soziale Leistungen betreffen, beziehen sich auf Rechte und Pflichten des Arbeitgebers und Arbeitnehmers und regeln damit den Inhalt des einzelnen Arbeitsverhältnisses. Entsprechend handelt es sich bei derartigen kollektivvertraglichen Regelungen um Inhaltsnormen, auf die das Günstigkeitsprinzip uneingeschränkt Anwendung findet.[696]

II. Anwendbarkeit auf tarifliche Arbeitszeitbestimmungen

Um die Anwendbarkeit des § 4 Abs. 3 Alt. 2 TVG auf tarifvertragliche Arbeitszeitbestimmungen zu untersuchen, ist zunächst festzustellen, was rechtlich unter Arbeitszeit zu verstehen ist. Gemäß § 2 Abs. 1 ArbZG[697] wird als Arbeitszeit die Zeit vom Beginn bis zum Ende der Arbeit ohne Ruhepausen angesehen. Ruhepausen im Sinne des ArbZG sind dabei alle voraussehbaren Unterbrechungen der Arbeitszeit von bestimmter Dauer, die der Erholung dienen.[698] Tarifliche Arbeitszeitbestimmungen beziehen sich im Normalfall auf die von den Tarifpartnern vereinbarten wöchentlichen Regelarbeitszeiten.

Grundsätzlich besteht innerhalb der Literatur Streit, ob bei tariflichen Arbeitszeitbestimmungen überhaupt ein Rückgriff auf das Günstigkeitsprinzip und insbesondere ein Günstigkeitsvergleich zulässig ist.[699] Ein großer Teil des Schrifttums lehnt eine Anwendung von § 4 Abs. 3 Alt. 2 TVG mit unterschiedlichsten Argumenten ab.[700] Zwei Hauptrichtungen sind hierbei erkennbar. Während die erste Gruppe bereits einen Zusammenhang zwischen Günstigkeitsprinzip und tariflichen Arbeitszeitbestimmungen grundsätzlich verneint, lehnen die Vertreter

---

695 Vgl. dazu *Yurtsev*, Die Bedeutung des Günstigkeitsprinzips bei der Abänderung von Sozialleistungen durch Tarifvertrag und Betriebsvereinbarung, S. 11 ff.

696 Vgl. die Ausführungen im *2. Kapitel F V 1*.

697 Vom 06.06.1994, BGBl. (I) 1994, S. 1170-1184.

698 Vgl. zur Dauer der Ruhepausen § 4 ArbZG. Ruhepausen sind streng von Betriebspausen und Ruhezeiten zu unterscheiden. Vgl. dazu *Krauss*, Günstigkeitsprinzip und Autonomiebestreben am Beispiel der Arbeitszeit, S. 14.

699 Vgl. zum Meinungsstand ausführlich *Krauss*, Günstigkeitsprinzip und Autonomiebestreben am Beispiel der Arbeitszeit, S. 82 ff.; *Buchner*, DB 1990, S. 1719 f.

700 So u.a. *Däubler*, DB 1989, S. 2535 ff.; *Hess / Schlochauer / Glaubitz*, BetrVG, § 87 Rn. 148; *Hromadka*, DB 1992, S. 1046; *Leinemann*, DB 1990, S. 734; *Nikisch*, Arbeitsrecht, Bd. II, S. 433; *Richardi*, DB 1990, S. 1616; *Zachert*, DB 1990, S. 989.

der zweiten Gruppe lediglich einen Günstigkeitsvergleich in bezug auf die hier relevanten längeren Arbeitszeiten ab.

Von Vertretern der ersten Gruppe werden Bestimmungen über die tarifliche Arbeitszeit einerseits als nicht dem Günstigkeitsvergleich zugänglich angesehen,[701] andererseits soll es sich bei Festlegungen in bezug auf die Arbeitszeit nicht primär um den Anwendungsbereich des Günstigkeitsprinzips handeln.[702] Des weiteren ist man der Auffassung, dass Arbeitszeitbestimmungen mit der Günstigkeit überhaupt nichts zu tun haben.[703]

Innerhalb der zweiten Gruppe wird die Anwendbarkeit des Günstigkeitsprinzips verneint, da längere als die tariflichen Arbeitszeiten nicht als günstiger angesehen werden können.[704] Ein Rückgriff auf § 4 Abs. 3 Alt. 2 TVG zur Vereinbarung längerer Arbeitszeiten soll darüber hinaus auch ausgeschlossen sein, da die Tarifautonomie sonst gefährdet wäre.[705]

Auch wenn die Argumente für eine Anwendbarkeit des Günstigkeitsprinzips in bezug auf Arbeitszeitbestimmungen sehr vielfältig sind, so lassen sich letztlich die Vertreter beider Gruppen von der Überlegung leiten, dass eine längere als die tarifliche Arbeitszeit nicht als günstiger angesehen werden kann[706] und damit auch nicht der Regelung des § 4 Abs. 3 Alt. 2 TVG unterliegt. Dieser Ausgangspunkt hatte so lange seine Berechtigung, wie sich die tariflichen Arbeitszeiten vorrangig an Gesundheitsschutzinteressen orientierten. Heute haben die entsprechenden tariflichen Regelungen zunehmend beschäftigungspolitische Ziele. Gesundheitsschutzaspekte sind weitgehend in den Hintergrund getreten.[707] Somit scheint es nicht plausibel, warum eine längere Arbeitzeit bei entsprechender Kompensationsleistung des Arbeitnehmers nicht unter Umständen auch als günstiger bewertet werden kann.[708] Ob eine vom Tarifvertrag abweichende Arbeitszeitvereinbarung als günstiger anzusehen bzw. überhaupt vergleichbare Regelung ist, stellt jedoch eine Wertung dar, die erst im Rahmen des Günstigkeitsvergleichs beantwortet werden kann.[709] Dies hat mit der hier in Frage stehenden Anwendbarkeit des Günstigkeitsprinzips auf tarifliche Arbeitszeitbestimmungen

701 *Nikisch*, Arbeitsrecht, Bd. II, S. 433.

702 *Richardi*, DB 1990, S. 1616.

703 So im Ergebnis *Hess / Schlochauer / Glaubitz*, BetrVG, § 87 Rn. 148; *Hromadka*, DB 1992, S. 1046.

704 So im Ergebnis *Hueck / Nipperdey*, Lehrbuch des Arbeitsrechts, Bd. II/1, S. 262 ff.

705 *Däubler*, DB 1989, S. 2537 f.; *Zachert*, DB 1990, S. 989. Vergleiche zu dieser Problematik auch die Ausführungen im *2. Kapitel G II 3* bzw. *5. Kapitel A I.*

706 So im Ergebnis auch *Buchner*, DB 1990, S. 1719.

707 Vgl. dazu auch die Ausführungen im *5. Kapitel C I 1.*

708 Vgl. *Buchner*, DB 1990, S. 1719.

709 So im Ergebnis auch *Krauss*, Günstigkeitsprinzip und Autonomiebestreben am Beispiel der Arbeitszeit, S. 83 f.

nichts zu tun. Vielmehr ist es dogmatisch sogar verfehlt, in Hinblick auf das vertretene Ergebnis, bereits die Rückgriffsmöglichkeit auf § 4 Abs. 3 Alt. 2 TVG generell zu verneinen.

Nachdem festgestellt wurde, dass bei tariflichen Arbeitszeitbestimmungen nicht von vornherein die Anwendbarkeit des Günstigkeitsprinzips ausgeschlossen werden kann, stellt sich die Frage nach der Rechtsnatur und dem Regelungsgehalt derartiger Normen. Diese werden kontrovers diskutiert. Erst wenn diese Fragen geklärt sind, lässt sich die Anwendbarkeit von § 4 Abs. 3 Alt. 2 TVG auf derartige Normen abschließend beurteilen.

1. Rechtscharakter

Die Auffassungen in Literatur und Rechtsprechung zum Rechtscharakter bzw. Normentypus tariflicher Arbeitszeitbestimmungen und der damit einhergehenden Anwendbarkeit des Günstigkeitsprinzips divergieren erheblich.

a) Inhaltsnormen

Die heute *h.M.* charakterisiert tarifvertragliche Arbeitszeitbestimmungen als Inhaltsnormen. Innerhalb dieser Kategorisierung wird weiterhin vielfach zwischen negativen und positiven Inhaltsnormen differenziert, wobei ein großer Teil der Literatur eine Anwendbarkeit des Günstigkeitsprinzips auf negative Inhaltsnormen ablehnt.[710]

Tarifliche Arbeitszeitbestimmungen regeln den Umfang der Arbeitspflicht für vollzeitbeschäftigte Arbeitnehmer und damit den Inhalt des Arbeitsverhältnisses.[711] Entsprechend sind mit der heute überwiegenden Meinung tarifvertragliche Arbeitszeitregelungen richtigerweise als Inhaltsnormen einzuordnen. Eine Differenzierung zwischen positiven und negativen Inhaltsnormen ist jedoch abzulehnen.[712] Gegen eine derartige Unterscheidung spricht vor allem, dass diese Regelungen durch die Tarifvertragspartner ohne weiteres sowohl als positive als auch negative Inhaltsnormen formuliert werden können.[713] Ihr Regelungsgehalt ändert sich dadurch nicht. Denn letztlich ist die negative Formulierung nur die Kehrseite der positiven Formulierung und vice versa.[714] Die Tarifpartner beab-

---

710 *Nikisch*, Arbeitsrecht, Bd. II, S. 423; *Bötticher*, RdA 1968, 419 f.; *Etzel*, NZA 1987 Beilage 1, S. 23; *Hueck / Nipperdey*, Lehrbuch des Arbeitsrechts, Bd. II/1, S. 572 Fn. 2; *Wank*, in: Wiedemann (Hrsg.), TVG, § 4 Rn. 409 f.

711 So *Schweibert*, Die Verkürzung der Wochenarbeitszeit durch Tarifvertrag, S. 152.

712 Vgl. die Ausführungen im *2. Kapitel F V 1 a)*.

713 So bereits *Richardi*, Kollektivgewalt und Individualwille bei der Gestaltung des Arbeitsverhältnisses, S. 383.

714 *Schweibert*, Die Verkürzung der Wochenarbeitszeit durch Tarifvertrag, S. 151; *Krauss*, Günstigkeitsprinzip und Autonomiebestreben am Beispiel der Arbeitszeit, S. 78; *Mayer*,

sichtigen durch die Arbeitszeitbestimmungen eine unmittelbare Festlegung des zeitlichen Umfangs der Arbeitspflicht und beeinflussen damit den Inhalt des Arbeitsverhältnisses. Da das Günstigkeitsprinzip auf Inhaltsnormen des Tarifvertrages zugeschnitten ist,[715] steht einer Anwendung desselben in bezug auf den Rechtscharakter generell nichts entgegen. Somit ist das Günstigkeitsprinzip auf tarifliche Arbeitszeitbestimmungen selbst dann, wenn man eine Unterscheidung in positive oder negative Inhaltsnormen vornimmt, uneingeschränkt anwendbar.[716]

b) Abschlussverbote

Abweichend von der *h.M.* nehmen *WIEDEMANN / STUMPF*[717] eine Einordnung tariflicher Arbeitszeitbestimmungen als Abschlussverbote[718] vor. Ausgangspunkt ihrer Überlegung ist, dass tarifliche Arbeitszeitnormen dazu führen, dass der Abschluss von Arbeitsverträgen mit einem anderen Inhalt verboten ist und damit den Charakter „partieller" Abschlussnormen besitzen.[719] Wie bereits festgestellt, regeln tarifliche Arbeitszeitbestimmungen jedoch in erster Linie die Modalitäten des Arbeitsvertrages, also dessen Inhalt[720] und zielen nicht primär auf das „Ob" und „Wie" des Zustandekommens von Arbeitsverträgen.[721] Eine vertiefende Auseinandersetzung mit der Auffassung von *WIEDEMANN / STUMPF* kann unterbleiben, da die Qualifikation tariflicher Arbeitszeitbestimmungen als Abschlussverbote, einem Rückgriff auf das Günstigkeitsprinzips nicht entgegensteht. Wie

---

Das Verhältnis des Tarifvertrages zu früheren und späteren günstigeren arbeitsvertraglichen Absprachen, S. 108; *BENGELSDORF*, ZfA 1990, S. 567.

715 Vgl. *KEMPEN / ZACHERT*, TVG, § 4 R. 165; *SCHAUB*, Arbeitsrechtshandbuch, S. 1703; *WANK*, in: Wiedemann (Hrsg.), TVG, § 4 Rn. 409; *DÄUBLER*, Tarifvertragsrecht, Rn. 190.

716 So im Ergebnis auch *KEMPEN / ZACHERT*, TVG, § 4 R. 165; *SCHAUB*, Arbeitsrechtshandbuch, S. 1703; *WANK*, in: Wiedemann (Hrsg.), TVG, § 4 Rn. 414; *DÄUBLER*, Tarifvertragsrecht, Rn. 190; *MAYER*, Das Verhältnis des Tarifvertrages zu früheren und späteren günstigeren arbeitsvertraglichen Absprachen, S. 162; *KRAMER*, DB 1994, S. 426; a.A.: *NIKISCH*, Arbeitsrecht, Bd. II, S. 423; *BÖTTICHER*, RdA 1968, 419 f.; *ETZEL*, NZA 1987 Beilage 1, S. 23; *HUECK / NIPPERDEY*, Lehrbuch des Arbeitsrechts, Bd. II/1, S. 572 Fn. 2.

717 *WIEDEMANN / STUMPF*, TVG, § 4 Rn. 242, 5. Aufl.; *WIEDEMANN, H.*, TVG, § 1 Rn. 323 nimmt neuerdings eine Einordnung als Abschlussverbot nur noch dann an, wenn die Arbeitszeitbestimmung eine Festlegung der Höchstarbeitszeit darstellt.

718 Abschlussverbote sind dabei Regeln, die das Zustandekommen neuer, die Wiederaufnahme alter oder die Fortsetzung infolge Arbeitskampfes unterbrochener Arbeitsverhältnisse regeln. *WIEDEMANN / STUMPF*, § 1 Rn. 219, 5. Aufl. Vgl. dazu auch die Ausführungen im *2. KAPITEL F V 1 b)*.

719 *WIEDEMANN / STUMPF*, § 1 Rn. 113, 219, 5. Aufl.

720 Vgl. *3. KAPITEL C II 1 a)*.

721 Vgl. *LÖWISCH / RIEBLE*, TVG, § 1 Rn. 24; *SCHAUB*, Arbeitsrechtshandbuch, S. 1682; *NIKISCH*, Arbeitsrecht, Bd. II, S. 296.

bereits festgestellt, sind auch Abschlussverbote den Individualnormen zuzuordnen, auf die § 4 Abs. 3 Alt. 2 TVG uneingeschränkt anwendbar ist.[722]

c) Betriebsnormen

Tarifnormen unterliegen nicht zwingend nur einer Normkategorie, sondern können einen Doppelcharakter besitzen.[723] Ausgehend davon werden tarifliche Arbeitszeitbestimmungen nicht nur als Inhalts-, sondern auch als Betriebsnormen qualifiziert.[724] Eine derartige Einordnung hat zur Folge, dass die Anwendbarkeit des Günstigkeitsprinzips strittig ist.[725] Tarifliche Arbeitszeitbestimmungen sind als Betriebsnormen zu qualifizieren, wenn die Arbeitszeit aus tatsächlichen oder rechtlichen Gründen nur einheitlich geregelt wird. Eine derartige betriebseinheitliche uniforme Ausgestaltung der Arbeitszeit ist jedoch heute unter den wirtschaftlichen Gegebenheiten und dem Streben nach mehr Flexibilität im Arbeitsverhältnis kaum mehr denkbar. Soweit sich die tarifliche Vereinbarung jedoch lediglich darauf beschränkt, die Dauer der individuellen regelmäßigen Wochenarbeitszeit festzusetzen, reicht das für eine Qualifikation als Betriebsnorm noch nicht aus.[726] In bestimmten Ausnahmefällen können jedoch auch tarifvertragliche Arbeitszeitregeln als Betriebsnormen qualifiziert werden.[727]

Wie bereits festgestellt, sind tarifliche Arbeitszeitbestimmungen jedoch in erster Linie als Inhaltsnormen anzusehen. Auch wenn sie im Einzelfall einen Doppelcharakter besitzen, ändert dies letztlich nichts daran, dass das Günstigkeitsprinzip auf tarifvertragliche Arbeitszeitbestimmungen uneingeschränkt anzuwenden ist.[728] Somit kann eine ausführliche Auseinandersetzung mit der Problematik des Doppelcharakters unterbleiben.

---

[722] Vgl. *2. Kapitel F V 1 b)*.

[723] *Däubler*, Tarifvertragsrecht, Rn. 807; *Rauschenberg*, Flexibilisierung und Neugestaltung der Arbeitszeit, S. 113; *Säcker / Oetker*, Grundlagen und Grenzen der Tarifautonomie - erläutert anhand aktueller tarifpolitischer Fragen, S. 105, 122.

[724] So *Schweibert*, Die Verkürzung der Wochenarbeitszeit durch Tarifvertrag, S. 156; *Nikisch*, Arbeitsrecht, Bd. II, S. 303.

[725] Zum Meinungsstand vgl. *Krauss*, Günstigkeitsprinzip und Autonomiebestreben am Beispiel der Arbeitszeit, S. 80 ff.; *Tech*, Günstigkeitsprinzip und Günstigkeitsbeurteilung im Arbeitsrecht; S. 87 ff.; *Löwisch / Rieble*, TVG, § 4 Rn. 176 ff.

[726] *Schweibert*, Die Verkürzung der Wochenarbeitszeit durch Tarifvertrag, S. 159.

[727] So z.B. die in der Metallindustrie vereinbarte Quotenabrede und die zwischen der *Volkswagen AG* und der *IG Metall* 1993 vereinbarten Arbeitszeitregelungen zur Beschäftigungssicherung. Vergleiche ausführlich zum Doppelcharakter tariflicher Arbeitszeitbestimmungen und den aufgeführten Beispielen *Schweibert*, Die Verkürzung der Wochenarbeitszeit durch Tarifvertrag, S. 156 ff.

[728] So auch *Schweibert*, Die Verkürzung der Wochenarbeitszeit durch Tarifvertrag, S. 172 f.

2. Regelungsgehalt

Durch die Einordnung tariflicher Arbeitszeitbestimmungen als Inhaltsnormen ist noch keine Aussage über deren Regelungsgehalt getroffen. Dieser bestimmt sich danach, welche Bedeutung die Tarifvertragsparteien den Regelungen beimessen wollen. Je nach Regelungsgehalt wird unabhängig vom Normcharakter teilweise die Anwendbarkeit des Günstigkeitsprinzips in bezug auf die individualvertragliche Verlängerung tariflicher Arbeitszeitbestimmungen abgelehnt.

Insbesondere in der älteren Literatur wurde die Meinung vertreten, dass die tariflich festgesetzte Arbeitszeit gleichzeitig als die Maximal- bzw. Höchstarbeitszeit anzusehen ist.[729] Soweit eine Einordnung als Höchstarbeitszeit erfolgt, wäre eine Verlängerung der tariflich festgelegten Arbeitszeiten über das Günstigkeitsprinzip nicht möglich. Diese Auffassung wird heute jedoch überwiegend als nicht mehr zutreffend angesehen.[730] Zu berücksichtigen ist dabei, dass eine solche Qualifikation so lange ihre Berechtigung hatte, wie Wochenarbeitszeiten von 48 Stunden und mehr galten und die Festlegung tariflicher Arbeitszeiten primär auf den Schutz des einzelnen Arbeitnehmers abzielte. Heute dienen tarifliche Arbeitszeitbestimmungen von durchschnittlich 35 bis 37 Wochenstunden jedoch nicht mehr dem Gesundheitsschutz des Arbeitnehmers, sondern verfolgen in erster Linie beschäftigungspolitische Ziele.[731] Unter diesen veränderten Bedingungen ist die Qualifikation tariflicher Arbeitszeitbestimmungen als Höchstarbeitszeitgrenze nicht mehr zeitgemäß.

Teilweise werden tarifliche Arbeitszeitregelungen als Bestimmung des Umfangs der Beschäftigungspflicht gesehen,[732] da durch sie die Arbeitspflicht als solche geregelt werden soll. Dieser Schluss ist unzutreffend. Rechtsgrund für die Arbeitsleistung des Arbeitnehmers und damit auch für den Umfang seiner Arbeitspflicht ebenso wie für die Beschäftigungspflicht des Arbeitgebers, ist der Arbeitsvertrag.[733] Tarifliche Regelungen können diesen Rechtsgrund nicht ersetzen,[734] sondern lediglich konkretisieren.[735]

---

729 Vgl. *Hueck / Nipperdey*, Lehrbuch des Arbeitsrechts, Bd. II/1, S. 609.

730 Vgl. *Krauss*, Günstigkeitsprinzip und Autonomiebestreben am Beispiel der Arbeitszeit, S. 21 f.; *Joost*, ZfA 1984, S. 180; *v. Hoyningen-Huene*, NZA 1985, S. 14 f.

731 So schon *v. Hoyningen-Huene / Meier-Krenz*, ZfA 1988, S. 313; *Bengelsdorf*, ZfA 1990, S. 582; *Buchner*, RdA 1990, S. 8; *Buchner*, DB 1989, S. 2030; *Zöllner*, DB 1989, S. 2125; a.A. *Däubler*, DB 1989, S. 2537; *Zachert*, DB 1990, S. 987 f.

732 *BAG* v. 13.01.1987, BAGE 54, S. 95; *Bengelsdorf*, ZfA 1990, S. 566; *Buchner*, DB 1990, S. 1716.

733 So *Krauss*, Günstigkeitsprinzip und Autonomiebestreben am Beispiel der Arbeitszeit, S. 19.

734 So *Richardi*, ZfA 1990, S. 240; *Neumann*, NZA 1990, S. 985.

735 So im Ergebnis auch *Krauss*, Günstigkeitsprinzip und Autonomiebestreben am Beispiel der Arbeitszeit, S. 20.

Einer anderen Meinung zufolge bilden tarifliche Arbeitszeitbestimmungen die Grundlage für die Bemessung der Entgeltzahlungspflicht.[736] Danach stellt die tarifliche Arbeitszeit lediglich eine zeitliche Bemessungsgrundlage für die normalerweise zu zahlende Vergütung dar. Die darüber hinausgehenden Arbeitszeiten sind als zuschlagspflichtige Mehrarbeit anzusehen.

Ob der Regelungsgehalt tariflicher Arbeitszeitbestimmungen als Bestimmung über den Umfang der Beschäftigungspflicht oder als Grundlage für den Umfang der Entgeltzahlungspflicht anzusehen ist, braucht hier nicht abschließend geklärt werden. Nach beiden Meinungen stellen tarifliche Vereinbarungen von Regelarbeitszeiten Inhaltsnormen dar, auf die das Günstigkeitsprinzip anwendbar ist.

3. Zwischenfazit

Ausgehend vom Wortlaut, der Systematik und dem Zweck des Günstigkeitsprinzips findet dieses bei der Kollision von Tarifnormen und einzelvertraglichen Abreden auf Inhaltsnormen ausnahmslos Anwendung.[737] Im Normalfall stellen tarifliche Arbeitszeitbestimmungen Inhaltsnormen i.S. von § 1 Abs. 1 und § 4 Abs. 1 TVG dar. Eine Differenzierung zwischen positiven und negativen Inhaltsnormen ist abzulehnen. Zwar scheint es auch vertretbar, kollektivvertragliche Arbeitszeitbestimmungen als Abschlussverbot oder Norm mit Doppelcharakter zu charakterisieren. Schwerpunktmäßig wird durch sie jedoch stets auf den Inhalt des Arbeitsvertrages eingewirkt. Entsprechend ist das Günstigkeitsprinzip auf tarifliche Arbeitszeitbestimmungen in jedem Fall anwendbar.

Weiterhin ist es nicht zulässig, Arbeitszeitbestimmungen von vornherein dem Günstigkeitsvergleich zu entziehen. Wie bei anderen Normen auch, ergibt sich die endgültige Bewertung der Günstigkeit erst im Rahmen des Vergleichs der tariflichen und einzelvertraglichen Regelung.

III. Anwendbarkeit auf tarifliche Urlaubsbestimmungen

Eine weitere Möglichkeit des Arbeitnehmers über den Verzicht auf ihm tarifvertraglich zustehende Leistungen eine Kostenentlastung des Unternehmens, daher den Weiterbestand des Betriebes und somit die Sicherung seines Arbeitsplatzes zu erreichen,[738] stellt die Reduzierung des Urlaubsanspruchs dar. Gemäß

---

736 So *HESS / SCHLOCHAUER / GLAUBITZ*, BetrVG, § 87 Rn. 144; *HROMADKA*, DB 1992, S. 1046; *KRAUSS*, Günstigkeitsprinzip und Autonomiebestreben am Beispiel der Arbeitszeit, S. 23 ff.; *SCHWEIBERT*, Die Verkürzung der Wochenarbeitszeit durch Tarifvertrag, S. 165.

737 Vgl. dazu die Ausführungen in *2. KAPITEL F V 1*. Ebenso *SCHWEIBERT*, Die Verkürzung der Wochenarbeitszeit durch Tarifvertrag, S. 172.

738 Vgl. zum Verhältnis zwischen Kostenentlastung des Unternehmens und Sicherung des Arbeitsplatzes die Ausführungen in *3. KAPITEL A* und *B*.

§ 1 BUrlG hat jeder Arbeitnehmer einen Anspruch auf bezahlten Erholungsurlaub. Urlaub[739] bedeutet die unbedingte Freistellung des Arbeitnehmers von allen Pflichten zur Arbeitsleistung aus dem Arbeitsvertrag unter Fortzahlung der Vergütung durch den Arbeitgeber.[740] Da jeder Arbeitnehmer gegenüber dem Arbeitgeber während des Urlaubs einen Anspruch auf die Weiterzahlung der Bezüge hat,[741] ohne dass er für den Betrieb produktiv ist, kann durch eine Reduzierung der tariflichen Urlaubsansprüche und die damit einhergehende vorzeitige Wiederaufnahme der Arbeit eine Kostenreduzierung für den Unternehmer erreicht werden. So beabsichtigte beispielsweise das Unternehmen *LUDWIG SCHOKOLADEN* in Aachen durch eine Verlängerung der Wochenarbeitszeit bei gleichbleibenden Monatsbezügen und gleichzeitiger Reduzierung des Jahresurlaubs von 27 auf 24 Tage, den Unternehmensstandort in Deutschland zu sichern.[742]

Soweit die Tarifpartner kollektivvertragliche Urlaubsbestimmungen vereinbart haben, soll nach dem Willen der Vertragspartner durch diese Bestimmungen der Inhalt des einzelnen Arbeitsverhältnisses geregelt werden. Die tarifgebundenen Arbeitsvertragsparteien leiten aus den tariflichen Urlaubsbestimmungen entsprechende Rechte und Pflichten her. Nach ihrem Rechtscharakter sind tarifliche Urlaubsvereinbarungen als Inhaltsnormen zu qualifizieren, wobei sie neben den Regelungen über Lohn und Arbeitszeit eine der wichtigsten Inhaltsnormen darstellen.[743] Aufgrund der Einordnung als Inhaltsnormen ist das Günstigkeitsprinzip auch auf tarifliche Urlaubsregelungen uneingeschränkt anwendbar.[744]

D. Günstigkeit der Regelung

Nachdem festgestellt wurde, dass das Günstigkeitsprinzip sowohl auf unterschiedlichste Formen tarifvertraglicher Arbeitsentgeltbestimmungen als auch auf tarifliche Arbeitszeitbestimmungen anwendbar ist, stellt sich die Frage, ob bei der Gefährdung des Arbeitsplatzes ein Verzicht auf tarifliche Leistungen für den betroffenen Arbeitnehmer als günstiger anzusehen ist.

---

739 Außer in § 1 BUrlG wird im Gesetz sonst nur von „Urlaub“ gesprochen, darunter jedoch der Erholungsurlaub verstanden.

740 *DERSCH / NEUMANN*, BUrlG, § 1 Rn. 34. So im Ergebnis auch *BAG* v. 08.03.1984, BAGE 45, S. 188.

741 Vgl. § 1 iVm. § 11 BUrlG.

742 Als Gegenleistung bot die Unternehmensführung eine dreijährige Beschäftigungsgarantie für die Arbeitnehmer an. Da die Gewerkschaft ein derartiges Bündnis für Arbeit verhinderte, erfolgte eine Verlagerung von Arbeitsplätzen nach Mittel- und Osteuropa. Vgl. *ASU*, Arbeit ist genug da - Weg frei für Arbeitsplätze, S. 66.

743 So *KRAUSS*, Günstigkeitsprinzip und Autonomiebestreben am Beispiel der Arbeitszeit, S. 16.

744 Vgl. die Ausführungen im *2. KAPITEL F V 1 a)*.

Das Günstigkeitsprinzip greift nach der *h.M.* nur ein, wenn der Arbeitnehmer die individualvertragliche Vereinbarung günstiger als die tarifliche Regelung bewertet[745] und andererseits der Sachgruppenvergleich ein eindeutig günstigeres Ergebnis für die arbeitsrechtliche Absprache ergibt. Wenn die Gegenüberstellung der divergierenden Regelung zu einem neutralen Ergebnis führt, so hat nicht die arbeitsrechtliche Vereinbarung, sondern der Tarifvertrag oder auch die Betriebsvereinbarung den Vorrang.[746]

Die Begriffe der Günstigkeit und der Kürzung tariflicher Leistungen scheinen auf den ersten Blick nur schwer in Einklang zu bringen zu sein. Das Günstigkeitsprinzip des § 4 Abs. 3 Alt. 2 TVG wurde lange Zeit vor allem quantitativ verstanden. Günstiger war - und ist - es, bei gleicher Arbeitsleistung mehr zu verdienen oder ohne Entgeltverlust mehr Urlaub zu machen.[747] In derartigen Fällen erhält der Arbeitgeber messbar mehr Leistungen als ihm nach den tariflichen Regelungen zustehen würden. Bei der individualvertraglichen Kürzung tariflicher Leistungen wird im Rahmen einer quantitativen Betrachtung in Hinblick auf das Günstigkeitsurteil sofort klar, dass die untertariflichen Leistungen die gedachte Günstigkeitsskala, die im Wert „0“ günstigkeitsneutrale Bestimmungen anzeigt, tief in den Minusbereich sinken lässt.[748] Die einzelnen Entgelt- und Arbeitszeitregelungen, die nach „unten“ vom tariflichen Niveau abweichen, sind hinsichtlich ihrer jeweiligen Gegenstände unstreitig für den Arbeitnehmer ungünstiger als die entsprechenden Tarifbestimmungen.

Fraglich ist in dem hier zu diskutierenden Zusammenhang aber, ob sich im Falle einer realen Gefährdung des Arbeitsplatzes für den jeweiligen Arbeitnehmer eine andere Günstigkeitsbeurteilung ergibt.

Verglichen werden dabei die Arbeitsbedingungen innerhalb der jeweiligen Arbeitsverhältnisse. D.h., die Gegenüberstellung bezieht sich einerseits auf das Arbeitsverhältnis mit den untertariflichen Leistungen und andererseits auf die Bedingungen eines tariflich durchgeführten Arbeitsverhältnisses. Gleich welche Maßnahme der Arbeitnehmer mit dem Arbeitgeber zur Verminderung der unternehmerischen Gesamtkostenbelastung vereinbart, es wird gegenüber dem Tarifvertrag eine reduzierte Rechtsstellung erreicht. Dies ändert auch nichts, wenn der Arbeitnehmer freiwillig die Abrede trifft, weil sein Arbeitsplatz gefährdet ist, und er die Hoffnung besitzt, durch den Verzicht auf tarifliche Leistungen seinen Arbeitsplatz zu sichern. Der Arbeitgeber ist in erster Linie bestrebt, seine

---

745 Vgl. die Ausführungen im *2. Kapitel F.*

746 *Löwisch*, in: Richardi / Wlotzke (Hrsg.), Münchener Handbuch zum Arbeitsrecht, Bd. 3, § 233 Rn. 34.

747 *Wank*, in: Wiedemann (Hrsg.), TVG, § 4 Rn. 433.

748 So *Sontokski*, Löhne in der Unternehmenskrise, S. 167 in bezug auf untertariflichen Lohn.

Gewinne zu maximieren. Entsprechend führt eine Senkung der Arbeitskosten nicht automatisch zu Beschäftigungseffekten. Durch die bloße Vereinbarung untertariflicher Leistungen muss der Arbeitsplatz des Arbeitnehmers keineswegs besser gesichert sein als zuvor.

Zu einem anderen Ergebnis gelangt man auch nicht, wenn beide Parteien den Erhalt von Arbeitsplätzen beabsichtigen. Wird dem Arbeitnehmer der Erhalt des Arbeitsplatzes lediglich in Aussicht gestellt, so ist dies selbst dann unzureichend, wenn dies einer wirtschaftlich vertretbaren Prognose entspricht. Somit ist beispielsweise im Rahmen eines betrieblichen Sanierungsverfahrens die einseitige Preisgabe von Tarifrechten auch dann unwirksam und nicht etwa durch das Günstigkeitsprinzip gerechtfertigt, wenn die Eignung und Erforderlichkeit eines solchen Verzichts für den erfolgreichen Abschluss des Sanierungsverfahrens und damit für den Erhalt der Arbeitsplätze objektiv nachweisbar ist.[749] Ohne eine entsprechende vertragliche Fixierung bzw. Zusicherung stellt der bloße Verzicht auf tarifvertragliche Leistungen in jedem Fall eine Schlechterstellung des Arbeitnehmers dar. Der Sache nach handelt es sich auch unter Betrachtung der positiven Begleitumstände und deren Wirkungszusammenhänge um einen Verzicht auf Tarifrechte, der nach § 4 Abs. 4 TVG generell unwirksam ist.[750] Eine derartige Abrede ohne verbindliche Gegenleistung kann unabhängig von der Frage, ob die Arbeitsplatzgefährdung in den Günstigkeitsvergleich einbezogen werden kann, schwerlich als günstiger angesehen werden. Soweit es lediglich bei der Vereinbarung untertariflicher Leistungen bleibt, ist diese eindeutig als gegenüber dem Tarifvertrag ungünstigere Abrede zu qualifizieren.[751]

---

749 Vgl. *MARTENS*, FS Zeuner, S. 116.

750 Vgl. *MARTENS*, FS Zeuner, S. 116.

751 So im Ergebnis auch *SONTOWSKI*, Löhne in der Unternehmenskrise, S. 167; *MARTENS*, FS Zeuner, S. 117.

Viertes Kapitel

Günstigkeit in Hinblick auf Arbeitsplatzgarantien

Wie bereits festgestellt, muss eine Senkung der Arbeitskosten durch den Verzicht auf tarifliche Leistungen nicht automatisch zu Beschäftigungseffekten führen. Dies kann letztlich nur dann gewährleistet werden, wenn eine Kostensenkung unter Beteiligung der Arbeitnehmer gleichzeitig an eine Beschäftigungsgarantie für diese gekoppelt ist.[752] Fraglich ist, ob die Vereinbarung untertariflicher Leistungen als günstiger i.S. von § 4 Abs. 3 Alt. 2 TVG anzusehen ist, wenn mit ihr eine Beschäftigungsgarantie des Arbeitnehmers einhergeht.

A. Notwendigkeit einer Kompensationsregelung

Die Günstigkeit einer individualvertraglichen Abrede, die untertarifliche Leistungen beinhaltet, kann nur dann angenommen werden, wenn eine eindeutig ungünstigere Abrede durch eine andere günstigere kompensiert wird.[753] Es muss also im Ergebnis dessen der abhängig Beschäftigte für den erstrebten Vorteil auf eine andere Position verzichten, aber insgesamt besserstehen. Gegenüber dem Tarifvertrag ist die abweichende Regelung teils vorteilhaft, teils unvorteilhaft.[754] Eine endgültige Beurteilung der Günstigkeit ergibt sich dann erst durch die Bewertung des „Tausches“.

Wie bereits festgestellt, kann die individualvertragliche Kürzung tariflicher Leistungen ohne entsprechende Gegenleistung nicht als günstiger i.S. von § 4 Abs. 3 TVG angesehen werden.[755] Wenn aufgrund wirtschaftlicher Schwierigkeiten des Unternehmens der Bestand des Betriebes in Frage steht und damit objektiv eine Gefährdung der Arbeitsplätze der Belegschaft vorliegt, so könnte die vertragliche Zusicherung einer Beschäftigungsgarantie zur Bejahung einer derartigen Verbesserung der Gesamtsituation des betroffenen Arbeitnehmers führen. Dem Arbeitnehmer wird die Unkündbarkeit des Arbeitsverhältnisses in Form eines Kündigungsverzichts für einen bestimmten Zeitraum zugesagt. Dies bedeutet eine Verbesserung des Vertragsstatus in all den Fällen, in denen er nicht schon aus anderen Gründen unkündbar ist.[756] Diese Gegenleistung des Un-

---

752 So zutreffend *Rosdücher*, WSI-Mitt. 1997, S. 463.

753 *Picker*, NZA 2002, S. 767 f., sieht den ausgewogenen synallagmatischen Charakter der Vertragskonditionen dann als beibehalten an, wenn die Verschlechterung einzelner Konditionen durch eine Verbesserung anderer Bedingungen so kompensiert wird, dass sie sich bei Respektierung der Präferenzen des Arbeitnehmers nachrechenbar als äquivalent werten lässt.

754 *Wank*, in: Wiedemann (Hrsg.), TVG, § 4 Rn. 441.

755 Vgl. *3. Kapitel D.*

756 So *Buchner*, DB 1996 Beilage, S. 11.

ternehmers geht dabei über den bestehenden tariflichen Standard hinaus, da sie dem Arbeitnehmer einen erweiterten Kündigungsschutz einräumt. Eine Verbesserung der Arbeitnehmerstellung liegt auch dann vor, wenn das Kündigungsschutzgesetz anwendbar ist. Denn durch dieses sind gerade in dem hier relevanten Falle der Standortverlagerung oder der Betriebsstilllegung betriebsbedingte Kündigungen nicht ausgeschlossen. Das Erfordernis der Sozialauswahl gibt hierbei keine kalkulierbare Rechtsposition im Sinne der Bestandsfestigkeit des Arbeitsverhältnisses. Es greift zudem generell schon dann nicht, wenn der Betrieb insgesamt geschlossen wird.[757] Die Zusicherung der Beschäftigungsgarantie in Form des Verzichts auf eine betriebsbedingte Kündigung verkörpert somit die Kompensationsleistung des Arbeitgebers für die untertariflichen Leistungen des Arbeitnehmers. Die Gewährleistung von Arbeitsplatzgarantien stellt jedoch keine messbare Größe dar, die mit der Kürzung der tariflichen Arbeitsbestimmungen einfach verrechnet werden kann. Ein Günstigkeitsprinzip, das lediglich quantitativ verstanden wird, führt hier zu keiner Lösung. Nur wenn zwischen gleichartigen und ungleichartigen und damit auch von unter- und übertariflichen Arbeitsbedingungen ein Sachgruppenvergleich[758] möglich ist, könnte die Vereinbarung untertariflicher Leistungen bei gleichzeitiger Einräumung von Beschäftigungsgarantien als günstiger angesehen werden.

Eine Kompensation untertariflicher und übertariflicher Vertragsleistungen ist dabei nur zulässig, wenn sich im voraus und mit Sicherheit für die Laufzeit der Vereinbarung feststellen lässt, dass in der Gesamtsituation des Arbeitsverhältnisses eine Verbesserung eintritt.[759] Soweit es dagegen unsicher bleibt, ob die übertarifliche Leistung den Arbeitnehmer innerhalb des Vergleichszeitraumes überhaupt besser stellt, scheidet eine Anwendung des § 4 Abs. 3 Alt. 2 TVG aus und es gilt der Tarifvertrag.[760] Unverzichtbares Erfordernis für die Anwendung des Günstigkeitsprinzips wie auch die Kontrolle des Günstigkeitsvergleiches ist die vertragliche Vereinbarung einer Kompensationsregelung, die das Äquivalent für die Unterschreitung der Tarifregelung bildet.[761]

---

757 Vgl. *BUCHNER*, DB 1996 Beilage, S. 11.

758 Verglichen werden im Rahmen des Günstigkeitsvergleiches Sachgruppen, d.h. Bestimmungen, die in einem sachlichen oder inneren Zusammenhang stehen. Vgl. die Ausführungen im *2. KAPITEL G I 3*.

759 Ähnlich *BAG* v. 22.10.1973, DB 1974, S. 194.

760 So bereits *WANK*, in: Wiedemann (Hrsg.), TVG, § 4 Rn. 475; *DÄUBLER*, Tarifvertragsrecht, Rn. 207.

761 Vgl. *HUECK / NIPPERDEY*, Lehrbuch des Arbeitsrechts, Bd. II/1, S. 607; *NIKISCH*, Arbeitsrecht, Bd. II, S. 430; *MARTENS*, FS Zeuner, S. 117; so im Ergebnis wohl auch *WANK*, in: Wiedemann (Hrsg.), TVG, § 4 Rn. 475; a.A. *FOLGER*, RdA 1953, S. 422; *ADOMEIT*, NJW 1984, S. 26 f.

B. Zulässigkeit einer Kompensationsregelung

Da die individualvertragliche Vereinbarung zwischen Arbeitnehmer und Arbeitgeber nicht nur in einem Punkt vom Tarifvertrag abweicht bzw. nicht in allen Abweichungen Verbesserungen enthält, sondern für den abhängig Beschäftigten einerseits untertarifliche Arbeitsbedingungen beinhaltet, die durch übertarifliche Vorteile, hier die Beschäftigungsgarantie, kompensiert werden sollen, müsste eine derartige Vereinbarung einem Günstigkeitsvergleich unterzogen werden können. Unabhängig von der Beurteilung der Günstigkeit untertariflicher Konditionen im Gegenzug zu Beschäftigungsgarantie bzw. Bestandsgarantie des Arbeitsplatzes stellt sich zunächst die Frage, ob derartige kompensatorische Abreden für sich genommen überhaupt zulässig sind.

Obwohl der Sachgruppenvergleich die Möglichkeit der Kompensation untertariflicher Abmachungen durch übertarifliche Begünstigungen einschließt, wenn die Regelung innerhalb dieser Vergleichgruppe insgesamt günstiger ist als die entsprechende Gruppe des Tarifvertrages,[762] wird die Zulässigkeit kompensatorischer Absprachen unterschiedlich beurteilt.[763] Dass solche Vereinbarungen einem Günstigkeitsvergleich unterzogen werden können, war lange Zeit nahezu unumstritten.[764] Auch heute bezieht die *h.M.*[765] derartige Abreden in den Günstigkeitsvergleich ein. Dennoch mehren sich die Stimmen, die eine solche Kompensation von vornherein nicht zulassen wollen.[766]

So wird u.a. einerseits gegen die Möglichkeit, untertarifliche Leistungen durch übertarifliche zu kompensieren, vorgebracht, dass Tarifnormen eine Kette konkreter Schutznormen darstellen, deren unterschiedliche Mindeststandards nicht

762 So zutreffend *TECH*, Günstigkeitsprinzip und Günstigkeitsbeurteilung im Arbeitsrecht, S. 106.

763 Vgl. dazu ausführlich *KRAUSS*, Günstigkeitsprinzip und Autonomiebestreben am Beispiel der Arbeitszeit, S. 107 ff. bzw. *TECH*, Günstigkeitsprinzip und Günstigkeitsbeurteilung im Arbeitsrecht, S. 106 ff.

764 So *WANK*, in: Wiedemann (Hrsg.), TVG, § 4 Rn. 467.

765 Vgl. *WANK*, in: Wiedemann (Hrsg.), TVG, § 4 Rn. 467 ff.; *ADOMEIT*, NJW 1984, S. 26, *BERGNER*, Die Zulässigkeit kollektivvertraglicher Arbeitszeitregelungen und ihr Verhältnis zu abweichenden individualvertraglichen Vereinbarungen im Lichte des Günstigkeitsprinzips, S. 26 ff.; *GITTER*, FS Wlotzke, S. 306 f.; *KRAUSS*, Günstigkeitsprinzip und Autonomiebestreben am Beispiel der Arbeitszeit, S. 107 ff.; *SCHWEIBERT*, Die Verkürzung der Wochenarbeitszeit durch Tarifvertrag, S. 189 ff.; *WLOTZKE*, Das Günstigkeitsprinzip im Verhältnis des Tarifvertrages zum Einzelvertrag und zur Betriebsvereinbarung, S. 82.

766 *BELLING*, Das Günstigkeitsprinzip im Arbeitsrecht, S. 181 ff.; *DÄUBLER*, Tarifvertragsrecht, Rn. 206; *LINNENKOHL / RAUSCHENBERG / REH*, BB 1991, S. 629; *TECH*, Günstigkeitsprinzip und Günstigkeitsbeurteilung im Arbeitsrecht, S. 107 ff.

zu einer Gesamtposition zusammengezogen werden können.[767] Andererseits ergebe der Wortlaut[768] bzw. die Entstehungsgeschichte[769] des Günstigkeitsprinzips nicht, dass untertarifliche Arbeitsbedingungen möglich sein sollen, wenn sie durch entsprechende anderweitige Vorteile aufgewogen werden. Weiterhin wird eine Kompensation abgelehnt, da durch sie einerseits eine Gefährdung der Schutz- und Ordnungsfunktion des Tarifvertrages entstünde[770] und andererseits das Recht der Koalitionen, selbst zu bestimmen, was sie für unabdingbar erklären, beeinträchtigt wäre.[771]

Die *h.M.* bejaht dagegen die Zulässigkeit kompensatorischer Abreden, weil der Tarifvertrag nicht eine bestimmte Menge von unabdingbaren Einzelabreden beinhaltet, sondern dessen Normen eine Einheit bilden, die dem Arbeitnehmer eine bestimmte arbeitsrechtliche Gesamtposition verschaffen.[772] Entsprechend kann es nur darauf ankommen, dass diese Gesamtposition nicht verschlechtert wird.

Der *h.M.* ist zu folgen. Weder die Entstehungsgeschichte noch der Wortlaut des § 4 Abs. 3 Alt. 2 TVG sprechen gegen ein Verbot kompensatorischer Vereinbarungen. Das Gesetz bezieht sich ausdrücklich auf die Zulässigkeit abweichender „Regelungen". Hieraus kann gefolgert werden, dass nicht jede einzelne Regelung eine Besserstellung des Arbeitnehmers gewährleisten muss, sondern sich vielmehr aus der Gesamtheit der getroffenen Regelungen eine Verbesserung der Arbeitnehmerposition ergeben soll.[773] Aus der Entstehungsgeschichte des § 4 Abs. 3 TVG leitet sich lediglich ab, dass die tarifvertraglichen Normen als Mindeststandards verstanden werden sollen. D.h., jedoch nicht, dass der Mindestschutz in seiner Gesamtheit nicht erhalten bleibt, wenn einzelne Regelungen nach unten, andere dagegen gleichzeitig nach oben vom Tarifvertrag abweichen. Ein Verstoß gegen die Schutz- und Ordnungsfunktion des Tarifvertrages kann in der Möglichkeit kompensatorischer Absprachen nicht gesehen werden. Der Schutzzweck des Tarifvertrages ist durch die Legitimation von Kompensationsregelungen nicht betroffen. Allein aus der Zulässigkeit ergibt sich noch nicht zwingend die Realisierung derartiger Absprachen. Ob diese überhaupt zur Anwendung kommen, entscheiden die Arbeitsvertragsparteien erst im Rahmen der

---

767 Vgl. *LINNENKOHL / RAUSCHENBERG / REH*, BB 1991, S. 629.

768 Vgl. *DÄUBLER*, Tarifvertragsrecht, Rn. 206.

769 Vgl. *BELLING*, Das Günstigkeitsprinzip im Arbeitsrecht, S.182.

770 So *BELLING*, Das Günstigkeitsprinzip im Arbeitsrecht, S. 183.

771 Vgl. *DÄUBLER*, Tarifvertragsrecht, Rn. 142.

772 So *WANK*, in: Wiedemann (Hrsg.), TVG, § 4 Rn. 468.

773 Zustimmend *COURTH*, Günstigkeitsprinzip und Günstigkeitsvergleich im Spannungsverhältnis zwischen Individual- und Kollektivmacht, S. 122 f.; *GITTER*, FS Wlotzke, S. 306; *KRAUSS*, Günstigkeitsprinzip und Autonomiebestreben am Beispiel der Arbeitszeit, S. 108.

Günstigkeitsbewertung.[774] Da es dem Arbeitnehmer aber freisteht, sich zwischen dem Tarifvertrag und der abweichenden Regelung zu entscheiden, wird sein Votum nur dann für die Absprache mit dem Unternehmer ausfallen, wenn er diese für insgesamt günstiger ansieht.[775] Gleiches gilt auch für die Ordnungsfunktion des Tarifvertrages. Diese besteht darin, das Arbeitsleben sinnvoll zu ordnen und die Gemeinschaft sozial zu befrieden.[776] Ob eine kompensatorische Vereinbarung vom Arbeitnehmer als sinnvoll angesehen wird, entscheidet sich daher, wie bereits festgestellt, erst im Rahmen der Günstigkeitsbeurteilung und ist somit keine Frage von deren Zulässigkeit. Des weiteren besteht auch kein Recht der Koalitionen, allein zu entscheiden, was sie für unabdingbar halten. Die Verbände und deren Regelungen sollen ihren Mitgliedern dienen und stellen keinen Selbstzweck dar.[777] Entsprechend der gesetzlichen Normierung entscheiden nicht die Koalitionen, sondern der jeweilige Arbeitnehmer unter Berücksichtigung des Günstigkeitsprinzips, ob eine Regelung unabdingbar ist.[778]

Konsequenz der vorstehenden Ausführungen ist es, die Kompensation untertariflicher Leistungen durch übertarifliche als generell zulässig anzusehen.

C. Zulässigkeit des Einbeziehens der Arbeitsplatzgefährdung bzw. von Beschäftigungsgarantien in den Günstigkeitsvergleich

Nachdem die Zulässigkeit einer Kompensation über- und untertariflicher Leistungen bejaht wurde, stellt sich die Frage, inwieweit die Gefährdung des Arbeitsplatzes bzw. die durch den Arbeitgeber eingeräumte Beschäftigungsgarantie überhaupt in den Günstigkeitsvergleich einzubeziehen ist. Nach dem traditionellen Sachgruppenvergleich scheint eine derartige Verknüpfung solch unterschiedlicher Konditionen unzulässig zu sein, da dieser bislang stets in bezug auf bestimmte Arbeitsbedingungen angestellt wurde. Eine Einbeziehung des Bestandes des Arbeitsverhältnisses erfolgte bisher nicht.[779] Die Günstigkeit untertariflicher Leistungen kann jedoch nur dann bejaht werden, wenn einerseits der Günstigkeitsvergleich nicht nur auf die einzelnen Regelungsgegenstände beschränkt wird und andererseits die dem Arbeitnehmer als Gegenleistung zu den

---

[774] Vgl. zur Problematik einer möglichen Gefährdung des Schutzzweckes des Tarifvertrags durch die Vereinbarung untertariflicher Leistungen die Ausführungen im *5. Kapitel A I.*

[775] Vgl. *Gitter*, FS Wlotzke, S. 306 f.; *Krauss*, Günstigkeitsprinzip und Autonomiebestreben am Beispiel der Arbeitszeit, S. 108 f.

[776] So *BVerfG* v. 06.05.1964, BVerfGE 18, S. 28.

[777] Vgl. die Ausführungen im *1. Kapitel B III.*

[778] Vgl. *Gitter*, FS Wlotzke, S. 307.

[779] Vgl. *Buchner*, DB 1996 Beilage, S. 10.

vereinbarten Sparmaßnahmen gewährte Beschäftigungsgarantie Berücksichtigung findet.

I. Bisheriger Meinungsstand

Über die Frage, ob im Rahmen des Sachgruppenvergleichs auch die Gefährdung des Arbeitsplatzes und die Gewährung von Beschäftigungsgarantien zu berücksichtigen sind, divergieren die in Literatur und Rechtsprechung vertretenen Auffassungen sehr stark.

1. Rechtsprechung

Die Rechtsprechung des *BAG* hatte bis April 1999 zur Frage der Kompensation eines individualvertraglichen Verzichts auf tarifliche Leistungen durch die Gewährung einer Bestandsgarantie für das Arbeitsverhältnis nicht Stellung genommen. In der Entscheidung vom 20.04.1999[780] hat es eine Berücksichtigung von Beschäftigungsgarantien auch im Falle eines drohenden Verlustes von Arbeitsplätzen abgelehnt. Nach Auffassung des Gerichts ist „ein derartiger Vergleich von Regelungen, deren Gegenstände sich thematisch nicht berühren", „methodisch unmöglich („Äpfel und Birnen") und mit § 4 Abs. 3 TVG nicht vereinbar"[781]. Arbeitszeit oder Arbeitsentgelt einerseits und eine Beschäftigungsgarantie andererseits sind jedoch völlig unterschiedlich geartete Regelungsgegenstände, für deren Bewertung es keinen gemeinsamen Maßstab gibt. Somit können sie auch nicht miteinander verglichen werden. Eine Beschäftigungsgarantie ist daher nach Auffassung des Gerichts nicht geeignet, Verschlechterungen beim Arbeitsentgelt oder bei der Arbeitszeit zu rechtfertigen. Ein Versuch, die im Tarifvertrag normierten Wertungen im Rahmen des Günstigkeitsvergleichs zu überwinden, muss nach dem Verständnis des *BAG* schon deshalb scheitern, weil es insoweit an handhabbaren Kriterien fehlt, da sich die Arbeitsplatzrisiken nicht hinreichend objektivieren lassen. Die Einbeziehung der Arbeitsplatzgefährdung in den Günstigkeitsvergleich betrachtet das *BAG* als einen Eingriff in Grundsatzfragen der Tarifvertragsparteien. Da es diesen überlassen ist, nach ihren gemeinsamen Zweckmäßigkeitsvorstellungen einerseits Kostenfaktoren für die unternehmerische Tätigkeit und andererseits Untergrenzen der Arbeitsbedingungen, insbesondere der Arbeitseinkommen, zu bestimmen. Weil die Entscheidung über die Schließung oder Verlegung eines Betriebes, die zum Abbau von Arbeitsplätzen führt, im Ermessen des Unternehmens steht, würde die Berücksichtigung von Arbeitsplatzrisiken innerhalb

780 *BAG* v. 20.04.1999, BAGE 91, S. 210-235.

781 *BAG* v. 20.04.1999, BAGE 1999, S. 231.

eines Günstigkeitsvergleichs dazu führen, dass die Wirkung zwingenden Tarifrechts praktisch zur Disposition einzelner Arbeitgeber stünde.[782]

2. Literatur

In der Literatur finden sich bisher keine Darstellungen, die die Zulässigkeit aller untertariflichen Leistungen prüfen. Von den verschiedenen Autoren wird stets entweder auf untertariflichen Lohn oder übertarifliche Arbeitszeiten abgestellt. Jedoch kann im Zusammenhang mit der Berücksichtigung der Arbeitsplatzgefährdung die jeweilige Wertung auf alle untertariflichen Leistungen übertragen werden.

a) Nikisch

Nach Auffassung von *NIKISCH*[783] ist die Vereinbarung untertariflicher Leistungen auch dann nicht günstiger, wenn der Betroffene zu den tariflichen Bedingungen keine Arbeit finden würde und somit auf Arbeitslosenhilfe angewiesen wäre, die niedriger als der individualvertraglich vereinbarte Lohn ist. Nach seinem Verständnis kann es im Rahmen des Günstigkeitsvergleichs nicht darauf ankommen, ob Arbeit zu einem geringeren Lohn vorteilhafter ist als der Zustand der Arbeitslosigkeit. Entscheidendes Argument ist hierbei, dass der Tarifvertrag den Arbeitnehmern auch in Zeiten wirtschaftlicher Depression bestimmte Mindestarbeitsbedingungen sichern soll. Dieser Zweck würde jedoch vereitelt, wenn bei starker Arbeitslosigkeit die Tariflöhne nicht mehr eingehalten werden brauchten.[784] Nach Auffassung von *NIKISCH* ist es in derartigen Extremsituationen einzig Sache der Tarifparteien, die Tarifbestimmungen der veränderten Lage anzupassen.

b) Hueck / Nipperdey

Auch *HUECK / NIPPERDEY*[785] wenden sich gegen die Berücksichtigung einer in Aussicht stehenden Arbeitsplatzgefährdung. Nach ihrer Auffassung stellt sich die Problematik, ob ein Arbeitnehmer ohne Arbeitsvertrag nichts oder nur Arbeitslosengeld bzw. Sozialhilfe erhält, als etwas „völlig Außerrechtliches“ dar, das für einen Günstigkeitsvergleich nicht in Ansatz gebracht werden kann. Entsprechend ist die Vereinbarung untertariflichen Lohnes ohne entsprechende arbeitsvertragliche Kompensation immer als eine Benachteiligung des Arbeitnehmers und damit zu seinen Ungunsten anzusehen.[786]

---

782 Vgl. *BAG* v. 20.04.1999, BAGE 91, S. 232.
783 *NIKISCH*, Arbeitsrecht, Bd. II, S. 430 f.
784 *NIKISCH*, Arbeitsrecht, Bd. II, S. 430 f.
785 *HUECK / NIPPERDEY*, Lehrbuch des Arbeitsrechts, Bd. II/1, S. 607.
786 *HUECK / NIPPERDEY*, Grundriss des Arbeitsrechts, S. 245.

c) Wank

Wank[787] vertritt die Auffassung, dass sich mit Hilfe des Günstigkeitsprinzips keine untertarifliche Entlohnung zur Vermeidung von Arbeitslosigkeit durchsetzten lässt.[788] Zwar könnte eine Gesamtbetrachtung der wirtschaftlichen Verhältnisse eines Arbeitnehmer ergeben, dass eine untertariflich entlohnte Stelle besser sei als Arbeitslosigkeit, jedoch ist eine derartige „Gesamtbetrachtung" nicht zulässig. Bei einem Vergleich der tarifvertraglichen Situation mit der Alternative der Arbeitslosigkeit hat nach *Wank* der Arbeitnehmer unmittelbar nur Nachteile. Der Vorteil besteht lediglich mittelbar darin, dass er seinen Arbeitsplatz behält.[789] Gegen einen Vergleich mit der Alternative der Arbeitslosigkeit spricht nach Auffassung *Wank's* dabei einerseits, dass im Fall der Zulässigkeit untertariflicher Leistungen die beiden Alternativen des § 4 Abs. 3 TVG keinen eigenständigen Anwendungsbereich besäßen.[790] Andererseits verbietet sich ein derartiger Vergleich auch im Interesse einer funktionierenden Tarifautonomie und damit der Tarifparteien, da die Unabdingbarkeitsregel des § 4 Abs. 1 TVG völlig ausgehöhlt würde.[791] Im Vergleich zwischen dem Tarifvertrag und der abweichenden Regelung muss sich jedenfalls eine Besserstellung des Arbeitnehmers ergeben, ein Abwägung mit dem Zustand der Arbeitslosigkeit ist nicht zulässig.[792]

d) Adomeit

Entgegen den vorstehenden Meinungen will *Adomeit*[793] auch Umstände wie die Sicherung oder den möglichen Verlust des Arbeitsplatzes in die Günstigkeitsbewertung einbezogen wissen. Entsprechend sieht er es als zulässig an, dass die Arbeitnehmer eines gefährdeten Unternehmens dem Arbeitgeber einen Teil ihres Entgeltes als Darlehen gewähren, um so zur Sanierung des Betriebes und der Sicherung ihrer Arbeitsplätze beizutragen. Wenn die Darlehensvereinbarung die einzige realisierbare Möglichkeit der Rettung war und sich die Chance des einzelnen Arbeitnehmers, seinen Arbeitsplatz zu behalten, nachweisbar erhöht hat, so steht er jetzt günstiger da.[794]

---

787 *Wank*, in: Wiedemann (Hrsg.), TVG, § 4 Rn. 436 ff.
788 *Wank*, in: Wiedemann (Hrsg.), TVG, § 4 Rn. 436.
789 *Wank*, in: Wiedemann (Hrsg.), TVG, § 4 Rn. 442.
790 *Wank*, in: Wiedemann (Hrsg.), TVG, § 4 Rn. 443.
791 *Wank*, in: Wiedemann (Hrsg.), TVG, § 4 Rn. 444.
792 Vgl. *Wank*, in: Wiedemann (Hrsg.), TVG, § 4 Rn. 445.
793 *Adomeit*, NJW 1984, S. 26 f.; *Adomeit*, Regelung von Arbeitsbedingungen und ökonomische Notwendigkeit, S. 42 ff.
794 *Adomeit*, NJW 1984, S. 26 f.

Generell stimmt *ADOMEIT* zwar der Auffassung von *NIPPERDEY*[795] zu, wonach untertariflicher Lohn ohne arbeitsrechtliche Kompensation immer zu Ungunsten des Arbeitnehmers anzusehen ist. Etwas anderes ergibt sich nach *ADOMEIT'S* Verständnis jedoch, wenn in der abweichenden Regelung eine über die tarifliche Regelung hinausgehende effektive Vergünstigung versprochen wird, etwa der mehrjährige Verzicht auf den Ausspruch der Kündigung aus betrieblichen Erfordernissen. In diesem Fall ist die größere Sicherheit des Arbeitsplatzes nicht nur eine bloße Hoffnung, sondern in juristischer Weise zugesichert. Nach Auffassung von *ADOMEIT* wäre es lebensfremd und interessenwidrig, eine solche, als wertvoll zu erachtende Zusicherung, dem Günstigkeitsvergleich zu entziehen. Ob ein Sachgruppenzusammenhang zwischen den beiden Regelungsbestandteilen zu erkennen ist, soll hierbei nicht wichtig sein, da der sehr viel wichtigere Gedanke der Beschäftigungsförderung durchschlägt. Da fehlende Angepasstheit der Tarifpolitik an ökonomische Erfordernisse zu einer Gefährdung von Arbeitsplätzen geführt hat, erfüllen die Gewerkschaften insbesondere „in Krisenzeiten und Grenzbetrieben" nicht mehr ihre Aufgaben und vertreten damit auch nicht mehr uneingeschränkt die Interessen der Arbeitnehmer. Dementsprechend soll es zulässig sein, dass die Arbeitnehmer die von den Gewerkschaften versäumte Anpassung nach unten selber vornehmen können.[796] Folgt man *ADOMEIT*, so kann der Inhaber eines gefährdeten Arbeitsplatzes oder eines gefährdeten Arbeitsverhältnisses, trotz beidseitiger Tarifgebundenheit, mit dem Unternehmer einen neuen Vertrag mit untertariflichen Konditionen, kompensiert durch eine Beschäftigungsgarantie, abschließen.[797]

e) Löwisch

LÖWISCH[798] bezieht bei Fällen, in denen die objektive Bewertung der Günstigkeit neutral ausfällt,[799] einen anderen Aspekt mit in die Günstigkeitsbewertung ein. Anknüpfend an eine Entscheidung des *GROSSEN SENATS DES BAG*[800] nimmt *LÖWISCH* eine eventuelle Wahlmöglichkeit des Arbeitnehmers mit in die Günstigkeitsbeurteilung auf. Wahlmöglichkeit bedeutet in diesem Zusammenhang, dass die Arbeitsvertragsparteien aufgrund der bestehenden Vertragsfreiheit dem Arbeitnehmer ein Wahlrecht zwischen den tariflichen Arbeitsbedingungen einerseits und der abweichenden Regelung im Arbeitsvertrag andererseits einräu-

---

795 *HUECK / NIPPERDEY*, Grundriss des Arbeitsrechts, S. 245. Vgl. dazu auch die Ausführungen im *3. KAPITEL D.*

796 Vgl. *ADOMEIT*, NJW 1984, S. 27.

797 Vgl. *ADOMEIT*, Regelung von Arbeitsbedingungen und ökonomische Notwendigkeit, S. 44.

798 *LÖWISCH*, ZfA 1996, S. 309 ff.

799 Hier bezieht sich *LÖWISCH*, ZfA 1996, S. 309 ff. insbesondere auf Regeln zur Lage und Dauer der Arbeitszeit. Vgl. dazu die Beispiele auf S. 309 f.

800 *BAG* v. 07.11.1989, BAGE 63, S. 211 ff.

men. Dieses Wahlrecht verschafft dem jeweiligen Arbeitnehmer eine Dispositionsmöglichkeit, die für sich genommen schon die günstigere Regelung darstellen soll. Die Einräumung eines Wahlrechts hat dabei für den Arbeitnehmer den entscheidenden Vorteil, dass es seine Optionen erweitert. Er kann sich entsprechend seiner persönlichen Situation aussuchen, welche Regelung er für sich als günstiger ansieht. Wenn dem Arbeitnehmer eine derartige Wahlfreiheit eingeräumt worden ist, und er sich für die vom Tarifvertrag negativ abweichende Regelung entscheidet, so soll diese nach Auffassung von *LÖWISCH* generell als günstiger anzusehen sein. Gleichzeitig will *LÖWISCH* diesen Spielraum der Privatautonomie des Arbeitnehmers gegen zu weit gehende Selbstbindung absichern. Deshalb muss dem abhängig Beschäftigten die Möglichkeit offen stehen, in angemessener Frist wieder zur tariflichen Regelung zurückzukehren.[801]

f) Buchner

BUCHNER[802] bezieht den Wert des Arbeitsplatzes in die Günstigkeitsbetrachtung ein. Ausgehend von der wirtschaftlichen Situation in den Betrieben, der Lage auf dem Arbeitsmarkt und der Tatsache, dass die Arbeitnehmer vieler Betriebe die Erhaltung des Arbeitsplatzes gegen Aufgabe bestimmter tariflicher Positionen, sei es im Arbeitszeit- oder Lohnbereich, als günstiger bewerten, leitet *BUCHNER* die Erforderlichkeit der Einbeziehung der Arbeitsplatzsicherheit in den Günstigkeitsvergleich her. Eine juristische Bewertung, die die wirtschaftlichen Realitäten zur Kenntnis nimmt, kann sich einer derartigen Lösung nicht verschließen. Insbesondere kann die Bereitschaft der Belegschaft, an der Lösung der wirtschaftlichen Schwierigkeiten des Unternehmens mitzuwirken, nicht negiert werden. Nach Auffassung von *BUCHNER* kann dabei die Einschätzung dessen, was für den Arbeitnehmer günstiger ist, nur unter Berücksichtigung der wirtschaftlichen Rahmenbedingungen festgelegt werden.

Um die Günstigkeitsbewertung endgültig sicherzustellen, verfolgt *BUCHNER* einen ähnlichen Weg wie *LÖWISCH*. Auch er plädiert dafür, dass dem Arbeitnehmer jederzeit das Recht eingeräumt werden muss, von der Vereinbarung mit dem Arbeitgeber Abstand zu nehmen und zu den tariflichen Arbeitsbestimmungen zurückzukehren.

II. Stellungnahme

Nach heute weitgehend unbestrittener Meinung ist zwischen zwei unterschiedlichen Faktoren ein Günstigkeitsvergleich zulässig, wenn zwischen ihnen ein of-

---

801 *LÖWISCH*, ZfA 1996, S. 311; *LÖWISCH*, DB 1989, S.1187.

802 *BUCHNER*, DB 1996 Beilage, S. 10 ff.; *BUCHNER*, NZA 1999, S. 901 f.

fensichtlicher Zusammenhang steht.[803] Woraus sich dieser innere Zusammenhang ergibt, wird unterschiedlich beantwortet. In Frage kommt eine objektive und subjektive Beziehung zwischen den Vergleichsgegenständen.

Fraglich ist also, ob zwischen den untertariflichen Leistungen und der Beschäftigungsgarantie eine solcher innerer Zusammenhang besteht, so dass ein Sachgruppenvergleich bejaht werden kann. Die Gefährdung des Arbeitsplatzes wird hierbei vernachlässigt, wenngleich diese der Ausgangspunkt dafür ist, dass der Arbeitnehmer letztlich eine individualvertragliche Absenkung des tariflichen Niveaus in Betracht zieht. Das Ziel einer derartigen Absprache ist für den abhängig Beschäftigten dabei immer die Sicherung des bestehenden Arbeitsplatzes. Damit dies jedoch nicht nur ein rechtlich irrelevantes Motiv für das Handeln des Arbeitnehmers bleibt, ist eine entsprechende Zusage von Seiten des Unternehmers notwendig. Erst durch die Vereinbarung der Beschäftigungsgarantie wird die Sicherung des Arbeitsplatzes rechtlich verfestigt.[804]

1. Objektiv innerer Zusammenhang

Fraglich ist, ob zwischen untertariflichen Leistungen und der Beschäftigungssicherung ein objektiver innerer Zusammenhang besteht. Dieser soll vorliegen, wenn eine Bestimmung für sich genommen offenbar keine eigenständige Existenz führen kann, sondern mit anderen wesensverwandten eine Einheit bildet.[805] Entscheidend ist also, ob die eine Regelung ohne die andere einen Sinn hätte bzw. verständlich wäre.[806]

Für den Arbeitgeber scheint die Vereinbarung untertariflicher Leistungen auch ohne den gleichzeitigen Verzicht auf betriebsbedingte Kündigungen sinnvoll. Er erreicht in diesem Fall die beabsichtigte Senkung der Arbeitskosten sogar ohne Gegenleistung. Gleichzeitig könnte man ebenfalls zu dem Ergebnis gelangen, dass die Zusicherung von Beschäftigungsgarantien für den Arbeitnehmer auch

---

803 Vgl. *BAG* v. 08.10.1958, BAGE 6, S. 299; *BAG* v. 23.05.1984, BAGE 46, S. 58; *SCHAUB*, Arbeitsrechtshandbuch, S. 1704; *WANK*, in: Wiedemann (Hrsg.), TVG, § 4 Rn. 471 f.; *WLOTZKE*, Das Günstigkeitsprinzip im Verhältnis des Tarifvertrages zum Einzelvertrag und zur Betriebsvereinbarung, S. 84 ff.; *JOOST*, ZfA 1984, S. 177; *HUECK / NIPPERDEY*, Lehrbuch des Arbeitsrechts, Bd. II/1, S. 611; *NIKISCH*, Arbeitsrecht, Bd. II, S. 434; *BENGELSDORF*, AuA 1994, S. 99; *ETZEL*, NZA 1987 Beilage 1, S. 24; *RICHARDI*, Kollektivgewalt und Individualwille bei der Gestaltung des Arbeitsverhältnisses, S. 377; *GITTER*, FS Wlotzke, S. 299.

804 Vgl. dazu auch die Ausführungen im *3. KAPITEL D* und *4. KAPITEL A*.

805 Vgl. *BENGELSDORF*, ZfA 1990, S. 593 f.; *HUECK / NIPPERDEY*, Lehrbuch des Arbeitsrechts, Bd. II/1, S. 611.

806 *KRAUSS*, Günstigkeitsprinzip und Autonomiebestreben am Beispiel der Arbeitszeit, S. 106 f. kritisiert in diesem Zusammenhang, dass die Bestimmung des Sinns einer Regelung stets ein Werturteil darstellt. Entsprechend stellt er die Objektivität dieses Kriteriums wohl zurecht in Frage.

ohne die gleichzeitige Vereinbarung untertariflicher Konditionen sinnvoll ist, da ihm dadurch eine gegenüber der tariflichen Regelung höhere Arbeitsplatzsicherheit gewährt wird. Demnach könnte also ein objektiver innerer Zusammenhang abgelehnt werden.[807]

Hierbei ist jedoch zu berücksichtigen, dass für den Arbeitgeber ein Verzicht auf betriebsbedingte Kündigungen ohne den gleichzeitigen Verzicht auf tarifliche Leistungen nicht als zweckmäßig angesehen werden wird. Ebenso stellt es sich für den Arbeitnehmer dar, wenn dieser ohne Kompensationsleistung auf tarifliche Standards verzichten soll. Die objektiven Kriterien können hier zu keinem sicheren Ergebnis führen, da in jedem Fall eine Vermutung des objektiven Betrachters einfließt.

Soweit man einen Sachgruppenvergleich mangels objektiven inneren Zusammenhanges ablehnt, sind dann lediglich die einzelnen abweichenden Regelungen miteinander zu vergleichen. D.h., es wären die entsprechenden untertariflichen Leistungen mit den adäquaten Bestimmungen des Tarifvertrages und die individualvertraglich vereinbarte Beschäftigungsgarantie mit den tariflichen Kündigungsbestimmungen einander gegenüberzustellen. Dies würde im Rahmen der subjektiven Günstigkeitsbewertung unzweifelhaft zu dem Ergebnis führen, dass die Kürzung der tariflichen Leistungen als ungünstiger und damit als unzulässig, die Beschäftigungssicherung dagegen als günstiger und zulässig angesehen werden würde.

2. Subjektiv innerer Zusammenhang

Sollten Sachgruppenvergleiche aufgrund des Fehlens eines objektiven Zusammenhanges zwischen den beiden zu vergleichenden Regelungen verneint werden, würde damit der Wille der Beteiligten ignoriert.[808] Es könnte zwischen den untertariflichen Leistungen und der Beschäftigungssicherung jedoch ein subjektiver innerer Zusammenhang bestehen. Dieser soll nach *h.M.* ebenfalls einen Sachgruppenvergleich zwischen unterschiedlich gearteten Regelungen ermöglichen.[809] Eine derartige subjektive innere Beziehung zwischen den Vergleichsgegenständen wird vom Parteiwillen bestimmt. Ein entsprechender Zusammenhang liegt dann vor, wenn die Arbeitsvertragsparteien eine Abhängigkeit vereinbart haben.[810] Soweit dies nicht ausdrücklich geregelt wurde, ist eine Vertragsauslegung nach den allgemeine Grundsätzen des bürgerlichen Rechts (§§ 133, 157 BGB) vorzunehmen. Erst wenn auch ein innerer Zusammenhang

---

807 So im Ergebnis *GITTER*, FS Wlotzke, S. 307.
808 So bereits *GITTER*, FS Wlotzke, S. 308.
809 Vgl. dazu die Ausführungen im *2. KAPITEL G I 3*.
810 Vgl. *WANK*, in: Wiedemann (Hrsg.), TVG, § 4 Rn. 471.

nicht zu ermitteln ist, wären die einander entsprechenden Regelungen im Einzelvergleich gegenüberzustellen.[811]

Soweit nach dem Willen der Beteiligten zwischen der untertariflichen Vereinbarung und der Beschäftigungsgarantie ein solcher innerer Zusammenhang besteht, kann dies nicht ignoriert werden. Dementsprechend müsste die Gefährdung des Arbeitsplatzes in den Günstigkeitsvergleich mit einbezogen werden. Da hier die Günstigkeit untertariflicher Leistungen zur Arbeitplatzsicherung untersucht wird, d.h., untertarifliche Leistungen des Arbeitnehmers nur vereinbart werden, um einen gefährdeten Arbeitsplatz zu sichern, ergibt sich der subjektive innere Zusammenhang direkt aus dem Parteiwillen der Beteiligten. Ist eine derartige Verbindung im Arbeitsvertrag unmittelbar festgeschrieben, stellt sich eine Bejahung des Sachgruppenvergleichs als völlig unproblematisch dar. Aber auch ohne eine ausdrückliche vertragliche Fixierung führt eine Vertragsauslegung zu keinem anderen Ergebnis.

Ziel beider Vertragsparteien ist, über die Rettung des Unternehmensstandortes gleichzeitig die Sicherung des Arbeitsplatzes des beteiligten Arbeitnehmers zu erreichen. Die Arbeitsvertragsparteien schnüren dabei ein Gesamtpaket, ein „Bündnis für Arbeit". Keine der von ihnen aufgenommenen Vereinbarungen kann nach ihrem Willen isoliert betrachtet werden.[812] Zwar stellen sich die vereinbarten Arbeitsbedingungen, zumindest für die begünstigte Seite, auch einzeln als sinnvoll dar. Jedoch kann für den Arbeitgeber ein Verzicht auf betriebsbedingte Kündigungen ohne den gleichzeitigen Verzicht des Arbeitnehmers auf tarifliche Leistungen ebenso wenig als zweckmäßig angesehen werden wie der Verzicht des abhängig Beschäftigten auf tarifliche Standards ohne entsprechende Kompensationsleistung. Eine einseitige Gewähr der entsprechenden Zusicherung ohne die jeweilige Gegenleistung der anderen Partei besitzt für keine Seite eine vergleichbare Bedeutung wie das Gesamtpaket. Der Arbeitnehmer will seinen Anspruch auf die uneingeschränkte Einhaltung der tariflichen Standards gegen eine rechtliche Verfestigung seines Arbeitsplatzes eintauschen, während der Arbeitgeber einen erweiterten Kündigungsschutz nur bei gleichzeitiger Reduzierung der tariflichen Konditionen gewähren will. Weder Arbeitgeber noch Arbeitnehmer hätten sich auf einen einzelnen Teil der Vereinbarung ohne das entsprechende Gegenstück - die Kompensation - eingelassen. Vielmehr steht und fällt die Absprache gerade mit der Geltung des gesamten Bündels der

---

811 Vgl. *Wank*, in: Wiedemann (Hrsg.), TVG, § 4 Rn. 473; *Hueck / Nipperdey*, Lehrbuch des Arbeitsrechts, Bd. II/1, S. 612; *Etzel*, NZA 1987 Beilage 1, S. 24; *Kempen / Zachert*, TVG, § 4 Rn. 188; *Wlotzke*, Das Günstigkeitsprinzip im Verhältnis des Tarifvertrages zum Einzelvertrag und zur Betriebsvereinbarung, S. 84.

812 So im Ergebnis auch *Trappehl / Lambrich*, NJW 1999, S. 3221; *Schliemann*, NZA 2003, S. 126.

getroffenen Vereinbarungen.[813] Die Parteien des Arbeitsvertrages haben ganz absichtlich die prinzipiell ungleichartigen Arbeitsbedingungen miteinander verknüpft, so dass ein innerer Zusammenhang zu bejahen ist.

Wenn ein Sachgruppenvergleich richtigerweise auch bei Vorliegen eines inneren Zusammenhanges als zulässig anzusehen ist, muss die Gefährdung des Arbeitsplatzes stets dann mit einbezogen werden, wenn der Arbeitgeber dem Arbeitnehmer für untertarifliche Leistungen eine Beschäftigungsgarantie gewährt.

An diesem Ergebnis ändert auch die Auffassung von *HUECK / NIPPERDEY*[814] nichts, die die Einbeziehung einer Arbeitsplatzgefährdung und den Vergleich mit der Arbeitslosigkeit als etwas „völlig Außerrechtliches" bezeichnen. Schon aufgrund der Tatsache, dass das Günstigkeitsprinzip stets vom Bestehen eines Arbeitsverhältnisses ausgeht,[815] soll der Vergleich mit einem vertragslosen Zustand niemals Gegenstand des Günstigkeitsvergleichs sein können.[816] Richtigerweise wird aber in den Günstigkeitsvergleich nicht der Zustand der Arbeitslosigkeit unmittelbar mit einbezogen, da diese Alternative nur diejenigen Arbeitnehmer betrifft, die keinen neuen Arbeitsplatz finden,[817] sondern es wird vielmehr die Aussicht auf den Weiterbestand des Arbeitsverhältnisses berücksichtigt. D.h., im Ergebnis werden die Arbeitsbedingungen eines gefährdeten Arbeitsverhältnisses[818] mit den Bedingungen eines untertariflichen, aber infolge der Beschäftigungsgarantie besser gesicherten Arbeitsplatzes einander gegenübergestellt, so dass sich der Vergleich stets auf die Bedingungen innerhalb eines bestehenden Arbeitsverhältnisses bezieht.[819] Damit ist im Ergebnis auch die Argumentation von *NIKISCH*[820] und *WIEDEMANN / WANK*[821] nicht zutreffend, da diese stets von einer Gegenüberstellung der untertariflichen Leistungen mit dem Zustand der Arbeitslosigkeit ausgehen.

Auch die Meinungen in der Literatur und Rechtsprechung, die in einer Berücksichtigung von Beschäftigungsgarantie im Falle der Arbeitsplatzgefährdung eine Gefährdung der Tarifautonomie oder anderer tragender Rechtsprinzipien sehen

---

813 Vgl. *SONTOWSKI*, Löhne in der Unternehmenskrise, S. 168.

814 *HUECK / NIPPERDEY*, Lehrbuch des Arbeitsrechts, Bd. II/1, S. 607.

815 Vgl. dazu die Ausführungen im *2. KAPITEL F I.*

816 Vgl. *KRUMMEL*, Die Geschichte des Unabdingbarkeitsgrundsatzes und des Günstigkeitsprinzips im Tarifvertragsrecht, S. 105 f., 110 f., 246.

817 So richtigerweise *WANK*, in: Wiedemann (Hrsg.), TVG, § 4 Rn. 439.

818 Da infolge der unternehmerischen Notsituation eine starke Reduzierung des Personalbestandes, im Extremfall gar die Schließung des ganzen Betriebes oder die Verlagerung des Standortes droht.

819 So *KRAUSS*, Günstigkeitsprinzip und Autonomiebestreben am Beispiel der Arbeitszeit, S. 110.

820 *NIKISCH*, Arbeitsrecht, Bd. II, S. 430 f.

821 *WANK*, in: Wiedemann (Hrsg.), TVG, § 4 Rn. 436 ff.

und deshalb die Einbeziehung dieses Aspektes in den Sachgruppenvergleich ablehnen, kann nicht gegen eine Einbeziehung der Beschäftigungsgarantie in den Günstigkeitsvergleich sprechen. Die möglichen Folgen, die sich aus einer derartigen Berücksichtigung ergeben, spielen an dieser Stelle noch keine Rolle. Die entsprechenden Bedenken gegen einen solchen Günstigkeitsvergleich werden erst im Rahmen der Festlegung eventueller Grenzen untertariflicher Vereinbarungen relevant,[822] da die mögliche Gefährdung der Tarifautonomie lediglich eine Folge der Einbeziehung einer Beschäftigungsgarantie darstellt, und damit keinen Einfluss auf die generelle Zulässigkeit besitzt.

Auch die von *LÖWISCH* und *BUCHNER* geforderte Option, dass der Arbeitnehmer jederzeit zwischen dem Tarifvertrag und der abweichenden Vereinbarung wählen kann, um ihm somit eine Rückkehr zu den tariflichen Konditionen zu erleichtern, spielt im Zusammenhang mit der Zulässigkeit des Sachgruppenvergleichs, speziell der Einbeziehung einer Arbeitsplatzgefährdung in den Vergleich, keine Rolle. Dieser Aspekt ist frühestens im Rahmen der Günstigkeitsbewertung zu berücksichtigen, da erst an diesem Punkt die Auswirkungen der zu vergleichenden Regelungen zu untersuchen sind. Dort könnte die Option, zum Tarifvertrag zurückzukehren, ein weiteres Indiz für die Günstigkeit der getroffenen Abrede darstellen.

Im Ergebnis ist damit den Meinungen, welche die durch den Arbeitgeber zugesicherten Beschäftigungsgarantien in den Günstigkeitsvergleich und damit letztlich auch die Gefährdung des Arbeitsplatzes einbeziehen, zuzustimmen. Entsprechend sind die kompensatorischen Bestimmungen miteinander zu vergleichen und im Rahmen der Günstigkeitsbewertung die Günstigkeit der zusammenhängenden Abreden festzustellen.

D. Wert der Beschäftigungsgarantie

Nachdem die Arbeitsplatzgefährdung bzw. die Gewährleistung von Beschäftigungsgarantien im Rahmen des Günstigkeitsvergleichs zu berücksichtigen sind, stellt sich die Frage, welchen Kompensationswert letztere für den Arbeitnehmer haben. D.h., es ist die Günstigkeit der getroffenen Absprache zu überprüfen.

Objektive Kriterien für den Wert der Beschäftigungsgarantie zu finden, scheint hier nahezu aussichtslos. Theoretisch ist der Wert der Beschäftigungsgarantie um so höher anzusiedeln, je stärker der Arbeitsplatz bei Einhaltung des tariflichen Niveaus gefährdet ist, je länger die Beschäftigungsgarantie vereinbart wurde, je besser die Erfolgsaussichten für die Unternehmenssanierung und damit

---

[822] Vgl. die Ausführungen im *5. KAPITEL*.

den reellen Erhalt des Arbeitsplatzes sind.[823] Ist die allgemeine Arbeitsmarktlage jedoch gut, so kann die Abrede eventuell objektiv sogar als ungünstig angesehen werden, da ein „Durchschnittsarbeitnehmer“ dann möglicherweise diesen weitreichenden Arbeitsplatzschutz nicht benötigt. Bei einer Verschlechterung der Arbeitsmarktsituation kann sich die Günstigkeitsbewertung dann zu Gunsten der Beschäftigungsgarantie verschieben. Diese Verallgemeinerungen können im Rahmen des durchzuführenden Günstigkeitsvergleiches jedoch nur Anhaltspunkte darstellen. Die Bedeutung des Arbeitsplatzes und damit die Gewichtung zugesicherten Kündigungsverzichtes richtet sich nach der konkreten Situation des betroffenen Arbeitnehmers. Sie ist neben der allgemeinen Arbeitsmarktlage von unterschiedlichsten persönlichen Faktoren abhängig und kann somit nicht generalisiert werden. D.h., ob die infolge der untertariflichen Konditionen für den Arbeitnehmer entstandene Benachteiligung wirklich durch die übertarifliche Beschäftigungsgarantie ausgeglichen wird, kann nicht objektiv beurteilt werden. Hier ist eine Einzelfallprüfung notwendig.

Nur der unmittelbar betroffene Arbeitnehmer kann entscheiden, ob er die Vereinbarung untertariflicher Leistungen bei gleichzeitig gewährter Beschäftigungsgarantie als günstiger ansieht. Wie bereits eingangs festgestellt, ist allein seine Einschätzung als Maßstab für die Günstigkeitsbewertung heranzuziehen.[824] Die subjektive Ausrichtung des Günstigkeitsprinzips kann also dazu führen, dass abhängig Beschäftigte, die aufgrund persönlicher Merkmale gute Arbeitsmarktchancen besitzen,[825] den über den tariflichen Standard hinausgehenden Kündigungsschutz nicht für erforderlich halten und deshalb die Vereinbarung untertariflicher Leistungen als ungünstiger einschätzen. Im Falle einer schlechten Arbeitsmarktlage, einer allgemein hohen Arbeitslosigkeit und ungünstiger Wiedereinstellungsaussichten, wird der Betroffene die Gewährung einer längerfristigen Beschäftigungsgarantie als wertvoller erachten als das strikte Beharren auf tarifliche Standards. Wie der betroffene Arbeitnehmer im Rahmen der Günstigkeitsbewertung die zu schließende Abrede beurteilt, hängt einzig von seinen Überlegungen und persönlichen Verhältnissen ab.

Inwieweit das Risiko des Arbeitsplatzverlustes größer ist als das Gefahr, dass der Standort des Unternehmens und damit der eigene Arbeitsplatz trotz der untertariflichen Leistungen nicht gesichert werden kann, und damit die Beschäftigungsgarantie letztlich wertlos war, ist Einschätzungssache des jeweiligen Arbeitnehmers.[826] Die entsprechende Risikoabwägung muss dem Inhaber des ge-

823 Ähnlich *Sontowski*, Löhne in der Unternehmenskrise, S. 169.

824 Vgl. hierzu die Ausführungen im *2. Kapitel G II-III.*

825 Besonders in Frage kommen hier fachliche Qualifikationen, aber auch Alter, Mobilität etc.

826 So im Ergebnis *Sontowski*, Löhne in der Unternehmenskrise, S. 170.

fährdeten Arbeitsplatzes überlassen werden. Entscheidend ist, dass die Beschäftigungsgarantie mit in den Günstigkeitsvergleich einzubeziehen ist. Wie in der jeweiligen Situation der betroffene Arbeitnehmer den ihm in Aussicht gestellten Verzicht auf betriebsbedingte Kündigungen gewichtet, ist völlig offen. Die subjektive Ausrichtung des Günstigkeitsprinzips[827] gestattet hierbei, im Rahmen der später noch genauer festzulegenden Grenzen,[828] eine individuelle Berücksichtigung der persönlichen Präferenzen. Eine pauschale Festlegung des Wertes der Beschäftigungsgarantie würde letztlich der subjektiven Ausrichtung des Günstigkeitsvergleichs entgegenstehen. Die Beurteilung der Günstigkeit muss demjenigen überlassen bleiben, der von den jeweiligen Maßnahmen betroffen ist, nämlich dem einzelnen Arbeitnehmer,[829] nur er kann und muss letztlich entscheiden, auf welche tariflichen Leistungen er für die in Aussicht gestellte Dauer der Beschäftigungsgarantie bereit ist, zu verzichten. Die Entscheidung wird der abhängig Beschäftigte nach den Kriterien, die er für ausschlaggebend hält, persönlich treffen.[830] Soweit er sich zur Vereinbarung mit dem Arbeitgeber entschließt, muss davon ausgegangen werde, dass diese sich entsprechend seinen Prioritäten als für ihn günstiger darstellt.

E. Legitimation der Abdingbarkeit tariflicher Leistungen im Falle der Arbeitsplatzgefährdung

Nachdem die Notwendigkeit der stärkeren Berücksichtigung der ökonomischen Rahmenbedingungen und der individuellen Bedürfnisse der Arbeitsvertragsparteien durch die Tarifpolitik dargestellt und die Vorteile einer Lösung des Konfliktes über die hier vorgeschlagene Modifizierung des Günstigkeitsprinzips aufgezeigt wurden, ist zu überprüfen, woraus sich deren rechtliche Legitimation ergibt.

I. Wahrung von Arbeits- und Wirtschaftbedingungen

Die Kompensation eines individualvertraglichen Verzichts auf tarifliche Leistungen durch die Gewährung einer Weiterbeschäftigungsgarantie über das Günstigkeitsprinzip könnte gerechtfertigt sein, soweit sie der Sicherung von Arbeits- und Wirtschaftbedingungen dient. Dieser Leitgedanke findet sich in Art. 9 Abs. 3 GG wieder. Danach ist es jedermann gestattet, Vereinigungen zu bilden, die der Wahrung und Förderung der Arbeits- und Wirtschaftsbedingungen dienen.

[827] Vgl. hierzu die Ausführungen im *2. Kapitel G II-III.*

[828] Vgl. hierzu die Ausführungen im *5. Kapitel.*

[829] So bereits *Gitter*, FS Wlotzke, S. 309.

[830] So zutreffend *Krauss*, Günstigkeitsprinzip und Autonomiebestreben am Beispiel der Arbeitszeit, S. 116.

Zwar beabsichtigt die Vereinbarung untertariflicher Leistungen über das Günstigkeitsprinzip gerade eine Abweichung von den kollektiven Vereinbarungen, so dass ein Rückgriff auf die Intension der Koalitionsfreiheit zunächst fernliegend erscheint. Soweit jedoch Maßnahmen zur Reduzierung von Arbeitslosigkeit in den Schutzbereich des Art. 9 Abs. 3 GG fallen, müssen dies dann konsequenterweise auch Vereinbarungen, die dem Erhalt bestehender Arbeitsplätze dienen. Zu den Arbeitsbedingungen i.S. von Art. 9 GG zählen insbesondere alle Bedingungen, die die einzelnen Arbeitsverhältnisse bestimmen, wie Lohnbedingungen, Arbeitszeit, Arbeitsschutz und Urlaubsregelungen.[831] Die Förderung der Wirtschaftsbedingungen umfasst sämtliche für die Arbeitgeber und Arbeitnehmer bedeutsamen allgemeinen wirtschafts- und sozialpolitischen Verhältnisse, wie Maßnahmen zur Reduzierung der Arbeitslosigkeit, aber auch die Einführung von neuen Technologien, Beteiligung am Produktionsvermögen u.ä.[832]

Wesentlich ist, dass die Wahrung und Förderung der Arbeits- und Wirtschaftsbedingungen nicht zwangsläufig gleichzusetzen ist mit der Erhöhung der Lohnsätze, der Verkürzung der Arbeitszeit, dem Ausbau der betrieblichen Sozialleistungen und Verbesserung der Urlaubsbedingungen. Es ist damit ebenfalls die jeweils bestmögliche Wahrung des Besitzstandes der Arbeitnehmer gemeint.[833] Dazu gehört vor allem auch die Sorge um die Begründung und Bestandserhaltung von Arbeitsverhältnissen.[834] Entsprechend müssen letztlich alle Maßnahmen, die arbeitsplatzbegründende sowie arbeitsplatzsichernde Wirkung entfalten, vom Regelungsbereich des Art. 9 Abs. 3 GG erfasst sein.

Es wurde bereits festgestellt, dass die individualvertragliche Vereinbarung untertariflicher Leistungen im Gegenzug zur Beschäftigungsgarantie geeignet ist und sogar darauf abzielt, beschäftigungspolitische Wirkungen in Form der Sicherung von Arbeitsplätzen zu erreichen.[835] Somit dienen derartige Abreden auch der Wahrung von Arbeits- und Wirtschaftsbedingungen.

Der Meinung folgt auch *BUCHNER*[836]. Dieser geht soweit, dass nach seiner Auffassung die Günstigkeit arbeitsvertraglicher Abreden, die im Interesse des Bestandsschutzes der Arbeitsverhältnisse Abstriche von den Tarifbedingungen in Kauf nehmen, aufgrund der im Zusammenhang mit Art. 9 GG getroffenen Wertungen im sog. „Flaggenrechtsurteil" des *BVERFG*[837] nicht mehr in Frage steht.

831 Vgl. *JARASS / PIEROTH*, GG, Art. 9 Rn. 23.
832 Vgl. *SCHOLZ*, in: Maunz / Dürig et al. (Hrsg.), Grundgesetz, Bd. 1, Art. 9 Rn. 263.
833 Vgl. *BEUTHIEN*, BB 1983, S. 1997.
834 So im Ergebnis *BUCHNER*, DB 1996 Beilage, S. 13; *RÖMER*, Tarifvertrag und Arbeitslosigkeit, S. 53.
835 Vgl. *3. KAPITEL A-B*.
836 Vgl. *BUCHNER*, DB 1996 Beilage, S. 13.
837 *BVERFG* v. 10.01.1995, BVerfGE 92, S. 26 ff.

In diesem Urteil hat das *BVERFG* festgestellt, dass zur Sicherung von inländischen Arbeitsplätzen unter Umständen eine Aufgabe von Positionen der Koalitionen möglich sein muss. Bezogen auf die Schifffahrt sei eine derartige Verfahrensweise insbesondere heranzuziehen, wenn durch das deutsche Recht den Betreibern von Handelsschiffen Bedingungen auferlegt werden, die ihre Wettbewerbsfähigkeit erheblich mindern. Es besteht dann für die Reeder die Möglichkeit, durch Ausflaggen ihrer Schiffe sich der Geltung des deutschen Rechtes völlig zu entziehen, ohne dass dem deutschen Gesetzgeber wirksame Mittel zu Gebote stünden, diesen Schritt zu verhindern.[838] Während dies mittels einer Unterbrechung der kollektivvertraglichen Regelung verhindert werden kann und gleichzeitig inländische Arbeitsplätze gesichert werden können.

Die vom *BVERFG* dargestellte Situation ähnelt den hier diskutierten Konstellationen. Auch in den der Untersuchung zugrunde liegenden Fällen der *PHILIPP HOLZMANN AG* und *LTU* waren / sind die Unternehmen nicht mehr in der Lage, die ihnen durch die Tarifverträge auferlegten Konditionen einzuhalten. Infolge dessen ist der Bestand des Betriebes sowie der vorhandenen Arbeitsplätze gefährdet. Für den Unternehmer bestehen letztlich drei Optionen, um das Überleben des Unternehmens zu sicher. So kann sich der Arbeitgeber einerseits durch eine Verlagerung ins Ausland der Geltung des deutschen Rechtes und damit auch des Tarifrechtes entzieht. Andererseits besteht die Möglichkeit, sich im Inland von der tariflichen Bindung zu lösen und mit den Arbeitnehmern untertarifliche Vereinbarungen abzuschließen. In letzterem Fall könnten durch günstigere Produktionskosten der inländische Standort und die damit verbundenen Arbeitsplätze gesichert werden. Dies kann auch erreicht werden, wenn, wie hier vorgeschlagen, in noch näher zu bestimmenden Ausnahmesituationen[839] trotz bestehender tariflicher Bindung eine begrenzte Öffnung der kollektivvertraglichen Regelung zulässig und mit den Arbeitnehmern der Abschluss individueller Bündnisse für Arbeit möglich ist.

Wenn Arbeitsverhältnisse nur unter Inkaufnahme einer Minderung des tariflichen Status sichergestellt werden können, ist diese Gestaltung gegenüber einer uneingeschränkten Anwendung der Tarifbedingungen, die aber im Ergebnis zu einem Verlust der Arbeitsplätze führt, vorzugswürdig.[840] Konsequenterweise muss dann auch die Sicherung von Arbeitsplätzen durch Vereinbarung untertariflicher Bedingungen, gegenüber dem Festhalten an den Tarifbedingungen mit dem Ergebnis des Verlustes von Arbeitsplätzen im Sinne von § 4 Abs. 3 TVG als günstiger anzusehen sein.

---

838 Vgl. *BVERFG* v. 10.01.1995, BVerfGE 92, S. 42.
839 Vgl. *5. KAPITEL B II.*
840 So *BUCHNER*, DB 1996 Beilage, S. 13.

II. Privatautonomie als Grenze kollektiver Regelungsmacht

Die Privatautonomie als Prinzip der eigenen Gestaltung der Rechtsverhältnisse durch den Einzelnen nach seinem Willen,[841] fällt in den Schutzbereich der Art. 2 Abs. 1 und Art. 12 Abs. 1 GG.[842] Da sie die individuelle Vertragsfreiheit einschließt,[843] wird diese im Arbeitsrecht durch den Individualarbeitsvertrag umgesetzt. Bisher ist die deutsche Arbeitsrechtsordnung durch ein Übergewicht des kollektiven Arbeitsrechts über das Individualarbeitsrecht gekennzeichnet.[844] Obwohl die kollektive Vertragsfreiheit rechtlich nicht auf einer höheren Ebene als die individuelle Vertragsfreiheit steht,[845] wird die Tarifautonomie auch als „auf eine höhere Ebene gehobene Privatautonomie" verstanden.[846] Grundsätzlich sind Tarifvertrag und Individualarbeitsvertrag jedoch parallele Gestaltungsmittel, um die Arbeitsbedingungen zu regeln. Beide schließen einander nicht aus, sondern ergänzen sich.[847] Das kollektive Arbeitsrecht wird entsprechend seiner Schutzrichtung durch die Vertragsfreiheit des Arbeitnehmers beschränkt. Das Günstigkeitsprinzip grenzt Kollektivvertrag und Individualvertrag funktional voneinander ab - kollektiver Schutz versus individuelle Selbstbestimmung.[848] und stellt die Schnittstelle zwischen Tarif- und Privatautonomie dar. § 4 Abs. 3 Alt. 2 TVG ist somit als einfachgesetzliche Ausprägung der Vertragsfreiheit anzusehen, die nach einhelliger Auffassung in Rechtsprechung und Schrifttum als Teil der allgemeinen Handlungsfreiheit durch Art. 2 Abs. 1 GG gewährleistet wird.[849] Trotz der in § 4 Abs. 1 TVG normierten unmittelbaren und zwingenden Wirkung des Tarifvertrages wird durch das Günstigkeitsprinzip den Arbeitgebern und Arbeitnehmern ein Bereich zur eigenständigen Gestaltung des Arbeitsverhältnisses vorbehalten.[850] So soll bei bestehender Tarifbindung durch § 4 Abs. 3 Alt. 2 TVG der Schutz der Privatautonomie gewährleistet wer-

---

841 *BVerfG* v. 13.05.1986, BVerfGE 72, S. 170.

842 Vgl. *Söllner*, NZA 1996, S. 901.

843 *Söllner*, NZA 1996, S. 901.

844 So *Bremkamp*, Die Flexibilisierung des deutschen Tarifvertragssystems, S. 3.

845 Vgl. *Junker*, NZA 1997, S. 1306 f.

846 Vgl. *Junker*, NZA 1997, S. 1306; Kritisch *Söllner*, Arbeitsrecht der Gegenwart 1998, S. 124; *BAG* v. 15.01.1955, BAGE 1, S. 268.

847 Vgl. *Rieble*, RdA 1996, S. 155.

848 *Rieble*, RdA 1996, S. 156; ähnlich *Zöllner*, DB 1989, S. 2126; *Heinze*, NZA 1991, S. 330 f.

849 So beispielsweise *BVerfG* v. 12.11.1958, BVerfGE 8, S. 328; *BVerfG* v. 23.04.1986, BVerfGE 73, S. 270; *Belling*, DB 1982, S. 2514; *Laufke*, FS Lehmann, S. 145 ff.; *Leibholz / Rinck / Hesselberger*, GG, Art. 2 Anm. 375; *Martens*, RdA 1983, S. 222; *v. Münch / Kunig*, GG, Art. 2 Rn. 16; *Schmidt-Salzer*, NJW 1970, S. 10; so im Ergebnis auch *Richardi*, RdA 1983, S. 216.

850 Vgl. *Wank*, in: Wiedemann (Hrsg.), TVG, § 4 Rn. 381.

den.[851] Das Günstigkeitsprinzip beruht seiner theoretischen Grundlage nach darauf, dass die soziale Schutzfunktion des Kollektivvertrages dort entbehrlich ist, wo der Arbeitnehmer zu einer besseren Wahrung seiner eigenen Interessen in der Lage ist.[852] Soweit die Vertragsautonomie funktioniert, gibt es keinen Grund, ihr die verbindliche Rechtsetzung der Tarifvertragsparteien vorgehen zu lassen.[853]

In diesem Zusammenhang stellt sich die Frage, ob der Arbeitnehmer wirklich, wie im bisherigen Maße durch das Arbeitsrecht und insbesondere durch kollektive Regelungen, geschützt werden muss. Sollte bzw. kann dem abhängig Beschäftigten nicht mehr Freiheit auch in arbeitsvertraglicher Sicht zugemutet werden? Wenn dies der Fall ist, so könnte der tarifgebundene Arbeitnehmer zumindest im Falle der Arbeitsplatzgefährdung aufgrund der subjektiven Ausrichtung des Günstigkeitsprinzips sagen: „Ich bin bereit, auf einen Teil der mir zustehenden tariflichen Leistungen zu verzichten, um im Gegenzug meinen Arbeitsplatz zu sichern." Es ist somit zu untersuchen, welche Auswirkungen auf das Verhältnis von Privat- zur Tarifautonomie zu verzeichnen sind, wenn der Arbeitnehmer durch individualvertragliche Vereinbarung seinen Arbeitsplatz sichern kann, während dieser bei strikter Einhaltung des Tarifvertrages und dessen Standards gefährdet wäre.

1. Verstoß gegen den tariflichen Schutzgedanken im Falle der Gefährdung von Arbeitsplätzen

Zweck der kollektiven Interessenvertretung ist es, die aufgrund sozialer Abhängigkeit sich ergebende Unterlegenheit der Arbeitnehmer auszugleichen und die gestörte Vertragsfreiheit wieder herzustellen. Mit diesem tarifrechtlichen Schutzgedanken ist es nicht zu vereinbaren, die Privatautonomie auch dann auszuschließen, wenn durch kollektive Regelungen ein Mindeststandard erreicht ist und der Arbeitgeber seine Interessen darüber hinaus im Wege der Vertragsfreiheit besser wahrnehmen kann.[854] Nur in diesem klassischen Fall greift nach dem bisher herrschenden Verständnis das Günstigkeitsprinzip. Das kollektive Arbeitsrecht findet seine Grenzen in der Vertragsfreiheit des Arbeitnehmers.[855] Das Tarifrecht muss also einerseits den notwendigen Schutz der Arbeitnehmer gewährleisten und andererseits der Privatautonomie größeren Spielraum lassen.[856] Das Günstigkeitsprinzip soll den einzelnen Arbeitnehmer vor seinem Verband

---

851 Vgl. *Belling*, DB 1982, S. 2514; *Martens*, RdA 1983, S. 222; *Richardi*, RdA 1983, S. 216.

852 *Joost*, ZfA 1984, S. 175; *Biedenkopf*, Grenzen der Tarifautonomie, S. 146 f.

853 *Löwisch*, Arbeitsrecht, Rn. 103.

854 Vgl. *v. Hoyningen/Meier-Krenz*, ZfA 1988, S. 311.

855 *Löwisch*, Arbeitsrecht, Rn. 99, 103.

856 So im Ergebnis *v. Hoyningen-Huene*, ZTR 1999, S. 289.

schützen und behält deshalb dem Arbeitsvertrag individuelle Gestaltungsspielräume vor. Gerade dort, wo der Einzelne seine Interessen und Schutzbedürfnisse besser als das Kollektiv wahrnehmen kann, findet die kollektive Interessenvertretung ihre Grenzen. In diesem Falle geht die arbeitsvertragliche Regelung der kollektiven vor. Ist aber auch dann noch von einem des kollektiven Schutzes bedürfenden Arbeitnehmer auszugehen, wenn die Beibehaltung der tariflichen Standards zu einem Arbeitsplatzverlust führen würde, dieser jedoch durch eine individualvertragliche Vereinbarung untertariflicher Leistungen seinen gefährdeten Arbeitsplatz sichern kann? Oder muss nicht in diesem Fall der tarifgebundene abhängig Beschäftigte vor seinem Verband geschützt werden und ein Rückgriff auf privatautonome Vereinbarungen möglich sein?

Wo die mit der vertraglichen Regelung konkurrierende Tarifnorm den Arbeitnehmer nicht in einem relevanten Bereich schützt, ihn jedoch in einem seine persönliche und berufliche Entfaltung betreffenden Bereich einengt, spricht viel, wenn nicht alles, für den Vorrang der Einzelvertragsfreiheit.[857] Die Sicherung vorhandener Arbeitsplätze dient dem unmittelbaren Interesse und dem Schutz der tarifgebundenen Arbeitnehmer.[858] Werden durch das strikte Beharren auf tariflichen Standards Arbeitsplätze gefährdet, verfehlt der Tarifvertrag seine Aufgabe, Arbeitsbedingungen zu sichern, zu denen der einzelne Arbeitnehmer sonst aufgrund seiner Marktposition nicht in der Lage wäre.[859] Soweit also die Regelungen des kollektiven Arbeitsrechts zur Unterbeschäftigung führen, wird die Medizin zur Ursache der Krankheit.[860] Der Tarifvertrag als Instrument der Tarifautonomie ist nicht dazu da, Arbeitsplätze zu vernichten. Dies ist auch nicht als Nebenfolge hinzunehmen.[861] Wenn durch eine einzelvertragliche Abrede der Arbeitsplatz im Gegenzug zu untertariflichen Arbeitsbedingungen garantiert wird, ist dies höher einzuschätzen als die Beibehaltung des tariflichen Niveaus,

---

857 Vgl. *ZÖLLNER*, DB 1989, S. 2126.

858 *SCHWEIBERT*, Die Verkürzung der Wochenarbeitszeit durch Tarifvertrag, S. 78.

859 *KEUCHEL*, in: Scholz (Hrsg.), Wandel der Arbeitswelt als Herausforderung des Rechts, S. 51, geht davon aus, dass der Kollektivvertrag dann keine größere Richtigkeitsgewähr als der Individualvertrag hat, wenn ein Großteil der abhängig Beschäftigten durch Kollektivverhandlungen arbeitslos wird bzw. bleibt. In diesem Fall muss daher der Vorrang der Privatautonomie gelten. *ADOMEIT*, NJW 1984, S. 595, ging zunächst davon aus, dass ein Tarifvertrag, der für das Unternehmen in rote Zahlen hineinführen oder deren Betrag erhöhen würde, außer Funktion geraten ist. Von dieser Meinung ist *ADOMEIT*, Regelung von Arbeitsbedingungen und ökonomische Notwendigkeit, S. 49, jedoch abgerückt und sieht seine damalige Aussage als juristisch nicht haltbar an. Nach seiner heutigen Auffassung macht die zwingende Wirkung der Tarifnormen an der Grenze schwarzer / roter Zahlen keineswegs halt. Zwar hat sich der überfordernde Tarifvertrag ökonomisch verirrt, steht allerdings juristisch formal so gut wie jeder andere da.

860 Vgl. *FELS*, FS Giersch, S. 213.

861 Vgl. *RÖMER*, Tarifvertrag und Arbeitslosigkeit, S. 55.

soweit die freie Entscheidung des betroffenen Arbeitnehmers zu Gunsten der abweichenden Vereinbarung ausfällt. Was nützt der beste, an das Bestehen des Arbeitsverhältnisses geknüpfte, tarifliche Schutz,[862] wenn z.B. in wirtschaftlichen Notsituationen durch das starre Festhalten am Tarifvertrag Arbeitsplätze verloren gehen? Hier muss die Grenze kollektiver Regelungsbefugnis erreicht sein. Es hieße den tariflichen Schutzgedanken ad absurdum zu führen, wenn durch starres Festhalten am Tarifvertrag Arbeitsplätze verloren gehen.[863] Eine im Sinne des „klassischen Günstigkeitsprinzips“ verstandene Vertragstreue zu den Gewerkschaften ist ein wichtiges Gut. Wenn diese jedoch zu massenhaften Insolvenzen und damit zur Arbeitsplatzvernichtung führt, wird sie zum puren Dogmatismus. Soweit der Tarifvertrag im Falle des drohenden Verlustes von Arbeitsplätzen keine Regelung vorsieht, muss das Festhalten an den bisherigen tarifpolitischen Strategien und damit auch der klassischen Interpretation des Günstigkeitsprinzips den betroffenen Unternehmen und vor allem den Arbeitnehmern wie blanker Hohn und weltfremde Ignoranz vorkommen.[864] Tarifautonomie und Koalitionsfreiheit sind aber kein Selbstzweck, sondern stehen wie andere Institute des Privatrechts im Dienste der Verwirklichung individueller Freiheit. Nicht das Mitglied dient der Gewerkschaft, die Gewerkschaft dient dem Mitglied. Koalitionsfreiheit und Tarifautonomie sind Mittel, nicht Zweck.[865] Ziel kollektiver Regelung ist es, den Arbeitnehmern weitergehenden Schutz und bessere Arbeitsbedingungen zu gewähren als es diese auf dem von Angebot und Nachfrage geprägten freien Arbeitsmarkt selbst erreichen können. An diesem Zweck sind die jeweiligen Tarifbestimmungen zu messen. Deshalb hat die „kollektive Privatautonomie“ die „individuelle Privatautonomie“ zu unterstützen und zu bestärken, nicht aber dieser zu widerstreiten und sie ohne Not zu ersetzen.[866] Wenn durch die Einhaltung tariflicher Standards der Bestand des

---

862 Der Tarifvertrag enthält gemäß § 1 TVG Rechtsnormen, die den Inhalt, den Abschluss und die Beendigung von Arbeitsverhältnissen sowie betriebliche und betriebsverfassungsrechtliche Fragen ordnen können. Da gemäß § 4 Abs. 1 TVG die Rechtsnormen des Tarifvertrages, die den Inhalt, den Abschluss oder die Beendigung von Arbeitsverträgen ordnen, unmittelbar unzwingend zwischen den beiderseits Tarifgebundenen gelten, die unter den Geltungsbereich des Tarifvertrages fallen, ist der Arbeitsvertrag Voraussetzung dafür, dass diese Tarifnormen überhaupt Anwendung finden. Damit der Tarifvertrag seine Schutzwirkung entfaltet, muss also ein Arbeitsvertrag vorliegen. Nach dem Verlust des Arbeitsplatzes entfällt entsprechend auch der tarifliche Schutz.

863 So auch *Trappehl / Lambrich*, NJW 1999, S. 3221.

864 So bereits *Bremkamp*, Die Flexibilisierung des deutschen Tarifvertragssystems, S. 230, der die Auffassung der Gewerkschaften stark kritisiert, aus Systemerhaltungsüberlegungen und Vertragstreue unbedingt an den bestehenden Tarifverträgen festhalten zu wollen, unabhängig davon, ob dabei Arbeitsplätze verloren gehen.

865 *Rieble*, RdA 1996, S. 155.

866 Vgl. *Heinze*, DB 1996, S. 731. Dieser bezieht in seine Argumentation das Sozialstaatsprinzip ein. D.h., die Kollektivautonomie soll dort zugunsten des Vorrangs individueller

Unternehmens und damit der Bestand von Arbeitsplätzen gefährdet ist, eine Sicherung derselben jedoch durch einen individualvertraglichen Verzicht auf tarifliche Leistungen erfolgen kann, so ist der Arbeitnehmer mittels der Privatautonomie besser in der Lage, seine Interessen wahrzunehmen und seinen Arbeitsplatz zu schützen als dies durch die Kollektivverbände geschieht.[867]

Die Wahl des Arbeitnehmers, ob er sich im konkreten Fall für die Beibehaltung des Tarifvertrages oder die Privatautonomie entscheidet, wird von verschiedenen Faktoren beeinflusst, insbesondere von seinen persönlichen und wirtschaftlichen Verhältnissen, aber auch vom Ausmaß und der Qualität alternativer Erwerbschancen. Soweit der Arbeitnehmer der Auffassung ist, dass die tarifliche Regelung nicht seinem persönlichen Schutzbedürfnis entspricht, muss er auf individuelle Abreden mit dem Arbeitgeber zurückgreifen können. Wenn sich ein abhängig Beschäftigter gegen bestimmte tarifliche Standards, im konkreten Fall für die Vereinbarung untertariflicher Leistungen und damit die Arbeitsplatzsicherung, entscheidet, kann das nicht heißen, dass dieser den Außenseiterstatus wählen muss.[868] Auch die Freiwilligkeit der Verbandsmitgliedschaft begründet kein anderes Ergebnis.[869] Es kann weder die Intention des Gesetzgebers, der Rechtsprechung und vor allem nicht der Gewerkschaften bzw. Ziel einer auf die Interessen der Mitglieder gerichteten Tarifpolitik sein, dass in Ermangelung tariflicher Öffnungsklauseln die gewerkschaftlich organisierten Arbeitnehmer sich veranlasst sehen, aus dem Arbeitnehmerverband auszutreten, um individualvertraglich ihren gefährdeten Arbeitsplatz zu sichern. Statt dessen sollte es möglich sein, dass der abhängig Beschäftigte den generellen tariflichen Schutz beibehält. Lediglich bzgl. der von ihm selbst besser wahrzunehmenden Interessen ist ihm die Chance zu eröffnen, über das Günstigkeitsprinzip von den tariflichen Regelungen abzuweichen. Entsprechend ist im Fall der Gefährdung von Arbeitsplätzen der Rückgriff auf das Günstigkeitsprinzip möglich und sogar notwendig, um eine arbeitsplatzsichernde Individualvereinbarung zu legitimieren. Soweit durch die Einhaltung der tariflichen Standards eine Gefährdung des Arbeitsplatzes besteht, liegt die bedeutendste Konstellation vor, bei der sich der Arbeitnehmer vor Nachteilen des Tarifvertrages durch individuelle Abreden schützen kann. Folg-

---

Freiheitsrechte ihren Vorrang haben, wo die individuelle Privatautonomie zur Verwirklichung der vom Sozialstaatsprinzip geforderten Vertragsgerechtigkeit im Arbeitsleben selbst in der Lage ist.

867 So im Ergebnis auch *Ehmann*, ZRP 1996, S. 317 f.; *Ehmann / Schmidt*, NZA 1995, S. 202; *Ehmann / Lambrich*, JURA 1999, S. 142 f.

868 Nach Auffassung von *Käppler*, NZA 1991, S. 750 f., muss derjenige Arbeitnehmer, der glaubt, durch individuelle Abreden seine Stellung gegenüber dem Tarifvertrag zu verbessern und letztlich eine bessere Marktposition der tariflichen Rechtsstellung vorzieht, stets den Außenseiterstatus wählen.

869 So *Löwisch*, ZfA 1996, S. 300; vgl. auch *Heinze*, DB 1996, S. 731.

lich muss es in einer derartigen Ausnahmesituation[870] auch entgegen der bisherigen klassischen Interpretation des Günstigkeitsprinzips möglich sein, individualvertraglich untertarifliche Leistungen zu vereinbaren. Dies gilt jedenfalls dann, wenn durch die Abmachung zwischen den Arbeitsvertragsparteien das Weiterbestehen des Beschäftigungsverhältnisses gewährleistet werden kann und der abhängig Beschäftigte sich freiwillig für diese Regelung entscheidet. Ein in der hier diskutierten Form verstandenes Günstigkeitsprinzip trägt in noch näher zu bestimmenden Ausnahmesituationen[871] dem Umstand Rechnung, dass der Arbeitsplatz für den Arbeitnehmer das wichtigste Schutzgut darstellt. Primär an der Sicherung des Arbeitsplatzes sollten in Zeiten der Massenarbeitslosigkeit die kollektiven Regelungsziele ausgerichtet sein. Zumal nach dem Verlust des Beschäftigungsverhältnisses für den ehemaligen Arbeitnehmer die tariflichen Bestimmungen nutzlos sind. Indem die existentiellen Risiken sowohl des Arbeitgebers, der nicht mehr wirtschaftlich produzieren kann, als auch der Arbeitnehmer, die ihren Arbeitsplatz verlieren, von vornherein im Rahmen des Günstigkeitsvergleichs überhaupt nicht berücksichtigt werden dürfen, wird die Tarifautonomie zum bloßen Selbstzweck erklärt und das Günstigkeitsprinzip weitgehend nutzlos.[872]

2. Unverhältnismäßiger Eingriff in die Privatautonomie im Falle der Gefährdung von Arbeitsplätzen

Teilweise wird in der Literatur eine etwas andere Begründung für den Vorrang der Privatautonomie vor der Tarifautonomie im Falle der Arbeitsplatzgefährdung gewählt. Nicht mehr allein oder auch nur primär das Günstigkeitsprinzip und seine methodische Deutung sollen die entscheidenden Einwände liefern.[873] Noch stärker als bisher dargestellt, wird die verfassungsrechtliche Stellung der Privatautonomie zur Tarifautonomie herangezogen. Ausgangspunkt hierfür ist, dass die Tarifautonomie in das Grundrecht der Vertragsfreiheit eingreift. Ein derartiger Eingriff ist dann gerechtfertigt, wenn ein Schutz des Arbeitnehmers erreicht wird bzw. Arbeitsbedingungen vereinbart werden, die er durch individualvertragliche Vereinbarungen nicht erzielen kann. Wo die zwingende Wirkung des Tarifvertrages nicht geeignet oder erforderlich ist, diesen Schutz zu gewährleisten, und vor allem, wo der erreichte Schutz außer Verhältnis zu der mit ihm verbundenen Einschränkung der Vertragsautonomie der einzelnen Ar-

---

870 *TRAPPEHL / LAMBRICH*, NJW 1999, S. 3221 sprechen in diesem Zusammenhang von einer notstandsähnlichen Situation.

871 Vgl. *5. KAPITEL B.*

872 So *BAUER*, NZA 1999, S. 960.

873 So *PICKER*, ZfA 1998, S. 644. Vgl. dazu näher vor allem *ZÖLLNER*, DB 1989, S. 2121 ff.

beitnehmer steht, verliert sie ihre Funktion und muss gegenüber dem Individualvertrag zurücktreten.[874]

LÖWISCH[875] stellt zutreffend fest, dass ambivalente Tarifregelungen, die arbeitsplatzvernichtende Wirkung haben, nur von den Tarifparteien selbst gelöst werden können. Ein diesbezügliches Versagen der Tarifparteien ist jedoch nicht einfach hinzunehmen. Soweit die Ausübung der Tarifautonomie in andere Grundrechte eingreift, ist sie verfassungsrechtlich am Grundsatz der Verhältnismäßigkeit zu messen.[876] Entsprechend muss die Tarifautonomie geeignet und erforderlich sein, das durch sie verfolgte Ziel zu erreichen, nämlich eine sachgerechte Regelung der Arbeitsbedingungen. Zudem ist es notwendig, dass der durch die Tarifautonomie hervorgerufene Eingriff in die anderen Grundrechte in einem angemessenen Verhältnis zu dem verfolgten Ziel steht.[877] Daran fehlt es, wenn die im Tarifvertrag geregelten Arbeitsbedingungen den Fortbestand des Unternehmens gefährden oder zum Verlust von Arbeitsplätzen zu führen drohen.[878] Wenn der Arbeitgeber nachweisen kann, dass die Durchführung des Tarifvertrages eine bislang noch rentable Beschäftigung ins Defizit führt, ohne dass auf anderem Weg Abhilfe möglich und daher eine Auflösung des Arbeitsverhältnisses unvermeidlich ist, muss die Tarifautonomie hinter der Privatautonomie zurücktreten. Der mit dem Tarifvertrag intendierte Schutz der Arbeitnehmer ist dann funktionslos.[879] Ihm seine zwingende Wirkung zu belassen, wäre unverhältnismäßig. In einem derartigen Fall hat der Tarifvertrag seinen Sinn, nämlich den Schutz der Arbeitnehmer vor ihrem überlegenen Vertragspartner, verfehlt. Entsprechend ist der Eingriff in die Privatautonomie unverhältnismäßig.[880] Tragen die Tarifparteien einer solchen Extremsituation nicht Rechnung, müssen sie sich

---

874 Vgl. *LÖWISCH*, in: Rechtswissenschaftliche Fakultät der Albert-Ludwigs-Universität Freiburg / Br. (Hrsg.), 40. Jahre Grundgesetz, S. 72. *HEINZE*, DB 1996, S. 733, geht davon aus, dass die Willensbindung des tarifgebundenen Arbeitnehmers an die Kollektivautonomie und das Aufgehen seiner individuellen in der kollektiven Privatautonomie dort an verfassungsrechtliche Zulassungsschranken stößt, wo gemäß den sozialstaatlichen Grundsätzen der Arbeitsvertragsgerechtigkeit die privatautonome Vertragsgestaltung eben selbst in der Lage ist, diese Grundsätze zu verwirklichen.

875 *LÖWISCH*, ZfA 1996, S. 313.

876 Vgl. *LÖWISCH*, NJW 1997, S. 906.

877 Vgl. genauer *LÖWISCH*, ZfA 1996, S. 299 ff.; *MÜLLER, C.*, Die Berufsfreiheit des Arbeitgebers, S. 245 f. lehnt zwar die Anwendbarkeit des Verhältnismäßigkeitsgrundsatzes auf die tarifvertragliche Normsetzung ab, sieht aber gleichzeitig einen unzumutbaren Eingriff in Art. 12 Abs. 1 GG gegeben, wenn eine Fortführung des Gewerbes ernsthaft und nachhaltig gefährdet ist.

878 *LÖWISCH*, NJW 1997, S. 906.

879 Vgl. *LÖWISCH*, NJW 1997, S. 906; *LÖWISCH*, ZfA 1996, S. 313.

880 So im Ergebnis *LÖWISCH*, NJW 1997, S. 906.

damit abfinden, dass sich der einzelne Arbeitsvertrag durchsetzt, soweit und solange das erforderlich ist, um der Extremsituation Herr zu werden.[881]

3. Zwischenfazit

Eine Vereinbarung untertariflicher Leistungen, die an eine Beschäftigungsgarantie gebunden ist, muss im Falle der Gefährdung von Arbeitsplätzen über das Günstigkeitsprinzip durch den Vorrang der individuellen Privatautonomie vor der Kollektivautonomie legitimiert sein. Zwar bezieht sich die verfassungsrechtliche Argumentation des Vorranges der Privat- vor der Tarifautonomie nicht primär auf das Günstigkeitsprinzip. Sie ist aber auf dieses übertragbar. Da das Günstigkeitsprinzip das Instrument ist, welches trotz bestehender tariflicher Bindung der Privatautonomie den Anwendungsbereich eröffnet, wäre eine Lösung direkt über § 4 Abs. 3 Alt. 2 TVG am einleuchtendsten. Wenn im Falle der Unternehmensgefährdung und des drohenden Verlustes von Arbeitsplätzen der Tarifvertrag als Surrogat des Individualvertrages[882] hinter diesen zurücktreten soll, muss eine derartige privatautonome Vereinbarung auch günstiger für den Arbeitnehmer anzusehen sein. Dies gilt insbesondere dann, wenn es dem Arbeitnehmer zunächst freisteht, zwischen Tarifvertrag und abweichender Vereinbarung zu wählen,[883] und er sich gegen die kollektive Regelung und für die Arbeitsplatzsicherheit entschieden hat. Entsprechend eröffnet das Günstigkeitsprinzip einer Vereinbarung untertariflicher Leistungen den Wege, wenn der Arbeitsplatz gefährdet ist und dem Arbeitnehmer im Gegenzug eine Beschäftigungsgarantie gewährt wird. Anderenfalls würde die Privatautonomie der Arbeitsvertragspartner in erheblicher Weise beschnitten, ohne dass dies durch ihren Schutz veranlasst ist. Die Einbeziehung von Arbeitsplatzgarantien in den Günstigkeitsvergleich gesteht dem Arbeitnehmer bei der Kollision individueller und kollektiver Interessen die Fähigkeit zur eigenverantwortlichen Lebensgestaltung und Interessenvertretung zu. Soweit der Mindestschutz der Arbeitnehmer gewährleistet wird,[884] ist das Günstigkeitsprinzip das optimalste Instrumentarium, um dem abhängig Beschäftigten bei kollidierenden privaten und kollektiven Interessen soviel Schutz wie nötig und soviel Selbstbestimmung wie möglich[885] zuzugestehen.

---

881 *LÖWISCH*, ZfA 1996, S. 313.

882 So *JUNKER*, ZfA 1996, S. 391.

883 Ob für den Arbeitnehmer darüber hinaus auch nach Abschluss der untertariflichen Vereinbarung mit dem Arbeitgeber die Möglichkeit besteht, vorzeitig zum Tarifvertrag zurückzukehren, wird im *5. Kapitel D II* untersucht.

884 Der Mindestschutz der Arbeitnehmer wird heute weitgehend durch gesetzliche Standards festgelegt. Bzgl. des finanziellen Aspektes greifen die sozialen Auffangsysteme als unterste Schutzstufe ein. Vgl. dazu näher *5. KAPITEL C II 2*.

885 Vgl. *RIEBLE*, RdA 1996, S. 156.

Fünftes Kapitel

Kriterien für die Zulässigkeit untertariflicher Vereinbarungen

Die bisherigen Ausführungen haben verdeutlicht, dass eine Einbeziehung von Arbeitsplatzgarantien in den Günstigkeitsvergleich und damit auch die individualvertragliche Vereinbarung untertariflicher Leistungen über das Günstigkeitsprinzip rechtlich zulässig und aufgrund einer Verschiebung der Interessen und Schutzbedürfnisse der Arbeitnehmer und unzureichender Reaktionen der Tarifpartner auf die geänderten Rahmenbedingungen auch notwendig ist. Fraglich ist an dieser Stelle jedoch, unter welchen genauen Voraussetzungen bzw. in welchen Situationen und insbesondere wie weit die Öffnung zugunsten des Einzelvertrages erfolgen kann.

Zunächst wird dargestellt, warum eine Festlegung von genauen Kriterien und insbesondere die Beschränkung der Zulässigkeit der Vereinbarung untertariflicher Leistungen auf bestimmte Tatbestände notwendig ist. Anschließend ist zu prüfen, wie weit es dem Arbeitnehmer überhaupt möglich sein sollte, von den tariflichen Leistungen abzuweichen. Weiterhin bedarf es der Analyse, welche Voraussetzungen an eine wirtschaftliche Ausnahme- bzw. Notfallsituation für das Unternehmen zu knüpfen sind. Zudem wird untersucht, ob für die Parteien des Arbeitsvertrages die Möglichkeit einer vorzeitigen Rückkehr zum Tarifvertrag offen steht und welche Rechtsfolgen sich daraus ergeben.

A. Notwendigkeit der Festlegung von Kriterien

Wie bereits im Rahmen der Diskussion um die Zulässigkeit eines subjektiven Günstigkeitsvergleiches gesehen,[886] scheint es notwendig, die Voraussetzungen der Anwendbarkeit der hier vorgeschlagenen Günstigkeitsbeurteilung einzuschränken.

Insbesondere aufgrund der hohen Arbeitslosenquote und der raren Arbeitsplätze besteht für eine Vielzahl der Beschäftigten lediglich eine geringe Möglichkeit, die Arbeitsstelle ohne Einkommenseinbuße zu verlassen. Insbesondere ältere, wenig qualifizierte und in traditionellen Branchen tätige Arbeitnehmer haben heute infolge der gestiegenen Konkurrenz auf dem Arbeitsmarkt zunehmend seltener die Chance, eine neue adäquate Stelle zu finden.[887] Somit besteht die Gefahr, dass die Arbeitnehmer bemüht sind, um fast jeden Preis an ihrem Arbeits-

[886] Vgl. dazu die Ausführungen im *2. Kapitel G II 3 a)*.
[887] Vgl. dazu die Ausführungen im *1. Kapitel A VI*.

platz festzuhalten[888] und die Arbeitgeber die Lage der Belegschaft zur Vereinbarung untertariflicher Leistungen ausnutzen. Die hier vorgeschlagene Stärkung der Vertragsfreiheit über das Günstigkeitsprinzip birgt, wie alle Freiheiten, auch die Gefahr in sich, missbraucht zu werden.[889] Damit die abhängig Beschäftigten durch den Hinweis auf eine mögliche Gefährdung ihrer Arbeitsplätze nicht erpressbar werden bzw. gar ohne eine reale Gefährdung auf tarifliche Standards verzichten, ist es nötig, genaue Kriterien aufzustellen, unter denen individualvertraglich untertarifliche Vereinbarungen getroffen werden können.

I. Gefährdung der Tarifautonomie

In der hier diskutierten individualvertraglichen Abdingbarkeit tariflicher Leistungen mittels des Günstigkeitsprinzips wird vielfach eine akute Gefahr für das Tarifvertragssystem gesehen.[890] Die Kritik richtet sich dabei nicht nur wie bereits erörtert gegen die subjektive Beurteilungsperspektive beim Günstigkeitsvergleich, sondern insbesondere gegen die Zulässigkeit der Abdingbarkeit tariflicher Standards. Hierdurch wird befürchtet, dass Tarifverträge zu einer bloßen Empfehlung degradiert würden und damit die Wirkung des Tarifsystems ausgehöhlt wird.[891]

Allein aus der Tatsache, dass durch die individualvertragliche Abdingbarkeit tariflicher Leistungen zur Sicherung von Arbeitsplätzen eine Verschlechterung gegenüber dem bisherigen tariflichen Niveau zulässig sein kann, ergibt sich noch keine Gefährdung für die Tarifautonomie, da diese ungeachtet der Schutzfunktion zugunsten der Arbeitnehmer kein Institut zur ständigen Verbesserung der Arbeitsbedingungen darstellt. Diese sind nicht durch eine stete Erweiterung gekennzeichnet, sondern hängen vielmehr von der gesamtwirtschaftlichen Situation bzw. insbesondere der Ertragslage der Unternehmen ab und sind insoweit konjunkturbedingt. Dementsprechend kann die Aufgabe der Arbeitnehmervereinigungen nicht nur darin bestehen, die Arbeitsbedingungen stets über den bisher erreichten Stand hinaus zu steigern.[892] Dies wird deutlich, indem bestehende Ta-

---

888 So auch *Blanke*, ZTR 1998, S. 156.

889 So *Zöllner*, Sonderbeilage zu NZA 3/2000, S. 5.

890 *Franzen*, RdA 2001, S. 3; *Henssler*, ZfA 1994, S. 507; *Hromadka*, FS Wlotzke, S. 344; *Richardi*, DB 2000, S. 47; *Wank*, NJW 1996, S. 2278; *Dieterich*, RdA 2002, S. 15; *Zachert*, AuA 2002, S. 48.

891 So die Bedenken des Vorsitzenden der IG Bau in bezug auf die Einbeziehung von Arbeitsplatzgarantien in den Günstigkeitsvergleich. Vgl. *Losse*, Wirtschaftswoche 51/1999, S. 35; so auch *Brecht / Höland / Reim*, RdA 2002, S. 31; *Zachert*, AuA 2002, S. 48; *Fischer, Ch.*, ZfA 2002, S. 239.

892 *Römer*, Tarifvertrag und Arbeitslosigkeit, S. 53.

rifverträge auch durch nachfolgende verschlechternde abgelöst werden können.[893]

Von der unmittelbaren und zwingenden Wirkung bestehender Tarifverträge kann nur abgewichen werden, soweit eine entsprechende Öffnungsklausel besteht, oder die Vereinbarung als günstiger für den betroffenen Arbeitnehmer anzusehen ist. Sowohl Öffnungsklauseln als auch das Günstigkeitsprinzip durchbrechen die ansonsten verbindlichen Regelungen von Tarifverträgen. Soweit Öffnungsklauseln, die eine Vereinbarung untertariflicher Leistungen vorsehen, als verfassungsgemäß angesehen werden, müsste dies für die hier vorgeschlagene Günstigkeitsbewertung zumindest dann gelten, wenn das Günstigkeitsprinzip eine Öffnungsklausel darstellt. Öffnungsklauseln können in zwei verschiedenen Formen, als tarifvertragliche oder gesetzliche, auftreten. Wenn die Tarifpartner selbst eine Öffnung des Tarifvertrages vereinbaren, wird dies als Teil der Tarifautonomie und damit als verfassungsmäßig angesehen.[894] Die Verfassungsmäßigkeit gesetzlicher Öffnungsklauseln ist dagegen umstritten. Einhellig abgelehnt wird eine allgemeine gesetzliche Öffnung des Tarifvertrages.[895] Aber auch bezüglich einer eingeschränkten gesetzlichen Tariföffnung, die es gestattet, in bestimmten Ausnahmesituationen entweder auf betrieblicher oder individualvertraglicher Ebene von den tariflichen Bestimmungen auch nach „unten" abzuweichen, bestehen verfassungsrechtliche Bedenken.[896] Unzweifelhaft stellt das Günstigkeitsprinzip eine gesetzlich normierte Öffnungsklausel gegenüber der zwingenden Wirkung des Tarifvertrages dar. Da gemäß § 4 Abs. 3 TVG vom Tarifvertrag abweichende Vereinbarungen jedoch nur zulässige sind, soweit sie eine Änderung der Regelung zugunsten des Arbeitnehmers enthalten, d.h., an die Öffnung die Bedingung der Günstigkeit geknüpft ist, handelt es sich bei dem Günstigkeitsprinzip um eine beschränkte gesetzliche Öffnungsklausel für Individualvereinbarungen.[897] Soweit eine derartige Tariföffnung als mit Art. 9

---

893 Die neuen Tarifnormen gelten aufgrund des Ordnungsprinzips / Ablösungsgrundsatzes unabhängig von ihrem Inhalt. Auch verschlechternde Regelungen treten in Kraft, die spätere verdrängt die frühere und damit auch die günstigere. Vgl. *GAMILLSCHEG*, Kollektives Arbeitsrecht, Bd. I, S. 760; *HANAU/ ADOMEIT*, Arbeitsrecht, S. 76. Dies ist eine Auswirkung der Tarifautonomie und Anwendung des allgemeinen Satzes „lex posterior derogat legi priori". Vgl. *HANAU/ ADOMEIT*, Arbeitsrecht, S. 76.

894 *KISSEL*, in: Dieterich / Hanau / Schaub (Hrsg.), Erfurter Kommentar zum Arbeitsrecht, Art. 9 GG Rn. 54, 64.

895 So z.B. *SÖLLNER*, NZA 1996, S. 899; *HANAU*, RdA 1993, S. 10; *LÖWISCH*, ZfA 1996, S. 312 f.; *WANK*, NJW 1996, S. 2280.

896 Vgl. in bezug auf die Zulässigkeit verschlechternder Betriebsvereinbarungen aufgrund gesetzlicher Öffnungsklausel die ausführliche Darstellung des Meinungsstandes bei *RÖMER*, Tarifvertrag und Arbeitslosigkeit, S. 15 ff. m.w.N.

897 So im Ergebnis *WALKER*, ZTR 1997, S. 199; ebenso *JUNKER*, ZfA 1996, S. 414.

Abs. 3 GG vereinbar angesehen wird,[898] muss dies auch für die hier vorgeschlagene Günstigkeitsbetrachtung gelten.

Die Tarifautonomie gilt nicht schrankenlos.[899] Ein Eingriff in dieselbe ist dann zulässig, wenn ein besonderer Rechtfertigungsgrund besteht.[900] Wie bereits festgestellt, hat die kollektive Privatautonomie die individuelle Privatautonomie zu unterstützen und zu bestärken.[901] Solange die kollektiven Regelungen diese Funktion erfüllen, verdrängt sie die individuelle Vertragsgestaltung durch den tarifgebundenen Arbeitnehmer.[902] Da die Tarifautonomie nur kollektive Interessen, die jedoch nicht notwendigerweise auch immer das Individualinteresse des Einzelnen darstellen, wahrzunehmen in der Lage ist, kann diese nicht umfassend an die Stelle der individuellen Vertragsfreiheit treten. Nach der hier vorgeschlagenen Interpretation des Günstigkeitsprinzips wird die verfassungsrechtlich garantierte Tarifautonomie von der ebenfalls verfassungsrechtlich gesicherten Vertragsfreiheit lediglich dann verdrängt, wenn der Schutzzweck des Tarifvertrages verfehlt wird, weil durch das Festhalten an tariflichen Standards Arbeitsplätze gefährdet werden, deren Weiterbestand jedoch dem Arbeitnehmer durch den Arbeitgeber im Gegenzug zu untertariflichen Leistungen garantiert wird. Auch eine gesetzliche Öffnungsklausel verletzt trotz der mit ihr einhergehenden Beschränkung des Betätigungsrechts der Koalitionen dann nicht den durch Art. 9 Abs. 3 GG geschützten Kernbereich der Tarifautonomie, sofern die Öffnungsklausel zum Schutz dieser Rechtsgüter geboten ist,[903] mit anderen Worten, wenn sie zur Erhaltung von Arbeitsplätzen erforderlich ist.[904] D.h., nur in dem Fall, wenn die Beibehaltung des tariflichen Niveaus zur Gefährdung von Arbeitsplätzen beiträgt, soll die normative Wirkung des Tarifvertrages durchbrochen und dessen Standards unterschritten werden dürfen. Auch bei der hier diskutierten Günstigkeitsbewertung untertariflicher Leistungen ist es daher notwendig, die Durchbrechung der Unabdingbarkeit normativer tariflicher Regelungen nur in Ausnahmefällen zu gestatten. Anders als bei umfassenden Tariföffnungen bleibt der Tarifvertrag außerhalb der entsprechenden tatbestandlichen

---

898 Vgl. *Walker*, ZfA 1996, S. 197. In bezug auf beschränkte tarifliche Öffnungsklauseln ebenfalls *Henssler*, ZfA 1994, S. 499; *Junker*, ZfA 1996, S. 413; *Kissel*, NZA 1986, S. 74 f.

899 Zur Privatautonomie als Grenze kollektiver Regelungsmacht vgl. die Ausführungen im *4. Kapitel E II.*

900 Vgl. *Kissel*, in: Dieterich / Hanau / Schaub (Hrsg.), Erfurter Kommentar zum Arbeitsrecht, Art. 9 GG Rn. 60.

901 *Heinze*, NZA 1991, S. 331.

902 *Sontowski*, Löhne in der Unternehmenskrise, S. 163.

903 *BVerfG* v. 30.11.1965, BVerfGE 19, S. 321 f.; *BVerfG* v. 26.05.1970, BVerfGE 28, S. 306.

904 *Römer*, Tarifvertrag und Arbeitslosigkeit, S. 97.

Voraussetzungen für eine Abweichung weiterhin unabdingbar.[905] Somit wird bei der hier vorgeschlagenen Einbeziehung von Arbeitsplatzgarantien in den Günstigkeitsvergleich das Rangverhältnis zwischen Tarif- und Arbeitsvertrag nicht generell umgekehrt. Auch die Funktionsfähigkeit der Tarifautonomie und die prinzipielle Zuständigkeit der Tarifpartner für die Regelung der Arbeits- und Wirtschaftsbedingungen wird letztlich nicht in Frage gestellt. Da die Kompetenzen zur Regelung von Arbeitsbedingungen weiterhin grundsätzlich bei den Tarifpartnern liegen, bleibt trotz Einbeziehung individualvertraglicher Arbeitsplatzsicherung in die Günstigkeitsbewertung die Institution des bestehenden Tarifvertragssystems gewahrt.

Obwohl zwischen Arbeitnehmer und Arbeitgeber eine individualvertragliche Vereinbarung untertariflicher Leistungen getroffen wurde, führt die Vereinbarung aufgrund der weitreichenden Sicherung des Arbeitsplatzes in der Gesamtbetrachtung zu einer günstigeren Stellung des Arbeitnehmers. Hier liegt der entscheidende Unterschied zu eingeschränkten Öffnungsklauseln, bei denen auch Schlechterstellungen möglich sind. Soweit die hier diskutierte Günstigkeitsbewertung nur in Ausnahmefällen Anwendung findet, stimmt sie mit beschränkten Öffnungsklauseln darin überein, dass den Betriebs- bzw. Arbeitsvertragsparteien nur in eng begrenzten Situationen, meist wirtschaftlicher Art, gestattet wird, in einem genau definierten Maß von den im übrigen verbindlichen Tarifverträgen abzuweichen. Entsprechend stellt auch die Einbeziehung von Arbeitsplatzgarantien in den Günstigkeitsvergleich lediglich einen geringen Eingriff in das bestehende Tarifvertragssystem dar.[906] Ein Verstoß gegen die Ordnungsfunktion des Tarifvertrages wäre nur dann gegeben, wenn es durch die hier diskutierte Günstigkeitsbewertung zu einer unbeschränkten und willkürlichen Öffnung des Tarifvertrages käme. In diesem Falle bestünde die akute Gefahr, dass das Tarifvertragssystem ausgehöhlt würde. Soweit die hier vorgeschlagene Lösung über § 4 Abs. 3 Alt. 2 TVG jedoch nur als Ausnahmeregelung zu verstehen ist und zudem nur im Rahmen noch genau festzulegender Bedingungen[907] von den tariflichen Regelungen abweichen darf, ist eine derart schwerwiegende Auswirkung für das Tarifsystem nicht zu erwarten. Von der zwingenden Wirkung des Tarifvertrages darf letztlich nur abgewichen werden, wenn eine Gefährdung von Arbeitsplätzen vorliegt und durch die individualvertragliche Zusicherung des Arbeitgebers der bedrohte Arbeitsplatz gesichert werden kann. Entsprechend wird der Tarifvertrag nicht als unverbindliche Empfehlung angesehen. Auch die Be-

---

905 So *Walker*, ZTR 1997, S. 197.

906 Das Tarifsystem verliert letztlich nicht seine Funktionsfähigkeit. Die Gewerkschaften büßen, auch wenn der Tarifvertrag in einem Ausnahmefall seine zwingende Wirkung auf Zeit verliert, nichts an ihrer Bedeutung für den Arbeitnehmer ein. Vgl. *Hromadka*, NJW 2003, S. 1276.

907 Vgl. dazu die Ausführungen im *5. Kapitel B-C*.

fugnis der Tarifvertragsparteien, die Arbeitsbedingungen durch die Vereinbarung unabdingbarer Tarifnormen zu gestalten, bleibt im Grundsatz erhalten. Wenn die Anwendung der hier vorgeschlagenen Günstigkeitsbewertung nicht schrankenlos gilt, sondern lediglich auf eng umgrenzte Ausnahmetatbestände beschränkt ist, wird letztlich auch nur in einer statistisch wenig ins Gewicht fallende Zahl von Fällen[908] die Unabdingbarkeit zugunsten untertariflicher Vereinbarungen auf der individualvertraglichen Ebene gelockert.[909] An der unmittelbaren Wirkung normativer Regelungen ändert sich somit grundsätzlich nichts. Der Tarifvertrag behält weiterhin seine Schutz- und Ordnungsfunktion.

II. Anwachsender Konkurrenzdruck der Arbeitnehmer

Durch eine Öffnung des Tarifvertrages in betrieblichen Ausnahmesituationen über das Günstigkeitsprinzip wird das Lohnkartell durchbrochen. Hieraus ergibt sich für die Arbeitnehmer nicht von dieser Ausnahmesituation betroffener Unternehmen die Gefahr von Schmutzkonkurrenz.[910] Es könnte dadurch zu einem verschärften Lohnwettbewerb unter den Unternehmen einer Branche und damit auch der Beschäftigten untereinander kommen.[911] In diesem Zusammenhang wird die Gefahr gesehen, dass sich auch der Arbeitsmarkt nach den Spielregeln von Angebot und Nachfrage richtet, d.h., die Beschäftigten in einen Unterbietungswettbewerb zueinander getrieben werden[912] und es somit durch die um einen Arbeitsplatz konkurrierenden Arbeitnehmer zum Einsetzen einer Lohnabwärtsspirale kommt. Diese Konkurrenz könnte sich einerseits innerhalb der tarifgebundenen Arbeitnehmer, andererseits aber auch zwischen Gewerkschaftsmitgliedern und tarifungebundenen Arbeitnehmern ergeben. Wenn es durch Rückgriff auf das Günstigkeitsprinzip bei einer wirtschaftlichen Notsituation eines Unternehmens zwischen den Arbeitnehmern zu einem Unterbietungswett-

---

908 Der prozentuale Anteil der Unternehmen, die dem Notfallbegriff unterfallen, kann sich in allgemeinen konjunkturellen Schwächephasen und insbesondere gesamtwirtschaftlichen Krisensituationen entsprechend stark erhöhen.

909 So *WALKER*, ZfA 1996, S. 371, in bezug auf die eingeschränkten Öffnungsklauseln, die auf betrieblicher Ebene eine untertarifliche Abweichung ermöglichen. *FREIHUBE*, DB 2000, S. 1026, geht sogar davon aus, dass die einzelvertragliche Abdingbarkeit tariflicher Regelungen das Recht der Koalitionen nach Art. 9 Abs. 3 GG nicht in seinen "Grundfesten" erschüttern kann. Wenn sich herausstellt, dass ein Unternehmen die tariflichen Vorgaben wirtschaftlich nicht verkraften kann, so betreiben die Arbeitsvertragsparteien durch ihre einzelvertragliche Abweichung vom Tarifvertrag gerade keine Tarifpolitik.

910 Dies wird ebenfalls als Argument gegen gesetzliche oder tarifliche Öffnungsklauseln angeführt. Vgl. *ROSDÜCHER*, WSI-Mitt. 1997, S. 463.

911 Vgl. dazu *BRECHT / HÖLAND / REIM*, RdA 2002, S. 31.

912 Vgl. *WENDELING-SCHRÖDER*, Referat zum 61. DJT, in: Ständige Deputation des Deutschen Juristentages (Hrsg.), Verhandlungen des einundsechzigsten Deutschen Juristentages Karlsruhe 1996, Bd. II/1, K 17.

bewerb käme, bestünde die Gefahr, dass der Arbeitslohn im schlimmsten Fall bis kurz über das Sozialhilfeniveau sinkt.[913] Es könnte sich dann evtl., wie in den USA, eine neue Klasse von im Niedriglohnbereich tätigen Arbeitnehmern, sog. „Working poor", herausbilden.[914] Die in den USA erfolgte verstärkte Lohndifferenzierung im Niedriglohnbereich dient jedoch in erster Linie der Integration produktivitätsschwacher Arbeitnehmer und resultiert nicht unbedingt aus dem gestiegenen Konkurrenzdruck der Arbeitnehmer untereinander. Zudem sind gerade Arbeitsplätze mit sehr niedrigem Lohnniveau in Deutschland bisher wenig angenommen worden.[915] Dies deutet darauf hin, dass durch die Öffnung des Tarifvertrages bei wirtschaftlichen Krisensituationen auch im Falle der Neubewertung des Günstigkeitsprinzips kein ruinöser Konkurrenzdruck der Arbeitnehmer entsteht. Jedoch kann dieses Risiko nicht von vornherein vollständig ausgeschlossen werden. Eine Eindämmung dieser Gefahr ist allerdings möglich, wenn bereits der Anwendungsbereich für die hier diskutierte Günstigkeitsbewertung eingeschränkt wird.[916]

Soweit der hier vorgeschlagene Weg der Rechtfertigung einer individualvertraglichen Vereinbarung untertariflicher Leistungen durch die Einbeziehung von Arbeitsplatzgarantien in den Günstigkeitsvergleich eine Ausnahmeregelung darstellt, die an enge Voraussetzungen gebunden ist, kann eine Ausweitung untertariflicher Arbeitsbedingungen auf andere nicht gefährdete Unternehmen ausgeschlossen werden. Der Kreis der Arbeitnehmer, die zu untertariflichen Leistungen arbeiten, ist auf das jeweils betroffene Unternehmen beschränkt. Gleichzeitig ist zu berücksichtigen, dass bereits zum gegenwärtigen Zeitpunkt der Anteil nicht tarifgebundener Arbeitnehmer sehr hoch ist und weiter steigen wird. Da sich der Geltungsbereich der Tarifverträge jedoch nicht auf diese Arbeitnehmer erstreckt, könnten diese generell zu untertariflichen Konditionen eingestellt bzw. beschäftigt werden.[917] Somit geht von den nicht tarifgebundenen Arbeitnehmern stets eine latente Gefahr von Schmutzkonkurrenz aus. Insgesamt ist der Anteil der Arbeitnehmer einer Branche, die nicht in den persönlichen Anwendungsbe-

---

913 Es ist keinesfalls sicher, dass die anormale Angebotsfunktion oberhalb der Verelendungsgrenze nicht eintritt. Vgl. *Bartling*, WuW 1993, S. 20 f.; *Kleinhenz*, in: Beltz Rühelmann / Döding / Kleinhenz / Rüthers (Hrsg.), Zukunft der Tarifautonomie, S. 32. Jedoch wird der Unterbietungswettbewerb nach unten durch die sozialen Auffangsysteme begrenzt. Wie bereits festgestellt, wird das Sozialstaatsprinzip damit ebenfalls nicht gefährdet.

914 Diese Gefahr sieht *Rösner*, Wirtschaftsdienst 1994, S. 255, bei einer vertikalen Tarifdifferenzierung.

915 Vgl. *Siebert, H.*, DIE ZEIT v. 31.03.1995, S. 35.

916 Vgl. dazu die Ausführungen im *5. Kapitel B.*

917 Dies geschieht jedoch faktisch nicht. In der Praxis werden meistens auch mit nicht tarifgebundenen Arbeitnehmern Verträge zu den gleichen Konditionen wie die geltenden Tarifverträge abgeschlossen. Vgl. zu den Motiven die Ausführungen im *2. Kapitel F II.*

reich des Tarifvertrages fallen, entschieden größer, als der Anteil tarifgebundener Arbeitnehmer, die in einer, noch näher zu bestimmenden Ausnahmesituation von den tariflichen Leistungen nach unten abweichen dürfen. Hier handelt es sich stets um Einzelfälle. Selbst wenn in einem gefährdeten Großbetrieb die Mehrzahl der Arbeitnehmer individualvertraglich untertarifliche Entlohnung vereinbaren, ist ihre absolute Zahl kleiner als die der nicht tarifgebundenen Arbeitnehmer einer Branche. Aufgrund des Ausnahmecharakters ist die Gefahr eines durch die Legitimation untertariflicher Leistungen über das Günstigkeitsprinzip hervorgerufenen ruinösen Konkurrenzdrucks zwischen den Arbeitnehmern eher als sehr gering einzuschätzen. Ein bedeutend größeres Risiko geht dagegen von den sogenannten Außenseitern und vor allem von auf den inländischen Markt drängenden ausländischen Arbeitnehmern aus. Hierzu gehören vor allem Arbeitskräfte aus osteuropäischen Ländern, die versuchen, sich über geringe Lohnforderungen einen Platz auf dem deutschen Arbeitsmarkt zu sichern. Ähnlich verhält es sich aber auch mit Arbeitnehmern aus west- und südeuropäischen Ländern, in denen das Lohnniveau deutlich unterhalb des deutschen Standards liegt.[918]

III. Ergebnis

Die individualvertragliche Vereinbarung untertariflicher Leistungen muss zwingend nur im Ausnahmefall zulässig sein.[919] Ohne eine solche Beschränkung würde praktisch die Möglichkeit einer freien Abdingbarkeit tariflicher Leistungen und damit letztlich auch der Tarifautonomie bestehen. Es gilt zu verhindern, dass - im tariflichen Gewand - ein Betrieb gegen den anderen ausgespielt wird und im Grunde einzelbetriebliches Tarifdumping entsteht.[920] Das Tarifvertragssystem wäre dann in seiner Gesamtheit gefährdet. Diese Folge kann nur verhindert werden, wenn nachfolgend für die Zulässigkeit individualvertraglicher Vereinbarungen untertariflicher Leistungen justitiable Kriterien festgelegt werden.

B. Spezifische Voraussetzungen untertariflicher Vereinbarungen

I. Anforderung an die Arbeitsplatzgarantie

Ausnahmeregelungen, wie die hier diskutierte Modifizierung des Günstigkeitsprinzips, können eine gute Möglichkeit darstellen, um flexibel auf geänderte Rahmenbedingungen mit dem Ziel zu reagieren, in wirtschaftlichen Schwächephasen Unternehmensstandorte und damit Arbeitsplätze zu sichern. Ihr wirklicher Wert hängt jedoch von der praktikablen Ausgestaltung ab.

---

918 Vgl. dazu die Ausführungen im *1. KAPITEL A III.*

919 So auch *NIEBLER / SCHMIEDL*, BB 2001, S. 1634.

920 Vgl. *HENSCHE*, ArbuR 1996, S. 335.

1. Vertragliche Absicherung

Auch wenn die individuelle Vereinbarung untertariflicher Leistungen eine Senkung der Lohnkosten im Betrieb bewirkt und damit dem Erhalt von Arbeitsplätzen dienen könnte, reicht diese vage Chance für die Beurteilung der Günstigkeit nicht aus. Für die Bewertung als günstigere Regelung ist die verbindliche Gegenleistung des Arbeitgebers für die untertariflichen Leistungen des Arbeitnehmers zwingend erforderlich. Diese besteht in der vertraglichen Vereinbarung der Beschäftigungsgarantie als Kompensationsleistung des Unternehmers. Erst dadurch ist die Sicherung des Arbeitsplatzes nicht mehr nur bloße Hoffnung,[921] sondern in juristisch wirksamer Weise zugesichert.[922] Gerade in der vertraglichen Zusicherung und der sich daraus ergebenden Justitiabilität der entsprechenden Vertragsklausel besteht der echte Vorteil gegenüber den Arbeitnehmern, die lediglich in Erwartung der Sicherung des Arbeitsplatzes auf tarifliche Leistungen verzichtet haben.[923] Soweit der Arbeitgeber dem Arbeitnehmer keine Arbeitsplatzerhaltungsgarantie einräumt, besteht lediglich die vage Chance, dass der Arbeitsplatz während der Laufzeit der Vereinbarung weiterbesteht.[924] Aufgrund der Tatsache, dass der abhängig Beschäftigte auf einen Teil der ihm zustehenden tariflichen Leistungen verzichtet, ohne eine justitiable Gegenleistung zu bekommen, kann ohne eine vertragliche Weiterbeschäftigungsgarantie nicht von einem die Günstigkeit begründenden Vorteil für den Arbeitnehmer ausgegangen werden. Somit ist eine zwischen den Arbeitsvertragsparteien geschlossene Vereinbarung untertariflicher Leistungen ohne gleichzeitige Beschäftigungszusicherung nicht durch § 4 Abs. 2 Alt. 3 TVG gedeckt.

Grundsätzlich können die über das Günstigkeitsprinzip legitimierten günstigeren Arbeitsbedingungen ausdrücklich oder stillschweigend vereinbart werden.[925] Für den Abschluss günstigerer Vereinbarungen existieren keine gesetzlichen Formvorschriften. Aufgrund der großen Bedeutung einer Kompensation untertariflicher Leistungen im Gegenzug zu Beschäftigungsgarantien für die Beteiligten und insbesondere den Arbeitnehmer sollte die Vereinbarung möglichst schriftlich fixiert werden. Zwingend ist dies nicht, da selbst der Arbeitsvertrag formlos geschlossen werden kann. Die Schriftform bietet sich hier jedoch an, weil diese im Fall von Rechtstreitigkeiten eine erhebliche Beweiserleichterung darstellt.

---

921 Vgl. *Potthoff*, Arbeitszeitverkürzungen zur Personalkostensenkung, S. 141.

922 *Adomeit*, Regelung von Arbeitsbedingungen und ökonomische Notwendigkeit, S. 43.

923 Welche rechtlichen Folgen sich aus der vertraglichen Zusicherung des Arbeitsplatzes während der Laufzeit ergeben, wird später ausführlich erörtert. Vgl. dazu die Ausführungen im *5. Kapitel D-E.*

924 Vgl. auch *Potthoff*, Arbeitszeitverkürzungen zur Personalkostensenkung, S. 141.

925 Vgl. *Wank*, in: Wiedemann (Hrsg.), TVG, § 4 Rn. 425.

2. Zeitdauer der Arbeitsplatzgarantie

Tragen die Tarifparteien einer betrieblichen Extremsituation nicht Rechnung, müssen sie sich damit abfinden, dass sich der einzelne Arbeitsvertrag durchsetzt, soweit und solange das erforderlich ist, um der Extremsituation Herr zu werden.[926]

a) Generelle Befristung der vom Tarifvertrag abweichenden Vereinbarung

Die Anwendung des Günstigkeitsprinzips zur Kostenentlastung des Unternehmens bei gleichzeitiger Arbeitsplatzgarantie kann jedoch nur als kurzfristige Hilfe verstanden werden. Einerseits werden trotz Vereinbarung untertariflicher Arbeitsbedingungen auf diesem Weg die eigentlichen Produktivitäts- und Kostenprobleme nicht gelöst. Vielmehr können und dürfen untertarifliche Arbeitsbedingungen nur für eine Übergangszeit das Verbleiben im Markt gewähren, während die Rückkehr zu Tariflöhnen in der Regel erst nach der Vornahme produktivitätserhöhender Zukunftsinvestitionen erfolgen kann.[927] Andererseits ist eine zeitliche Beschränkung der untertariflichen Leistungen auch notwendig, um den Tarifvertrag nicht weiter als notwendig auszuhöhlen.[928] Die Abweichung von tariflichen Standards über die hier vorgeschlagene Modifizierung der Günstigkeitsbewertung soll es den Arbeitnehmern lediglich ermöglichen, in vorübergehenden wirtschaftlichen Schwierigkeiten ihren Arbeitsplatz zu sichern. Da mit erfolgreicher Unternehmenssanierung die Vereinbarung untertariflicher Leistungen nicht automatisch eine Rückkehr zu den tariflichen Regelungen einhergeht,[929] bestände zudem die Gefahr, dass der Arbeitgeber auch nach einer wirtschaftlichen Konsolidierungsphase die untertariflichen Leistungen beibehält, um sich so gegenüber seinen inländischen tariftreuen Konkurrenten einen Wettbewerbsvorteil zu verschaffen. Eine dauerhafte Absenkung des tariflichen Niveaus ist jedoch gerade nicht erwünscht. Anderenfalls würde die Absenkung tariflicher Standards im Gegenzug zu Beschäftigungsgarantien keine Ausnahmeregelung mehr darstellen. Entsprechend sind derartige individualvertragliche Vereinbarungen zeitlich zu befristen.

Die hier diskutierte Günstigkeitsbewertung untertariflicher Leistungen soll es dem Unternehmer ermöglichen, auf wirtschaftliche Schwierigkeiten durch eine Senkung der Kostenbelastung schnell zu reagieren. Sie stellt damit nur eine kurz- bzw. mittelfristige Lösung dar. Soweit der Arbeitgeber beabsichtigt, eine Kostensenkung langfristig durch die Absenkung bestimmter tariflicher Leistun-

---

926 *Löwisch*, ZfA 1996, S. 313.

927 *Schellhaass*, Wirtschaftsdienst 1993, S. 289.

928 So *Henssler*, ZfA 1994, S. 505; *Hromadka*, in: Hromadka / Maschmann, Arbeitsrecht, Bd. 2, S. 346 in bezug auf Öffnungsklauseln.

929 Dies ist lediglich dann der Fall, wenn die Parteien die erfolgreiche Unternehmenssanierung als auflösende Bedingung (§ 158 Abs. 2 BGB) vereinbart haben.

gen zu erreichen, muss er den Arbeitgeberverband verlassen. Aufgrund der dann fehlenden Tarifbindung ist es ihm unter Berücksichtigung der gesetzlichen Anforderung möglich, mit den Arbeitnehmern individuelle Arbeitsverträge abzuschließen. Zu berücksichtigen sind hierbei, dass nach einem Verbandsaustritt zunächst § 3 Abs. 3 TVG das Weiterbestehen des Kollektivvertrages bis zu dessen Beendigung festlegt und sich hieran die Nachwirkung des beendigten Tarifvertrages gemäß § 4 Abs. 5 TVG anschließt. Entsprechend stellt der Verbandsaustritt kein Mittel zur kurzfristigen Kostensenkung dar. Diese ist jedoch überlebensnotwendig, um das Unternehmen nicht noch weiter zu belasten.

Die genaue Dauer einer individualvertraglichen Abweichung vom Tarifniveau wird von den Vertragsparteien in beiderseitigem Einvernehmen festgelegt. Um jedoch dem Regelungsziel, vorübergehende wirtschaftliche Schwierigkeiten zu überbrücken und gleichzeitig einen Missbrauch zu verhindern, gerecht zu werden, ist der zeitliche Anwendungsbereich von vornherein zu begrenzen. Auch bei der Festlegung einer maximalen Geltungsdauer ist zu berücksichtigen, dass einerseits in die wirtschaftliche Dispositionsbefugnis und Planung der Unternehmen nicht zu stark eingegriffen und andererseits dem Ausnahmecharakter einer derartigen Vereinbarung Rechnung getragen wird. Unter Berücksichtigung dieser Aspekte empfiehlt es sich, als oberste Grenze eine Beschränkung auf maximal drei Jahre vorzunehmen. Für eine derartige Befristung spricht, dass durch die Vereinbarung untertariflicher Leistungen zwar eine schnelle Kostenentlastung des Unternehmens erreicht werden kann, diese jedoch perspektivisch nicht ausreicht, um die Wettbewerbsfähigkeit des Betriebes wieder herzustellen. Die Konkurrenzfähigkeit soll ja gerade nicht durch eine Abweichung von tariflichen Leistungen erreicht werden. Vielmehr muss der Arbeitgeber entsprechend seines Sanierungskonzeptes innerhalb des Produktionsprozesses andere Rationalisierungsmaßnahmen ergreifen, die zu einer langfristigen Verbesserung der Kostensituation führen. Um hier dauerhafte Ergebnisse zu erzielen, sind in der Regel längere Vorlaufzeiten notwendig, da Änderungen im Produktionsablauf einerseits nicht sofort umgesetzt werden können und andererseits erst mittelfristig Auswirkungen auf die Unternehmensbilanz besitzen. Entsprechend ist frühestens nach einem Jahr mit Ergebnissen kostensenkender Maßnahmen zu rechnen. Somit würde durch eine kürzere Befristung bei einem großen Teil der Betriebe die Chance zur nachhaltigen Senkung der Lohnstückkosten und damit zur Unternehmenskonsolidierung abgeschnitten. Innerhalb der maximal zulässigen Drei-Jahres-Frist sollte es dem Arbeitgeber jedoch möglich sein, die Gesamtkostensituation so weit zu optimieren, dass die Wettbewerbsfähigkeit wieder hergestellt ist. Soweit dies jedoch nicht erreicht wurde, muss das Unternehmen als am Markt nicht überlebensfähig angesehen werden.

Auch unter dem Aspekt der Arbeitsplatzsicherung scheint nach dieser Zeitspanne trotz bestehender Tarifbindung eine längerfristige Akzeptanz untertariflicher

Leistungen nicht gerechtfertigt. Dem Arbeitgeber bleiben in diesem Fall nur die Möglichkeiten von Produktionsverlagerungen, Insolvenz bzw. die Flucht aus dem Tarifkartell. Eine Ausdehnung der Geltungsdauer über drei Jahre hinaus verschafft dem Arbeitgeber zwar eine weitere deutliche Kostenentlastung und erhöht die Chancen der Arbeitnehmer, den Arbeitsplatz über diesen Zeitraum hinaus zu behalten, erscheint jedoch aus wirtschaftlichen Gründen unbillig. Wenn man die maximale Beschränkung auf über drei Jahre festlegt, würde dies zudem auch die Geltungsdauer der meisten Tarifverträge deutlich überschreiten. Der Arbeitgeber hat jedoch nur während der Laufzeit von Tarifverträgen eine Planungssicherheit bzgl. seiner Personalkosten. Nach Ablauf der Drei-Jahres-Frist tritt eine zeitliche Zäsur ein. Hier ist über den Erfolg der getroffenen Maßnahmen Bilanz zu ziehen.

Zu berücksichtigen ist in diesem Zusammenhang auch, dass in der Praxis die Laufzeit von Tarifverträgen selten drei Jahre beträgt. Somit ist die Wahrscheinlichkeit, dass innerhalb der maximalen zeitlichen Beschränkung der individualvertraglichen Vereinbarung der entsprechende Tarifvertrag ausläuft, relativ hoch. Mit dieser Art der Beendigung des Kollektivertrages geht ebenfalls eine zeitliche Zäsur einher. Dies heißt jedoch nicht, dass mit Auslaufen der tariflichen Vereinbarung automatisch auch die individualvertragliche Absprache endet. Da die Tarifpartner in der Regel einen Folgetarifvertrag abschließen, der für die tarifgebundenen Arbeitsvertragsparteien Gültigkeit besitzt, existiert zwar nunmehr für die betroffenen Personen eine veränderte Ausgangssituation. Die Geltung einer neuen kollektiven Vereinbarung führt dazu, dass erneut eine Günstigkeitsbewertung vorzunehmen ist.[930] Da der Arbeitnehmer dabei einerseits entscheidet, welche der beiden Regelungen für ihn günstiger ist, und damit andererseits auch darüber, ob die individuelle Vereinbarung weiter gilt, wird den geänderten Rahmenbedingungen ausreichend Rechnung getragen.

b) Verknüpfung zwischen Höhe der Absenkung des tariflichen Standards und Dauer der Beschäftigungsgarantie

Von Bedeutung ist, in welchem Zusammenhang die Höhe der Absenkung der tariflich vorgeschriebenen Leistungen zur Dauer der Beschäftigungsgarantie stehen.

Soweit der Arbeitnehmer zu lediglich minimalen Absenkungen des Tarifniveaus bereit ist, kann ihm keine maximale Beschäftigungsgarantie gewährt werden. Der Kosteneffekt des Unternehmens wäre in diesem Fall zu gering, um den jeweiligen Arbeitsplatz langfristig zu sichern. Da beide Vertragsparteien an einer einvernehmlichen Regelung interessiert sind, muss zwischen ihnen eine für beide Seiten angemessene Vereinbarung getroffen werden. Dies kann nur erreicht

---

[930] Vgl. die Ausführungen im *2. Kapitel G V.*

werden, wenn die Höhe des Verzichts auf tarifliche Leistungen sich direkt proportional zur zugesicherten Weiterbeschäftigungsdauer verhält. D.h., je größer der prozentuale Verzicht vom tariflichen Niveau abweicht, desto länger muss auch die im Gegenzug gewährte Beschäftigungsgarantie sein. Insbesondere bei langfristigen Vereinbarungen empfiehlt sich eine Staffelung der untertariflichen Leistungen, durch die gegen Ende der Laufzeit eine langsame Angleichung an das alte tarifliche Niveau erfolgt. Wie jedoch eine Ausgestaltung der Vertragsabrede konkret aussieht, ist stets den Parteien zu überlassen. Dies ist einerseits logische Konsequenz aus der Privatautonomie, andererseits sind die persönlichen Verhältnisse und Präferenzen der betroffenen Arbeitnehmer in der Regel derart unterschiedlich, dass ein einheitliches Schema hier keine ausreichende Differenzierung vorzunehmen in der Lage wäre. Zudem soll gerade mittels der sich über das Günstigkeitsprinzip eröffnenden Privatautonomie gewährleistet werden, dass eine den unterschiedlichen Anforderungen der Arbeitgeber und Arbeitnehmer optimal angepasste Regelung getroffen werden kann. Trotz dieses recht allgemeinen Maßstabes kann dennoch weitgehend verhindern werden, dass eine Vertragspartei übervorteilt wird, da die vertragliche Abrede den allgemeinen gesetzlichen Regelungen unterliegt. Insbesondere lässt sich überprüfen, ob ein wucherisches Rechtsgeschäft gemäß §§ 138, 242, 315 BGB oder ein Verstoß gegen den Grundsatz des Treu und Glaubens vorliegt.

II. Kriterien für das Vorliegen der Ausnahmetatbestände

Bisher wurde festgestellt, dass und wie weit über eine modifizierte Günstigkeitsbewertung ein Verzicht auf tarifliche Leistungen zur Arbeitsplatzsicherung rechtlich zulässig ist, wenn gleichzeitig als Kompensation Arbeitsplatzgarantien gewährt werden. Die Legitimation individualvertraglicher Vereinbarungen über die hier diskutierte Günstigkeitsbewertung ist jedoch als Ausnahmeregelung zu verstehen, da anderenfalls die Gefahr einer Aushöhlung der Tarifautonomie besteht.[931] Unter welchen Umständen der individualvertragliche Verzicht auf tarifliche Standards zum Zwecke der Arbeitsplatzsicherung wirklich eine günstigere Abrede ist, kann anhand abstrakter Aussagen nicht getroffen werden. Eine Bewertung kann nur erreicht werden, wenn eine weitere Konkretisierung der Formel „untertarifliche Leistung gegen Arbeitsplatzsicherung bzw. Beschäftigungsgarantie“ erfolgt ist. Aus diesem Grund ist zu untersuchen, unter welchen Voraussetzungen der Arbeitnehmer mit dem Arbeitgeber vom Tarifvertrag negativ abweichende Absprachen treffen darf. Damit die individualvertragliche Vereinbarung untertariflicher Leistungen über eine erweiterte Günstigkeitsbetrachtung eine Ausnahmeregelung bleibt, muss ein wirtschaftlicher Notfall, eine Existenzbedrohung für das betroffene Unternehmen und damit auch für die Arbeitsplätze

[931] Vgl. dazu die Ausführungen im *2. Kapitel G II 3 a)* und *5. Kapitel A I.*

vorliegen bzw. eine Betriebsverlagerung geplant sein. Probleme bereitet in diesem Zusammenhang die Frage, wann eine derartige betriebliche Ausnahmesituation vorliegt. Der Konkretisierung dieses Merkmals kommt entscheidende Bedeutung zu. Es ist hierbei einerseits auf den Anknüpfungspunkt für einen derartigen wirtschaftlichen Ausnahmetatbestand abzustellen, andererseits ist zu fragen, wem die Feststellung eines Notfalls obliegt.

1. Anknüpfungspunkt

Bisher wurde nur allgemein vom Vorliegen einer Ausnahmesituation bzw. der Notwendigkeit eines unternehmerischen bzw. wirtschaftlichen Notfalls als Anknüpfungspunkt gesprochen. In dieser Form stellt das eine weite, nicht praktikable Worthülse dar, die keinen konkreten Rechtsinhalt besitzt und somit auch nicht justitiabel ist. Entsprechend bedarf der Begriff der Ausnahmesituation einer inhaltlichen Ausfüllung.

Eine gesetzliche Definition des Begriffs „Notfall" findet sich im Tarifvertragsrecht nicht. Auch die Rechtsprechung hat sich bisher nicht mit den Anforderungen an eine betriebliche Not- bzw. Ausnahmesituation befasst. Der Gesetzgeber bzw. das Schrifttum haben bereits bei verschiedenen Normen vergleichbare Regelungen bzw. Auslegungskriterien getroffen, die Ähnlichkeiten mit dem hier zu definierenden Notfall bzw. der Existenzbedrohung aufweisen. Des weiteren scheint auch ein Rückgriff auf Grundsätze, die insbesondere die Rechtsprechung für Not- oder Ausnahmesituationen in anderen Konfliktfeldern verwendet, möglich. Anknüpfungspunkt bei diesen Überlegungen ist stets das objektive Vorliegen von ökonomischen Problemen des betroffenen Unternehmens. Ob bzw. inwieweit jedoch ein genereller Rückgriff auf die bisher getroffenen Auslegungskriterien möglich ist, soll nachfolgend untersucht werden.

Wie bereits anhand der eingangs aufgeführten Beispiele deutlich wird, ist für den Anknüpfungspunkt zwischen zwei verschiedenen Konstellationen zu differenzieren. So sind wie im Fall der *PHILLIPP HOLZMANN AG* oder *LTU* Kriterien für den eigentlichen betrieblichen Notfall herauszuarbeiten. Anders stellte sich die Situation bei *VIESSMANN*, *BURDA* bzw. *LUDWIG SCHOKOLADEN* dar. Hier lag keine explizite betriebliche Notsituation vor. Es drohte vielmehr bei diesen wirtschaftlich gesunden Unternehmen eine Betriebsverlagerung, durch die eine weitere Verbesserung der Kostenstruktur und damit der Marktposition erreicht werden sollte. Mithin ist in einem zweiten Schritt zu untersuchen, welche Anforderungen an diese unternehmerische Entscheidung zu stellen sind.

a) Betrieblicher Notfall

Für die Definition des betrieblichen Notfalls, der zwangsläufig mit der Gefährdung von Arbeitsplätzen verbunden sein muss, ist ein Rückgriff auf verschiedene Regelungen und Auslegungskriterien möglich.

(1) Insolvenzverfahren

Bei der Konkretisierung des Notfallbegriffs könnte man an das Insolvenzverfahren anknüpfen. D.h., der Notfall wäre dann auf den Fall der Zahlungsunfähigkeit oder Überschuldung beschränkt. Unzweifelhaft liegt eine betriebliche Notlage, die eine individualvertragliche untertarifliche Vereinbarung erlaubt, im Fall der Insolvenz des Unternehmens vor. Hier steht nicht nur die Existenz des Unternehmens, sondern auch die Gesamtheit der Arbeitsplätze auf dem Spiel, wenn eine Unternehmenssanierung fehlschlägt.

Für die hier in Frage stehenden Kriterien eines Notfalls ist eine Anknüpfung an das Insolvenzverfahren jedoch zu eng, da aus der Unternehmenskrise schon ein Insolvenzfall geworden ist. Zwar birgt ein Insolvenzverfahren dadurch, dass das Unternehmen in sachkundige Hände überführt wird, durchaus Chancen für den Erhalt von Arbeitsplätzen.[932] Ist eine Unternehmenssanierung bzw. die Rettung aller gefährdeten Arbeitsplätze beim Vorliegen eines Insolvenzfalles jedoch scheinbar aussichtslos geworden, so ist nach dem Eintritt der Insolvenz häufig die unverzügliche Einstellung der Unternehmenstätigkeit erforderlich, um weitere Verluste zu vermeiden.[933] Auch wenn grundsätzlich Sanierungschancen bestehen, können diese entscheidend beeinträchtigt werden, wenn es nicht gelingt, einzelne unrentable Betriebe oder Betriebsteile des Unternehmens sofort stillzulegen.[934] Häufig werden dann lediglich selbständige überlebensfähige Unternehmensteile ausgegliedert, während das komplette Unternehmen selten in seiner Gesamtheit weiterbesteht. D.h., ein im Insolvenzverfahren befindliches Unternehmen kann in der Regel nur unter dem Verlust einer Vielzahl von Arbeitsplätzen „gesund geschrumpft" werden,[935] um die Wettbewerbsfähigkeit wieder herzustellen[936] und am Markt zu überleben.[937] Wenn man eine individualvertragliche Vereinbarung untertariflicher Leistungen erst bei Einleitung eines Insolvenzverfahrens zulässt, besteht zwar immer noch die Möglichkeit, Teile des Unternehmens und damit auch Arbeitsplätze zu retten. Die Chance, durch betriebliche Maßnahmen für die Mehrzahl der Arbeitnehmer den Arbeitsplatz zu sichern, ist hierbei als eher gering einzuschätzen. Selbst wenn externe Geldgeber in das

---

932 *Schmid*, NZA 2000, S. 113.

933 Der Insolvenzverwalter muss auf den Abbau von Arbeitsplätzen drängen, wenn dies dem Erhalt der den Gläubigern haftenden Masse dient. Vgl. *Schmid*, NZA 2000, S. 114.

934 *Müller, R.*, in: Schmid (Hrsg.), InsO, § 122, Rn. 1.

935 *Schmid*, NZA 2000, S. 115, vergleicht zutreffend den insolventen Unternehmensträger mit einem Patienten auf der Intensivstation, dessen Ärzte allerdings nicht dem Erhalt seines Lebens, sondern seiner bestmöglichen Verwertung verpflichtet sind.

936 Vgl. *Schmid*, NZA 2000, S. 114.

937 Vgl. z.B. das Insolvenzverfahren der *Philipp Holzmann AG*. In diesem Zusammenhang haben die Gewerkschaften sich nochmals eindeutig gegen eine Öffnung des Tarifvertrages zur Rettung des Unternehmens ausgesprochen. Vgl. *Losse*, Wirtschaftswoche 51/1999, S. 32.

Unternehmen investieren bzw. dieses in seiner Gesamtheit übernehmen, ist das in der Regel mit einem Rationalisierungsprozess und einem erheblichen Verlust von Arbeitsplätzen verbunden,[938] da der Erhalt der verbleibenden Arbeitsplätze lediglich ein Reflex der Sanierung durch den Arbeitgeber ist und nicht zu den primären Insolvenzzielen gehört.[939] D.h., die zur Vereinbarung untertariflicher Leistung über das Günstigkeitsprinzip berechtigende Ausnahmesituation muss daher zwingend an einen Zeitpunkt vor der Einleitung des Insolvenz- bzw. Vergleichsverfahren angeknüpft werden. Auch wenn sich ein Bezug auf die Insolvenz für die Bestimmung des betrieblichen Notfalls als zu eng erweist, liegt mit Einleitung eines derartigen Verfahrens in jedem Fall eine Notsituation vor.

(2) Interessenausgleich bei der Bemessung des Sozialplanes im Falle einer Betriebsänderung - § 112 Abs. 5 S. 2 Nr. 3 iVm. § 111 S. 3 Nr. 1, 2 BetrVG

Die Deregulierungskommission schlägt vor, sich bei der Notfalldefinition an § 112 Abs. 5 Nr. 3 BetrVG zu orientieren.[940] Nach dieser Regelung hat die Einigungsstelle bei der Bemessung des Gesamtbetrages der Sozialplanleistungen darauf zu achten, dass der Fortbestand des Unternehmens oder die nach der Durchführung der Betriebsänderung verbleibenden Arbeitsplätze nicht gefährdet werden. Entscheidend ist hierbei, dass die wirtschaftliche Vertretbarkeit einer solchen Entscheidung zu berücksichtigen ist.[941] Bei § 112 Abs. 5 Nr. 3 BetrVG handelt es sich um eine Ermessensrichtlinie, die keine Grenzen darüber enthält, bis zu welcher Höhe der Unternehmer in einem Sozialplan mit finanziellen Leistungen belastet werden kann.[942] Auch wann die Voraussetzungen, einer Gefährdung des Unternehmensfortbestandes oder einer Gefährdung der nach einer Betriebsänderung verbleibenden Arbeitsplätze vorliegen, wird in § 112 BetrVG nicht genauer konkretisiert. Entsprechend macht für die nähere Bestimmung des Anknüpfungspunktes eine Orientierung an dieser Norm nur Sinn, wenn eine Einschränkung, Stilllegung oder Verlagerung des ganzen Betriebes oder von wesentlichen Betriebsteilen i.S. von § 111 S. 3 Nr. 1, 2 BetrVG vorausgesetzt wird[943] bzw. droht.

---

938 Vgl. *DRUKARCZYK*, Unternehmen und Insolvenz, S. 29 ff.; *CASPERS*, Personalabbau und Betriebsänderung im Insolvenzverfahren, Rn. 6 ff., 20 ff.

939 Vgl. *SCHMID*, NZA 2000, S. 114.

940 So der Vorschlag der *DEREGULIERUNGSKOMMISSION*, Marktöffnung und Wettbewerb, Rn. 598, in bezug auf die Öffnung des Tarifvertrages für untertarifliche Betriebsvereinbarungen in betrieblichen Notfallsituationen.

941 So *RICHARDI*, BetrVG, § 112 Rn. 132.

942 *RICHARDI*, BetrVG, § 112 Rn. 133.

943 So zutreffend der Gesetzgebungsvorschlag von *REUTER*, in: Soltwedel et al., Regulierungen auf dem Arbeitsmarkt der Bundesrepublik, S. 200, in bezug auf die Öffnung des Ta-

Unter einer Betriebsstilllegung i.S. von § 111 S. 3 Nr. 1 BetrVG ist die Auflösung der die Einheit des Betriebes gestaltenden Arbeitsorganisation zu verstehen, die ihren Grund und zugleich ihren unmittelbaren Ausdruck darin findet, dass der Unternehmer den mit ihr verfolgten Zweck einstellt.[944] Eine bloße Produktionseinstellung stellt dabei noch keine Betriebsstilllegung dar.[945] Es genügt auch nicht, dass die Arbeitnehmer nicht mehr beschäftigt werden, vielmehr muss der Unternehmer die rechtlichen Maßnahmen ergreifen, um die von ihm organisierte Zusammenarbeit der Arbeitnehmer im Betrieb zu beenden.[946] Somit ist eine Betriebsstilllegung ihrer Natur nach als endgültige Auflösung der zwischen Arbeitgeber und Arbeitnehmer bestehenden Betriebs- und Produktionsgemeinschaft zu verstehen.[947]

Eine Einschränkung des Betriebes i.S. von § 111 S. 3 Nr. 1 BetrVG liegt vor, wenn seine Leistungsfähigkeit durch eine Verringerung der Betriebsmittel auf Dauer[948] herabgesetzt wird. Sie ist nicht gegeben, wenn Betriebsanlagen oder Betriebsmittel in einem geringeren Umfang als bisher genutzt werden.[949]

Unter Verlegung eines Betriebes ist die Veränderung der örtlichen Lage zu verstehen.[950] Sie kann gleichzeitig mit einer Betriebsstilllegung verbunden sein, wenn der Unternehmer die alte Betriebsgemeinschaft auflöst und am neuen Standort eine neue Belegschaft aufbaut. Dies wird regelmäßig der Fall sein, wenn eine nicht unerhebliche räumliche Verlegung des Betriebes vorgenommen wird. Wesentlich ist, ob der Großteil der Belegschaft an die neue Betriebsstätte übersiedelt.[951] D.h., wenn aus Kostengründen ein sich in Deutschland befindlicher Betrieb ins günstigere Ausland ausgelagert wird, ist dies zwangsläufig mit einem Belegschaftswechsel verbunden und stellt damit eine Betriebsverlegung dar.

Einer Einschränkung, Stilllegung oder Verlegung des Betriebes steht gemäß § 111 S. 3 Nr. 1, 2 BetrVG die Einschränkung, Stilllegung bzw. Verlegung von

---

rifvertrages für untertarifliche Betriebsvereinbarungen in betrieblichen Notfallsituationen.

944 *RICHARDI*, BetrVG, § 111 Rn. 50.

945 *RICHARDI*, BetrVG; § 111 Rn. 54.

946 *RICHARDI*, BetrVG; § 111 Rn. 54.

947 So *RICHARDI*, BetrVG, § 111 Rn. 55.

948 Wobei als dauerhaft ein nicht übersehbarer und wirtschaftlich erheblicher Zeitraum zu verstehen ist. Vgl. *BAG* v. 27.09.1984, BAGE 47, S. 22.

949 *RICHARDI*, BetrVG, § 111 Rn. 64. Entsprechend stellt die Einführung von Kurzarbeit keine Betriebseinschränkung i.S.v. § 111 S. 2 Nr. 1 BetrVG dar.

950 Vgl. *RICHARDI*, BetrVG, § 111 Rn. 84.

951 So *RICHARDI*, BetrVG, § 111 Rn. 84; *BAG* v. 06.11.1959, BAGE 8, S. 211; *BAG* v. 12.02.1987, DB 1987, S. 1988, S. 127.

wesentlichen Betriebsteilen gleich.[952] Erforderlich ist, dass ein erheblicher Teil der Belegschaft von dieser Maßnahme betroffen sein müssen.[953] Als Richtschnur hat das *BAG* hierzu die Zahlen und Prozentangaben des § 17 Abs. 1 KSchG herangezogen.[954] Für Großbetriebe mit über 1000 Arbeitnehmern hat das *BAG* die Staffelung des § 17 Abs. 1 KSchG jedoch eingeschränkt und nimmt eine erhebliche Personalreduzierung erst an, wenn diese mindestens 5% der Gesamtbelegschaft ausmacht.[955] Die zeitliche Grenze des § 17 KSchG von 30 Tagen für den Kündigungszeitraum soll keine Berücksichtigung finden,[956] zumindest dann, wenn der Personalabbau auf einem einheitlichen Plan beruht.[957]

Auch das Anknüpfen einer Konkretisierung des Notfalls an eine Betriebsänderung i.S. von § 111 S. 3 Nr. 1, 2 BetrVG weist im Ergebnis Schwächen auf. Zwar stellen die Varianten des § 111 S. 3 Nr. 1, 2 wesentliche Anknüpfungspunkte für betriebliche Situationen, die mit einem Arbeitsplatzverlust verbunden sind, dar. Es ist jedoch zu berücksichtigen, dass sie nicht notwendigerweise an eine Notsituation gebunden sind. Vielmehr kann eine Einschränkung, Stilllegung oder Verlagerung des Betriebes bzw. einzelner Betriebsteile auch bei Nichtbestehen einer wirtschaftlichen Zwangslage erfolgen,[958] wenn dies dem Willen des Unternehmers entspricht. Die Vereinbarung untertariflicher Leistungen soll gerade verhindern, dass eine Lage eintritt, die niemand, auch der Unternehmer nicht, gewollt hat und der durch die Senkung der Personalkosten entgegengewirkt werden kann.[959] Ein Rückgriff auf § 112 iVm. § 111 BetrVG wäre daher nur sinnvoll, wenn durch den Arbeitgeber eine Rettung des stillzulegenden Betriebes oder Betriebsteils vorgesehen ist. Insbesondere in den Fällen, in denen bei Arbeitgeber und Arbeitnehmern keine Bereitschaft besteht, den Betrieb am selben Standort aufrechtzuerhalten, muss die Möglichkeit einer individualvertraglichen untertariflichen Vereinbarung trotz der Voraussetzungen des § 112 Abs. 5 Nr. 3 iVm. § 111 S. 3 Nr. 1, 2 BetrVG ausgeschlossen sein, da dann bereits von Anfang an erkennbar ist, dass ein perspektivischer Erhalt von Arbeitsplätzen nicht zu erreichen ist. Somit würde im Ergebnis eine Orientie-

---

952 *Richardi*, BetrVG, § 111 Rn. 63.

953 *BAG* v. 22.05.1979, BAGE 32, S. 25; *BAG* v. 22.05.1979, DB 1979, S. 1898 f.; *BAG* v. 22.01.1980, BAGE 32, S. 347; *Fitting / Kaiser / Heither / Engels*, BetrVG, § 111 Rn. 70; *Löwisch*, BetrVG, § 111 Rn. 11.

954 So *BAG* v. 22.05.1979, BAGE 32, S. 25; *BAG* v. 02.08.1983, BAGE 43, S. 225; *BAG* v. 06.12.1988, BAGE 60, S. 242; *BAG* v. 10.12.1996, BB 1994, S. 1900.

955 *BAG* v. 22.01.1988, BAGE 32, S. 348 f.; *BAG* v. 02.08.1983, BAGE 43, S. 227; *BAG* v. 06.12.1988, BAGE 60, S. 242.

956 *Löwisch*, BetrVG, § 111 Rn. 14.

957 So *Richardi*, BetrVG, § 111 Rn. 71; *BAG* v. 22.05.1979, BAGE 32, S. 26.

958 So zutreffend *Sontowski*, Löhne in der Unternehmenskrise, S. 119.

959 Zum gleichen Ergebnis kommt *Sontowski*, Löhne in der Unternehmenskrise, S. 119, die sich im Ergebnis gegen eine Anlehnung des Notfallbegriffs an § 112 BetrVG ausspricht.

rung an § 112 Abs. 5 Nr. 3 iVm. § 111 S. 3 Nr. 1, 2 BetrVG einerseits nicht alle relevanten Notfallsituationen ausreichend berücksichtigen, andererseits kann unter Umständen der Begriff der Betriebsstilllegung zu eng sein,[960] da selbst durch die Eröffnung des Insolvenzverfahrens der Betrieb noch nicht stillgelegt wird. Somit würde bei der Bestimmung des betrieblichen Ausnahmetatbestandes eine Anknüpfung an § 112 Abs. 5 Nr. 3 iVm. § 111 S. 3 Nr. 1, 2 BetrVG den Anwendungsbereich von vornherein einschränken und so die Erfolgsaussichten einer Arbeitsplatzsicherung stark beeinträchtigen.

(3) Kürzungen von Versorgungsleistungen - § 7 Abs. 1 S. 3 Nr. 5 BetrAVG

Auch das BetrAVG enthält Regelungen, bei denen in Ausnahmesituationen eine Nichtanpassung der betrieblichen Rente an die Geldentwertung (§ 16 BetrAVG) bzw. gar Leistungskürzungen (§ 7 Abs. 1 S. 3 Nr. 5 BetrAVG) zulässig sind. Die Regelungen des § 16 und § 7 Abs. 1 S. 3 Nr. 5 BetrAVG stellen dabei jeweils auf die wirtschaftliche Lage des Unternehmens ab. Da jedoch die „wirtschaftliche Lage" des § 16 BetrAVG nicht identisch mit der „wirtschaftlichen Notlage" i.S. des § 7 Abs. 1 S. 3 Nr. 5 BetrAVG ist,[961] stellt letztere die Klausel dar, die auf den hier zu untersuchenden Fall am ehesten zutrifft. Ähnlich wie bei der individualvertraglichen Kürzung tariflicher Leistungen zum Zwecke der Erhaltung von Arbeitsplätzen soll die Reduzierung von Versorgungsleistungen der Bewältigung einer Unternehmenskrise dienen.[962] Gleichzeitig ist auch hier der Arbeitgeber aufgrund seiner vertraglichen Bindung generell nicht zu einem einseitigen Rückzug aus diesen Verpflichtungen berechtigt, so dass der einseitige Widerruf von Versorgungsleistungen gemäß § 7 Abs. 1 S. 3 Nr. 5 BetrAVG als (Not-)Recht gemäß § 242 BGB nur in Ausnahmefällen greift.[963] Entsprechend wäre es denkbar, die für § 7 Abs. 1 S. 3 Nr. 5 BetrAVG aufgestellten Maßstäbe zur Entwicklung der Kriterien des Notfallbegriffs heranzuziehen.

Das *BAG* hat den Widerruf im Sinne von § 7 Abs. 1 S. 3 Nr. 5 BetrAVG an enge Voraussetzungen geknüpft. Insbesondere muss die Notlage nachgewiesen, ein Sanierungsplan vorgelegt, der Betriebsrat beteiligt und der Pensionssicherungsverein eingeschaltet sein.[964] Die wichtigsten Kriterien stellen jedoch die Gefährdung des Unternehmensbestandes und die Sanierungseignung dar. Voraussetzung ist hierbei, dass der Bestand des Unternehmens infolge wirtschaftlicher

---

960 So auch *RÖMER*, Tarifvertrag und Arbeitslosigkeit, S. 153 f.

961 Vgl. *BAG* v. 15.09.1977, BAGE 29, S. 294 ff.

962 Vgl. *RÖMER*, Tarifvertrag und Arbeitslosigkeit, S. 149.

963 Vgl. *BLOMEYER / OTTO*, BetrAVG, Vorb § 7 Rn. 85.

964 Vgl. *BLOMEYER / OTTO*, BetrAVG, § 7 Rn. 125.

Schwierigkeiten ernsthaft gefährdet ist.[965] Die Belastung des Arbeitgebers muss aufgrund der Veränderung der Verhältnisse so groß sein, dass ihm als Schuldner der Versorgungszusage nicht zugemutet werden kann, seine vertragliche Rechtspflicht zu erfüllen.[966] Indizien für eine Notlage können dabei sein, dass sich die wirtschaftliche Lage des Unternehmens in den Jahren zuvor drastisch verschlechtert hat, ganz erhebliche Verluste angefallen sind, Eigenkapital fast vollständig verloren gegangen ist und auch die stillen Reserven des Unternehmens aufgezehrt sind.[967] Gleichzeitig müssen die Ursachen für die wirtschaftliche Entwicklung aufgedeckt werden.[968] Der Verlust eines Unternehmens allein rechtfertigt den Widerruf nicht, so lange im hinreichenden Maß Eigenkapital, haftendes Kapital oder Fremdkapital vorhanden ist oder beschafft werden kann.[969] In der Regel droht dem betroffenen Unternehmen die Insolvenz.[970] Eine wirtschaftliche Notlage des Arbeitgebers ist Voraussetzung für den Insolvenzschutz und indiziert seine Zahlungsunfähigkeit bzw. nur noch beschränkte Zahlungsfähigkeit.[971]

Obwohl der Widerruf der Versorgungsansprüche insolvenzbedingt ist, dient er letztlich der Sanierung des Unternehmens.[972] Entsprechend ist neben einer Gefährdung des Unternehmens eine Sanierungseignung erforderlich. Dies bedeutet, dass die Einstellung oder Kürzung von Pensionszahlungen allein oder im Zusammenhang mit anderen sachdienlichen Maßnahmen geeignet sein muss, die Sanierung des Unternehmens herbeizuführen, d.h., den wirtschaftlichen Zusammenbruch des Unternehmens zu verhindern und die Ertragsfähigkeit wiederherzustellen.[973]

Die Ausführungen haben gezeigt, dass das Widerrufsrecht nach Auffassung des *BAG* an zahlreiche strenge Voraussetzungen[974] geknüpft ist. Entsprechend lässt das *BAG* den Widerruf nur noch in seltenen Fällen zu, insbesondere dann, wenn

---

965 Vgl. *BAG* v. 10.12.1971, BAGE 24, S. 71; *BAG* v. 18.05.1977, DB 1977, S. 1655 f.; *BAG* v. 26.11.1985, BAGE 50, S. 218; *LAG Düsseldorf* v. 29.08.1978, BB 1979, S. 216; *LAG Frankfurt* v. 12.04.1976, BB 1976, S. 1609.

966 Vgl. *BAG* v. 08.07.1972, DB 1972, S. 2069 f.

967 Vgl. *BAG* v. 26.04.1988, BAGE 58, S. 173 f.; *BAG* v. 16.03.1993, BAGE 72, S. 337.

968 *Blomeyer / Otto*, BetrAVG, Vorb § 7 Rn. 88.

969 So *LAG Düsseldorf* v. 29.08.1978, BB 1978, S. 216.

970 Zu dem Ergebnis gelangen *Blomeyer / Otto*, BetrAVG, Vorb § 7 Rn. 88.

971 So *Blomeyer / Otto*, BetrAVG, Vorb § 7 Rn. 125.

972 Vgl. *Blomeyer / Otto*, BetrAVG, Vorb § 7 Rn. 82.

973 Vgl. *BAG* v. 17.12.1958, AP Nr. 42 zu § 242 BGB Ruhegehalt; *BAG* v. 13.03.1975, DB 1975, S. 1564; *BAG* v. 18.05.1977, DB 1977, S. 1655 f.; *BAG* v. 26.11.1985, BAGE 50, S. 218.

974 Insbesondere sind für das Vorliegen der Gefährdung des Unternehmens und die Sanierungseignung umfangreiche Nachweise zu führen. Vgl. dazu *Blomeyer / Otto*, BetrAVG, Vorb § 7 Rn. 92 ff.

die Insolvenz kurz bevorsteht.[975] Wie jedoch bereits festgestellt, sind die Sanierungschancen für ein sich in der Insolvenz befindliches Unternehmen in der Regel gering, so dass ein derartiger Anknüpfungspunkt als zu spät anzusehen ist.

(4) Kündigung in der Unternehmenskrise - § 1 Abs. 2 KSchG

Eine weitere Möglichkeit besteht darin, einen Notfall anzunehmen, wenn dringende betriebliche Erfordernisse gemäß § 1 Abs. 2 KSchG die Kündigung der Mehrheit der Belegschaft rechtfertigen würden.[976] Entscheidend ist, unter welchen Voraussetzungen betriebsbedingte Kündigungen in der Wirtschaftskrise zulässig sind. Ausgangspunkt ist dabei der Wortlaut des § 1 Abs. 2 KSchG, wonach eine Kündigung sozial ungerechtfertigt ist, wenn sie nicht durch dringende betriebliche Erfordernisse, die einer Weiterbeschäftigung des Arbeitnehmers in diesem Betrieb entgegenstehen, bedingt ist.[977] Dringende betriebliche Erfordernisse liegen vor, wenn es dem Arbeitnehmer nicht möglich ist, der betrieblichen Lage durch andere Maßnahmen auf technischem, organisatorischem oder wirtschaftlichem Gebiet zu entsprechen, und die Kündigung somit unvermeidbar ist.[978] Einer betriebsbedingten Kündigung geht somit stets eine Unternehmerentscheidung voraus.[979] Im Rahmen dieser muss der Arbeitgeber die volks- oder betriebswirtschaftliche Situation analysieren. Dabei kann die unternehmerische Entscheidung auf inner-[980] und außerbetrieblichen[981] Gründen basieren. Nach der Rechtsprechung des *BAG* kann eine betriebsbedingte Kündigung bei einem Umsatzrückgang gerechtfertigt sein, wenn dadurch der Arbeitsanfall so zurückgeht, dass für einen oder mehrere Arbeitnehmer das Bedürfnis zur Weiterbeschäftigung entfällt.[982] Dagegen sollen Gewinnverfall und Unrentabilität nicht ohne weiteres dringende betriebliche Erfordernisse darstellen, weil sie auf den verschiedensten Gründen beruhen können und sich nicht unmittelbar auf die Ar-

---

975 So *Blomeyer / Otto*, BetrAVG, Vorb § 7 Rn. 85.

976 Diese Möglichkeit wurde bereits von *Sontowski*, Löhne in der Unternehmenskrise, S. 154 ff., diskutiert, um den Notfallbegriff genauer zu präzisieren.

977 So zutreffend *v. Hoyningen-Huene*, NZA 1994, S. 1009.

978 *BAG* v. 27.09.1984, BAGE 47, S. 31; so im Ergebnis auch *BAG* v. 25.06.1964, BAGE 16, S. 136 ff.

979 *v. Hoyningen-Huene*, NZA 1994, S. 1010.

980 Innerbetriebliche Gründe beruhen auf der Unternehmenspolitik, also bestimmten unternehmerischen Entscheidungen und Planungen. Zu ihnen gehören insbesondere die Änderung oder Einführung neuer Fertigungsmethoden, Rationalisierungsmaßnahmen, Betriebseinschränkungen, Betriebsstilllegungen, die Einführung eines Wechselschichtsystems und die Reduzierung der Vollzeitarbeit auf Teilzeitarbeit. Vgl. *Köhne*, AR-Blattei SD, Kündigungsschutz IV, Rn. 4.

981 Außerbetriebliche Gründe können z.B. Auftragsmangel, Umsatzrückgang oder Unrentabilität sein. Vgl. *Köhne*, AR-Blattei SD, Kündigungsschutz IV, Rn. 3.

982 So im Ergebnis *BAG* v. 25.06.1964, BAGE 16, S. 137.

beitsplätze auswirken.[983] Die hier vorgenommene Differenzierung zwischen Umsatzrückgang, Gewinnverfall bzw. Unrentabilität, bei denen jeweils die betriebswirtschaftliche Situation durch Kosteneinsparungen, zu denen auch die Reduzierung von Personalkosten durch Entlassungen gehört, verbessert bzw. stabilisiert werden kann, erscheint jedoch problematisch. Eine genaue Grenzziehung zwischen diesen Varianten obliegt dem Ermessen des prüfenden Gerichts. Hier zeigt sich die Schwierigkeit, bei der Konkretisierung der unternehmerischen Notfalllage auf die betriebsbedingte Kündigung in der Unternehmenskrise abzustellen. § 1 Abs. 2 KSchG enthält keine konkreten, subsumierbaren Tatbestandsvoraussetzungen. Auch die von der Rechtsprechung gefundenen Kriterien sind sehr allgemein gehalten und bedürfen stets einer Einzelfallprüfung. Nachteilig wirkt sich für die anvisierte Festlegung von Notfallkriterien zudem aus, dass die der betriebsbedingten Kündigung zugrunde liegende unternehmerische Entscheidung, zu Recht, lediglich einer Willkürkontrolle unterliegt,[984] ob die unternehmerische Entscheidung offenbar unsachlich, unvernünftig oder willkürlich ist.[985] Somit erweist sich ein Rückgriff auf § 1 Abs. 2 KSchG bei der Bestimmung von Kriterien für einen betrieblichen Notfall im Ergebnis als nicht hilfreich.

(5) Änderungskündigung zum Zwecke der Lohnsenkung

Weiterhin wäre denkbar, bei der zu entwickelnden Definition des Notfalls an die Kriterien anzuknüpfen, unter denen eine ordentliche Änderungskündigung zum Zwecke der Lohnabsenkung zulässig wäre.[986] Das *BAG* sieht eine Änderungskündigung zum Zwecke der Lohnabsenkung erst dann als gerechtfertigt an, wenn die angestrebte Kostensenkung notwendig ist, um eine Reduzierung der Belegschaft oder gar eine Betriebsstilllegung zu verhindern.[987] Auch diese Grenze ist jedoch sehr vage gehalten, so dass eine weitere konkretere Ausgestaltung notwendig scheint. Nach Auffassung von *HENSSLER* ist ein vorzeitiger Anpassungsbedarf nicht ersichtlich, solange sich das Unternehmen noch in der Gewinnzone befindet. Selbst vorübergehende Verluste, die im Rahmen der üblichen Konjunkturzyklen kompensierbar sind, müssen hierbei in Kauf genommen werden. Jedoch soll die Tragbarkeitsgrenze dann erreicht sein, wenn die Erfüllung der tarifvertraglichen Verpflichtungen zwingend eine akute Gefahr für die

---

983 *BAG* v. 20.03.1986, DB 1986, S. 2443; *BAG* v. 07.12.1978, BAGE 31, S. 161.

984 So die ständige Rspr. Vgl. *BAG* v. 19.05.1993, BAGE 73, S. 158; *HUECK / V. HOYNINGEN-HUENE*, KSchG, § 1 Rn. 378, 386, 408, m.w.N.

985 *BAG* v. 07.12.1978, BAGE 31, S. 162; *BAG* v. 29.03.1990, BAGE 65, S. 68; *HUECK / V. HOYNINGEN-HUENE*, KSchG, § 1 Rn. 378, 411.

986 Vgl. dazu u.a. *HENSSLER*, ZfA 1994, S. 492 f.; *BAUER / DILLER*, DB 1993, S. 1090; *HUECK / V. HOYNINGEN-HUENE*, KSchG, § 2 Rn. 71.

987 *BAG* v. 20.03.1986, DB 1986, S. 2443; *BAG* v. 27.09.2001, BB 2002, S. 1917; *HUECK / V. HOYNINGEN-HUENE*, KSchG, § 2 Rn. 71.

Arbeitsplätze nach sich zieht.[988] Wann dieser Punkt genau erreicht ist, wird jedoch offengelassen. Wenn man auf die akute Gefahr von Betriebsstilllegungen oder Massenentlassungen abstellt, ist dieser Zeitpunkt in der Regel zu spät gewählt. Hier hat sich ähnlich einem insolventen Unternehmen die wirtschaftliche Lage des Betriebes schon so weit verschlechtert, dass nur durch einschneidende Maßnahmen eine Rettung zu erreichen ist. Ein Rückgriff auf diese Kriterien macht nur Sinn, wenn sich das wirtschaftliche Umfeld für ein Unternehmen kurzfristig und unvorhersehbar so verschlechtert, dass sein Bestand gefährdet ist. Dann läge auch nach den hier erörterten Kriterien eine Notsituation vor.

Wenn jedoch für den Arbeitgeber bereits längerfristig absehbar war, dass sich die wirtschaftliche Lage des Unternehmens verschlechtert, ist der hier vorgeschlagene Zeitpunkt als zu spät anzusehen. In diesem Fall werden die Betriebsinhaber mit der Kostenreduzierung so zeitig wie möglich beginnen, um die Lage des Unternehmens zu verbessern. Kein Arbeitgeber wird so lange warten, bis eine Betriebsstilllegung oder Massenentlassungen unmittelbar drohen.[989] Entsprechend wird es regelmäßig bereits vorher zu einem Personalabbau kommen. Arbeitnehmern, die hierbei ihre Arbeit verlieren, wäre es bei einem derart engen Notfallbegriff nicht gestattet, ihren Arbeitsplatz durch die individualvertragliche Vereinbarung untertariflicher Leistungen bei gleichzeitig gewährter Beschäftigungsgarantie zu sichern.

(6) Härtefallklausel der ostdeutschen Stufentarifverträge

Einen ähnlichen Ansatz wie tarifliche Notfallklauseln wiesen Härtefallklauseln in ostdeutschen Stufentarifverträgen auf. Durch den Abschluss von Stufentarifverträge versuchten die Gewerkschaften durch jährliche Löhnerhöhungen möglichst rasch eine Angleichung des ostdeutschen Lohnniveaus an das westdeutsche Tarifniveau zu erreichen. Aufgrund der damit einhergehenden starken Erhöhung der Lohnkosten, die in der Regel nicht proportional zu den erzielten Produktivitätssteigerungsraten verlief, kam es zu einer starken Kostenbelastung der Unternehmen. Deshalb versuchten die Arbeitgeberverbände eine Streckung der Stufenpläne zur Lohnerhöhung und eine stärkere Differenzierung innerhalb der Tarifverträge vorzunehmen.[990]

Exemplarisch wird hier auf die Härtefallklausel der ostdeutschen Metall- und Elektroindustrie aus dem Jahre 1993 eingegangen.[991] Im Tarifvertrag der Metall-

988 *BAG* v. 27.09.2001, BB 2002, S. 1917; *HENSSLER*, ZfA 1994, S. 492.

989 *BAUER / DILLER*, DB 1993, S. 1087.

990 Vgl. dazu u.a. auch die Ausführungen im *1. KAPITEL A II.*

991 Zu den Ereignissen und anfänglichen Widerständen der Gewerkschaften im Zusammenhang mit der Einführung der Härtefallklausel in der ostdeutschen Metall- und Elektroindustrie, vgl. *HANAU*, in: Fischer / Hax / Schneider (Hrsg.), Treuhandanstalt - Das Unmög-

und Elektroindustrie wurde eine Härteklausel vereinbart, um im Ausnahmefall Betriebe vor der Insolvenz zu retten oder Arbeitsplätze zu sichern. Bei Vorliegen eines Härtefalls konnten Arbeitgeber oder Betriebsrat bei den Tarifvertragsparteien eine tarifliche Härtefallregelung beantragen. Damit oblag es den Tarifvertragsparteien, eine vom Tarifvertrag abweichende Regelung zu vereinbaren.

In § 4 Nr. 1 des Tarifvertrages[992] wird der Härtefall folgendermaßen beschrieben:

„In Härtefällen, insbesondere zur

- *Abwendung drohender Insolvenzgefahr*
- *Sicherung von Arbeitsplätzen, insbesondere zur Vermeidung von drohenden Entlassungen*
- *Verbesserung von Sanierungschancen aufgrund eines vorgelegten Sanierungsplanes..."*

An dieser Regelung ist zu sehen, dass nicht genau definiert wird, wann ein Härtefall vorliegt. Als Voraussetzungen werden lediglich die drohende Insolvenz, drohende Entlassungen und das drohende Scheitern einer Unternehmenssanierung genannt. Dies sind jeweils die Fälle, in denen auch nach der bisher erfolgten allgemeinen Notfallumschreibung individualvertraglich untertarifliche Abreden getroffen werden sollen. Klar ist, dass nach Auffassung der sächsischen Tarifpartner ein vom Härtefall betroffenes Unternehmen als „wirtschaftlicher Sozialfall"[993] einzustufen und der tarifvertragliche Härtefall als eine wirtschaftliche Notsituation anzusehen ist, in der das Einzelunternehmen die tarifvertraglichen Pflichten nur um den Preis des wirtschaftlichen Ruins erfüllen kann.[994] Letztlich bringt die Härtefallklausel keine weitere genauere Begriffsbestimmung als bisher. Die Regelung im Stufentarifvertrag der sächsischen Metall- und Elektroindustrie hat des weiteren den Nachteil, dass die Anknüpfungspunkte für einen Härtefall von den Tarifvertragsparteien nicht als objektiv feststellbare Kriterien betrachtet wurden. Soweit keine Einigung zwischen den Tarifpartnern erfolgte, war in diesen Zweifelsfällen keine gerichtliche Prüfung vorgesehen, sondern sollte die Entscheidung durch eine überparteiliche Schiedsstelle, bestehend aus je einem Vertreter der Tarifparteien und einem neutralen Vorsitzenden, herbeigeführt werden.[995]

Die Ausbreitung der Härtefallklausel scheiterte am Widerstand der Gewerkschaften. So betonte die *IG Metall*, dass die Gewerkschaften zu keinen lohnpo-

liche wagen, S. 472; *Rösner*, Wirtschaftsdienst 1993, S. 474 f.; *Beuthien / Meik*, DB 1993, S. 1518 ff.; *Buchner*, NZA 1993, S. 289 ff.

992 Abgedruckt in RdA 1993, S. 298.

993 So zutreffend *Potthoff*, Arbeitszeitverkürzungen zur Personalkostensenkung, S. 146.

994 Vgl. *Potthoff*, Arbeitszeitverkürzungen zur Personalkostensenkung, S. 146.

995 Vgl. *Römer*, Tarifvertrag und Arbeitslosigkeit, S. 145.

litischen Zugeständnissen in den neuen Bundesländern bereit sind.[996] Die Gewerkschaften, die sich als „glaubwürdige Interessenwahrer von Arbeitnehmerinteressen bei der Angleichung von Löhnen an das Westniveau“ sahen,[997] machten von Anfang an klar, dass die Härtefallklausel wegen ihres potentiellen Modellcharakters für ganz Deutschland nicht zur Geltung kommen durfte.[998] Es wurden bis 1996 nur wenige Firmen als Härtefälle anerkannt. So gelang es bis Ende 1993 20 Unternehmen, bis Sommer 1996 insgesamt 98 Unternehmen, als Härtefall anerkannt zu werden.[999] Gestellt wurden bis Ende 1995 insgesamt 181 Härtefallanträge.[1000] Von insgesamt 320.000 Arbeitsplätzen in der ostdeutschen Metallbranche konnten durch untertarifliche Bezahlung gerade 2000 Arbeitsplätze gesichert werden.[1001] Ursächlich war dafür sicherlich auch das komplizierte vierstufige Verfahren,[1002] in dem sich die Unternehmen vom „Röntgenapparat der Gewerkschaft“ überprüfen lassen mussten; das Vetorecht der Gewerkschaften zur Zustimmungsverweigerung; der Ausschluss einer Vielzahl von Unternehmen für die Härteklauseln;[1003] Zugangsverpflichtungen für Beschäftigungsgarantien sowie verzinste Rückzahlungspflichten.[1004]

Auch wenn die Einführung der Härtefallklausel zunächst in der Öffentlichkeit als Durchbruch im Metallkonflikt von 1993 gefeiert wurde,[1005] stellte sich deren praktische Durchsetzung aufgrund des komplizierten und langwierigen Verfahrens als äußerst schwierig heraus.[1006] Da zudem von den abgelehnten antragstellenden Unternehmen inzwischen zwei Drittel vom Markt verschwunden sind,[1007] wird deutlich, dass auch die hierbei aufgestellten Kriterien als zu eng anzusehen sind, um bei gefährdeten Unternehmen eine hohe Chance auf einen Sanierungserfolg und damit die Sicherung von Arbeitsplätzen zu besitzen.

(7) Stellungnahme

Problematisch stellt sich die Konkretisierung des inhaltlichen Maßstabes des betrieblichen Notfalls dar, der zu einer untertariflichen individualvertraglichen Vereinbarung berechtigen soll. Es scheint nahezu undenkbar, alle verschiedenen

---

996 So der Vorsitzende der *IG Metall Steinkühler*, vgl. F.A.Z. v. 24.09.1992, S. 4.
997 *Wagner, K.-R.*, DB 1992, S. 2550.
998 *Barbier*, F.A.Z. v. 23.07.1993, S. 1.
999 Vgl. *Neubauer*, DIE ZEIT v. 10.12.1993, S. 25; *Hickel / Kurtzke*, WSI-Mitt. 1997, S. 102; *F.A.Z.* v. 11.02.1997, S. 13.
1000 Vgl. *Hickel / Kurtzke*, WSI-Mitt. 1997, S. 102.
1001 Vgl. *Halusa*, DIE WELT v. 06.12.1993, S. 13.
1002 Vgl. ausführlich *DIE WELT* v. 19.07.1993, S. 11.
1003 Vgl. dazu ausführlich *Mundorf*, HANDELSBLATT v. 08.06.1993, S. 2.
1004 *Mundorf*, HANDELSBLATT v. 08.06.1993, S. 2.
1005 *HANDELSBLATT* v. 17.05.1993, S. 5; SDZ v. 10./11.07.1993, S. 22.
1006 *Mundorf*, HANDELSBLATT v. 16./17.1993, S. 2; *DIE WELT* v. 19.07.1993, S. 11.
1007 *F.A.Z.* v. 11.02.1997, S. 13.

Notlagen genau zu definieren. Dennoch muss eine möglichst präzise Bestimmung des Notfallbegriffs gefunden werden. Ohne eine Konkretisierung des Ausnahmetatbestandes könnte es zu einem erhöhten Missbrauch kommen, mit der Folge, dass die dann scheinbar beliebige Möglichkeit vom Tarifvertrag abzuweichen, zu einer Aushöhlung der Tarifautonomie führt.[1008]

(a) Unmöglichkeit einer Standardisierung

Wann ein Notfall vorliegt, kann nur anhand der Ziele, die mit einer solchen Ausnahmeregelung erreicht werden sollen, bestimmt werden. Ausgangspunkt für die Zulässigkeit untertariflicher Leistungen ist eine Gefährdung des Unternehmensbestandes bzw. von Unternehmensteilen und damit von Arbeitsplätzen. Oberstes Ziel ist daher die Sicherung des Weiterbestehens des Betriebes und des überwiegenden Teils der Arbeitsplätze. Bei betrieblichen Notfällen handelt es sich allerdings nicht um standardisierte Probleme, sondern um solche, die betriebsindividueller nicht sein können, wie eine existenzgefährdende Unternehmenskrise.[1009] Aufgrund dieser Vielfältigkeit kann keine bis ins letzte Detail gehende und allgemeingültige Formel für einen betrieblichen Notfall aufgestellt werden, unter die dann ein Ausnahmegenehmigungsantrag schnell subsumiert wird. Eine derartige Begriffsbestimmung müsste ähnlich einer Generalklausel sehr unkonkret gehalten sein, um alle Arten von betrieblichen Notfällen zu erfassen. Eine solche ungenaue Formel birgt jedoch wie alle weit gefassten Klauseln und rechtlich unbestimmten Begriffe das Risiko des Missbrauchs in sich. Bei einer Festlegung von exakten enggefassten Kriterien besteht dagegen die Gefahr, dass von vornherein eine Vielzahl von Betrieben vom Anwendungsbereich einer solchen Notfallklausel ausgeschlossen wären. Die Unmöglichkeit einer genauen Definition beruht u.a. auch darauf, dass ein Notfall nicht nur durch eine schlechte wirtschaftliche Lage und den drohenden Verlust von Arbeitsplätzen gekennzeichnet ist, sondern gleichzeitig als Prognoseelement die zukünftige Entwicklung des Unternehmens in Form der Sanierungs- bzw. Arbeitsplatzsicherungschance zu berücksichtigen ist. Diese Beurteilung kann zwar weitgehend anhand objektiver Kriterien vorgenommen werden, stellt aber im Ergebnis immer eine individuelle Wertung dar.

(b) Festlegung von Rahmenkriterien

Da eine genaue Definition eines betrieblichen Notfalls aufgrund der Vielfältigkeit der in der Praxis auftretenden Schwierigkeiten nicht getroffen werden kann, sind zumindest Rahmenkriterien in Form von Mindestvoraussetzungen festzulegen. Diese Eckdaten sind anhand einer systematischen Auswertung von Erfah-

---

[1008] Vgl. dazu die Ausführungen im *5. Kapitel A I.*

[1009] So bereits *Sontowski*, Löhne in der Unternehmenskrise, S. 89.

rungswerten zu entwickeln. Dabei ist auf die erörterten Notfallbestimmungen und die jeweils getroffenen Entscheidungen abzustellen.

Die meisten Klauseln haben den Nachteil, dass sie einerseits entweder betriebswirtschaftlich schwer feststell- und überprüfbar und damit auch kaum justitiabel sind und andererseits ihre Voraussetzungen zu eng gefasst sind, um eine hohe Chance zu Unternehmens- und Arbeitsplatzrettung zu bieten. Genau hier zeigt sich die Schwierigkeit der Bestimmung eines Notfalls. So muss jeder Notfall, der Eingriffe in bestehende Rechtspositionen zum Zwecke der Sanierung rechtfertigen soll, zwei gegenläufige Voraussetzungen erfüllen. Einerseits muss die Notlage so groß sein, dass der Eingriff zur Sanierung unumgänglich ist. Andererseits darf diese nicht so groß sein, dass eine Sanierung ausgeschlossen ist.[1010] D.h., die Bedingungen sind nicht zu eng zu knüpfen, so dass die Erfolgsaussichten für die Erhaltung des inländischen Unternehmensstandortes und der Arbeitsplätze so hoch wie möglich sind. Zudem ist der Anwendungsbereich so weit einzugrenzen, dass der Ausnahmecharakter einer solchen Regelung erhalten bleibt und die Tarifautonomie nicht unnötig ausgehöhlt wird.

Eine wesentliche Kritik an einer Reihe der hier diskutierten Anknüpfungspunkte ist darin zu sehen, dass eine Inanspruchnahme der Ausnahmeregelung nur Unternehmen gestattet wird, die sich bereits in einer schweren ökonomischen Krise befinden. Häufig ist dieser Zeitpunkt jedoch als zu spät anzusehen. So hat die Anwendung der Härtefallregelung in der ostdeutschen Metall- und Elektroindustrie gezeigt, dass von den abgelehnten antragstellenden Unternehmen inzwischen zwei Drittel vom Markt verschwunden sind.[1011] Eine zu restriktive Auslegung des Notfalls birgt die Gefahr, dass nicht jedes Mittel zur Rettung des Betriebes und damit von Arbeitsplätzen ausgeschöpft worden ist. Sie könnte zur Folge haben, dass die Ausnahmeregelung erst anwendbar ist, wenn die wirtschaftlichen Bedingungen für das Unternehmen so schlecht sind, dass auch durch eine sofortige Senkung der Arbeitskosten eine Sanierung fehlschlägt. Denn es ist der Markt, der über das Gelingen von Sanierungen, Umstrukturierungen, den Fortbestand und auch über die verbleibenden Arbeitsplätze entscheidet.[1012] Da die mit dem betroffenen Arbeitgeber in Konkurrenz stehenden Unternehmer dessen wirtschaftliche Situation ausnutzen werden, um durch verstärkten Wettbewerb seine Existenz zusätzlich zu gefährden, dürfen die an den Notfall geknüpften Anforderungen nicht zu hoch angesetzt werden. Anderenfalls kann aus der ursprünglichen Unternehmenskrise, bei der eine Rettung des Betriebes und der dazugehörigen Arbeitsplätze noch möglich scheint, schnell ein

---

[1010] So zutreffend *HANAU*, RdA 1993, S. 3.

[1011] *F.A.Z.* v. 11.02.1997, S. 13.

[1012] Vgl. *HÜMMERICH*, NZA 1996, S. 1292.

Insolvenzfall werden.[1013] Dies liegt jedoch weder im Interesse des Unternehmens noch der dort abhängig Beschäftigten, denn dann würde sich das, was zum Schutz der Arbeitnehmer gedacht ist, in sein Gegenteil verkehren. Um die Sicherheit von Arbeitsplätzen und den Bestand der Unternehmen zu gewähren, ist es deshalb zwingend erforderlich, die Voraussetzungen des Ausnahmetatbestandes nicht zu eng zu fassen und auch nicht unmittelbar notleidenden bzw. bestandsgefährdeten Unternehmen eine Abweichung von den tariflichen Bedingungen zu gestatten.[1014]

Unzweifelhaft ist ein betrieblicher Notfall gegeben, wenn sich das Unternehmen im Insolvenzverfahren befindet. Da eine derartige Anknüpfung jedoch in der Regel zu spät ist, um einen optimalen Sanierungserfolg zu erreichen, müssen die Notfallkriterien an einen früheren Zeitpunkt anknüpfen. Zwar endet der Bestandschutz der Arbeitsbedingungen prinzipiell dort, wo der Bestand oder die gedeihliche Fortentwicklung des Unternehmens in Gefahr geraten. Dies ist schon dann gegeben, wenn sich die Gewinnsituation des Unternehmens verschlechtert.[1015] Gewinnschwankungen wird jedes Unternehmen aufweisen. Sie allein können eine Reduzierung tariflicher Leistungen nicht rechtfertigen. Jedoch können Umsatzrückgang, Gewinnverfall bzw. Unrentabilität unter Umständen einen betrieblichen Notfall darstellen. Dies ist dann der Fall, wenn sich dadurch die betriebswirtschaftliche Situation soweit verschlechtert und der Arbeitsanfall derart verringert, dass für einen oder mehrere Arbeitnehmer die Notwendigkeit zur Weiterbeschäftigung entfällt. Erst wenn flankierende Kostensenkungsmaßnahmen allein nicht die Wettbewerbsfähigkeit wiederherstellen können und eine weitere Kostenreduzierung durch Entlassungen vorgesehen ist, kann ein Notfall angenommen werden. Entscheidend ist, ob infolge der wirtschaftlichen Situation des Unternehmens zum Zeitpunkt der individualvertraglichen Abrede eine konkrete ernsthafte Bedrohung des vorhandenen Arbeitsplatzes vorliegt. Erforderlich ist also eine Kausalität der betrieblichen Lage für den drohenden Wegfall des Arbeitsplatzes. Ein Wegfall des Arbeitsplatzes liegt vor, wenn die Identität und Kontinuität des bisherigen Arbeitsplatzes nicht mehr gegeben ist.[1016] Worauf sich die wirtschaftlichen Schwierigkeiten des Unternehmens gründen, ist im Ergebnis unerheblich. Entscheidend ist vielmehr, dass einerseits der Verlust von Arbeitsplätzen konkret droht und dieser andererseits mittels der durch die Vereinbarung untertariflicher Leistungen erreichte Kosteneinsparung verhindert werden kann.

1013 Vgl. *RICHARDT*, Arbeitsvertragliche Flexibilisierung von Entgeltbedingungen, S. 36.
1014 Vgl. *FRETER*, Das Tarifvertragssystem in der Krise, S. 65.
1015 So *BLOMEYER*, NZA 1985, S. 8.
1016 *V. HOYNINGEN-HUENE*, NZA 1994, S. 1011.

In Anlehnung an § 111 S. 2 Nr. 1, 2 BetrVG ist eine betriebliche Ausnahmesituation auch dann gegeben, wenn eine Einschränkung oder Stilllegung von Betriebsteilen unmittelbar vorgesehen ist. Dies gilt unabhängig davon, ob die entsprechende Betriebsänderung durch äußere Einflüsse veranlasst und das Gesamtunternehmen ökonomisch angeschlagen ist oder aber ein florierender Betrieb aus unternehmerischen Erwägungen einen solchen Entschluss getroffen hat. Dabei muss jedoch die unternehmerische Entscheidung in bezug auf die Reduzierung von Arbeitsplätzen am bestehenden Standort bereits konkret vorliegen. D.h., es ist eine hinreichend konkrete ernsthafte, aktuell und zeitlich adäquate Bedrohung des vorhandenen, vom Arbeitnehmer eingenommenen Arbeitsplatzes erforderlich.[1017] Nicht ausreichend ist, dass durch den Arbeitgeber lediglich die Möglichkeit einer Einschränkung oder Stilllegung von Betriebsteilen in Betracht gezogenen wird. Vielmehr ist es unabdingbar, dass dieser entsprechende detaillierte Pläne vorlegt, aus denen ersichtlich ist, welche Maßnahme der Arbeitgeber beabsichtigt und inwieweit diese zu positiven Kosteneffekten für das Unternehmen führen würde.

Wenn aufgrund unternehmenspolitischer Entscheidungen tatsächliche eine mit einem Arbeitsplatzverlust verbundene Betriebsänderung vorgenommen werden soll, erscheinen untertarifliche Vereinbarungen mit eingeräumter Beschäftigungsgarantie für die betroffenen Arbeitnehmer nur sinnvoll, wenn der Arbeitgeber von seiner ursprünglichen Entscheidung ablässt und Interesse an der Rettung und Weiterführung des fraglichen Betriebsteiles hat.[1018] Daher reicht es nicht aus, dass sich lediglich die Gefährdung von Arbeitsplätzen hinreichend konkretisiert hat. Vielmehr muss der Unternehmer nachvollziehbar nachweisen, durch welche kostensenkende Maßnahmen die bedrohten Arbeitsplätze am gegenwärtigen Standort erhalten bleiben können. Es ist erforderlich, dass der Arbeitnehmer ein detailliertes Sanierungsprogramm erstellt, aus dem sich genau ergibt, wie der Unternehmensstandort und die daran gebundenen Arbeitsplätze gesichert werden sollen.

Ein betrieblicher Notfall im betriebswirtschaftlichen Sinne liegt unzweifelhaft auch dann vor, wenn der Sanierungsbeitrag der Mitarbeiter nicht die notwendigen Kosteneffekte erzielt, um das Unternehmen zu retten. Im Zusammenhang mit dem Untersuchungsgegenstand ist dies jedoch nicht ausreichend. Entscheidend ist hier, dass es dem Arbeitgeber auch ökonomisch möglich sein muss, zumindest die Arbeitsplätze der Arbeitnehmer, die mit ihm eine individualvertragliche Vereinbarung untertariflicher Leistungen abgeschlossen haben, zu erhalten. D.h., die durch Beteiligung der Arbeitnehmer vorgenommene Senkung der Personalkosten und die weiteren begleitenden Kostensenkungsmaßnahmen

---

[1017] So auch *Schliemann*, NZA 2003, S. 126.

[1018] Vgl. dazu die Ausführungen im *3. Kapitel A-B*.

müssen eine reale Chance zur Rettung des Unternehmens und damit der jeweiligen Arbeitsplätze bieten.

Aufgrund der unterschiedlichen Interessen und Marktchancen der einzelnen Arbeitnehmer kann es während der Notfallverhandlungen passieren, dass zwar einige Beschäftigte mit dem Arbeitgeber eine individualvertragliche Abrede zur Arbeitplatzsicherung treffen, infolge insgesamt geringer Mitarbeiterbeteiligung jedoch die zur Sanierung bzw. Unternehmensrettung notwendigen Kosteneffekte nicht erzielt werden. Die bezweckte Arbeitsplatzsicherung ist dann objektiv nicht mehr erreichbar. In diesem Zusammenhang stellt sich die Frage, was aus den bereits abgeschlossen individualvertraglichen Vereinbarungen wird. Ein Festhalten an der geschlossenen Absprache wäre unbillig. Insoweit muss dem Arbeitnehmer die Möglichkeit eröffnet werden, zu den tariflichen Konditionen zurückzukehren. Dies ist unproblematisch, soweit die individualvertragliche Abrede aufschiebend bedingt geschlossen wurde und das Erreichen der erforderlichen Mitarbeiterbeteiligung den Bedingungseintritt darstellt. Wenn dies jedoch nicht geschehen ist, können die Vertragsparteien sich auf einen Wegfall der Geschäftsgrundlage berufen. Zwischen ihnen bestand dahingehend Einigkeit, dass die Sicherung der Arbeitsplätze aufgrund der Mitwirkung der Arbeitnehmer objektiv erreicht werden kann. Die Vertragspartner haben diese daher zur Grundlage ihrer Vereinbarung gemacht. Liegt jedoch keine ausreichende Mitarbeiterbeteiligung vor, so ist die der Abrede zugrunde liegende beiderseitige Erwartung nicht eingetreten und damit die Grundlage für die Vereinbarung entfallen. Da eine Vertragsanpassung in diesem Fall nicht zweckmäßig ist, kommt als Rechtsfolge nur die Auflösung der individualvertraglichen Absprache in Betracht. Der Tarifvertrag erhält so wieder Gültigkeit.

(c) Überbewertung der Missbrauchsgefahr

Im Zusammenhang mit der Bestimmung der betrieblichen Notlage bestehen gegenüber der bloßen Festlegung von Rahmenkriterien Bedenken. So wird einerseits die Gefahr gesehen, dass der Arbeitgeber auf den Arbeitnehmer so lange Druck ausübt, bis dieser bereit ist, die untertariflichen Konditionen zu akzeptieren.[1019] Andererseits wird beanstandet, dass es so dem Unternehmer erleichtert wird, eine Täuschung über das Vorliegen eine Notfalls vorzunehmen, um durch die Vereinbarung untertariflicher Leistungen einen Wettbewerbsvorteil insbesondere gegenüber inländischen Konkurrenten zu erreichen.[1020] Die Missbrauchsgefahr, die mit den Schwierigkeiten der Konkretisierung einer Notlage

[1019] So z.B. *Picker*, NZA 2002, S. 767 f.; *Hromadka*, NJW 2003, S. 1276.

[1020] So z.B. die Bedenken von: *Franzen*, RdA 2001, S. 3; *Henssler*, ZfA 1994, S. 507; *Hromadka*, FS Wlotzke, S. 344; *Richardi*, DB 2000, S. 47; *Wank*, NJW 1996, S. 2278; *Dieterich*, RdA 2002, S. 3.

und der Festlegung von Rahmenkriterien verbunden ist, wird jedoch weitgehend überbewertet.

Richtig ist, dass insbesondere Arbeitnehmer mit schlechten Arbeitsmarktchancen aufgrund drohender Arbeitslosigkeit bereit sein werden, auf tarifliche Leistungen zu verzichten, wenn ihnen gleichzeitig eine Beschäftigungsgarantie eingeräumt wird. Der individuell vereinbarte Interessenausgleich birgt ein gewisses Risiko, indem es zur Übervorteilung der Arbeitgeber kommen kann. Eine Erpressbarkeit des Arbeitnehmers daraus herzuleiten, geht jedoch zu weit. Zutreffend ist nur bei einem annähernden Gleichgewicht zwischen den Vertragsparteien ein sachgerechter Ausgleich der Interessen gewährleistet. Anderenfalls fehlt es an der materiellen Richtigkeitsgewähr des Vertrages.[1021] Nach Meinung von Kritikern einer Neubewertung des Günstigkeitsprinzips mangelt es gerade an diesem Machtgleichgewicht, so dass der Schutz des Verbandes erforderlich ist und ein Rückgriff auf die Privatautonomie ausscheidet.[1022] Soweit in Zeiten von Vollbeschäftigung für die abhängig Beschäftigten die Möglichkeit des unkomplizierten Arbeitsplatzwechsels besteht, ist ihre Verhandlungsposition gegenüber dem Arbeitgeber stark verbessert, so dass sie nicht dem Lohndiktat der Arbeitgeber unterworfen sind.[1023] Wie bereits festgestellt wurde, liegt in Deutschland gegenwärtig gerade keine Vollbeschäftigung vor. Die aufgrund wirtschaftlicher Schwierigkeiten bzw. geplanter Produktionsverlagerungen in Aussicht gestellten Kündigungen könnten deshalb die Arbeitnehmer unter Druck setzen, so dass sie bereit sind, für eine Arbeitsplatzgarantie auf wesentliche Teile der tariflich zugesicherten Arbeitsbestimmungen zu verzichten. Es besteht die Gefahr, dass der Arbeitgeber sich in einer stärkeren Verhandlungsposition als der Arbeitnehmer befindet.[1024] Immerhin haben viele Unternehmer in den laufenden Verhandlungen ein starkes, nicht abzuweisendes Argument: „Dann eben nicht! Wir rationalisieren, verlagern, bestellen wo anders, machen dicht, legen unser Geld lieber in Wertpapieren an."[1025] Somit wird, insbesondere wenn der Arbeitgeber tarifunterschreitende Vereinbarungen vorschlägt, die Gefahr einer Nötigung des Arbeitnehmers gesehen. Häufig werden solche „freien" Vereinbarungen als Erpressung interpretiert, weil den Beschäftigten überhaupt keine andere Wahl bleiben

[1021] So im Ergebnis *Konzen*, ZfA 1991, S. 394.

[1022] In diesem Zusammenhang wird das „Totschlag-Argument" (so *Trappehl / Lambrich*, NJW 1999, S. 3219) der strukturellen Unterlegenheit des Arbeitnehmers im Verhältnis zum Arbeitgeber stets bemüht. Vgl. so z.B. *Däubler*, BB 1990, S. 2258; *Gamillscheg*, Kollektives Arbeitsrecht, Bd. I, S. 633; *Kittner*, FS Stahlhacke, S. 250. Kritisch insbesondere *Zöllner*, AcP 1996, S. 19 f.; *Reuter*, ZfA 1995, S. 32 ff.; *Trappehl / Lambrich*, RdA 1999, S. 250 f.

[1023] So zutreffend *Freter*, Das Tarifvertragssystem in der Krise, S. 5.

[1024] So z.B. *Rosdücher*, Arbeitsplatzsicherung durch Tarifvertrag, S. 214.

[1025] *Adomeit*, NJW 1994, S. 837.

soll.[1026] Der Arbeitnehmer wird hierbei Ängsten und sozialen Zwängen ausgesetzt, vor denen er gerade durch den Tarifvertrag geschützt werden soll.[1027] Zwar werden die Arbeitnehmer nicht als unmündig in dem Sinne, dass ihnen das Verständnis für die Zusammenhänge fehlt, angesehen. Jedoch soll gerade bei einem drohenden Verlust des Arbeitsplatzes eine Situation eintreten, die geeignet ist, sie erpressbar zu machen.[1028] Aber auch wenn der Arbeitnehmer selbst derartige Abweichungen anregt, werden verdeckte Nötigungsstrukturen nicht ausgeschlossen.[1029] Letztlich besteht dann die Gefahr, dass das Ergebnis der Notfallverhandlung vom Verhandlungsgeschick der Vertragspartner abhängt.[1030] Dem wird nicht allein dadurch entgegengewirkt, dass die Verschlechterung einzelner Konditionen durch eine Verbesserungen anderer Bedingungen so kompensiert wird, dass sie sich bei Respektierung der Präferenzen des Arbeitnehmers nachrechenbar als äquivalent werten lässt.[1031] Das allein reicht als Begründung nicht aus.

Zu berücksichtigen ist hier jedoch, dass es den abhängig Beschäftigten freisteht, zwischen tariflicher und individualvertraglicher Regelung zu wählen. Keiner zwingt sie, auf tarifliche Standards, die Hilfe und den Schutz der Kollektivverbände zu verzichten. Wenn die Arbeitnehmer die Gefahr für den Verlust des Arbeitsplatzes nicht wahrhaben wollen oder aufgrund persönlicher Präferenzen und Umstände nicht bereit sind, auf tarifliche Standards zu verzichten, bleiben für sie die kollektiven Bestimmungen bestehen. Soweit sich die wirtschaftliche Situation des Unternehmens weiter verschlechtert, so dass ein Arbeitskräfteabbau unumgänglich ist, müssen sie jedoch mit Arbeitslosigkeit rechnen. Durch die Beibehaltung der tarifvertraglichen Konditionen und den damit einhergehenden Verzicht auf die im Rahmen des individuellen Bündnisses für Arbeit gewährten Beschäftigungsgarantien muss der Arbeitnehmer auch die aus dem Tarifvertrag resultierenden Folgen akzeptieren. Dieser „worst case“ wurde ihm in Aussicht

---

1026 So *UNTERHINNINGHOFEN*, Diskussion zum 61. DJT, in: Ständige Deputation des Deutschen Juristentages (Hrsg.), Verhandlungen des einundsechzigsten Deutschen Juristentages Karlsruhe 1996, Bd. II/2, K 152; ähnlich auch *BELLING*, Das Günstigkeitsprinzip im Arbeitsrecht, S. 175; *DÄUBLER*, Tarifvertragsrecht, Rn. 209; *SCHLÜTER*, FS Stree und Wessels, S. 1075.

1027 So das *ARBG MARBURG* v. 07.08.1996, DB 1996, S. 1925 ff.

1028 *WENDELING-SCHRÖDER*, Diskussion zum 61. DJT, in: Ständige Deputation des Deutschen Juristentages (Hrsg.), Verhandlungen des einundsechzigsten Deutschen Juristentages Karlsruhe 1996, Bd. II/2, K 184.

1029 Vgl. *WENDELING-SCHRÖDER*, Referat zum 61. DJT, in: Ständige Deputation des Deutschen Juristentages (Hrsg.), Verhandlungen des einundsechzigsten Deutschen Juristentages Karlsruhe 1996, Bd. II/1, K 17.

1030 So im Ergebnis auch *SCHELLHAASS*, Die Zukunft des Arbeitsmarktes - Wege zu mehr Beschäftigung, S. 53.

1031 So jedoch *PICKER*, NZA 2002, S. 767 f.

gestellt. Soweit eine wirtschaftliche Notlage besteht, ist es dem Unternehmer positiv anzurechnen, wenn er die Belegschaft über mögliche Alternativen informiert und mit ihnen nach einer gemeinsamen Lösung sucht. Er hätte statt dessen auch ohne Einbeziehung der Arbeitnehmer direkt von der Möglichkeit der völligen bzw. Teilstilllegung des Betriebes Gebrauch machen können.

Für ein annäherndes Gleichgewicht zwischen den Parteien des Arbeitsvertrages spricht zudem, dass eine wechselseitige Abhängigkeit zwischen Arbeitgeber und Arbeitnehmern besteht, wenn ein Unternehmen in wirtschaftlichen Schwierigkeiten steckt und der Arbeitgeber dieses mit Hilfe seiner Belegschaft retten will. Wie bereits dargestellt, kann insbesondere die Senkung der Aufwendungen für die Produktionsfaktoren Kapital und Boden nur sehr selten schnell vorgenommen werden.[1032] Auch Maßnahmen zur Optimierung und Rationalisierung des Produktionsprozesses sind in der Regel nicht ohne zeitliche Zäsur durchsetzbar. Einzig die Reduzierung der Aufwendungen für den Faktor Arbeit führt zu kurzfristigen Kosteneinsparungen. Aufgrund bestehender tariflicher Bindung kann diese nur über eine Mitarbeit der Beschäftigten erzielt werden. Ohne Zustimmung der Arbeitnehmer ist der Arbeitgeber weitgehend machtlos. Der Unternehmer ist einerseits ohne Hilfe der Belegschaft nicht in der Lage, seinen Betrieb zu retten. Die Arbeitnehmer würden andererseits ohne die Kostensenkungsmaßnahmen ihren Arbeitsplatz verlieren. Bei den Notfallvereinbarungen haben sowohl Arbeitgeber als auch Arbeitnehmer den ökonomischen Anreiz, die Notfallsituation durch eigene Anstrengungen zu überwinden.[1033] Hier existiert unzweifelhaft eine wechselseitige Abhängigkeit zwischen den Vertragsparteien. Beide Seiten sind aufeinander angewiesen. Soweit jedoch eine derartige Abhängigkeit besteht, existieren ideale Voraussetzungen für eine Verhandlungs- und Vertragslösung.[1034]

Auch das Risiko des Vortäuschens einer Ausnahmesituation, an welche die hier diskutierte erweiterte Günstigkeitsbetrachtung geknüpft ist, kann als eher gering eingeschätzt werden. Insbesondere aus der Wettbewerbstheorie ist bekannt, dass

---

[1032] Zu den Möglichkeiten einer Kostenreduzierung im Fall von wirtschaftlichen Schwierigkeiten vgl. die Ausführungen im *3. Kapitel A-B*.

[1033] Vgl. *Schellhaass*, Die Zukunft des Arbeitsmarktes - Wege zu mehr Beschäftigung, S. 54. Insoweit entspringt die Vereinbarung untertariflicher Leistungen der übereinstimmenden Einsicht beider Seiten, dass zur Sicherung der Wettbewerbsfähigkeit, der Existenz des Betriebes und der Arbeitsplätze Regelungen treten müssen, welchen den Besonderheiten und Bedürfnissen des konkreten Unternehmens Rechnung tragen. So *Trappehl / Lambrich*, S. 3219; *Reuter* ZfA 1995, S. 27; *Lieb*, FS Kraft, S. 354.

[1034] So *Reuter*, Diskussion zum 61. DJT, in: Ständige Deputation des Deutschen Juristentages (Hrsg.), Verhandlungen des einundsechzigsten Deutschen Juristentages Karlsruhe 1996, Bd. II/2, K 128.

Täuschungen unterbleiben, wenn hinreichend hohe Faustpfänder hinterlegt werden, die im Falle der Entdeckung der Täuschung verloren sind.[1035]

Zwar könnte der Arbeitgeber die Arbeitnehmer über ihre wahre wirtschaftliche Lage täuschen, um über eine Lohnkostensenkung den Unternehmensgewinn zu erhöhen.[1036] Dies würde für das Unternehmen gegenüber den sich an den Tarifvertrag haltenden Betrieben einen ungerechtfertigten Wettbewerbsvorteil bedeuten, mit der Folge, dass letztere Marktanteile verlieren und im schlimmsten Fall gänzlich vom Markt verdrängt werden. Da jedoch die Inanspruchnahme der Möglichkeit zur individualvertraglichen Vereinbarung untertariflicher Leistungen im Falle einer wirtschaftlichen Notsituation eines Betriebes für den Unternehmer nicht frei von Risiken ist, kann ein derartig täuschendes Verhalten als eher unwahrscheinlich angesehen werden.

Wie bereits festgestellt, kann und darf ein ökonomisch angeschlagenes Unternehmen die wirtschaftliche Konsolidierung in der Regel nicht allein über die Senkung der Arbeitskosten erreichen. Vielmehr sind dazu weitere Rationalisierungsmaßnahmen innerhalb des Produktionsprozesses notwendig, welche zu einer langfristigen Verbesserung der betrieblichen Kostensituation führen. Soweit der Arbeitgeber ernsthaft interessiert ist, den Unternehmensstandort zu erhalten, wird er so schnell wie möglich versuchen, mit der Umsetzung des Sanierungskonzeptes zu beginnen. Entsprechend werden die ersten Rationalisierungsmaßnahmen parallel zu den Gesprächen mit den Arbeitnehmern eingeleitet. Da der gesamte Produktionsprozess auf die Möglichkeit der Kosteneinsparung überprüft wird, sind keine unternehmerischen Bereiche ausgespart. Die geplante Rationalisierung erstreckt sich in der Regel nicht nur auf den betrieblichen Bereich. So besteht häufig bereits beim Einkauf von Produkten, Rohstoffen, Produktionsmitteln usw. ein beträchtliches Einsparungspotential. Auf dieses wird im Rahmen der Kostenoptimierung ebenso wie auf den innerbetrieblichen Bereich zurückgegriffen. Daher entfaltet eine umfassende Rationalisierung stets auch Außenwirkungen. Die Notfallverhandlungen können sich somit nicht hinter verschlossenen Türen abspielen.[1037] Der Eintritt eines Unternehmens in derartige Verhandlungen mit den betroffenen Arbeitnehmern, die Einleitung von Rationalisierungsmaßnahmen und die Absenkung tariflicher Leistungen wirkt wie ein negatives Signal auf Kunden, Lieferanten, Kreditgeber und potentielle

---

1035 So zutreffend *SCHELLHAASS*, Die Zukunft des Arbeitsmarktes - Wege zu mehr Beschäftigung, S. 56.

1036 So *WENDELING-SCHRÖDER*, Diskussion zum 61. DJT, in: Ständige Deputation des Deutschen Juristentages (Hrsg.), Verhandlungen des einundsechzigsten Deutschen Juristentages Karlsruhe 1996, Bd. II/2, K 149.

1037 So zutreffend *REUTER*, Diskussion zum 61. DJT, in: Ständige Deputation des Deutschen Juristentages (Hrsg.), Verhandlungen des einundsechzigsten Deutschen Juristentages Karlsruhe 1996, Bd. II/2, K 145.

Arbeitsplatzbewerber.[1038] Durch die Inanspruchnahme der Möglichkeit zur einverständlichen Arbeitskostenreduzierung gesteht der Arbeitgeber gegenüber seinen Geschäftspartnern ein, dass sich das Unternehmen in großen finanziellen Schwierigkeiten befindet. Damit ist u.a. das Risiko verbunden, dass Gläubiger ihre Kreditlinien kürzen und Lieferanten aufgrund des angeblichen Insolvenzrisikos die Geschäftsbeziehungen beenden. Insbesondere wenn das Unternehmen keine Endprodukte herstellt, besteht außerdem die Gefahr, dass sich Geschäftskunden nach einem anderen Zulieferer umschauen, um künftige Lieferengpässe zu vermeiden. Durch die damit einhergehende akute Verschlechterung der bereits angespannten finanziellen Situation kann dies für das Unternehmen zu „desaströsen Auswirkungen"[1039] führen. Insgesamt scheinen die durch eine Täuschung erzielten kurzfristigen Kostenvorteile geringer, als die Ertragsnachteile aufgrund des Verlustes an Reputation. Deshalb ist mit Notfallverhandlungen von der Unternehmerseite erst dann zu rechnen, wenn die Krise für das Umfeld offenkundig geworden und durch andere Mittel nicht mehr zu bewältigen ist.[1040] Der Versuch, den Notfall vorzutäuschen, um Lohnsenkungen zu erreichen, „würde einem Selbstmordversuch des Unternehmens gleichkommen."[1041]

In diesem Zusammenhang ist ferner zu berücksichtigen, dass die Arbeitnehmer untereinander auch in Konkurrenz um Arbeitskräfte stehen.[1042] Das sog. Humankapital ist in den meisten Wirtschaftsbereichen entscheidender für den Unternehmenserfolg als alles andere.[1043] Soweit die Unternehmen von sich aus beabsichtigen, die Bezahlung ihrer Arbeitnehmer unter das Niveau ihrer Mitkonkurrenten abzusenken, besteht die Gefahr, dass gerade hochqualifizierte Arbeitnehmer und insbesondere solche mit guten Arbeitsmarktchancen bei Offenbarung der betrieblichen Notlage nicht bereit sind, untertarifliche Leistungen zu

---

[1038] Vgl. *FRETER*, Das Tarifvertragssystem in der Krise, S. 64 f.

[1039] *REUTER*, Diskussion zum 61. DJT, in: Ständige Deputation des Deutschen Juristentages (Hrsg.), Verhandlungen des einundsechzigsten Deutschen Juristentages Karlsruhe 1996, Bd. II/2, K 145.

[1040] Vgl. *REUTER*, Referat zum 61. DJT, in: Ständige Deputation des Deutschen Juristentages (Hrsg.), Verhandlungen des einundsechzigsten Deutschen Juristentages Karlsruhe 1996, Bd. II/1, K. 58.

[1041] *REUTER*, Diskussion zum 61. DJT, in: Ständige Deputation des Deutschen Juristentages (Hrsg.), Verhandlungen des einundsechzigsten Deutschen Juristentages Karlsruhe 1996, Bd. II/2, K 145 f.

[1042] *REUTER*, RdA 1991, S. 195; *SOLTWEDEL*, in: Soltwedel et al. (Hrsg.), Regulierungen auf dem Arbeitsmarkt der Bundesrepublik, S. 162 ff.

[1043] *REUTER*, DWiR 1991, S. 222; so auch *TRAPPEHL / LAMBRICH*, NJW 1999, S. 3219. Dem Minderheitsvotum innerhalb der Deregulierungskommission, nach dem Unternehmen als Institutionen in der Regel in der Lage seien, auch unabhängig von ihren Arbeitnehmern zu existieren, kann nicht gefolgt werden. Vgl. *DEREGULIERUNGSKOMMISSION*, Marktöffnung und Wettbewerb, Rn. 631.

akzeptieren, das Unternehmen freiwillig verlassen und zur Konkurrenz abwandern. Eine Fluktuation von qualifizierten Beschäftigten eines Unternehmens kann auch eintreten, wenn diese nicht unmittelbar von der drohenden Betriebsteilstilllegung oder -verlagerung betroffen sind. Soweit diese Arbeitnehmer erkennen, dass sich die wirtschaftliche Lage des Unternehmens verschlechtert und perspektivisch eventuell gar der Bestand des gesamten Betriebes gefährdet ist, werden diese sich rechtzeitig um einen neuen Arbeitgeber mit besseren Zukunftsaussichten bemühen. Gerade der Verlust von wichtigen Beschäftigten stellt einen bedeutenden Nachteil für das Unternehmen dar. Dies gilt um so mehr, als dass bei Offenkundigwerden der angespannten wirtschaftlichen Situation bzw. Existenzgefährdung des Betriebes die abgewanderten Arbeitnehmer kaum zu ersetzen sind. Die Wahrscheinlichkeit, dass hochqualifizierte Arbeitnehmer bereit sind, in einem wirtschaftlich instabilen Unternehmen einen unsicheren Arbeitsplatz anzutreten, ist als äußerst gering einzustufen. Dies gilt umso mehr, als dass die Nachfrage nach qualifizierten Arbeitskräften trotz bestehender hoher Arbeitslosigkeit nicht befriedigt werden kann, weil vielen Arbeitssuchenden die notwendige berufliche Qualifikation fehlt.[1044] Aus Arbeitgebersicht ist dies ein Grund mehr, individuelle Vereinbarungen mit dem Arbeitnehmer tatsächlich nur in Notfällen zu treffen, wenn eine kurzfristige Kostenreduktion als Reaktion auf eine Extremsituation, ganz unabhängig von mittel und langfristigen Folgewirkungen, erforderlich ist.[1045] Ferner riskiert der Arbeitgeber innerbetriebliche Konflikte, wenn einzelne Beschäftigungsgruppen ihr Arbeitsplatzrisiko unterschiedlich einschätzen und die Belegschaft durch Gegner und Befürworter einer Absenkung tariflicher Leistungen gespalten wird.[1046] Für die Unternehmen ist jedoch gerade ein gutes Verhältnis zur Belegschaft ein wichtiger Erfolgsfaktor. Verteilungskonflikte innerhalb des Betriebes können dieses erheblich beeinträchtigen. Entsprechend muss der Arbeitgeber die Notwendigkeit einer Absenkung tariflicher Leistungen so stichhaltig darlegen, dass die überwiegende Mehrheit der Beschäftigten davon überzeugt ist. Dies wird ihm jedoch nur gelingen, wenn auch wirklich eine Notsituation vorliegt.

Unternehmen, die einen Notfall vortäuschen, um sich von missliebigen tarifvertraglichen Bedingungen zu lösen, laufen zudem Gefahr, in eine Vielzahl von Prozessen mit tarifgebundenen Arbeitnehmern hineingezogen zu werden.[1047]

[1044] Vgl. *Kleinhenz*, Gutachten zum 63. DJT, in: Ständige Deputation des Deutschen Juristentages (Hrsg.), Verhandlungen des dreiundsechzigsten Deutschen Juristentages Leipzig 2000, Bd. II, B 55 ff.; *Löwisch*, JZ 2000, S. 809.

[1045] *Seitel*, Öffnungsklauseln in Tarifverträgen, S. 380.

[1046] Vgl. *Rosdücher*, Arbeitsplatzsicherung durch Tarifvertrag, S 463 f.

[1047] Vgl. *Reuter*, Referat zum 61. DJT, in: Ständige Deputation des Deutschen Juristentages (Hrsg.), Verhandlungen des einundsechzigsten Deutschen Juristentages Karlsruhe 1996, Bd. II/1, K 58.

Auch wenn hier lediglich Rahmenkriterien für einen betrieblichen Notfall aufgestellt worden sind, so sind diese dennoch objektiv überprüfbar. Da der Notfall Voraussetzung für die Vereinbarung untertariflicher Leistungen und damit für den Eingriff in die Rechte der tarifgebundenen Arbeitnehmer ist, stellt diese Intervention in tarifvertragliche Rechte durch die individualvertragliche Vereinbarung untertariflicher Leistungen einen justitiablen Akt dar. Es kann jeder Betroffene, wenn er glaubt, der Notfall habe in Wirklichkeit nicht vorgelegen, er durch den Arbeitgeber entsprechend getäuscht worden sei oder trotz Vorliegens der Ausnahmesituation unverhältnismäßige Konsequenzen gezogen wurden, die Gerichte anrufen. Das Vorliegen einer wirtschaftlichen Notsituation, an die eine Vereinbarung untertariflicher Arbeitsbedingungen geknüpft ist, kann in einem Streitfall aufgrund der objektiven Kriterien von Wirtschaftssachverständigen[1048] und damit auch durch die Arbeitsgerichte ermittelt werden. In der Regel lässt sich ein unechter Notfall bereits im darauffolgenden Jahr anhand der guten Auftragslage und der nächsten positiven Gewinn- und Verlustrechnung nachweisen.[1049]

Bzgl. der Überprüfbarkeit liegt ein vergleichbarer Fall mit § 1 Abs. 2 S. 1 Alt. 3 KSchG vor. Auch hier ist eine unternehmerische Entscheidung notwendig, die nicht nur vorübergehend zum Wegfall von Arbeitsplätzen führt. Insoweit muss der Arbeitgeber die betriebliche Notsituation und den geplanten Arbeitsplatzabbau beweisen. Diese Punkte sind ohne weiteres einer gerichtlichen Prüfung zugänglich. Wie auch bei § 1 Abs. 2 S. 1 Alt. 3 KSchG kann in dem hier untersuchten Fall durch das Arbeitsgericht lediglich eine Missbrauchskontrolle dahingehend durchgeführt werden, ob die Maßnahme offensichtlich unsachlich, unvernünftig oder willkürlich sind. Da eine derart eingeschränkte Kontrolle bei § 1 Abs. 2 S. 1 Alt. 3 KSchG als ausreichend angesehen wird, um eine betriebsbedingte Kündigung zu rechtfertigen, muss dies auch im Zusammenhang mit der Vereinbarung untertariflicher Leistungen gelten. Die Feststellung der Voraussetzungen für den betrieblichen Ausnahmetatbestand erfordert im Ergebnis keinen wesentlich anderen Aufwand als der für die Feststellung dringender betrieblicher Erfordernisse i.S. des § 1 KSchG oder die der Möglichkeit wesentlicher Nachteile i.S. des § 111 Abs. 1 BetrVG.[1050]

Soweit lediglich eine vorgetäuschte Notsituation vorliegt, steht es den Arbeitnehmern offen, auf dem Rechtsweg ihre Ansprüche geltend zu machen. Sie können jederzeit die tarifwidrigen arbeitsvertraglichen Absprachen nach § 123 BGB wegen arglistiger Täuschung anfechten, sich auf deren Nichtigkeit berufen

---

1048 So *ADOMEIT*, Regelung von Arbeitsbedingungen und ökonomische Notwendigkeit, S. 53.
1049 So *SCHELLHAASS*, Die Zukunft des Arbeitsmarktes - Wege zu mehr Beschäftigung, S. 56.
1050 Vgl. *SCHLIEMANN*, NZA 2003, S. 126.

und die tariflichen Rechte geltend machen.[1051] Aufgrund der Rückwirkung der Anfechtung ist der Arbeitgeber zusätzlich bereicherungsrechtlichen Ansprüchen der Arbeitnehmer gemäß § 812 S. 2 Alt. 1 BGB ausgesetzt. Darüber hinaus muss der Arbeitgeber nicht nur den Ansprüchen der getäuschten Arbeitnehmer, sondern unter Umständen auch mit Schadenersatzforderungen von Geschäftspartnern rechnen. Auch dies wird die Bereitschaft des Unternehmens, den Notfall zu früh auszurufen, bremsen.[1052] Insgesamt können die durch die Täuschung erzielten kurzfristigen Kostenvorteile leicht in unverhältnismäßige Nachteile umschlagen.[1053]

Die Ausweitung des Günstigkeitsprinzips auf die Vereinbarung untertariflicher Leistungen bei gleichzeitig gewährter Beschäftigungsgarantie im Falle unternehmerischer Notsituationen eignet sich somit nicht als Mittel zur Umgehung missbilligter tariflicher Bindungen. Die Gefahr einer Lohndrückerei durch einen Missbrauch der Ausnahmeklausel ist zwar latent gegeben, kann aber aufgrund der Nachteile, die mit dem Eingeständnis der wirtschaftlichen Angeschlagenheit des Unternehmens einhergehen, weitgehend ausgeschlossen werden.[1054] Die Vereinbarung untertariflicher Leistungen wird daher nur als „allerletztes Mittel" der Ertragssicherung angewandt werden, so dass sich der Bedarf für eine funktionsfähige gerichtliche Missbrauchskontrolle entsprechend reduziert.[1055] Folglich reicht es in Anlehnung an § 1 Abs. 2 S. 1 Alt. 3 KSchG aus, objektive Rahmenkriterien und Indizien für das Vorliegen einer betrieblichen Ausnahmesituation zu bestimmen.

1051 Vgl. *Buchner*, DB 1996 Beilage, S. 14.

1052 Vgl. *Reuter*, Diskussion zum 61. DJT, in: Ständige Deputation des Deutschen Juristentages (Hrsg.), Verhandlungen des einundsechzigsten Deutschen Juristentages Karlsruhe 1996, Bd. II/2, K 146.

1053 Zu diesem Ergebnis kommt *Reuter*, Referat zum 61. DJT, in: Ständige Deputation des Deutschen Juristentages (Hrsg.), Verhandlungen des einundsechzigsten Deutschen Juristentages Karlsruhe 1996, Bd. II/1, K 58, für den Eingriff in tarifvertragliche Rechte durch Notbetriebsvereinbarungen.

1054 Zum gleichen Ergebnis kommen *Seitel*, Öffnungsklauseln in Tarifverträgen, S. 380; *Reuter*, Referat zum 61. DJT, in: Ständige Deputation des Deutschen Juristentages (Hrsg.), Verhandlungen des einundsechzigsten Deutschen Juristentages Karlsruhe 1996, Bd. II/1, K 58 f.; *Reuter*, Diskussion zum 61. DJT, in: Ständige Deputation des Deutschen Juristentages (Hrsg.), Verhandlungen des einundsechzigsten Deutschen Juristentages Karlsruhe 1996, Bd. II/2, K 145 f.; *Ehmann*, Diskussion zum 61. DJT, in: Ständige Deputation des Deutschen Juristentages (Hrsg.), Verhandlungen des einundsechzigsten Deutschen Juristentages Karlsruhe 1996, Bd. II/2, K 105.

1055 So im Ergebnis *Reuter*, Referat zum 61. DJT, in: Ständige Deputation des Deutschen Juristentages (Hrsg.), Verhandlungen des einundsechzigsten Deutschen Juristentages Karlsruhe 1996, Bd. II/1, K 58 f.

b) Drohende Betriebsverlagerung

Neben der betrieblichen Notlage spielt in der Praxis die Verlagerung von Betrieben bzw. Betriebsteilen ins Ausland eine wichtige Rolle. Hierdurch erhoffen sich die Unternehmer Kosteneinsparungen und damit eine erhöhte Wettbewerbsfähigkeit. Im Unterschied zum vorher untersuchten Fall sind es nicht unbedingt wirtschaftlich angeschlagene Unternehmen, die eine derartige Maßnahme durchzuführen beabsichtigen. Wie die Beispiele von *VIESSMANN* und *BURDA* gezeigt haben, handelt es sich vielmehr häufig sogar um ausgesprochen erfolgreiche Unternehmen.[1056]

Die Verlagerung des Betriebes bzw. von Betriebsteilen und der damit einhergehende Arbeitsplatzabbau stellt eine unternehmerische Maßnahme dar. Zu klären ist, welche Anforderungen an sie zu stellen ist. Da eine Betriebsverlagerung gerade nicht an eine betriebliche Notsituation geknüpft ist, scheint hier im Gegensatz zum vorher untersuchten Fall die Gefahr eines Missbrauchs groß. Entsprechend ist es notwendig, justitiable Kriterien zu finden. Entscheidender Bedeutung kommt dabei der Frage zu, wie konkret die Maßnahme drohen muss.

(1) Betriebsänderung - § 111 S. 3 Nr. 1, 2 BetrVG

Die Verlagerung des Betriebes bzw. von Betriebsteilen erfüllt möglicherweise mehrere Tatbestände des § 111 S. 3 BetrVG, so dass auf die in diesem Zusammenhang von der Rechtsprechung und Literatur entwickelten Kriterien zurückgegriffen werden kann. In Frage kommt neben einer Stilllegung gemäß § 111 S. 3 Nr. 1 BetrVG auch die Verlegung des Betriebes nach § 111 S. 3 Nr. 2 BetrVG.

Stilllegung ist die Aufgabe des Betriebszweckes unter gleichzeitiger Auflösung der Betriebsorganisation aufgrund eines ernstlichen und endgültigen Willensentschlusses des Unternehmers für unbestimmte, nicht nur vorübergehende Zeit.[1057] Entscheidend kommt es dabei auf die Produktionseinstellung und die Auflösung der dem Betriebszweck dienenden Organisation an.[1058] Das bedeutet, dass die bestehenden Arbeitsverhältnisse beendet werden, wobei jedoch die Weiterbeschäftigung einzelner Arbeitnehmer mit Abwicklungsarbeiten der Betriebsstilllegung nicht entgegensteht.[1059] Ausreichend ist es für eine Stilllegung ebenfalls, wenn eine Wiederaufnahme des Betriebszweckes nach einer ihrer Dauer nach regelmäßig unbestimmte, wirtschaftlich nicht unerhebliche Zeitspanne beabsichtigt ist. Soweit der Unternehmer plant, im Ausland unter Aufgabe des inländi-

---

[1056] So auch *DIETERICH*, RdA 2002, S. 15.

[1057] So die *h.M.*, vgl. z.B. *BAG* v. 19.06.1991, DB 1991, S. 2442; *BAG* v. 27.06.1995, DB 1996, S. 147; *BAG* v. 27.09.1984, BAGE 47, S. 22; *FITTING / KAISER / HEITHER / ENGELS / SCHMIDT*, BetrVG, § 111 Rn. 65; *SCHAUB*, Arbeitsrechtshandbuch, S. 2329.

[1058] *FITTING / KAISER / HEITHER / ENGELS / SCHMIDT*, BetrVG, 21. Aufl., § 111 Rn. 65;

[1059] *BAG* v. 14.10.1982, BAGE 41, S. 79.

schen Standortes einen neuen Betrieb zu errichten, liegt unzweifelhaft eine dauerhafte Auflösung der betrieblichen Organisation vor.

Die hier relevante drohende Auslagerung des Betriebes bzw. von Betriebsteilen ins Ausland stellt keine Verlegung i.S. von § 111 S. 3 Nr. 2 BetrVG dar. Für eine Betriebsverlegung ist die wesentliche Veränderung der örtlichen Lage des Betriebes oder von wesentlichen Betriebsteilen unter Weiterbeschäftigung der Belegschaft kennzeichnend.[1060] Gerade dies ist bei der drohenden Auslagerung des Betriebes nicht der Fall. Vielmehr kommt es dem Unternehmer unmittelbar darauf an, unter Aufgabe des inländischen Standortes im Ausland ortsansässige Arbeitnehmer einzustellen, um so die gewünschte Kosteneinsparung zu erzielen. Soweit jedoch wie hier wesentliche Teile der Belegschaft am Arbeitsort nicht weiterbeschäftigt werden, handelt es sich um eine Betriebs- bzw. Teilbetriebsstilllegung mit anschließender Neuerrichtung des Betriebes.[1061]

(2) Dringende betriebliche Erfordernisse - § 1 Abs. 2 S. 1 Alt. 3 KSchG

Die unternehmerische Entscheidung über die betriebliche Maßnahme bedarf grundsätzlich keiner besonderen Form.[1062] Soweit ein ernstlicher unternehmerischer Beschluss existiert, den Betrieb oder Teile ins Ausland zu verlagern und den inländischen Standort aufzugeben bzw. zu verkleinern, liegt letztlich eine Betriebs- bzw. Teilstilllegung i.S. von § 111 S. 3 Nr. 1 BetrVG vor. Fraglich ist jedoch, welche Voraussetzungen an eine solche Unternehmensentscheidung zu knüpfen sind, damit die Arbeitplätze bereits als konkret gefährdet einzustufen sind. Wann "droht" eine Betriebverlegung? Angeknüpft werden kann hierbei möglicherweise an die Regelung des § 1 Abs. 2 S. 1 Alt. 3 KSchG.

Gemäß § 1 Abs. 2 S. 1 KSchG ist eine betriebsbedingte Kündigung nur dann sozial gerechtfertigt, wenn sie durch dringende betriebliche Erfordernisse bedingt ist, die der Weiterbeschäftigung des Arbeitnehmers entgegenstehen. Voraussetzung ist wie bei § 111 S. 3 BetrVG eine unternehmerische Entscheidung, die nicht nur vorübergehend zum Wegfall des Arbeitsplatzes führt.[1063]

Die Stilllegung des Betriebes oder von Betriebsteilen stellt dabei eine von der Rechtsprechung anerkannte innere Ursache für eine unternehmerische Entscheidung i.S. von § 1 Abs. 2 S. 1 Alt. 3 KSchG dar.[1064] Sie setzt voraus, dass der Un-

---

[1060] *Fitting / Kaiser / Heither / Engels / Schmidt*, BetrVG, § 111 Rn. 81; *Schaub*, Arbeitsrechtshandbuch, S. 2331.

[1061] *Schaub*, Arbeitsrechtshandbuch, S. 2331, *BAG* v. 12.02.1987, DB 1988, S. 127.

[1062] Vgl. *v. Hoyningen-Huene / Linck*, KSchG, § 1 Rn. 369a; *BAG* v. 11.03.1998, DB 1998, S. 1568.

[1063] Vgl. *BAG* v. 07.05.1998, BAGE 88, S. 366; *BAG* v. 17.06.1999, BAGE 92, S. 76; *BAG* v. 17.06.1999, BAGE 92, S. 64 ff.

[1064] Vgl. in Bezug auf die Betriebsstilllegung: *BAG* v. 19.06.1991, DB 1991, S. 2442 ff.; *BAG* v. 11.03.1998, DB 1998, S. 1568 f.; *BAG* v. 27.02.1987, BAGE 54, S. 228; *BAG* v.

ternehmer im Zeitpunkt des Zugangs der Kündigung den ernsthaften und endgültigen Entschluss gefasst hat, den Betrieb nicht nur vorübergehend aufzugeben.[1065]

Die unternehmerische Maßnahme muss nicht mit Rentabilitätsinteressen gerechtfertigt werden. Da sich die durch Art. 12 und 14 GG geschützte unternehmerische Entscheidungsfreiheit in erster Line auf die Erzielung von Gewinn und nicht den Erhalt und die Schaffung von Arbeitsplätzen richtet,[1066] ist eine Maßnahme auch dann wirksam, wenn sie zum Zwecke der Gewinnsteigerung erfolgt.[1067]

Wenn der Arbeitgeber für eine geplante betriebliche Maßnahme keinen anderen plausiblen Zwecke als die bloße Kosteneinsparung anführt, gerät diese jedoch in das Vedikt des Rechtsmissbrauchs.[1068] Entsprechend kann es auch in diesem Fall nicht ausreichen, wenn der Unternehmer lediglich schlagwortartig die Stilllegung bzw. Auslagerung des Betriebes- bzw. Betriebsteils umschreibt.[1069] Vielmehr ist eine plausible und nachvollziehbare Darlegung des Unternehmenskonzeptes zu verlangen,[1070] wobei die Angaben so substantiiert dargelegt werden müssen, dass sie von den Arbeitnehmern mit Gegentatsachen bestritten und vom Gericht überprüft werden können[1071].

Die freie Unternehmerentscheidung selbst kann jedoch gerichtlich lediglich begrenzt überprüft werden. Sie unterliegt nur einer Missbrauchskontrolle dahingehend, ob sie offensichtlich unsachlich, unvernünftig oder willkürlich ist.[1072] Gegenstand einer gerichtlichen Prüfung ist daher, ob die unternehmerische Entscheidung die Kündigungen bedingt[1073] nicht jedoch, ob die unternehmerische

---

10.10.1996, DB 1997, S. 279. In Bezug auf die Stilllegung wesentlicher Betriebsteile: *BAG* v. 05.10.1995, BAGE 81, S. 101; *BAG* v. 07.05.1998, BAGE 88, S. 368.

1065 So die *h.M.*, vgl. z.B. *BAG*, v. 19.06.1991, DB 1991, S. 2442; *BAG* v. 27.06.1995, DB 1996, S. 147; *BAG* v. 27.09.1984, BAGE 47, S. 22; *Fitting / Kaiser / Heither / Engels / Schmidt*, BetrVG, § 111 Rn. 65; *Schaub*, Arbeitsrechtshandbuch, S. 2329.

1066 Vgl. *v. Hoyningen-Huene / Linck*, KSchG, § 1 Rn. 371e.

1067 So *v. Hoyningen-Huene / Linck*, KSchG, § 1 Rn. 382; *Hillebrecht*, ZfA 1991, S. 93; *Stahlhacke*, DB 1994, S. 1364 f.

1068 So im Ergebnis zutreffend *BAG* v. 18.01.1990, BAGE 64, S. 31.

1069 Vgl. *BAG* v. 17.06.1999, BAGE 92, S. 76.

1070 So zutreffend *Preis*, NZA 1995, S. 243.

1071 So auch *BAG* v. 18.01.1990, BAGE 64, S. 31.

1072 So die *h.M.*: vgl. stellvertretend *BAG* v. 10.11.1994, DB 1995, S. 1285; *BAG* v. 05.10.1995, BAGE 81, S. 97; *Ascheid*, NZA 1991, S. 873 f.; *Berkowsky*, in: Richardi / Wlotzke (Hrsg.), Münchener Handbuch zum Arbeitsrecht, Bd. 2, § 134 Rn. 40 ff.; *v. Hoyningen-Huene*, NZA 1994, S. 1011.

1073 Vgl. *Schaub*, Arbeitsrechtshandbuch, S. 1408.

Maßnahme zweckmäßig ist.[1074] Vom Arbeitsgericht kann vollständig kontrolliert werden, ob eine derartige unternehmerische Unterscheidung tatsächlich vorliegt und durch ihre Umsetzung letztlich das Beschäftigungsbedürfnis für die betroffenen Arbeitnehmer entfallen ist.[1075] Dabei muss der Arbeitgeber substantiiert nachweisen, wie sich die Umsetzung seiner unternehmerischen Entscheidung auf die Beschäftigungsmöglichkeiten auswirkt. Insbesondere hat der Arbeitgeber detailliert darzulegen, dass und zu welchem Zeitpunkt er organisatorische Maßnahmen geplant hat, die sich als Betriebsstilllegung darstellen.[1076] Dabei muss die hierauf gerichtete unternehmerische Entscheidung zum Zeitpunkt des Zugangs der Kündigung bereits greifbare Formen angenommen haben und eine betriebswirtschaftliche Betrachtung die Prognose rechtfertigt, dass der Arbeitnehmer bis zum Ablauf der Kündigungsfrist entbehrlich werden kann.[1077] Eine bereits begonnene Durchführung der unternehmerischen Maßnahme ist jedoch nicht notwendig, vielmehr sind zum Kündigungszeitpunkt feststehende künftige Entwicklungen zu berücksichtigen.[1078] Erforderlich ist aufgrund der vom Arbeitgeber dargelegten Tatsachen die Prognose, dass der Wegfall der Beschäftigungsmöglichkeit zum Ablauf der Kündigungsfrist für nicht unerhebliche Zeit mit großer Wahrscheinlichkeit zu erwarten ist. Dabei ist ein Zeitraum von neun Monaten als erheblich anzusehen.[1079] Es reicht aus, wenn die betrieblichen Gründe sich konkret abzeichnen. Als Indiz für einen ernsthaften Stilllegungsentschluss wird von der Rechtsprechung beispielsweise die Bekanntgabe desselben gegenüber Kunden und Lieferanten sowie die Kündigung von Versicherungen oder Lieferverträgen gewertet.[1080]

(3) Stellungnahme

Die Verlagerung eines Betriebes bzw. Betriebsteils ins Ausland stellt stets eine Betriebsstilllegung i.S. von § 111 S. 3 Nr. 1 BetrVG dar, da der Unternehmer beabsichtigt, die inländische Betriebsorganisation dauerhaft aufzugeben. Problematisch ist jedoch die Feststellung, wann eine derartige unternehmerische Maßnahme droht. Die im Zusammenhang mit § 111 S. 3 Nr. 1 BetrVG und § 1 Abs. 2 KSchG herausgearbeiteten Kriterien können nicht unmittelbar auf die vorliegende Situation übertragen werden.

[1074] So die *h.M.*: vgl. stellvertretend *BAG* v. 10.11.1994, DB 1995, S. 1285; *BAG* v. 05.10.1995, BAGE 81, S. 97; *Ascheid*, NZA 1991, S. 873 f.; *Berkowsky*, in: Richardi / Wlotzke (Hrsg.), Münchener Handbuch zum Arbeitsrecht, Bd. 2, § 134 Rn. 40 ff.; *v. Hoyningen-Huene*, NZA 1994, S. 1011.

[1075] Vgl. *BAG* v. 17.06.1999, BAGE 92, S. 64.

[1076] *BAG* v. 19.06.1991, DB 1991, S. 2443.

[1077] *BAG* v. 19.06.1991, DB 1991, S. 2443.

[1078] *BAG* v. 19.06.1991, DB 1991, S. 2443.

[1079] Vgl. *v. Hoyningen-Huene / Linck*, KSchG, § 1 Rn. 414b.

[1080] Vgl. *BAG* v. 19.06.1991, DB 1991, S. 2444.

Kein Unterschied besteht dahingehend, dass eine gerichtliche Überprüfung lediglich hinsichtlich des Vorliegens der unternehmerischen Maßnahme, der sich daraus ergebenden Folgen für den inländischen Standort und den damit verbundenen Arbeitsplätzen, nicht jedoch bzgl. deren Zweckmäßigkeit möglich ist.

Entgegen den bisher aufgestellten Kriterien ist ein endgültiger Beschluss zur Auflösung der inländischen Produktionsgemeinschaft nicht notwendig, denn diese soll gerade durch die Vereinbarung des individuellen Bündnisses für Arbeit verhindert werden. Erforderlich sind vielmehr ernstliche Planungen in Bezug auf eine Betriebsverlagerung. Darlegungs- und beweispflichtig ist hierfür der Arbeitgeber. Notwendig ist ein plausibles und nachvollziehbares Unternehmenskonzept. Dieses muss eine Darstellung der gegenwärtigen und nach der Verlegung ins Ausland zu erwartenden betriebswirtschaftlichen Situation des Unternehmens enthalten. Das Gericht ist zwar nicht berechtigt, anhand dieser Gegenüberstellung die Zweckmäßigkeit der Maßnahme zu beurteilen, jedoch verdeutlicht eine derartige Bilanz den betroffenen Arbeitnehmern, dass hier seitens des Arbeitgebers bereits aufwändige betriebswirtschaftliche Prüfungen vorgenommen wurden. Insbesondere hat der Unternehmer darzulegen, wie weit die technischen und organisatorischen Planungen gediehen sind. Je detaillierter der entsprechende Vortrag seitens des Arbeitgebers ist, desto eher kann der betroffene Arbeitnehmer und gegebenenfalls das Gericht bzw. eine andere Prüfungsinstanz den Planungsstand nachvollziehen. Die Angaben müssen so substantiiert dargelegt werden, dass sie betriebswirtschaftlichen Überprüfungen zugänglich sind, von den Arbeitnehmern mit Gegentatsachen bestritten und vom Gericht geprüft werden können. Insbesondere muss sich aufgrund einer vernünftigen betriebswirtschaftlichen Betrachtung bereits zum Zeitpunkt der Verhandlungen zwischen Arbeitnehmer und Arbeitgeber klar abzeichnen, dass bei Umsetzung der unternehmerischen Entscheidung nach den Vorgaben des neuen Unternehmenskonzeptes der inländische Standort unter Fortfall des Arbeitsplätze vollständig oder teilweise aufgegeben wird.[1081]

Fraglich ist, wie zeitnahe eine Umsetzung des unternehmerischen Konzeptes erfolgen muss, damit von einer demnächst drohenden Betriebsverlagerung ausgegangen werden kann. Auf die Neun-Monats-Frist auf die für die Prognoseentscheidung zum Zeitpunkt der Kündigung abgestellt wird,[1082] kann nicht zurückgegriffen werden. Zu berücksichtigen ist, dass das Konzept einer Auslandsverlegung unter gleichzeitiger Schließung des inländischen Standortes im Regelfall nicht innerhalb dieser Zeit realisiert werden kann. Wenn diese Frist eingehalten würde, wäre der Anwendungsbereich der Regelung von vornherein stark eingeschränkt. Soweit man auf einen Zeitrahmen von neun Monaten in Bezug auf die

---

1081 So im Ergebnis auch *v. Hoyningen-Huene/Linck*, KSchG, § 1 Rn. 381.
1082 Vgl. *v. Hoyningen-Huene/Linck*, KSchG, § 1 Rn. 414b.

Betriebsstilllegung und den Wegfall der Beschäftigungsmöglichkeit abstellt, ist davon auszugehen, dass die unternehmerischen Planungen zu diesem Zeitpunkt bereits abgeschlossen sind und mit der Realisierung im Ausland bereits angefangen wurde. Insbesondere mit notwendigen baulichen Maßnahmen wird neun Monate vor der Verlagerung des Betriebes bereits begonnen worden sein. In der Praxis würde das bedeuten, dass ein Unternehmen, welches nicht unbeträchtliche Investitionen im Ausland getätigt hat, nicht mehr von der weiteren Umsetzung des Projektes absehen wird. Dies gilt selbst dann, wenn die Arbeitnehmer am inländischen Standort im Interesse des Erhaltes ihrer Arbeitsplätze auf tarifliche Konditionen zu verzichten bereit sind. Der dadurch entstehende Kosteneffekt für das Unternehmen kann die bereits getätigten Auslandsinvestitionen nur selten kompensieren.

Hier besteht ein großer Unterschied zur Regelung des § 1 Abs. 2 KSchG. Während bei diesem lediglich geprüft wird, ob die unternehmerische Maßnahme in absehbarer Zeit zu einem Wegfall des Arbeitsplatzes führt und somit die Kündigung gerechtfertigt wird, soll bei der hier vorgeschlagenen Lösung der Arbeitsplatz gerade gesichert und Kündigungen vermieden werden. Entsprechend muss der Zeitrahmen weiter gesteckt werden, damit die Umsetzung der unternehmerischen Entscheidung nicht bereits so weit fortgeschritten ist, dass aufgrund der aufgezeigten Gründe eine Abkehr von den Plänen und damit die Sicherung des inländischen Standortes nicht mehr zu erwarten ist. Es ist daher ausreichend, wenn das Unternehmen eine genauen Zeitplan für die Realisierung seiner Auslandspläne vorlegt, aus dem hervorgeht, dass mit der unternehmerischen Maßnahme zeitnah begonnen werden soll. Daraus muss sich exakt ergeben, wann mit einer inländischen Betriebsstilllegung und dem Verlust der Arbeitsplätze zu rechnen ist.

Wie auch bei den betrieblichen Notfällen ist es darüber hinaus zwingend notwendig, dass der Unternehmer gleichzeitig auch ein „Sanierungskonzept" bzgl. des bestehenden Betriebes erstellt hat. Zu berücksichtigen ist, dass der Unternehmer durch die Verhandlungen mit den Arbeitnehmern über die individualvertragliche Abdingbarkeit tariflicher Leistungen den inländischen Standort und die damit verbundenen Arbeitsplätze sichern will. Dazu ist ebenfalls ein betriebswirtschaftliches Konzept notwendig. Dieses muss einerseits genaue Planungen enthalten, welche Einspareffekte durch den Verzicht der Arbeitnehmer auf tarifliche Leistungen erzielt werden können und andererseits durch welche darüber hinausgehende kostensenkende Maßnahmen die Wettbewerbsfähigkeit des Betriebes und damit dessen Bestand zukünftig gesichert werden soll. Selbstverständlich müssen auch diese Angaben so substantiiert sein, dass sie einer gerichtlichen und betriebswirtschaftlichen Prüfung standhalten.

Die getroffenen Kriterien sind auch ohne genaue Definition aufgrund ihrer Anknüpfung an die im Zusammenhang mit § 111 BetrVG und § 1 KSchG entwickelte Rechtsprechung justitiabel, so dass bereits aus diesem Grund ein Missbrauch der Regelung weitgehend ausgeschlossen werden kann. Da bei einem solchen, wie bereits im Zusammenhang mit der betrieblichen Notsituation erörtert, die erzielten Kostenvorteile leicht in unverhältnismäßige Nachteile umschlagen können,[1083] ist zudem die Bereitschaft der Unternehmen, eine Betriebsverlagerung ins Ausland vorzutäuschen, als gering anzusehen.

2. Feststellende Stelle

Da es nicht möglich war, eine exakte Definition aller in Frage kommenden Ausnahmesituationen zu finden und nur bestimmte Rahmenkriterien herausgearbeitet werden konnten, innerhalb derer ein individueller Ermessens- und Entscheidungsspielraum verbleibt, kommt der Beurteilung, wem die Entscheidung über das Vorliegen eines derartigen Ausnahmetatbestandes obliegt, große Bedeutung zu. Infrage kommen hierfür neben den unmittelbar bzw. mittelbar an der Vereinbarung Beteiligten und davon Betroffenen auch neutrale Entscheidungsinstanzen. Es ist somit zu untersuchen, wer am besten, schnellsten und kostensparensten das Vorliegen der betrieblichen Ausnahmesituationen beurteilen kann. Insbesondere der Zeitkomponente kommt hierbei eine große Bedeutung zu, denn die erhoffte Entlastung der Betriebe kann nur eintreten, wenn insbesondere über das Vorliegen eines Notfalls rasch, möglichst von Anfang an, Klarheit geschaffen werden kann.[1084]

a) Entscheidung einer neutralen überbetrieblichen Instanz

Die Entscheidung über das Bestehen eines betrieblichen Ausnahmetatbestandes könnte durch eine neutrale überbetriebliche Instanz getroffen werden. Als eine solche Institution kommt beispielsweise das Arbeitsamt in Betracht.[1085]

Zwar trifft die neutrale überbetriebliche Stelle ihre Entscheidung unabhängig von den unmittelbar Betroffenen, dennoch hat diese Lösung den Nachteil, dass die betroffenen Arbeitnehmer nicht direkt erkennen können, auf welchem genauen Weg über ihre existentiellen Belange entschieden wird. Die feststellende Instanz muss das uneingeschränkte Vertrauen der betroffenen abhängig Beschäftigten haben und in der Lage sein, ihnen die bestehende bzw. nichtbestehende Notwendigkeit einer Abweichung vom Tarifvertrag überzeugend darzulegen. Entsprechend besteht die Gefahr, dass die Arbeitnehmer, insbesondere bei einer Diskrepanz zwischen den Einschätzungen der Beschäftigten und der neutralen

---

[1083] Vgl. die Ausführungen im *5. Kapitel B II 1 a) (7) (c)*.

[1084] So *Hanau*, RdA 1993, S. 3.

[1085] Soweit der Vorschlag der *Deregulierungskommission*, Marktöffnung und Wettbewerb, Rn. 598.

Institution, die Entscheidung nicht akzeptieren. Zwar kann das Arbeitsamt zur Bestimmung der Ausnahmetatbestände ermächtigt werden, jedoch wäre es im Hinblick auf die Akzeptanz durch die betroffenen Arbeitnehmer günstiger, eine betriebsnähere Entscheidungsinstanz zu beauftragen.

Gegen die Einschaltung einer neutralen Stelle, wie der Arbeitsverwaltung, spricht weiterhin, dass diese nicht befugt ist, abschließende Entscheidungen in Rechtsstreitigkeiten[1086] zu treffen.[1087] Auch wenn die Feststellung der Ausnahmesituation durch eine neutrale überbetriebliche Instanz zulässig wäre, so wird sich das Verfahren nicht vereinfachen oder verkürzen lassen. Die neutrale Stelle ist nicht mit den betrieblichen Gegebenheiten vertraut und kennt folglich auch die genaue Situation des Unternehmens nicht. Da es keine einfache allgemeingültige Formel gibt unter die der Ausnahmetatbestand einfach subsumiert werden kann, müssen dieser Instanz entsprechend sämtliche relevanten Umstände dargelegt und umfangreiche Unternehmensunterlagen offengelegt werden. Bis sich der neutral Prüfende einen genauen Überblick über die wirtschaftliche Situation des Unternehmens gemacht hat und in der Lage ist, eine Entscheidung zu fällen, ist bereits wertvolle Zeit verstrichen. Gerade diese kann für die Beurteilung der Chancen des Erhalts der Arbeitsplätze bzw. einer Unternehmenssanierung entscheidend sein. Aufgrund dieser Nachteile ist die Feststellung des Ausnahmetatbestandes durch eine neutrale überbetriebliche Instanz nicht zu favorisieren.

b) Gerichtliche Entscheidung

Eine weitere Möglichkeit bestände darin, die Feststellung der betrieblichen Ausnahmesituation einer gerichtlichen Entscheidung zu überlassen. Zu berücksichtigen ist hierbei, dass es sich hier lediglich um das allgemeine Feststellungsverfahren und nicht ein streitiges Verfahren handelt. Soweit es nach der Vereinbarung untertariflicher Leistungen Zweifel daran gibt, ob nicht doch ein Missbrauch der Ausnahmeregelung vorliegt, ist eine Anrufung des zuständigen Gerichtes[1088] unter den normalen Voraussetzungen zulässig. Dieses hat dann auch darüber zu entscheiden, ob wirklich ein betrieblicher Notfall vorliegt oder eine Betriebsstilllegung droht.

Die Übertragung der Feststellung eines Ausnahmefalls als Voraussetzungskriterium für die Vereinbarung untertariflicher Leistungen auf die Gerichte hat den Vorteil, dass im Gegensatz zu den neutralen überbetrieblichen Instanzen, wie

---

1086 Um eine solche handelt es sich letztlich, da mit der verbindlichen Feststellung einer Notlage die Voraussetzungen für die Vereinbarungen untertariflicher Leistungen vorliegen.

1087 Vgl. *Hanau*, RdA 1993, S. 3.

1088 Zuständig wäre hier das Arbeitsgericht gemäß § 2 Abs. 1 Nr. 3 ArbGG, da es sich vorliegend um eine Streitigkeit zwischen Arbeitgeber und Arbeitnehmer aus dem Arbeitsverhältnis handelt.

dem Arbeitsamt, es gerade in der Natur der Sache von Gerichten liegt, abschließende Entscheidungen in Rechtsstreitigkeiten zu treffen. Ansonsten stellt das Gericht auch eine neutrale überbetriebliche Instanz dar. Entsprechend ist ein gerichtlicher Entscheidungsprozeß mit den gleichen Problemen belastet. So kann eine richterliche Beurteilung das bei den Arbeitnehmern möglicherweise bestehende Akzeptanzproblem nicht völlig beseitigen. Jedoch wird der Beurteilung des Gerichtes erfahrungsgemäß mehr Anerkennung entgegengebracht und dessen Entscheidung eher respektiert als dies bei anderen neutralen Stellen der Fall wäre. Das größte Manko an dem Vorschlag einer gerichtlichen Prüfung besteht jedoch darin, dass der zuständige Entscheidungsträger auch zunächst keine genauen Einblicke in die betriebliche Situation hat und ihm diese im Rahmen des Antragsverfahrens erst aufwendig dargestellt werden muss. Des weiteren spricht gegen eine gerichtliche Feststellung des Ausnahmetatbestandes, dass die ohnehin schon stark belasteten Gerichte mit zusätzlichen Aufgaben betraut würden. Entsprechend ist es nicht empfehlenswert, diesen die Feststellung der Voraussetzungen einer betrieblichen Ausnahmesituation zu überlassen.

c) Tarifvertragsparteien

Des weiteren bestände die Möglichkeit, die Tarifvertragsparteien mit der Feststellung des Ausnahmetatbestandes zu betrauen.[1089]

Dieser Fall weist Parallelen zu der bereits erörterten tariflichen Notfall- und Härteklausel der ostdeutschen Metall- und Elektroindustrie auf. Auch hier sollten sich die Tarifvertragsparteien nach Antrag des Arbeitgebers bzw. des Betriebsrates über das Vorliegen eines Härtefalles verständigen.[1090] D.h., es wären zwischen den beteiligten Parteien zunächst Verhandlungen durchzuführen, in denen das Vorliegen eines Notfalls geprüft wird. Erfahrungsgemäß dürften dabei die Ansichten zwischen Arbeitgeber und Gewerkschaften weit auseinanderliegen, so dass die Gefahr besteht, dass „Rettungsaktionen" unnötig verzögert werden.[1091] Zugleich kennen die Tarifvertragsparteien die individuelle Situation des konkret betroffenen Betriebes nicht. Sie muss ihnen im Rahmen des Antragsverfahrens erst aufwendig dargestellt werden.[1092] Wie bei den bisher aufgezeigten Lösungsmöglichkeiten geht damit auch hier eine zeitliche Verzögerung des Feststellungsprozesses einher.

[1089] So wird insbesondere gefordert, den Tarifparteien ein weites Mitsprache- bzw. Widerrufsrecht einzuräumen. Vgl. *CDU / CSU*, Leistung und Sicherheit - Zeiten für Taten, S. 12; *FREISTAAT BAYERN*, Entwurf eines Gesetzes zur Flexibilisierung des Arbeitsrechts (Flexibilisierungsgesetz - FlexG), BR-Drucks. 863/02, S. 2 f. Dies führt im Ergebnis dazu, dass den Tarifparteien faktisch die Feststellung der Ausnahmesituation obliegt.

[1090] Vgl. dazu die Ausführungen im *5. KAPITEL B II 1 a) (6)*.

[1091] So bereits *LOHS*, Anpassungsklauseln in Tarifverträgen, S. 148.

[1092] Vgl. *SONTOWSKI*, Löhne in der Unternehmenskrise, S. 88.

Des weiteren hat das Beispiel der ostdeutschen Metall- und Elektroindustrie gezeigt, dass die Gewerkschaften in Anbetracht des Verlustes von Arbeitsplätzen in der Regel zu keinen lohnpolitischen Zugeständnissen bereit sind.[1093] Auch wenn es in den letzten Jahren zur verstärkten Aufnahme von Notfallklauseln kam, stoßen diese bei den Gewerkschaften weiterhin auf Widerstand.[1094] So sind die Gewerkschaften trotz der veränderten Rahmenbedingungen heute noch der Meinung, dass die einzelbetriebliche Rentabilität auf keinen Fall Grundlage der Tarifpolitik sein darf.[1095] Da bereits die Aufnahme von Härte- bzw. Notfallklauseln auf den Widerstand der Gewerkschaftler stößt, scheint es nicht sinnvoll, den Tarifparteien die Feststellung eines betrieblichen Notfalls zu überlassen.[1096] Es ist somit davon auszugehen, dass diese Regelungen besonders restriktiv ausgelegt werden und eine Notfallfeststellung nur in den seltensten Fällen rechtzeitig zur Unternehmens- und Arbeitsplatzrettung erfolgt. Zugleich bedeutet es schon ein natürliches Hindernis, dass es aus Sicht der Tarifvertragsparteien bei jeder Anerkennung eines Ausnahmetatbestandes so aussieht, als sei damit quasi ein Eingeständnis derart verbunden, dass ihr eigener Flächentarifvertrag versagt hat.[1097] Aufgrund dieser Bedenken eignen sich die Tarifpartner nicht, die Feststellung des Notfalls vorzunehmen.

d) Einigungsstelle

Weiterhin könnte auch einer Einigungsstelle i.S. von § 76 BetrVG diese Feststellung überlassen werden. Diese stellt eine Art Schiedsstelle dar und ist nach den Vorgaben des BetrVG zur Beilegung von Meinungsverschiedenheiten zwischen Arbeitgeber und Betriebsrat, Gesamtbetriebsrat oder Konzernbetriebsrat zu bilden.[1098] Soweit man der Einigungsstelle die Feststellung einer betrieblichen Ausnahmesituation überlässt, wäre es sinnvoll, als neutralen Vorsitzenden einen Wirtschaftsprüfer[1099] oder zumindest einen Rechtsanwalt mit betriebswirtschaftlichen Kenntnissen einzusetzen, da eine Prognoseentscheidung über die

---

1093 So der Vorsitzende der *IG Metall Steinkühler*, vgl. *F.A.Z.* v. 24.09.1992, S. 4.

1094 Bereits bei der Einführung der Härteklausel im Tarifvertrag der sächsischen Metall- und Elektroindustrie 1993 machten die Gewerkschaften als „glaubwürdige Interessenwahrer von Arbeitnehmerinteressen bei der Angleichung von Löhnen an das Westniveau“ (vgl. *Wagner, K.-R.*, DB 1992, S. 2550) von Anfang an klar, dass die Härtefallklausel wegen ihres potentiellen Modellcharakters für ganz Deutschland nicht zur Geltung kommen durfte. Vgl. *Barbier*, F.A.Z. v. 23.07.1993, S. 1.

1095 Vgl. *Wendl*, GMH 1988, S. 179 f.; *Wendl*, GMH 1990, S. 211 ff.

1096 Vgl. zur Kritik an der Feststellungsbefugnis der Tarifparteien *Sontowski*, Löhne in der Unternehmenskrise, S. 77 ff., 86 ff.

1097 So *Sontowski*, Löhne in der Unternehmenskrise, S. 88, in bezug auf den Entscheidungsprozeß, der auf die Feststellung einer Härtefallregelung gerichtet ist.

1098 § 76 Abs. 1 BetrVG.

1099 Vgl. *Walker*, ZTR 1997, S. 197.

wirtschaftliche Zukunft des Unternehmens zu treffen ist. Hierfür sind sowohl betriebswirtschaftliche als auch steuerliche Kenntnisse vorteilhaft.

Nachteilig wirkt sich bei dieser Variante aus, dass gemäß § 76a BetrVG der Arbeitnehmer die nicht unerheblichen Kosten der Einigungsstelle trägt. Da die Einigungsstelle aus Beisitzern, die vom Arbeitgeber und Betriebsrat bestellt werden, und einem unparteiischen Vorsitzenden besteht,[1100] muss durch den Arbeitgeber lediglich der Vorsitzende extra honoriert werden. Dadurch sind die Kosten zwar relativiert, aber insbesondere bei kleineren Betrieben, die sich in existenzbedrohten Situationen befinden, sind auch diese Kosten durchaus ins Gewicht fallende Größen.[1101] Dieses Kostenargument gilt um so mehr, da die Bestellung eines Wirtschafts- bzw. Steuerprüfers oder eines Rechtsanwalts mit betriebswirtschaftlichen Fachkenntnissen als Vorsitzenden zu empfehlen ist, so dass bei einer qualifikationsgerechten Vergütung nicht unerhebliche Kosten anfallen können.

Wenn der Betriebsrat die Voraussetzungen eines Ausnahmetatbestandes nicht als gegeben ansieht und sich gegen untertarifliche Vereinbarungen ausspricht,[1102] ist ein weiteres Argument gegen eine Inanspruchnahme der Einigungsstelle zur Feststellung der betrieblichen Ausnahmesituationen gegeben. In diesem Fall würde die Einigungsstelle zum Forum lohnpolitischer Auseinandersetzungen und damit ihre Funktion als Arbeitgeber und Betriebsrat gefährdet werden.[1103] Zudem besteht die Wahrscheinlichkeit, dass in die lohnpolitische Auseinandersetzung auch noch die Arbeitsgerichte hineingezogen werden, weil diese im Streitfall entscheiden müssten, wie die Einigungs- oder Schiedsstelle besetzt werden soll. Dies birgt die Gefahr, dass sich die Feststellung der Ausnahmesituation zeitlich soweit verzögert, dass eine zusätzliche Verschlechterung der Unternehmenslage und damit eine weitere Gefährdung der Arbeitsplätze erfolgt.

Gegen die Einigungsstelle als feststellende Stelle spricht einerseits die bisherige Seltenheit von Einigungsverfahren in der betrieblichen Praxis und der Wunsch nach Vermeidung eines solchen Verfahrens[1104] und anderseits die Tatsache, dass von Seiten der Betriebsräte die Drohung mit der Anrufung der Einigungsstelle

---

1100 § 76 Abs. 2 BetrVG.

1101 Vgl. *RÖMER*, Tarifvertrag und Arbeitslosigkeit, S. 145.

1102 Unabhängig davon, dass der Betriebsrat nach der vorliegenden Lösung nicht für die Feststellung einer Notfallsituation zuständig sein soll, kann dieser dennoch die Prüfung des Notfalls vornehmen. Gemäß § 80 Abs. 1 Nr. 1 BetrVG ist es seine Aufgabe, die Einhaltung von Tarifverträgen zu überwachen. Da hier eine Abweichung vom tariflichen Niveau erfolgt, hat der Betriebsrat auch das Recht, zu prüfen, inwieweit die Zulässigkeitsvoraussetzungen vorliegen.

1103 So *LÖWISCH*, NJW 1997, S. 911.

1104 Vgl. dazu *BRECHT / HÖLAND / REIM*, RdA 2002, S. 30 f.

bisher als Mittel eingesetzt wurde, um eine Einigung auf betrieblicher Ebene zu erreichen.[1105]

Somit scheint die Einschaltung der Einigungsstelle nicht die optimale Lösung zur Feststellung des Ausnahmetatbestandes zu sein.

e) Betriebliche Entscheidung

Die Notfallfeststellung könnte auch direkt mittels einer betrieblichen Entscheidung vorgenommen werden. Unerlässlich ist natürlich hier ebenfalls die Mitarbeit des Arbeitgebers, der zumindest wesentliche Teile seiner Unternehmensbilanz offen legen und insbesondere die Gefährdung von Arbeitsplätzen und die Maßnahmen zu deren Rettung im Detail darlegen muss.

Bei der Frage nach der Ausgestaltung der betriebliche Entscheidung empfiehlt sich eine direkte Befragung der Gesamtarbeitnehmerschaft.[1106] Wenn eine überwiegende Mehrheit - diskutiert werden Zustimmungsquoten zwischen 75%[1107] und 90%[1108] - der Belegschaft der Auffassung ist, dass ein betrieblicher Notfall vorliegt und der Sanierungsplan des Unternehmens erfolgversprechend klingt, so wäre die individualvertragliche Vereinbarung untertariflicher Leistungen generell gestattet. Soweit der Arbeitgeber der Auffassung ist, aus ökonomischen Gesichtspunkten sei der Betrieb aufzugeben, auszulagern oder ein großer Teil des Personals abzubauen, wird sich sicherlich im Betrieb eine qualifizierte Mehrheit von Arbeitnehmern finden, die dann eine Ausnahmesituation bejaht und der Vereinbarung untertariflicher Leistungen zustimmt. Problematisch wird diese kollektive Entscheidungsfindung jedoch, wenn ein großer Teil der Arbeitnehmer sich gute Chancen auf dem Arbeitsmarkt ausrechnet oder wenn lediglich in einem Betriebsteil starke Personalkürzungen vorgenommen oder Betriebsteile komplett ausgelagert bzw. geschlossen werden sollen. Dann besteht die Gefahr, dass sich im Betrieb keine entsprechenden Mehrheiten für die Annahme einer Notfalllage finden, obwohl für einen Teil der Mitarbeiter die Arbeitsplätze akut gefährdet sind. Damit ist auch eine betriebliche Entscheidung zur Feststellung einer Ausnahmesituation nicht uneingeschränkt zu empfehlen.

[1105] So *Brecht / Höland / Reim*, RdA 2002, S. 31.

[1106] Bereits 1984 sprach sich *Adomeit*, NJW 1984, S. 26 f., dafür aus, im Falle einer mehrheitlichen Entscheidung der Belegschaft für einen Verzicht auf tarifliche Leistungen eine entsprechende abweichende Betriebsvereinbarung über eine Neuinterpretation des Günstigkeitsprinzips zuzulassen.

[1107] So der Vorschlag von *Konzen*, NZA 1995, S. 919 und der *FDP-Fraktion*; Gesetzentwurf - Gesetz zur Sicherung betrieblicher Bündnisse für Arbeit, BT-Drucks. 14/6548, S. 2.

[1108] So *Adomeit*, Regelung von Arbeitsbedingungen und ökonomische Notwendigkeit, S. 41.

f) Ermächtigung des Betriebsrats in Zusammenarbeit mit der Unternehmensleitung

Eine weitere Möglichkeit bestände darin, dem Betriebsrat und dem Arbeitgeber bzw. Vertretern der Unternehmensleitung die Feststellung des Vorliegens bzw. Nichtvorliegens einer Ausnahmesituation zu überlassen. Diese Variante wird insbesondere von den Vertretern verschiedener gesellschaftlicher Kräfte[1109] favorisiert, die in betrieblichen Ausnahmesituationen untertarifliche Betriebsvereinbarungen auch ohne entsprechende Öffnungsklausel zulassen wollen.[1110] Soweit eine Abweichung vom Tarifvertrag durch eine Notbetriebsvereinbarung geschehen soll, wären die Betriebspartner die richtigen Parteien, um ein einverständliches Votum über die Ausnahmesituation zu treffen. Diese Variante hat gegenüber der Notfallfeststellung durch die Tarifvertragsparteien insbesondere den Vorteil, dass die Entscheidung innerhalb des betroffenen Unternehmens und damit problemnah getroffen wird. Der Betriebsrat kennt weitgehend die individuelle Notlagesituation und kann als Vertretung der Arbeitnehmer deren Interesse an der Arbeitsplatzsicherung berücksichtigen.

Dennoch hat auch diese Variante die gleichen Nachteile wie die zuvor diskutierte. Soweit „lediglich" Arbeitsplätze von Betriebsteilen gefährdet sind, besteht auch hier die Gefahr, dass aufgrund des in Bezug zur Gesamtbeschäftigtenzahl verhältnismäßig geringen Anteils an betroffenen Arbeitnehmern im Betriebsrat eine geringe Lobby für diese vorhanden ist. Im Extremfall kann es sogar soweit kommen, dass vom Betriebsrat trotz realer Bedrohung von Arbeitsplätzen in einem Betriebsteil bewusst eine Ausnahmesituation verneint wird. Intension für ein derartiges Verhalten könnte sein, dass die Arbeitsplätze in dem Betriebsteil riskiert werden, um so die Arbeitsplätze im Rest des Unternehmens zu sichern.[1111] Der entscheidende Vorteil des so erreichten gezielten Stellenabbaus besteht aus Sicht des Betriebsrats darin, dass als Ausgleich für den Verlust von Arbeitsplätzen das Einkommen aller im Betrieb verbleibenden Arbeitnehmer ungekürzt bleiben kann. Hierdurch gewinnt der Betriebsrat in der Belegschaft

---

1109 Vgl. insoweit die Initiative des *BDA*, *BDI*, *DIHT*, *ZDH*, die eine gesetzliche Absicherung betrieblicher Bündnisse verlangen. Vgl. dazu die Ausführungen in der *EINLEITUNG B.*

1110 Vgl. u.a. *JUNKER*, ZfA 1996, S. 413; *HROMADKA*, AuA 1996, S. 290. Dem scheint jedoch die Regelung des § 77 Abs. 3 BetrVG entgegenzustehen. Eine Rechtfertigung untertariflicher Betriebsvereinbarungen kann in diesem Fall nur über § 4 Abs. 3 TVG erfolgen.

1111 In der Regel sind Betriebsteile, die geschlossen oder verlagert werden sollen, unrentabel bzw. bringen im Vergleich zum Gesamtunternehmen nicht die erwartete Rendite. Durch eine Schließung des Betriebsteils kann entsprechend den Erwartungen des Unternehmers die Gesamtproduktivität gesteigert werden. Dadurch sind im Endeffekt auch die verbleibenden Arbeitsplätze sicherer, als wenn ein unproduktiver Bereich die Kostenbilanz nachteilig beeinflusst.

sogar Reputation.[1112] Gegen eine Ermächtigung des Betriebsrates spricht ein weiteres Argument. Würde man den Betriebsparteien selbst die Feststellung einer Notlage überlassen, entstände zudem ein Wertungswiderspruch zur neuen Insolvenzordnung, die zwar Insolvenzverwalter und Betriebsrat außer- und übertarifliche Ansprüche aus Betriebsvereinbarungen gemeinschaftlich zurückführen lässt,[1113] dabei aber tarifvertragliche Ansprüche explizit ausklammert.[1114] Somit ist es zwar prinzipiell möglich, dem Betriebsrat in Zusammenarbeit mit der Unternehmensleitung die Feststellung des betrieblichen Notfalls zu überlassen, jedoch aus den genannten Gründen nicht sinnvoll.

g) Arbeitgeber

Am einfachsten wäre es, dem Arbeitgeber selbst die Feststellung einer betrieblichen Ausnahmesituation zu überlassen. Dieser ist aufgrund seiner genauen Kenntnisse von der wirtschaftlichen Situation am besten in der Lage zu entscheiden, wie real eine Gefährdung der Arbeitsplätze in seinem Unternehmen ist. Wenn man dem Arbeitgeber eine derartige Feststellung überlässt, besteht allerdings für Außenstehende und auch Betroffene leicht der Eindruck, dass ein Missbrauch der Ausnahmeregelung vorliegen kann. Dies ergibt sich insbesondere daraus, dass, wie bereits festgestellt, die Ausnahmesituation einen gewissen Ermessens- bzw. Entscheidungsspielraum offen lässt. Jedoch ist ein Missbrauch der Ausnahmeregelung durch den Unternehmer aufgrund der damit verbundenen Nachteile eher unwahrscheinlich. Zudem ist eine gerichtliche Überprüfung der Voraussetzungen möglich. Wenn sich dann ergibt, dass ein betrieblicher Ausnahmetatbestand gar nicht vorliegt, so ist die Vereinbarung durch den Arbeitnehmer anfechtbar[1115] bzw. bei einer Nichteinhaltung der Beschäftigungsversprechen kann der Arbeitnehmer Ansprüche gegen den Arbeitgeber geltend machen,[1116] so dass sich im Ergebnis die Rechtsstellung des abhängig Beschäftigten nicht verschlechtert. Trotz dieser Optionen bleibt bei den Arbeit-

---

1112 Vgl. *Seitel*, Diskussion zum 61. DJT, in: Ständige Deputation des Deutschen Juristentages (Hrsg.), Verhandlungen des einundsechzigsten Deutschen Juristentages Karlsruhe 1996, Bd. II/2, K 135.

1113 § 120 InsO.

1114 So *Wendeling-Schröder*, Referat zum 61. DJT, in: Ständige Deputation des Deutschen Juristentages (Hrsg.), Verhandlungen des einundsechzigsten Deutschen Juristentages Karlsruhe 1996, Bd. II/1, K 22, die sich mit diesem Argument insbesondere gegen den Abbau tariflicher Leistungen durch Betriebsvereinbarungen im Falle einer betrieblichen Notlage wendet.

1115 Sollte der Arbeitgeber gegenüber den Arbeitnehmern das Vorliegen eines betrieblichen Notfalls vortäuschen, so ist die individualvertragliche Vereinbarung untertariflicher Leistungen gemäß § 123 BGB anfechtbar.

1116 Vgl. dazu die Ausführungen im *5. Kapitel D II.*

nehmern und den anderen unmittelbar und mittelbar Betroffenen[1117] im Ergebnis dennoch ein gewisses Misstrauen bestehen. Unter diesem Aspekt erweist sich der Arbeitgeber zur alleinigen Feststellung des Notfalls als nicht optimal geeignet.

h) Arbeitnehmer

Letztlich könnte auch unmittelbar dem Arbeitnehmer die Feststellung über das Vorliegen eines betrieblichen Ausnahmetatbestandes übertragen werden. So obliegt es der Einschätzung eines jeden Arbeitnehmers, nach der Darstellung der Situation und der Pläne des Unternehmens zu entscheiden, ob nach seiner Beurteilung der betrieblichen Lage den Ausführungen gefolgt werden kann und eine Ausnahmesituation anzunehmen ist. Da die Festlegung des Notfalls in der Endkonsequenz eine Ermessensentscheidung ist, stände es dem Arbeitnehmer dann in jedem Fall frei, nach seinen eigenen Prioritäten und Verhältnissen auf die Vorschläge des Arbeitgebers zur Rettung der Arbeitsplätze einzugehen und die entsprechende untertarifliche Vereinbarung mit Arbeitsplatzgarantie abzuschließen. Kein Arbeitnehmer wird bereit sein, eine vom Tarifvertrag nach unten abweichende Vereinbarung abzuschließen, wenn er nicht davon überzeugt ist, dass diese für ihn günstiger und die getroffene Regelung zur Erhaltung des Betriebes, seiner Wettbewerbsfähigkeit auf dem Markt und damit auch zur Erhaltung seines Arbeitsplatzes unbedingt erforderlich ist. Diese Variante hat den entscheidenden Vorteil, dass die Einschätzung der Betroffenen in bezug auf ihre Arbeitsplatzgefährdung direkt berücksichtigt wird und nicht die Gefahr droht, dass der Wille bestimmter Arbeitnehmer aufgrund einer anders ausfallenden Mehrheitsentscheidung negiert wird. Insbesondere dann, wenn lediglich die Arbeitsplätze in einem Unternehmensteil zur Disposition stehen und der Bestand der überwiegenden Arbeitsplätze im Unternehmen gesichert ist, kann so der Wille der Minderheit Berücksichtigung finden. Es besteht damit auch die Chance, Betriebsteile und die damit verbundenen Arbeitsplätze zu retten.

1117 Dazu gehören neben den Tarifvertragsparteien, dem Arbeitgeber, den betroffenen Arbeitnehmern auch die anderen Mitgliedsunternehmen innerhalb des Geltungsbereichs des Tarifvertrages. Vgl. *SONTOWSKI*, Löhne in der Unternehmenskrise, S. 116 f., die richtigerweise auch die anderen tarifgebundenen Unternehmen in den Kreis der Betroffenen einbezieht. Wird für ein Unternehmen aufgrund der Feststellung eines Notfalls der Tarifvertrag dispositiv, so müssen sich die Arbeitgeber der anderen Mitgliedsunternehmen bis zu einem gewissen Punkt darauf verlassen dürfen, dass es hier wirklich um eine Unternehmensrettung geht und nicht etwa das Unternehmen marktwidrige Vorteile erhält und die Öffnung des Tarifvertrages statt zur Sanierung eines existenzgefährdeten Betriebes zur Verschaffung von Wettbewerbsvorteilen missbraucht.

i) Stellungnahme

Die Instanz, welcher die Feststellung der Ausnahmesituationen übertragen wird, muss bestimmte Voraussetzungen erfüllen.

Besondere Bedeutung bei der Auswahl des Entscheidungsträgers spielt der Zeitfaktor. So muss die Zeit ausreichen, um der beurteilenden Instanz die Voraussetzungen des Ausnahmetatbestandes hinreichend umfänglich darzustellen.[1118] Dabei kommt es vor allem darauf an, dass das Verfahren zur Feststellung der Ausnahmesituation nicht zu kompliziert gefasst ist, so dass eine schnelle betriebsinterne Lösung erreicht werden kann. Nur wenn auch bei Lohntarifverträgen mit kurzen Laufzeiten rechtzeitig eine Notfallfeststellung erfolgt, kann wirklich noch etwas für den Erhalt des Betriebes und der Arbeitsplätze getan werden.[1119] Ein langwieriger Prozess verschlechtert aufgrund des Kostendruckes die Lage des Unternehmens. Erkennen die Wettbewerber die Schwäche und vorübergehende Handlungsunfähigkeit des Unternehmens, so besteht für sie ein großer Anreiz, die Entscheidung am Markt zu suchen, sei es durch große Investitionen, sei es durch „dumping"-Preise oder sonstige Maßnahmen, die eine ausreichende Kapitaldecke erfordern.[1120] Wenn die Zeitspanne vom Antrag des Arbeitgebers bis zu einer Einigung über die Ausnahmesituation zu lange dauert, kann das bereits zu einer nachhaltigen Verschlechterung der Unternehmenssituation führen und den Bestand des Unternehmens und der Arbeitsplätze weiter stark beeinträchtigen. Das ohnehin gefährdete Unternehmen gelangt so zusätzlich in eine existenzbedrohende Situation.[1121] Um den angeschlagenen Betrieb zu entlasten und zu sanieren, bedarf es häufig eines Sofortprogramms, für das eine schnelle Entscheidung notwendig ist, um einen optimalen Erfolg zu gewährleisten. Es stellt sich in diesem Zusammenhang die Frage, ob die Maßnahmen zur Unternehmensrettung rechtzeitig eingeleitet werden und so eine Steigerung der Wettbewerbsfähigkeit ohne zeitliche Verzögerung erreicht wurde. Es kommt daher darauf an, dass angesichts der Notwendigkeit schneller Entscheidungen am Markt die Einleitung derartiger Maßnahmen zeitnah geschieht.[1122] Da die betroffenen Arbeitnehmer durch den Unternehmer zwingend vom Vorliegen eines betrieblichen Notfalls bzw. einer drohenden Betriebsverlagerung und den Erfolgsaussichten des Sanierungskonzeptes überzeugt werden müssen, hat eine Übertragung der Entscheidungskompetenz auf sie gegenüber den anderen zur Auswahl stehenden Entscheidungsträgern den maßgeblichen Vorteil, dass die Feststellung der Notlage und die Verhandlungen über die untertarifliche Vereinbarung in der Praxis Hand in Hand gehen und damit quasi uno acto vor-

---

1118 So *SONTOWSKI*, Löhne in der Unternehmenskrise, S. 117.
1119 So im Ergebnis auch *LIEB*, NZA 1994, S. 291.
1120 *HÜMMERICH*, NZA 1996, S. 1292.
1121 Vgl. *HÜMMERICH*, NZA 1996, S. 1292.
1122 Ähnlich *HÜMMERICH*, NZA 1996, S. 1292.

genommen werden können.[1123] Ein zweistufiges Verfahren, bei dem verschiedene Beteiligte zunächst über die Anerkennung einer betrieblichen Ausnahmesituation befinden und dann über die Ausgestaltung der vom Tarifvertrag abweichenden Regelung entschieden wird, findet nicht statt. Damit wird bei der Übertragung der Entscheidungskompetenz auf den Arbeitnehmer wertvolle Zeit gespart.

Des weiteren muss die festlegende Instanz in der Lage sein, eine sachnahe Entscheidung zu treffen, die auf besonderer Kenntnis der betriebsindividuellen Lage beruht.[1124] Die Auswahl des Entscheidungsträgers sollte dabei ein hohes Maß an Richtigkeitsgewähr für das Ergebnis bieten. Dies ist nur der Fall, wenn der Instanz durch die Betroffenen eine Beurteilungskompetenz zugebilligt wird. Zwar gehören zum Kreis der Betroffenen neben den Tarifvertragsparteien, der Arbeitgeber, die betroffenen Arbeitnehmer als auch die anderen Mitgliedsunternehmen innerhalb des Geltungsbereichs des Tarifvertrages,[1125] dennoch treffen die Auswirkungen einer existenzgefährdenden Unternehmenskrise in erster Linie den Unternehmer und die jeweiligen Arbeitnehmer. Für eine Übertragung der Entscheidungskompetenz auf die betroffenen Arbeitnehmer spricht, dass diese aufgrund ihrer Sachnähe mit der Situation in ihrem Betriebsteil vertraut sind. Dabei ist jedoch zu berücksichtigen, dass die Arbeitnehmer zwar einen Einblick in den betrieblichen Ablauf haben und daher auch in gewissem Maße die wirtschaftliche Lage des Unternehmens einschätzen können, eine genaue Beurteilung der ökonomischen Gesamtsituation ist ihnen im Regelfall nicht möglich.[1126] Entsprechend kann die Kompetenz der Arbeitnehmer für die Festlegung des Notfalls nicht nur auf das bloße Einbezogensein in den Produktionsprozess und die damit einhergehenden Kenntnisse zurückgeführt werden. Um bei der Feststellung des Ausnahmetatbestandes ein hohes Maß an Richtigkeitsgewähr zu bieten, ist zudem eine umfängliche Mitarbeit des Arbeitgebers erforderlich, der die wirtschaftliche Lage in erforderlicher Weise offenbaren muss. Wie bereits festgestellt, reicht ein pauschaler Hinweis auf eine schlechte wirtschaftliche Situation oder eine drohende Betriebsverlagerung nicht aus.[1127] Vielmehr muss es dem Arbeitgeber gegenüber den betroffenen Arbeitnehmern gelingen, mittels konkreter Angaben die momentane wirtschaftlich angespannte Unternehmenssituation und den drohenden Arbeitsplatzverlust glaubhaft darzulegen. Darüber hinaus ist es erforderlich, dass den betroffenen abhängig Beschäftigten auch ein Sanie-

---

1123 Zu diesem Ergebnis kommt *SONTOWSKI*, Löhne in der Unternehmenskrise, S. 122, in bezug auf untertarifliche Betriebsvereinbarungen, wobei nach ihrer Auffassung die Betriebspartner die Notfallbestimmung vornehmen sollten.

1124 So *SONTOWSKI*, Löhne in der Unternehmenskrise, S. 116.

1125 Vgl. *SONTOWSKI*, Löhne in der Unternehmenskrise, S. 116 f.

1126 So im Ergebnis auch *HROMADKA*, NJW 2003, S. 1276.

1127 Vgl. die Ausführungen im *5. KAPITEL B II 1 a) (7) (a)* und *5. KAPITEL B II 1 b) (3)*.

rungsplan vorgelegt wird, aus dem sich ergibt, mittels welcher flankierenden kostensenkenden Maßnahmen die bedrohten Arbeitsplätze perspektivisch gesichert werden sollen. Aus diesem muss ersichtlich sein, inwieweit sich die Kostensituation des Unternehmens verschlechtert hat, welche Maßnahmen der Arbeitgeber in bezug auf den Erhalt des Unternehmensstandortes plant und inwieweit diese zu positiven Kosteneffekten für das Unternehmen und damit zum Erhalt von Arbeitsplätzen führen.

Der notwendige Umfang der Offenbarung von betrieblichen Interna ist stark davon abhängig, wer Entscheidungsinstanz ist. Aufgrund der unmittelbaren Nähe der Arbeitnehmer zum Unternehmen ist der Informationsaufwand entschieden geringer als bei einem neutralen Entscheidungsträger. Somit muss der Arbeitgeber nicht von vornherein Unternehmensinterna bis ins letzte Detail bekannt geben.[1128] Dadurch ergibt sich nicht nur eine Zeitersparnis im Zusammenhang mit der Prüfung der Ausnahmesituation. So wurde im Zusammenhang mit der Einführung der Härtefallklausel in der ostdeutschen Metall- und Elektroindustrie deutlich, dass die durch externe Stellen bis ins letzte Detail erfolgte Prüfung der Unternehmensunterlagen viele Arbeitgeber davon abhielt, einen Härtefallantrag zu stellen.[1129] Soweit man dem Arbeitnehmer die Feststellung des Notfalls überlässt, ist eine Offenlegung der gesamten Unternehmensinterna nur im Falle von Rechtsstreitigkeiten notwendig.

Da die den Arbeitnehmern durch den Arbeitgeber mitgeteilten Fakten eine betriebswirtschaftliche Charakterisierung der gegenwärtigen Unternehmenslage darstellen und zudem auch eine Prognoseentscheidung über die wirtschaftliche Zukunft des Unternehmens enthält, steht zu befürchten, dass ein Arbeitnehmer ohne betriebswirtschaftliche und steuerliche Kenntnisse dieses Gutachten inhaltlich nicht ausreichend beurteilen kann. Weil Arbeitnehmer mit derart speziellen Fähigkeiten in den Betrieben eher die Ausnahme darstellen, ist es notwendig, dass der Arbeitgeber die unternehmerische Bilanz und die Sanierungspläne für die betroffenen abhängig Beschäftigten so verständlich aufarbeitet, dass eine Bewertung entsprechend der Laiensphäre möglich ist. Zusätzlich ist erforderlich, den betroffenen abhängig Beschäftigten eine sachverständige Person zur Seite zu stellen. Entsprechend muss der Arbeitgeber dafür sorgen, dass ein Wirtschaftsprüfer, -berater bzw. Steuerberater den Arbeitnehmern auf Wunsch die Unterlagen, Bilanzen und den Sanierungsplan detailliert erklärt. Da jedoch die Einschaltung eines neutralen Sachverständigen mit einer starken zeitlichen Ver-

---

1128 Die Verpflichtung zur nahezu völligen Preisgabe der Betriebsinternas, die sich auch auf die Offenbarung zukünftiger Unternehmensstrategien bezog, war ein Grund, warum die Härtefallklausel der ostdeutschen Stufentarifverträge sehr selten in Anspruch genommen wurde. Vgl. dazu auch *5. Kapitel B II 1 a) (6)*.

1129 *Mundorf*, HANDELSBLATT v. 08.06.1993, S. 2, charakterisiert dabei das durch die Gewerkschaften erfolgte Überprüfungsverfahren als „Röntgenapparat“.

zögerung der Notfallfeststellung und einer zusätzlichen finanziellen Belastung des Arbeitgebers einhergeht,[1130] empfiehlt es sich, auf kompetente Personen zurückzugreifen, die an der Erstellung des Sanierungskonzeptes mitgearbeitet haben. Dabei wird es sich in der Regel um Wirtschaftsprüfer, -berater bzw. Steuerberater des Unternehmers handeln.

Auch unter einem anderen Aspekt scheint die Beiordnung eines Sachverständigen sinnvoll und notwendig. Da die wirtschaftlichen Fakten durch den Unternehmer präsentiert werden, besteht die Gefahr, dass hier eine gezielte Auswahl und Steuerung durch den Arbeitgeber erfolgt, um den Arbeitnehmern die Bedrohung ihrer Arbeitsplätze plastisch vor Augen zu halten. Je akuter die Arbeitnehmer ihren Arbeitsplatz gefährdet sehen, desto eher werden sie einem Sanierungskonzept, an dem sie durch die Vereinbarung untertariflicher Leistungen aktiv mitwirken, zustimmen. Wenn den Arbeitnehmern die durch den Unternehmer vorgenommene Darlegung der ökonomischen Situation als nicht ausreichend erscheint bzw. diesbezüglich weitere Fragen auftreten, muss natürlich die Möglichkeit offenstehen, in die Originalunterlagen Einsicht zu erhalten. Unterstützung erhalten sie dabei durch den Sachverständigen. Soweit der Arbeitgeber seinen Wirtschaftsberater, -prüfer bzw. Steuerberater abgestellt hat, besteht stets eine größere Nähe zum Unternehmer, als dies bei einer neutralen Person der Fall wäre. Entsprechend bleibt auch hier ein gewisses Misstrauen bestehen. Die Einschaltung eines Sachkundigen eröffnet dem Arbeitnehmer jedoch die Möglichkeit, nicht nur in die speziell für die Betriebsangehörigen ausgearbeiteten Pläne, sondern in alle relevanten Unternehmensunterlagen Einsicht zu nehmen und diese erläutert zu bekommen. Bereits dadurch kann einem möglicherweise vorhandenen Misstrauen in gewissem Maße entgegengewirkt werden. Da der Sachverständige selbst keine Befugnis hat, über den Notfall zu entscheiden, diese vielmehr bei den betroffenen Arbeitnehmern verbleibt, beschränkt sich dessen Aufgabe auf die neutrale Erläuterung der Bilanzen bzw. des Sanierungskonzeptes und damit auf existente Fakten. Daher nimmt er praktisch die Funktion einer objektiven Instanz wahr.

Die Entscheidung, ob ein betrieblicher Ausnahmetatbestand vorliegt, der eine untertarifliche Abweichung erlaubt, sollte daher nur durch die Arbeitnehmer des betroffenen Unternehmens erfolgen. Dies ist Folge einer konsequenten Weiterführung der subjektiven Ausrichtung des Günstigkeitsprinzips. Der überwiegende Teil der dargestellten Optionen hat den Nachteil, dass die unmittelbar Betroffenen, also die Arbeitnehmer und der Arbeitgeber, lediglich ein Antragsrecht und sonst keine weiteren Einflussmöglichkeiten besitzen. Wenn man die Feststellung des Ausnahmetatbestandes den Arbeitnehmern überlässt, so ist jetzt dieser Personenkreis unmittelbar in die Entscheidungsfindung einbezogen. Bei kei-

---

[1130] Vgl. dazu die Ausführungen im *5. Kapitel B II 2 a)*.

ner anderen Möglichkeit kann der direkte Wille der vom Arbeitsplatzverlust betroffenen Arbeitnehmer besser berücksichtigt werden. Gerade in der existenzgefährdenden Unternehmenskrise liegen das Wohl der Arbeitnehmer und das Wohl des Betriebes eben ungewohnt eng zusammen.[1131] Der betroffene Arbeitnehmer kann in dieser Situation nichts anderes tun, als sich auf eine zusammen mit dem Arbeitgeber gefundene prognostische Beurteilung der Chancen zu verlassen und die in diesem Sinne erforderliche Sanierung zu befürworten.

Soweit bei den betroffenen Arbeitnehmern jedoch letzte Zweifel am Vorliegen eines betrieblichen Notfalls und damit an einer Arbeitsplatzgefährdung existent sind, steht es in ihrem freien Ermessen, sich für oder gegen die untertarifliche Vereinbarung mit dem Arbeitgeber zu entscheiden. Entsprechend würde der Arbeitnehmer auch das Risiko tragen, dass er bei einer fehlerhaften Beurteilung der Unternehmenslage seinen Arbeitsplatz verliert. Um dem vorzubeugen, besteht jedoch die Möglichkeit, dass der Arbeitnehmer der Vereinbarung mit dem Arbeitgeber vorbehaltlich einer gerichtlichen Feststellung des betrieblichen Ausnahmetatbestandes zustimmt. Auch bei einer vorbehaltlosen Vereinbarung untertariflicher Leistungen muss im Falle späterer Zweifel an der betrieblichen Ausnahmesituation eine gerichtliche Überprüfung der Voraussetzungen möglich sein. D.h., auch wenn der Missbrauch einer entsprechenden Öffnung des Tarifvertrages aufgrund der damit verbundenen Nachteile wenig wahrscheinlich ist, kann eine völlig subjektive Festlegung eines Ausnahmetatbestandes nur verhindert werden, wenn die objektiven Kriterien justitiabel sind. Die hier vorgeschlagene Lösung bedeutet nicht, dass der betroffene Arbeitnehmer allein nach seinen subjektiven Empfindungen und Vorstellungen das Vorliegen einer betrieblichen Ausnahmesituation bejahen kann. Diese muss, wie bereits dargelegt, objektiv gegeben sein. Da damit eine gerichtliche Überprüfung, wenn auch wie bei § 1 Abs. 2 S. 1 Alt. 3 KSchG nur eingeschränkt, gewährleistet ist und dadurch jederzeit vorgenommen werden kann,[1132] steht der Feststellung einer Ausnahmesituation durch die betroffenen Arbeitnehmer nichts im Wege.

C. Grenzen der untertariflichen Vereinbarungen

Je stärker und länger die zwischen Arbeitgeber und Arbeitnehmer vereinbarte Absenkung der tariflichen Leistungen ist, desto größer stellt sich der daraus ergebende Kostenvorteil für den Arbeitgeber dar. Entsprechend seiner ökonomischen Ausrichtung ist der Unternehmer bemüht, den Kostenvorteil so lange wie möglich aufrechtzuerhalten, um so seinem Betrieb gegenüber Konkurrenten einen Wettbewerbsvorteil zu sichern. Grundsätzlich kann der betroffene Arbeit-

---

1131 *SONTOWSKI*, Löhne in der Unternehmenskrise, S. 109.

1132 Vgl. dazu die Ausführungen im *5. KAPITEL B II 1 a) (7) (a)* und *5. KAPITEL B II 1 b) (3)*.

nehmer unter Berücksichtigung seiner persönlichen Präferenzen und seiner jeweiligen beruflichen und privaten Situation selbst entscheiden, welche Form des Verzichts auf tarifliche Leistungen - bei gleichzeitig gewährten Beschäftigungsgarantien - gegenüber den tarifvertraglichen Regelarbeitsbedingungen für ihn günstiger ist. Je weiter individualvertraglich von den tariflichen Leistungen abgewichen wird, desto mehr spricht trotz der Gegenleistung des Arbeitgebers auf den ersten Blick dafür, dass die zwischen Arbeitnehmer und Arbeitgeber getroffene Regelung gegenüber der Festlegung des Tarifvertrages dennoch von Nachteil ist. Das Angewiesensein des Arbeitnehmers auf seinen Arbeitsplatz könnte jedoch dazu führen, dass dieser im Zuge einer durch den Unternehmer eingeräumten Beschäftigungsgarantie zu sehr weiten Zugeständnissen, beispielsweise bzgl. Entlohnung oder Arbeitszeitverlängerung, bereit ist. Deshalb sind Kriterien festzulegen, die einen Anhaltspunkt zur Bestimmung der Grenzen untertariflicher Vereinbarungen bieten sollen.

I. Zeitliche Grenze

Eine der bedeutendsten Grenzen bzgl. der Arbeitszeit, sei es in bezug auf eine Verlängerung oder Verlegung derselben, stellt der Gesundheitsschutz dar.[1133] Es ist erforderlich, die Arbeitnehmer davor zu bewahren, individualvertragliche Vereinbarungen zu treffen, die bei objektiver Betrachtungsweise ihrer Gesundheit abträglich sind. Denn letztlich wird eine Vereinbarung der Wochenarbeitszeit, die über das für die Gesundheit unbedenkliche Maß hinausgeht, nicht dadurch günstiger, weil der Arbeitnehmer sich aus freien Stücken dafür entscheidet.[1134]

Da in bezug auf die Arbeitszeit drei wesentliche Varianten der Abweichung vom tariflichen Niveau möglich sind, ist zu untersuchen, wo genau die zeitliche Grenze für eine Gesundheitsgefährdung liegt.

1. Dauer der Arbeitszeit

Als Grenze für die maximale Dauer der Arbeitszeit bieten sich verschiedene Ansatzpunkte an. So kann einerseits auf die heute in Hinblick auf die gesundheitlichen Belange des Arbeitnehmers weitgehend akzeptierte 40-Stunden-Woche abgestellt werden. Andererseits bietet sich ein Rückgriff auf die von den Tarifvertragsparteien für gesundheitlich unbedenklich erachtete Höchstarbeitszeit an. Darüber hinaus kommt auch die gesetzlich fixierte maximale wöchentliche Arbeitszeit als oberste Grenze in Frage.

[1133] Der Gesundheitsschutz als Grenze einer Arbeitszeitverlängerung bzw. -flexibilisierung ist allgemein anerkannt. Vgl. dazu u.a. *LÖWISCH/RIEBLE*, TVG, § 4 Rn. 209.

[1134] *SCHWEIBERT*, Die Verkürzung der Wochenarbeitszeit durch Tarifvertrag, S. 210.

a) Tarifliche Höchstarbeitszeit

Für die tarifvertraglich festgelegte Höchstarbeitszeit spricht, dass der Gesetzgeber den Arbeitnehmerschutz nicht abschließend geregelt hat und in § 7 ArbZG den Tarifpartnern bzgl. der Festlegung gesundheitlich unbedenklicher Höchstarbeitszeit einen Gestaltungsspielraum einräumt.[1135] D.h. jedoch nicht, dass eine individualvertragliche Vereinbarung, die von der tariflich vorgesehenen Arbeitszeitdauer abweicht, automatisch gegen die tariflich vorgesehenen Höchstarbeitszeiten verstoßen muss.[1136] So haben die Tarifpartner in der Vergangenheit stets Regelarbeitszeiten vereinbart, die von den Höchstarbeitszeiten abwichen. Somit wäre theoretisch eine individualvertragliche Arbeitszeitabsprache möglich, die länger als die tarifliche Regelarbeitszeit ausfällt und sich trotzdem innerhalb der zulässigen Höchstarbeitszeit bewegt. Die Ausrichtung der Dauer der maximal zulässigen Arbeitszeit an den kollektivvertraglich festgelegten Höchstarbeitszeiten hat den Vorteil, dass dann eine Differenzierung zwischen den einzelnen Branchen möglich wäre. So können auch innerhalb einer Branche in bezug auf die Höchstarbeitszeit bestimmte spezifische, sich aus der Charakteristik der Tätigkeiten ergebende Unterschiede auftreten.[1137]

Gegen die Anknüpfung der maximal zulässigen Arbeitszeit an die tariflichen Arbeitszeitregelungen spricht jedoch, dass diese sich mittlerweile von den früher vorherrschenden Gesichtspunkten des Gesundheitsschutzes weitgehend entfernt haben und heute verstärkt der besseren Verteilung der verfügbaren Arbeit dienen und somit beschäftigungspolitische Absichten verfolgen.[1138] Auch wenn die Tarifverträge bzgl. der Arbeitszeitdauer vielfach bestimmte Zeitkorridore gestatten, ist nicht gesichert, dass die tariflich zulässige Höchstarbeitszeit nur an Gesundheitsschutzaspekten orientiert. Insbesondere unter Berücksichtigung der Tatsache, dass die durchschnittliche Arbeitszeitdauer in westdeutschen Tarifverträgen weniger als 38 Stunden pro Woche beträgt,[1139] lässt sich die Günstigkeit tarifli-

---

[1135] So bereits *SCHWEIBERT*, Die Verkürzung der Wochenarbeitszeit durch Tarifvertrag, S. 211.

[1136] Vgl. zur Zulässigkeit der arbeitsvertraglichen Abweichung von tariflichen Höchstarbeitszeiten u.a. *AUKTOR*, DB 2002, S. 1714 ff.

[1137] So scheint es plausibel, dass die zulässigen Höchstarbeitszeiten aufgrund der Schwere der Arbeit innerhalb der einzelnen Branchen differieren.

[1138] So schon *V. HOYNINGEN-HUENE / MEIER-KRENZ*, ZfA 1988, S. 313; *BENGELSDORF*, ZfA 1990, S. 582; *BUCHNER*, RdA 1990, S. 8; *BUCHNER*, DB 1989, S. 2030; *ZÖLLNER*, DB 1989, S. 2125; a.A. *DÄUBLER*, DB 1989, S. 2537; *ZACHERT*, DB 1990, S. 987 f.; *AUKTOR*, DB 2002, S. 1715. Vgl. in diesem Zusammenhang auch die von Bundeswirtschaftsminister *WOLFGANG CLEMENT* initiierte Diskussion um die Verlängerung der Arbeitszeit, *F.A.Z.* v. 18.06.2003, S. 11.

[1139] Vgl. *BISPINCK*, WSI-Mitt. 1996, S. 416; *IWD* 23/2003. So gilt beispielsweise die 35-Stunden-Woche in der Metall- und Elektroindustrie in Westdeutschland bereits seit dem 01.10.1995 und in der Druckindustrie Westdeutschlands seit dem 01.04.1995. Vgl. *AUK-*

cher Arbeitszeitregelungen nicht mehr unter dem Aspekt des Gesundheitsschutzes erörtern.[1140]

b) 40-Stunden-Woche

JOOST[1141] will unter Berufung auf das sozialpolitische Bewusstsein den Spielraum der Arbeitsvertragsparteien bei 40 Wochenstunden enden lassen. Nach seiner Auffassung hat sich die 40-Stunden-Woche als Arbeitszeitgrenze im sozialpolitischen Bewusstsein durchgesetzt, da sie seit Jahren weitgehend akzeptiert ist. Dieser Auffassung ist jedoch nicht zu folgen, da das Kriterium des sozialpolitischen Bewusstseins nicht justitiabel ist.[1142] Hier handelt es sich um einen unbestimmten Begriff, der von den jeweiligen zeitbedingten Anschauungen geprägt ist[1143] und damit wie die gesellschaftlichen Wertvorstellungen einem ständigen Wandel unterworfen ist.[1144] Vor allem enthält die Berufung auf das sozialpolitische Bewusstsein keine Aussage darüber, ob sich nicht auch längere Arbeitszeiten als die 40-Stunden-Woche noch innerhalb der gesundheitlich vertretbaren Grenzen bewegen.[1145]

c) Gesetzliche Vorgabe

Das heute gültige Arbeitszeitgesetz[1146] begrenzt die regelmäßige werktägliche Arbeitszeit auf maximal acht Stunden.[1147] Bei einer zulässigen 6-Tage-Woche ergibt sich daraus eine wöchentliche Höchstarbeitszeit von 48 Stunden.[1148] Seit

---

TOR, DB 2002, S. 1717, Fn. 49. Im Vergleich dazu beträgt die durchschnittliche Wochenarbeitszeit in Ostdeutschland 39,6 Stunden. Vgl. die Übersicht in *IW*, iwd 23/2003, S. 3. Die vorerst gescheiterten Verhandlungen in bezug auf die Einführung der 35-Stunden-Woche in ostdeutschen Metall- und Elektroindustrie (vgl. z.B. *F.A.Z.* v. 12.05.2003, S. 13; *F.A.Z.* v. 17.06.2003, S. 12; *F.A.Z.* v. 20.06.2003, S. 13; *F.A.Z.* v. 24.06.2003, S. 13; *MÜLLER, U.*, DIE WELT v. 03.06.2003, S. 3; *F.A.Z.* v. 30.06.2003, S. 1; *HANDELSBLATT* v. 30.06.2003, S. 5; *FTD*, v. 30.06.2003, S. 9; *FTD* v. 01.07.2003, S. 25), zeigen, dass die Gewerkschaften auch auf diesem Gebiet eine schnelle Angleichung an das West-Niveau beabsichtigen.

1140 Vgl. *POTTHOFF*, Arbeitszeitverkürzungen zur Personalkostensenkung, S. 137.

1141 *JOOST*, ZfA 1984, S. 180.

1142 Vgl. *SCHWEIBERT*, Die Verkürzung der Wochenarbeitszeit durch Tarifvertrag, S. 211.

1143 So *DENGELSDORF*, ZfA 1990, S. 601.

1144 So ist nicht absehbar, zu welchem Zeitpunkt an die Stelle der heute allgemein akzeptierten 40-Stunden-Woche eine 38-Stunden-Woche oder gar 35-Stunden-Woche tritt. Vgl. *SCHWEIBERT*, Die Verkürzung der Wochenarbeitszeit durch Tarifvertrag, S. 211.

1145 So im Ergebnis *SCHWEIBERT*, Die Verkürzung der Wochenarbeitszeit durch Tarifvertrag, S. 211.

1146 Vom 06.06.1994, BGBl. (I) 1994, S. 1170-1183.

1147 § 3 ArbZG.

1148 Der Gesetzgeber hat die 6-Tage-Woche nicht ausdrücklich geregelt. Diese ergibt sich jedoch aus § 9 ArbZG, so dass man iVm. § 3 ArbZG rechnerisch zu einer maximal zulässigen 48-Stunden-Woche gelangt.

der ersten Normierung der 48-Stunden-Woche[1149] konnten vor allem im produktiven Bereich zwar die körperlichen Beanspruchungen und gesundheitsschädlichen Einwirkungen reduziert werden, jedoch sind neue Beanspruchungen entstanden, die nicht minder schwer wiegen.[1150] Dennoch hat der Gesetzgeber in der Neuregelung der Arbeitszeit im ArbZG unter Berücksichtigung neuester arbeitswissenschaftlicher und arbeitsmedizinischer Erkenntnisse an den Stundensätzen der vorher gültigen AZO festgehalten.[1151] Dieses Aufrechterhalten der bisherigen Regelung zeigt, dass nach seiner Auffassung entsprechend den heutigen arbeitswissenschaftlichen und arbeitsmedizinischen Erkenntnissen und Erfahrungen der im ArbZG festgelegte 8-Stunden-Tag und die 48-Stunden-Woche als ausreichend angesehen werden, um im Normalfall einen ausreichenden Gesundheitsschutz zu gewährleisten.[1152] Das Arbeitszeitrecht soll seit seiner Entstehung die individuelle Arbeitszeit des Arbeitnehmers so weit eingrenzen, dass Schäden insbesondere gesundheitlicher Art wegen zu langer Inanspruchnahme vermieden werden.[1153] Die Gewährleistung der Sicherheit und des Gesundheitsschutzes des Arbeitnehmers als Zweckbestimmung des ArbZG ist hierbei sogar ausdrücklich in § 1 Nr. 1 ArbZG festgehalten. Da sich die gesetzliche Feststellung der wöchentlichen Höchstarbeitszeit jedoch lediglich auf den Regelfall bezieht, können Arbeitsbereiche mit extremen physischen und psychischen gesundheitlichen Belastungen aufgrund der Besonderheit der zu erbringenden Arbeitsleistungen unter dem Gesichtspunkt des Gesundheitsschutzes eine Verkürzung der 48-Stunden-Woche erfordern. Falls sich derartige Einschränkungen als notwendig erweisen, ermöglicht das ArbZG, diese durch Rechtsverordnungen

---

1149 Abs. II Verordnung über die Regelung der Arbeitszeit gewerblicher Arbeiter (DemobilmachungsVO) vom 23.11.1918, RGBl. (II) 1918, S. 1334-1336.

1150 Dazu zählt *SCHWEIBERT*, Die Verkürzung der Wochenarbeitszeit durch Tarifvertrag, S. 213, unter anderem soziale Isolation am Arbeitsplatz, Monotonie, Arbeitsverdichtung und Stress. Vgl. dazu auch *ZACHERT*, DB 1990, S. 988. *AUKTOR*, DB 2002, S. 1717, sieht sogar die Eignung der weiteren Verkürzung der Arbeitszeit zur Verbesserung der Arbeitnehmergesundheit als zweifelhaft an. Denn vor allem bei Berufen, die aufgrund technischen oder wissenschaftlichen Fortschrittes eine ständige Weiterbildung erfordern, führt die verkürzte Arbeitszeit zu einer weiteren Komprimierung der Arbeit und damit zu einem gesundheitsschädlichen Leistungsdruck. Kritisch dazu *HROMADKA*, DB 1992, S. 1045.

1151 AZO vom 30. April 1938 RGBl. (I) 1938, S. 447-452. Im Gegensatz zur AZO ist jetzt nach § 11 Abs. 2 ArbZG die Sonn- und Feiertagsarbeit in die Höchstarbeitszeit einzurechnen.

1152 *BUNDESREGIERUNG*, Begründung zum Entwurf eines Gesetzes (ArbZG), BT-Drucks. 10/2706, S. 17; *BUNDESREGIERUNG*, Begründung zum Entwurf eines Gesetzes zur Vereinheitlichung und Flexibilisierung des Arbeitsrechts - Arbeitszeitrechtsgesetz (ArbZRG), BT-Drucks. 12/5888, S. 24.

1153 *NEUMANN / BIEBL*, ArbZG, § 1 Rn. 3.

der Bundesregierung zu schaffen.[1154] Entsprechend ist auch in solchen Ausnahmefällen auf die durch den Gesetz- und Verordnungsgeber geschaffenen Grenzen zu verweisen.[1155]

Für die Annahme der gesetzlich festgelegten Höchstarbeitszeit als maximale Grenze für die Vereinbarung von Arbeitszeiten spricht weiterhin, dass nicht tarifgebundene Arbeitnehmer ohne weiteres die gesetzlichen Grenzen ausschöpfen können.[1156] In diesem Zusammenhang ist nicht ersichtlich, warum der Gesundheitsschutz des tarifgebundenen Arbeitnehmers früher einsetzen sollte, als der des nicht tarifgebundenen. Eine Ungleichbehandlung der beiden Personengruppen ist nicht begründbar. Für die Annahme der im ArbZG geregelten maximal zulässigen 48-Stunden-Woche spricht weiterhin, dass auch die EG-Richtlinie 93/104 eine wöchentliche Höchstarbeitszeit von 48 Stunden pro Siebentageszeitraum vorsieht.[1157]

Aus Gründen der Rechtssicherheit und Rechtsklarheit ist somit von der 48-Stunden-Woche des ArbZG als oberste Schranke auszugehen, da diese dem Gesundheitsschutz des einzelnen Arbeitnehmers im Normalfall ausreichend Rechnung trägt.[1158] Die Regelung des ArbZG stellt hierbei einen Schutz des Arbeitnehmers vor sich selbst dar, die verhindern soll, dass eine Überbeanspruchung zu Gesundheitsschäden führt. Die volle Ausschöpfung dieses Zeitrahmens ist

---

1154 § 8 ArbZG. Dieser Paragraph gilt jedoch nicht für Betriebe, die der Bergaufsicht unterliegen. Für diese ist § 66 Bundesbergbaugesetz einschlägig. Entsprechende Einschränkungen in bezug auf die Arbeitszeit können durch das *Bundesministerium für Wirtschaft* im Einvernehmen mit dem *Bundesministerium für Arbeit* festgelegt werden. Früher galten Ausnahmeregelungen für gefährliche Arbeiten, vgl. VO über die Arbeitszeit in Kokereien und Hochofenwerken vom 20.01.1925 (RGBl. I S. 5), VO über die Arbeitszeit in Gaswerken vom 09.02.1927 (RGBl. I S. 59), VO über die Arbeit in Metallhütten vom 09.02.1927 (RGBl. I S. 59), VO über die Arbeitszeit in Stahlwerken, Walzwerken und anderen Anlagen der Großeisenindustrie vom 16.07.1927 (RGBl. I S. 221), VO über die Arbeitszeiten in der Zementindustrie vom 26.03.1929 (RGBl. I S. 82). Diese Sondervorschriften wurden jedoch durch Art. 21 ArbZRG aufgehoben. Gegenwärtig existieren keine entsprechenden Rechtsverordnungen. Grund dafür ist die Tatsache, dass nach den einschlägigen Tarifverträgen und Betriebsvereinbarungen wesentlich kürzer als durch die gesetzlichen Regelungen vorgesehen, gearbeitet wird und damit den besonderen Erschwernissen der jeweiligen Branche Rechnung getragen wird. Vgl. *Neumann / Biebl*, ArbZG, § 8 Rn. 3.

1155 So im Ergebnis auch *Bengelsdorf*, ZfA 1990, S. 591. Auch nach Auffassung von *v. Hoyningen-Huene*, NZA 1985, S. 14, und *Säcker*, SAE 1968, S. 20, kann eine Arbeitszeitverlängerung bis zur 48-Wochen-Stundengrenze als günstiger angenommen werden.

1156 So im Ergebnis ebenfalls *Richardi*, Diskussion zum 61. DJT, in: Ständige Deputation des Deutschen Juristentages (Hrsg.), Verhandlungen des einundsechzigsten Deutschen Juristentages Karlsruhe 1996, Bd. II/2, K 165.

1157 Art. 6 Nr. 2 EG-Richtlinie vom 23.11.1993.

1158 So bereits *Bengelsdorf*, ZfA 1990, S. 601; *Auktor*, DB 2002, S. 1717 f.

stets zulässig, es sein denn, die Gesundheit des Arbeitnehmers oder die besonderen Belastungen am Arbeitsplatz erfordern ausnahmsweise die Abmachung kürzerer Arbeitszeiten. Hier ist dann auf die entsprechenden Rechtsverordnungen der Bundesregierung zurückzugreifen.

2. Lage der Arbeitszeit

Eine genaue Festlegung der zulässigen Grenzen in bezug auf die Lage der Arbeitszeit stellt sich infolge der hier möglichen Varianten der Arbeitszeitflexibilisierung[1159] als besonders kompliziert dar. Die Bedürfnisse und Probleme der einzelnen Branchen und Betriebe sind zu verschieden, als dass ein gemeinsamer Nenner des Arbeitnehmerschutzes gefunden werden könnte, der sich wesentlich von den gesetzlichen Mindestvorgaben unterscheidet.[1160] Da einerseits eine genaue Untersuchung der unterschiedlichen Optionen und Meinungen[1161] bzgl. der Lage der Arbeitszeit den Rahmen der Untersuchung sprengen würde und andererseits Tarifverträge, die die Lage der Arbeitszeit regeln, eher selten sind, scheint es am sinnvollsten, auch hier auf die gesetzlichen Regelungen abzustellen. Das ArbZG regelt im Gegensatz zum früheren Arbeitszeitrecht nicht mehr nur starre Arbeitszeiten,[1162] sondern soll die Rahmenbedingungen für flexible Arbeitszeitbedingungen verbessern und dabei gleichzeitig ausreichenden Gesundheitsschutz gewährleisten.[1163] Die Flexibilisierungsmaßnahmen in bezug auf die Arbeitszeit dienen nicht nur dem Interesse der betrieblichen Produktion, sondern auch dem der Arbeitnehmer an der Gestaltung der täglichen und wöchentlichen Arbeitszeit.[1164] Wie auch in Hinblick auf die Dauer der Arbeitszeit zielt das ArbZG auf die Arbeitszeitflexibilisierung sowie den Schutz der Arbeitnehmer gegen übermäßige Ausnutzung der Arbeitskraft und damit den Erhalt der Gesundheit ab. Um eine einheitliche Regelung zu erreichen, ist aus Gründen der Rechtssicherheit und Rechtsklarheit von entsprechenden Bestimmungen des ArbZG als oberste Schranke auszugehen, da diese dem Gesundheitsschutz des einzelnen Arbeitnehmers im Normalfall ausreichend Rechnung tragen.

1159 Genannt seien hier lediglich solche wichtige Varianten, wie: Nacht- und Wochenendarbeit, Gleitzeit, Teilzeit, Schichtarbeit, Job Sharing usw. Bereits nach dem Recht der AZO waren Arbeitszeitmodelle bekannt, die weit mehr als 100 verschiedene Arbeitszeitmöglichkeiten vorsahen. Vgl. *Linnenkohl / Rauschenberg*, Arbeitszeitflexibilisierung - 140 Unternehmen und ihre Modelle, S. 1 ff.; *Marr*, in: Marr, Rainer (Hrsg.), Arbeitszeitmanagement, S. 22 ff. Durch das ArbZG wurden weitere Möglichkeiten geschaffen.

1160 So im Ergebnis *Wank*, in: Wiedemann (Hrsg.), TVG, § 4 Rn. 455.

1161 Vgl. dazu nur *Buchner*, DB 1990, S. 1715 ff.; *Buschmann*, NZA 1990, S. 387 ff.; *Däubler*, DB 1989, S. 2534 ff.; *Kramer*, DB 1994, S. 426 f.; *Löwisch*, DB 1989, S. 1185 ff.; *Löwisch*, BB 1991, S. 59 ff.; *Neumann*, NZA 1990, S. 961 ff.

1162 *Neumann / Biebl*, ArbZG, § 1 Rn. 4.

1163 § 1 Abs. 1 ArbZG.

1164 *Neumann / Biebl*, ArbZG, § 1 Rn. 4.

3. Mindestdauer des Urlaubs

Auch bzgl. der Mindestdauer des Urlaubes könnte an die möglicherweise tarifvertraglich festgelegten Mindestbestimmungen oder aber an die gesetzliche Regelung des BUrlG angeknüpft werden. Der Anspruch auf Erholungsurlaub dient dem gesundheitlichen Schutz und der Förderung der Arbeitskraft und Leistungsfähigkeit[1165] der Arbeitnehmer. Wie bereits in bezug auf die Dauer der zulässigen Höchstarbeitszeit ausgeführt, ist aus Gründen der Rechtssicherheit und Rechtsklarheit, sowie der Gleichbehandlung zwischen tarifgebundenen und tarifungebundenen Arbeitnehmern auf die gesetzliche Festlegung abzustellen. Nach Auffassung des Gesetzgebers ist bei Gewährung eines Jahresurlaubes in Höhe von 24 Werktagen[1166] der Mindestschutz des Arbeitnehmers gesichert. Auch Gesundheitsschutzaspekte sprechen nicht für die Annahme einer höheren Anzahl von Urlaubstagen. Vielmehr ist davon auszugehen, dass die Einhaltung der gesetzlichen Grenze von 24 Urlaubstagen dem Gesundheitsschutz des abhängig Beschäftigten im Regelfall Rechnung trägt.

II. Finanzielle Grenze

Da die Entgeltflexibilisierung, in Form des Verzichts auf tarifliche Leistungen, neben der Arbeitszeitflexibilisierung die bedeutendste Maßnahme zur Senkung der Personalkosten darstellt,[1167] stellt sich die Frage, inwieweit der Arbeitnehmer vom Tariflohn abweichen kann. Bzgl. der finanziellen Grenze untertariflicher Vereinbarungen scheidet ein Rückgriff auf Aspekte des Gesundheitsschutzes, wie er bei der Dauer der Arbeitszeit möglich war, aus. Eine Grenze könnte sich einerseits aus den entsprechenden Regelungen in den Tarifverträgen oder andererseits aus bestehenden gesetzlichen Entgeltbestimmungen ergeben.

1. Orientierung an tarifvertraglichen Öffnungsklauseln

Auch wenn die Möglichkeit tarifvertraglicher Öffnungsklauseln für betriebliche Notfälle von den Tarifpartnern noch nicht ausreichend genutzt wird,[1168] so kann man in Gegenwart und Vergangenheit diverse Tarifverträge finden, die eine Öffnung in bezug auf das tarifliche Entgelt vorsehen.[1169] Zwar wurden bisher eher tarifvertragliche Vereinbarungen getroffen, die einen Verzicht auf bestimmte Entgeltbestandteile vorsahen, es gab und gibt jedoch auch einige Kollektivverträge, die eine Absenkung von tariflichen Grundvergütungen beinhalteten bzw. beinhalten.

[1165] *Hohmeister*, BUrlG, § 1 Rn. 1.

[1166] § 3 Abs. 1 BUrlG.

[1167] Vgl. die Ausführungen im *3. Kapitel B.*

[1168] Vgl. die Ausführungen im *1. Kapitel B III.*

[1169] Vgl. die Übersicht bei *Bispinck / WSI-Tarifarchiv*, Tarifliche Öffnungsklauseln, in: Informationen zur Tarifpolitik 2003, S. III und S. 1 ff.; *IW*, iwd 14/2003, S. 4 f.

Bei den Regelungen, die Entgeltbestandteile betreffen, sind die Gesamteinsparungen bezüglich des jährlichen Einkommens der Arbeitnehmer eher gering einzuschätzen. So beziehen sich derartige Öffnungsklauseln hauptsächlich auf Urlaubsgeld und Sonderzahlungen.[1170] Ein Gesamtverzicht auf diese Entgeltbestandteile erfolgt jedoch nicht, vielmehr ist eine prozentuale Kürzung oder der Verzicht auf einen Einmalbetrag vorgesehen.[1171] Bei einer Berechnung der hierbei erzielten Absenkung der tariflichen Gesamtvergütung kommt man auf etwa ein bis maximal zwei Prozent. Soweit in den Kollektivverträgen eine Absenkung der tariflichen Vergütung vorgesehen war, wurden höhere prozentuale Einkommenseinbußen zugelassen. Die Härtefallvereinbarungen in der ostdeutschen Metall- und Elektroindustrie sahen ohne Ausnahme eine Einkommensreduzierung für alle im Unternehmen Beschäftigten vor, die im Durchschnitt bei ca. 10% lag.[1172] Auch in einigen anderen Kollektivverträgen waren Absenkungen der tarifvertraglichen Grundvergütung von bis zu 10% vorgesehen.[1173] Soweit ein Verzicht auf im Tarifvertrag vorgesehene Einkommenserhöhungen vorgesehen war, entsprach der hierbei entstandene Verlust der Arbeitnehmer dem jeweiligen prozentualen Verzicht. Dieser belief sich auf ca. ein bis maximal 4%.[1174]

Im Ergebnis dessen sind in tarifvertraglichen Öffnungsklauseln Einkommensreduzierungen von ca. 1-10% vorgesehen, wobei überwiegend Absenkungen im unteren Bereich dieser Spanne bevorzugt werden. Insbesondere aufgrund des Widerstandes der Gewerkschaften stellen Öffnungsklauseln, die den oberen Rahmen ausschöpfen, bisher die Ausnahme dar. Damit ist auch gleichzeitig der größte Kritikpunkt für eine Orientierung an tariflichen Vorgaben angesprochen. Durch diese Bestimmungen werden bei den Unternehmen nur relativ geringe Kosteneinsparungen erzielt. Insbesondere bei Unternehmen, die sich in einer ernsthaften Existenzbedrohung befinden, wird auch die kurzfristige Kostenentlastung nur in seltenen Fällen ausreichen, das Unternehmen wieder wettbewerbsfähig zu machen. Auch wenn der Arbeitgeber aus Kostengründen beabsichtigt, Betriebsteile stillzulegen oder auszulagern, so wird ihn eine derartig ge-

---

1170 Vgl. dazu z.B. die neu geschaffenen Öffnungsklauseln im Beamtenbesoldungsrecht. Danach sind Kürzungen des Weihnachts- und Urlaubsgeldes möglich (*F.A.Z.* v. 02.07.2003, S. 1; *F.A.Z.* v. 12.07.2003, S. 1).

1171 Vgl. dazu die Übersicht bei *Bispinck*, WSI-Mitt. 1997, S. 555 f.

1172 Vgl. *Freter*, Das Tarifvertragssystem in der Krise, S. 64. So ist beispielsweise in der Bauwirtschaft (Ost) eine Abweichung von den Tarifentgelten um bis zu 10% nach unten möglich. Vgl. *IW*, iwd 14/2003, S. 5.

1173 Vgl. dazu *Bispinck*, WSI-Mitt. 1997, S. 555; *Bispinck / WSI-Tarifarchiv*, Tarifliche Öffnungsklauseln, in: Informationen zur Tarifpolitik 2003, S. IV f. und S. 1 ff.

1174 Vgl. dazu u.a. die Tariföffnung in der westdeutschen Textil- und Bekleidungsindustrie, wobei die im Tarifvertrag vorgesehene Einkommenserhöhung um 1,5% per Betriebsvereinbarung für bis zu 12 Monate ausgesetzt werden konnte. *Freter*, Das Tarifvertragssystem in der Krise, S. 66.

ringe Einsparung nur in seltensten Fällen von seinen Plänen abhalten. Zwar stellt eine Reduzierung der Personalkosten von 5-10% insbesondere bei Unternehmen mit einem hohen Bestand an Arbeitnehmern bzw. in arbeitsintensiven Branchen durchaus eine Option dar, die Kostensituation des Betriebes und damit auch seine Wettbewerbsfähigkeit zu verbessern. Jedoch gerade in Unternehmen, die die vorstehenden Bedingungen nicht erfüllen, kann sich eine Absenkung des tariflichen Entgeltes um 10% als nicht ausreichend erweisen, um die wirtschaftliche Entscheidung des Arbeitgebers gegen eine Betriebsstilllegung oder -verlagerung zu revidieren. In derartigen Fällen kann nur eine nachhaltigere Kosteneinsparung zum Erhalt der Arbeitsplätze führen. Wird die maximal zulässige Einkommensreduzierung auf die tarifvertraglich bisher maximal zulässigen 10% beschränkt, so besteht die Gefahr, dass somit der Anwendungsbereich für die individualvertragliche Vereinbarung untertariflicher Leistungen von vornherein extrem eingeschränkt bleibt und auch das Ziel, die Sicherung des bedrohten Arbeitsplatzes, in Frage gestellt ist.

2. Orientierung an gesetzlichen Vorgaben

Als weitere Möglichkeit, die obere Grenze für maximal zulässige Abweichungen vom tariflichen Entgeltniveau zu bestimmen, käme die Orientierung an gesetzlichen Vorgaben in Frage. Im Tarifrecht existieren keine gesetzlichen Normierungen, die regeln, inwieweit eine Öffnung der Tarifverträge in bezug auf finanzielle Leistungen möglich ist. Entsprechend kann nur auf andere gesetzliche Entgeltbestimmungen zurückgegriffen werden. Bei der Frage nach der Zulässigkeit individualvertraglich vereinbarter untertariflicher Leistungen ist davon ausgegangen worden, dass die Arbeitnehmer in gefährdeten Unternehmen bereit sind, auf einen Teil der tariflichen Leistungen und damit u.U. auch des Arbeitsentgeltes zu verzichten, um ihren Arbeitsplatz nicht zu verlieren. Wenn man diese Überlegung weiterführt, käme hinsichtlich der Bemessungsgrenze für die finanziell maximal zulässige Abweichung vom tarifvertraglichen Niveau konsequenterweise eine Orientierung an den Regelungen über das Arbeitslosengeld in Betracht.

Die Höhe des Arbeitslosengeldes wird in § 111 iVm. § 112 AFG geregelt. Danach beträgt das Arbeitslosengeld entweder 68%[1175] oder 63%[1176] des um die gesetzlichen Abzüge verminderten Arbeitsentgeltes.[1177] Wenn man die Höhe des

[1175] Gemäß § 111 Abs. 1 Nr. 1 AFG gilt diese Höhe für Arbeitslose, die mindestens ein Kind i.S.v. § 32 Abs. 1, 4 und 5 EStG haben sowie für Arbeitslose, deren Ehegatte mindestens ein Kind i.S.v. § 32 Abs. 1, 4 und 5 EStG hat, wenn beide Ehegatten unbeschränkt einkommenssteuerpflichtig sind und nicht dauernd getrennt leben.

[1176] Gemäß § 111 Abs. 1 Nr. 2 AFG gilt diese Arbeitslosengeldhöhe für alle Arbeitslosen, die nicht unter § 111 Abs. 1 Nr. 1 AFG fallen.

[1177] Die Bemessungsgrundlage für Arbeitsentgelt iSv. § 111 AFG findet sich in § 112 AFG.

Arbeitslosengeldes als Anhaltspunkt für die in bezug auf das Arbeitsentgelt maximal zulässige Abweichung vom tarifvertraglichen Niveau ansieht, so ergeben sich für den Arbeitgeber Einsparungsmöglichkeiten bis zu 37% gegenüber der tariflichen Entlohnung. Eine Reduzierung des Arbeitsentgeltes auf das Niveau des Arbeitslosengeldes als niedrigste Grenze scheint im Vergleich zu den bisher praktizierten tariflichen Öffnungsklauseln[1178] eine sehr große Erweiterung des Spielraumes der Arbeitsvertragsparteien darzustellen. Für die Annahme der gesetzlich festgelegten Höhe des Arbeitslosengeldes als maximal zulässige untere Entgeltgrenze spricht jedoch, dass nicht tarifgebundene Arbeitnehmer ohne weiteres diese Grenzen ausschöpfen und sogar noch eine niedrigere Entlohnung vereinbaren können, soweit nicht ein Verstoß gegen allgemeine gesetzliche Regelungen[1179] vorliegt. Obwohl der Gesetzgeber bisher auf eine Festlegung eines allgemeinen Mindestentgeltes verzichtet hat,[1180] scheidet ein Rückgriff auf die Höhe des Arbeitslosengeldes als untere finanzielle Grenze dann aus, wenn gesetzlich ein branchenspezifisches Mindestentgelt[1181] normiert würde. In derartigen Fällen handelt es sich um eine unabdingbare Regelung, so dass die jeweiligen Mindestentgelthöhen gleichzeitig auch die Grenze für die maximal zulässige Entgeltabsenkung darstellen. Wenn es jedoch an einer solchen branchenspezifischen Mindestentgeltregelung fehlt und sonst kein wucherisches Rechtsgeschäft[1182] oder ein Verstoß gegen den Grundsatz von Treu und Glauben vorliegt, ist in diesem Zusammenhang nicht ersichtlich, warum die minimal zulässige Entgeltgrenze für tarifgebundene Arbeitnehmer höher liegen sollte als die der nicht tarifgebundenen. Eine Ungleichbehandlung der beiden Personengruppen ist nicht begründbar.

Gegen das Arbeitslosengeld als allgemeine untere Grenze spricht auch nicht, dass der Gesetzgeber in der Bauwirtschaft eine branchenspezifische Mindestentgeltregelung geschaffen hat.[1183] Ziel dieser Maßnahme ist es nicht, ein einheitliches Lohnniveau zu normieren, weil im Baugewerbe sonst keine angemessenen Löhne mehr erzielt werden. Vielmehr will der Gesetzgeber in erster Linie verhindern, dass deutsche Unternehmen mit Arbeitnehmern, die deutschen Tarifverträgen unterliegen, aufgrund der zwingend einzuhaltenden Arbeitsbedingungen und Löhne höhere Kosten als ausländische Anbieter haben, so dass die mit

---

[1178] Vgl. dazu die Ausführungen im *1. KAPITEL C-D* und *5. KAPITEL B II 1 a) (6)*.

[1179] In Frage kommen hier die allgemeinen zivilrechtlichen Regelungen §§ 138, 242, 315 BGB.

[1180] Zur Überlegung, den Rechtsschutz der Arbeitnehmer durch Festlegung eines Mindestlohnes zu stärken, vgl. *PETER, G.*, ArbuR 1999, S. 289 ff.

[1181] Vgl. insoweit die Mindestentgelt-Regelung in der Bauwirtschaft. AEntG vom 26.02.1996. BGBL. (I) 1996, S. 227-229.

[1182] Vgl. dazu *SPINDLER*, ArbuR 1999, S. 296 ff.

[1183] Vgl. AEntG.

diesen nicht mehr konkurrieren können, keine Aufträge mehr bekommen und in Insolvenz gehen. Dadurch, dass sich die tariflichen Mindestlöhne auch auf ausländische Arbeitgeber und ihre in der Bundesrepublik beschäftigten Arbeitnehmer erstrecken, soll über eine Eindämmung des Lohn- und Sozialdumpings die Wettbewerbssituation deutscher Bauunternehmer sowie die Arbeitsmarktchancen deutscher Bauarbeiter verbessert werden.[1184] Diese Zielbestimmung verdeutlicht, dass der Gesetzgeber diese Regelung nicht eingeführt hat, weil er ohne die Festlegung zwingender Mindestkriterien die soziale Absicherung der Arbeitnehmer als gefährdet ansieht. Wäre dies der Fall, müsste vielmehr eine allgemeine Mindestlohnregelung eingeführt werden, da letztlich nicht ersichtlich ist, warum die Arbeitnehmer einer Branche besser als andere gestellt werden sollten. Da der Gesetzgeber bisher auf eine solche Maßnahme verzichtet hat, verdeutlicht dies, dass er ebenfalls davon ausgeht, dass auch ohne eine tarifvertragliche Bindung alle Erwerbstätigen eine angemessene Entlohnung erhalten. Da der Vertragsfreiheit auf dem Arbeitsmarkt durch die allgemeinen zivilrechtlichen Generalklauseln[1185] Grenzen gesetzt und diese gerichtlich überprüfbar sind, hat der Gesetzgeber bisher auf eine Mindestentgeltregelung verzichtet. Die in bezug auf die Zulässigkeit von Lohnvereinbarungen erfolgte Rechtsprechung geht davon aus, dass eine Abweichung von 1/3 vom Tariflohn unangemessen ist und Wucher darstellt.[1186] Mit der Festlegung dieser Marge bewegt sich der *BGH* genau in dem hier vorgeschlagenen Bereich, da auch das Arbeitslosengeld zwischen 63% und 68% des um die gesetzlichen Abzüge verminderten Arbeitsentgeltes beträgt.[1187]

Zu berücksichtigen ist bei der Festlegung einer finanziellen Grenze, dass die Vereinbarung untertariflicher Leistungen über die erweiterte Günstigkeitsbetrachtung zu einer möglichen Gefährdung des Sozialstaatsprinzips führen kann, wenn es zu einem starken Absinken des Lebensstandards und somit zu einem sozialen Ungleichgewicht zu Ungunsten der betroffenen Arbeitnehmer käme. Daher dürfte die maximal zulässige Reduzierung des Entgeltes auf Höhe des Arbeitslosengeldes keinen Verstoß gegen dieses Rechtsprinzip darstellen.

Das Sozialprinzip zielt auf den Ausgleich der sozialen Gegensätze und damit eine gerechtere Sozialordnung[1188] durch Kontrolle und ggf. auch durch Beschneidung gesellschaftlicher Macht.[1189] Aufgrund der derzeitigen Lohnhöhe und der bestehenden sozialen Sicherungssysteme dürften heute gravierende Härtefälle,

---

1184 Vgl. *KOBERSKI / SAHL / HOLD*, Arbeitnehmer-Entsendegesetz, Einleitung Rn. 6.
1185 §§ 138, 242, 315 BGB.
1186 *BGH* v. 22.04.1997, BGHSt 43, S. 59 f.; zustimmend z.B. *LINNENKOHL / TENTE*, AuA 2001, S. 26.
1187 § 111 Abs. 1 AFG iVm. § 112 AFG.
1188 *BVERFG* v. 18.07.1967, BVerfGE 22, S. 204.
1189 Vgl. *HEDRICH*, Die Privatisierung der Sparkassen, S. 158.

wie sie noch im letzten Jahrhundert vorgekommen sind, nicht mehr auftreten. Dennoch könnte für Einzelpersonen unter Umständen bereits schon ein gemildertes Absinken des Lebensstandards zu ähnlichen Zwängen führen wie im 19. Jahrhundert die Existenznot.[1190] Die Vorstellung, Arbeitnehmer müssten aus existentieller Not heraus sinkende Löhne mit vermehrter Arbeitsleistung beantworten, setzt als Arbeitnehmer jedoch Personen voraus, die ohne anderweitigen wirtschaftlichen Rückhalt am physischen Existenzminimum arbeiten.[1191] Da das Existenzminimum durch soziale Auffangsysteme, wie Arbeitslosengeld[1192], Arbeitslosen-[1193] bzw. Sozialhilfe[1194] staatlich garantiert ist, gibt es solche Personen nicht.[1195]

Nicht unberücksichtigt bleiben darf in diesem Zusammenhang, dass die Bereitschaft zur Arbeit zu untertariflichen Bedingungen nicht Ausdruck der Verzweiflung von Personen zu sehen ist, die sich aus existentieller Not ausbeuten lassen, sondern als Entscheidung von Menschen, die sich von einem solchen Schritt für ihre persönliche und wirtschaftliche Entwicklung mehr versprechen als von der Beibehaltung des tariflichen Niveaus und der damit einhergehenden Gefährdung des Arbeitsplatzes.[1196] Denn letztlich wäre für die Personen, die sich für untertarifliche Arbeitsbedingungen entscheiden mit großer Sicherheit der Weg in die Arbeitslosigkeit und damit der Rückgriff auf die bestehenden sozialen Sicherungssysteme wie Arbeitslosengeld bzw. Arbeitslosenhilfe vorbestimmt. Unter diesem Aspekt wird eine individualvertragliche Reduzierung des Arbeitsentgeltes auf die Höhe des Arbeitslosengeldes nur in äußerst seltenen Fällen erfolgen. Wer mit staatlicher Hilfe ein einigermaßen auskömmliches Leben ohne Erwerbsarbeit fristen kann, der wird kaum Löhne akzeptieren, die wenig mehr als das staatlich garantierte Existenzminimum einbringen.[1197] Es ist davon auszugehen, dass Arbeitnehmer in einem derartigen Fall bei einer Absenkung des Lohn-

---

1190 So im Ergebnis die Auffassung von *DÄUBLER*, Tarifvertragsrecht, Rn. 27; *DORNDORF*, FS Gnade, S. 41 f.

1191 *ENGELS ET AL.*, Mehr Markt im Arbeitsrecht, S. 18 f.

1192 §§ 100 ff. AFG.

1193 §§ 134 ff. AFG.

1194 §§ 1 ff. BSHG.

1195 *REUTER*, RdA 1991, S. 195. Spätestens die Sozialhilfe als unterstes Netz der sozialen Sicherung besitzt eine Mindestlohnfunktion und legt de facto die untere Grenze der Entlohnung fest. *FRETER*, Das Tarifvertragssystem in der Krise, S. 4; *JACOBS*, ZSR 1997, S. 407.

1196 Ähnlich *JACOBS*, ZSR 1997, S. 27.

1197 So im Ergebnis *BARTHEL*, Arbeitgeber 1994, S. 573; *DEUTSCHE BUNDESBANK*, F.A.Z. v. 17.02.1996, S. 12. Nach einer Studie des IW lohnt es sich für viele Sozialhilfeempfänger nicht, arbeiten zu gehen. Vgl. *PETER, W.*, iw-trends 2000, S. 66 ff. Hier wird deutlich, dass das deutsche Sozialhilfesystem dem Fürsorgeprinzip weitaus größere Bedeutung einräumt als dem Anreiz zur Arbeitsaufnahme. *IW*, iwd 26/2000, S. 5.

niveaus ihre Vergütung für so unattraktiv halten, dass sie auf eine Erwerbstätigkeit verzichten, ohne dadurch spürbar ihren Lebensstandard zu verschlechtern.[1198] Insbesondere Arbeitsplätze mit geringen Löhnen stoßen auf dem Arbeitsmarkt nicht auf Nachfrage, weil einerseits das Niveau der Lohnersatzleistungen und der Sozialhilfe höher liegt, als solche niedrigen, dem tatsächlichen Leistungs- und Nachfrageniveau aber eher entsprechenden Löhne.[1199] Andererseits haben neben den großzügigen Leistungen des deutschen Sozialstaates auch die gewerkschaftlichen Bestrebungen nach Anhebungen der unteren Einkommensgrenzen zu einem recht hohen Anspruchslohn geführt, unter dem der deutsche Arbeitnehmer nicht bereit ist zu arbeiten.[1200] Damit wirken die sozialen Auffangsysteme automatisch als Grenze, unter die der Lohn bei einer freiwilligen Vereinbarung untertariflicher Leistungen nicht sinken wird. Zudem verhindern diese, dass sich der Lebensstandard wesentlich verschlechtert. Die Gefahr, dass es durch den Wettbewerb der Arbeitnehmer zu einem Unterbietungswettbewerb und letztlich gar zu einem Absinken des Lohnniveaus unter die Verelendungsgrenze kommt, ist daher als äußerst gering einzuschätzen.[1201] Wenn man zudem die minimale Entlohnungsgrenze auf die Höhe des Arbeitslosengeldes begrenzt, ist dies automatisch ausgeschlossen.

Zu berücksichtigen bleibt auch, dass die Arbeitnehmer, die untertarifliche Bestimmungen im Gegenzug zu Beschäftigungsgarantien vereinbaren, gerade nicht arbeitslos werden wollen. Um nicht auf die sozialen Auffangsysteme zurückgreifen zu müssen, verzichten sie auf einen Teil der ihnen rechtlich zustehenden tariflichen Entlohnung. Auch aus diesem Grund ist davon auszugehen, dass sich der maximale Lohnverzicht auch ohne Festlegung bestimmter Grenzen oberhalb des Arbeitslosengeldes einpegeln wird.[1202] Ein darüber hinausgehender Verzicht würde finanziell keinen Sinn machen. Warum soll ein Arbeitnehmer infolge einzelvertraglicher Vereinbarung sein Entgelt niedriger vereinbaren als ihm durch soziale Sicherungssysteme zusteht? Hier könnten maximal immaterielle Gründe, wie die Sicherung sozialer Kontakte u.ä. eine Rolle spielen.

Da die sozialen Auffangsysteme Arbeitslosengeld, Arbeitslosen- bzw. Sozialhilfe Teil des Sozialstaatsprinzips sind, kann eine Vereinbarung untertariflicher Leistungen durch eine erweiterte Günstigkeitsbetrachtung nicht gegen dieses

---

1198 So im Ergebnis *FRETER*, Das Tarifvertragssystem in der Krise, S. 4.

1199 Vgl. *SIEBERT, H.*, DIE ZEIT v. 31.03.1995, S. 35.

1200 So *BREMKAMP*, Die Flexibilisierung des deutschen Tarifvertragssystems, S. 226.

1201 So auch *DEREGULIERUNGSKOMMISSION*, Marktöffnung und Wettbewerb, Rn. 565; *REUTER*, DWiR 1991, S. 223. Aufgrund der recht großen Differenz zwischen Tariflöhnen und sozialen Auffangsystemen ist jedoch damit zu rechnen, dass durch die Arbeitnehmer auch Absenkungen erheblich unterhalb des bestehenden Tarifniveaus vorgenommen werden. Vgl. *KONZEN*, NZA 1995, S. 918.

1202 Kritisch dazu u.a. *SPINDLER*, ArbuR 1999, S. 296 ff.; *PETER, G.*, ArbuR 1999, S. 289 ff.

Rechtsprinzip[1203] verstoßen, wenn die minimale Entlohnungsgrenze durch die Höhe des jeweiligen Arbeitslosengeldes festgelegt wird. Dies wäre erst zu bejahen, wenn die finanzielle Grenze unterhalb der Sozialhilfe und damit auch unterhalb der sozialen Sicherungssysteme angesiedelt wäre.

Aus Gründen der Rechtssicherheit und Rechtsklarheit ist somit von der Höhe des Arbeitslosengeldes als unterste Schranke auszugehen, da diese im Normalfall die soziale Sicherheit des einzelnen Arbeitnehmers ausreichend gewährt. Die volle Ausschöpfung der Spannbreite zwischen tariflicher Entgeltvereinbarung und der fiktiven Höhe des Arbeitslosengeldes ist soweit zulässig.

III. Zwischenfazit

Die tarifvertraglichen Regelungen in bezug auf Arbeitszeit und Entgelt stellen heute keine Bestimmungen dar, die zur Gewährung des notwendigen Mindestschutzes der abhängig Beschäftigten erforderlich sind. So dienen die tariflichen Arbeitszeitbestimmungen nicht mehr vorrangig dem Gesundheitsschutz. Entsprechend könnten hier, ohne eine besondere Gefährdung des Arbeitnehmers in Kauf zu nehmen, Abstriche am tariflichen Niveau gemacht werden. Um jedoch den erforderlichen Mindestschutz der betroffenen Arbeitnehmer zu gewährleisten, sind als Grenzen die jeweiligen gesetzlichen Regelungen anzusehen. Bei deren Einhaltung wird dem Arbeitnehmer der notwendige Mindestschutz gewährt. Auch in bezug auf untertarifliche Entlohnung bestehen gesetzliche Schutznormen, die aufgrund ihrer Unabdingbarkeit einer beliebig weiten und beliebig langen untertariflichen Entlohnung bzw. Verschlechterung der Arbeitsbedingungen entgegenstehen.

Die Ursachen einer Unternehmenskrise und die zu ihrer Bewältigung notwendigen Maßnahmen können derart vielfältig und unterschiedlich sein, dass es ein Patentrezept für eine erfolgreiche Unternehmenssanierung und die damit einhergehende Rettung von Arbeitsplätzen nicht gibt. Für jedes Unternehmen sind die Rahmenbedingungen wie auch die internen Gegebenheiten unterschiedlich. Es verbietet sich daher, über die genannten Grundsätze hinaus weitere Grenzen für das Handeln der unmittelbar Betroffenen zu setzten. Ansonsten würde der Maßnahmenkatalog zur Bewältigung einer Unternehmenskrise und Rettung der Arbeitsplätze ohne zwingende Not von vornherein stark verkürzt. Eine beliebige

[1203] Nach Auffassung von *RÖMER*, Tarifvertrag und Arbeitslosigkeit, S. 94 f., dienen Maßnahmen zur Erhaltung des Arbeitsplatzes, wie sie in der hier diskutierten Neuinterpretation des Günstigkeitsprinzips gegeben sind, dem Schutz des Sozialstaatsprinzips. Denn die Sozialstaatsklausel erfordert in besonderem Maße die umfassende Sicherung des Arbeitsplatzes einschließlich der Verhinderung von Arbeitslosigkeit. Vgl. *STERN*, Das Staatsrecht der Bundesrepublik, Bd. I, S. 697; *BVERFG* v. 03.04.1979, BVerfGE 51, S. 125.

Abweichung könnte jedoch dazu führen, dass in Einzelfällen auch ein Missbrauch der hinzugewonnenen Vertragsfreiheit zum Nachteil eines Vertragsteils erfolgt. Benachteiligt wird in der Regel der Arbeitnehmer werden. Auch wenn hier der Auffassung gefolgt wird, dass bei Vertragsverhandlungen der Arbeitnehmer nicht mehr als der grundsätzlich unterlegene Vertragspartner anzusehen ist, kann nicht geleugnet werden, dass der Arbeitnehmer selten der überlegene Vertragspartner ist. Somit besteht bei einem Missbrauch der Vertragsfreiheit die Tendenz, dass dies zu Lasten des Arbeitnehmers geschieht. Die Erwartung des Missbrauchs darf jedoch nicht verhindern, die erweiterte Vertragsfreiheit einzuschränken. Gerade hier, wo der Freiheit eine wichtige positive Funktion zukommt, wäre es die falsche Vorsorge oder Therapie, Missbrauchsmöglichkeiten mit zwingenden Regeln zu begegnen.[1204] Allerdings sind der Vertragsfreiheit durch die allgemeinen zivilrechtlichen Generalklauseln §§ 138, 242, 315 BGB Grenzen gesetzt. Diese müssen durch die Vertragsparteien in jedem Fall eingehalten werden. Bis zu diesen Grenzen obliegt es allerdings letztlich jedem einzelnen Arbeitnehmer, wie weit er die ihm tariflich zustehenden Leistungen reduziert. Eine endgültige Grenze wird erst durch arbeits- bzw. sozialrechtliche Schutzgesetze gezogen. Diese sind als Statuierung von Mindeststandards zu verstehen, die eventuell auch oberhalb der zivilrechtlichen Generalklauseln liegen können und entsprechend ihrer Schutzrichtung unter allen Umständen eingehalten werden müssen.

D. Möglichkeit der vorzeitigen Rückkehr zum Tarifvertrag

Soweit die genannten Kriterien eingehalten wurden, handelt es sich um eine vertragliche Abrede, die entsprechend der hier diskutierten Günstigkeitsbewertung nicht gegen Tarifvertrag, Gesetze oder Verfassung verstößt. Hat der Arbeitnehmer mit dem Arbeitgeber eine derartige, vom Tarifvertrag abweichende Regelung getroffen, so sind beide Parteien an diese Vereinbarung gebunden.[1205]

In diesem Zusammenhang stellt sich die Frage, inwieweit für die beiden Vertragsparteien eine vorzeitige Rückkehr zum tarifvertraglichen Niveau möglich ist. Dies kann sich als notwendig bzw. wünschenswert erweisen, wenn innerhalb der Laufzeit der Abrede eine Änderung der Rahmenbedingungen eintritt. Insbesondere bei einer Ausschöpfung der hier vorgeschlagenen maximalen Befristung von drei Jahren können sich die Interessenlagen der betroffenen Parteien stark wandeln. Da die Vereinbarung zwischen Arbeitgeber und Arbeitnehmer eine vertragliche Abrede darstellt, kann die im Individualarbeitsvertrag enthaltene günstigere Abmachung vertraglich zwischen den Vertragspartnern gemäß

1204 Vgl. *ZÖLLNER*, Sonderbeilage zu NZA 3/2000, S. 5.

1205 Vgl. *KRAUSS*, Günstigkeitsprinzip und Autonomiebestreben am Beispiel der Arbeitszeit, S. 116; so auch *BUCHNER*, DB 1990, S. 1722.

§ 305 BGB jederzeit geändert und aufgehoben werden.[1206] Eine Rückkehr zum Tarifvertrag ist damit folglich nicht ausgeschlossen. Fraglich ist jedoch, ob neben der einvernehmlichen vertraglichen Rückkehr zum ursprünglich geltenden Tarifvertrag auch noch weitere Möglichkeiten, die zum selben Ziel führen, bestehen bzw. ob dem Arbeitnehmer nicht auch ohne eine Absprache mit dem Arbeitgeber eine Rückkehroption zuzugestehen ist.

I. Rückkehrmöglichkeit des Arbeitgebers

Soweit sich die wirtschaftliche Lage des Unternehmens verbessert hat und beispielsweise die Sanierungsmaßnahmen abgeschlossen sind, kann auch seitens des Arbeitgebers ein Interesse bestehen, vorzeitig zu den tariflichen Konditionen zurückzukehren. Wie bereits dargestellt, bringt die Senkung der Personalkosten durch die Vereinbarung untertariflicher Leistungen für das Unternehmen nicht nur Vorteile mit sich.[1207] Ein einseitiges Änderungsrecht des Arbeitgebers besteht nicht,[1208] hier ist zwangsläufig eine Zustimmung des Arbeitnehmers notwendig. Bei einer vorzeitigen Rückkehr zum Tarifvertrag verliert der betroffene abhängig Beschäftigte zwar die individualvertraglich zugesicherte Beschäftigungsgarantie, er erhält jedoch gleichzeitig das gegenüber der individuellen Absprache quantitativ höhere tarifliche Niveau zurück. Einer Rückkehr zu den Regelungen des Tarifvertrages wird der Arbeitnehmer zumindest dann zustimmen, wenn er seinen Arbeitsplatz nicht mehr als besonders gefährdet ansieht. Somit steht in der Regel einer von Seiten des Unternehmers beabsichtigten Rückkehr zum Tarifvertrag nichts im Wege.

II. Rückkehrmöglichkeit des Arbeitnehmers

Grundsätzlich kann bzgl. des Festhaltens an der individualvertraglichen Vereinbarung untertariflicher Leistungen für den Arbeitnehmer nichts anderes als für den Arbeitgeber gelten. Auch der abhängig Beschäftigte ist an die getroffene Abmachung gebunden.[1209] Im Normalfall ist eine Abänderung des Vertrages nur mit Einverständnis des Arbeitgebers möglich. Jedoch kann es sich auch von Seiten des Arbeitnehmers in bestimmten Situationen als wünschenswert oder gar als erforderlich erweisen, abweichend zur getroffenen Vereinbarung vorzeitig und ohne Einschränkungen zum tariflichen Niveau zurückzukehren. In Frage kommt hier eine Rückkehr zum Tarifvertrag einerseits aufgrund einer Änderung der Interessenlage des Arbeitnehmers und andererseits dann, wenn das Unter-

---

1206 *WANK*, in: Wiedemann (Hrsg.), TVG, § 4 Rn. 429.

1207 Vgl. dazu die Ausführungen im *5. KAPITEL B II 1 a) (7) (c)*.

1208 *WANK*, in: Wiedemann (Hrsg.), TVG, § 4 Rn. 429.

1209 Ebenso *BUCHNER*, DB 1990, S. 1722; *KRAUSS*, Günstigkeitsprinzip und Autonomiebestreben am Beispiel der Arbeitszeit, S. 116.

nehmen trotz des erfolgten Verzichts auf tarifliche Leistungen und entsprechende Einsparungsmaßnahmen dennoch eine Standortverlagerung vornimmt, über das vorgesehene Maß hinaus Arbeitskräfte abbauen muss oder insolvent wird. Gerade in letzterem Fall sind die Aussichten, den vertraglich zugesicherten Beschäftigungsanspruch durchzusetzen, gering einzuschätzen.

Fraglich scheint dabei, ob eine Vereinbarung, die sich zwar beim Vertragsschluss als günstiger darstellt, zu einem späteren Zeitpunkt jedoch als ungünstiger erweist, noch den Anforderungen des Günstigkeitsprinzips genügt. Für die Feststellung der Günstigkeit der individualvertraglichen Vereinbarung ist grundsätzlich der Moment ausschlaggebend, an dem die sich widersprechenden Regelungen zum ersten Mal miteinander konkurrieren.[1210] Eine Neubeurteilung der Günstigkeit bei einer Änderung der Interessenlage scheidet aus, da ein ständiger Günstigkeitsvergleich mit der Rechtssicherheit nicht vereinbar wäre. Ob sich eine andere Abmachung in der Zukunft als günstiger erweist, muss zum Zeitpunkt des Günstigkeitsvergleichs durch Prognose eindeutig festgestellt werden können.[1211] Soweit sich die künftige Entwicklung der arbeitsrechtlichen Ansprüche nicht genau abschätzen lässt, kann nicht auf einen Zeitpunkt während der Dauer des Arbeitsverhältnisses oder auf einen einzelnen Abrechnungszeitraum abgestellt werden.[1212] Ein neuer Günstigkeitsvergleich ist nur dann vorzunehmen, wenn eine Änderung der zu vergleichenden Normen, hier des Tarif- oder Arbeitsvertrages, erfolgt.[1213]

Die Beurteilung der Günstigkeit untertariflicher Leistungen ist jedoch nicht gleichbleibend. Sie kann schon aufgrund der subjektiven Günstigkeitsbewertung einem Wandel unterliegen. Dies ist nicht zwangsläufig der Fall, resultiert jedoch daraus, dass die Beurteilung der Günstigkeit eine Wertentscheidung darstellt. Diese wird von einer Vielzahl äußerer und innerer Umstände beeinflusst, die keine Konstanten, sondern Variablen sind.[1214] Gerade weil bei der Günstigkeitsbewertung etwaige Veränderungen der Rahmenbedingungen keine Berücksichtigung finden, scheint es im Interesse des Arbeitnehmers geboten, dennoch die Günstigkeit der individualvertraglichen Vereinbarung auch auf ihre Beständigkeit zu überprüfen.[1215] Insbesondere aufgrund der in der Regel recht langen

---

[1210] Vgl. dazu die Ausführungen im *2. Kapitel G V.*

[1211] *BAG* v. 12.04.1972, BAGE 24, S. 231.

[1212] *Dörner*, in: Leinemann (Hrsg.), Kasseler Handbuch zum Arbeitsrecht, Bd. 2, 6.1. Rn. 212; *Däubler*, Tarifvertragsrecht, Rn. 207.

[1213] Vgl. *Dörner*, in: Leinemann (Hrsg.), Kasseler Handbuch zum Arbeitsrecht, Bd. 2, 6.1. Rn. 212; *Löwisch / Rieble*, TVG, § 4 Rn. 215; *Löwisch*, in: Richardi / Wlotzke (Hrsg.), Münchener Handbuch zum Arbeitsrecht, Bd. 3, § 4 Rn. 216.

[1214] *Schweibert*, Die Verkürzung der Wochenarbeitszeit durch Tarifvertrag, S. 216.

[1215] So im Ergebnis bereits *Schweibert*, Die Verkürzung der Wochenarbeitszeit durch Tarifvertrag, S. 215.

Laufzeiten der getroffenen Absprache muss dem abhängig Beschäftigten eine einseitige Rückkehrmöglichkeit zum tariflichen Niveau eingeräumt werden. Diese erweitert während der Dauer der Vereinbarung die rechtlichen Möglichkeiten des Arbeitnehmers. Sie scheint die einzige Variante, um im Interesse und zum Schutze des Arbeitnehmers eine Veränderung der Rahmenbedingungen zu berücksichtigen.

1. Rechtliche Bewertung der Rückkehrmöglichkeit

Da dem Arbeitnehmer grundsätzlich die Möglichkeit der Rückkehr zum Tarifvertrag eingeräumt werden soll, stellt sich die Frage, woraus sich eine solche bei einer veränderten Günstigkeitsbewertung ergibt bzw. wie diese Option rechtlich zu beurteilen ist. Bei der rechtlichen Beurteilung ist zwischen zwei Fällen, der Änderung der Arbeitnehmerinteressen und der Nichteinhaltung der Beschäftigungsgarantie durch den Unternehmer zu differenzieren.

a) Im Falle geänderter Interessen des Arbeitnehmers

In der Literatur wird dem Arbeitnehmer grundsätzlich auch im Fall der Interessenänderung eine Rückkehrmöglichkeit eingeräumt. Umstritten ist jedoch deren Rechtscharakter.

(1) Rücktritts- bzw. Widerrufsrecht

Soweit dem Arbeitnehmer in der den Tarifvertrag abändernden Vereinbarung ein Rücktritts- bzw. Widerrufsrecht eingeräumt ist, stellt sich eine Rückkehr zum tariflichen Niveau unproblematisch dar. In einem derartigen Fall könnte der Arbeitnehmer durch die Ausübung des vertraglich eingeräumten Rechts wieder zur tariflichen Regelung zurückkehren. Es käme zu einem Fortfall der gesamten abweichenden Vereinbarung und damit auch zum Wegfall der kompensatorischen Beschäftigungsgarantie.[1216]

Sofern ein derartiges Rücktritts- bzw. Widerrufsrecht jedoch nicht vereinbart wurde, kann auch eine konkludente Vereinbarung desselben nicht angenommen werden.[1217] Wenn die Vertragsparteien eine derartige Regelung nicht ausdrücklich aufgenommen haben, ist davon auszugehen, dass eine vorzeitige Rückkehr zum Tarifvertrag von beiden Seiten nicht in Betracht gezogen wurde. Die An-

---

[1216] Vgl. *KRAUSS*, Günstigkeitsprinzip und Autonomiebestreben am Beispiel der Arbeitszeit, S. 116.

[1217] A.A. *SCHWEIBERT*, Die Verkürzung der Wochenarbeitszeit durch Tarifvertrag, S. 215 ff., die es als objektive Günstigkeitsvoraussetzung sogar für erforderlich hält, dem Arbeitnehmer das Recht einzuräumen, die Vereinbarung innerhalb angemessener Frist zu widerrufen und dadurch zur tariflichen Regelung zurückzukehren. Hier existieren Parallelen zur Einräumung eines Wahlrechts des Arbeitnehmers. Vgl. dazu die Ausführungen im *5. KAPITEL D II 1 a) (6)*.

nahme eines konkludenten Rücktritts- bzw. Widerrufsrechts würde dem Grundsatz der Vertragsfreiheit nicht ausreichend Rechnung tragen.

(2) Änderungsvertrag

Ähnlich unproblematisch wie bei einem vertraglichen Rücktritts- bzw. Widerrufsrecht stellt sich die Rückkehr zum Tarifvertrag bei Abschluss eines Änderungsvertrages dar. Soweit hier zwischen den Parteien des Arbeitsvertrages Einvernehmlichkeit bzgl. der Änderung der abweichenden Vereinbarung besteht, modifiziert der Änderungsvertrag den Inhalt des Arbeitsverhältnisses. Wenn also die Arbeitnehmer die tarifvertraglichen Bestimmungen wieder aufleben lassen möchten, so ist dies im gegenseitigen Einvernehmen jederzeit möglich.[1218] Ist eine Situation eingetreten, bei der der Arbeitnehmer die Rückkehr zum Tarifvertrag für günstiger hält, so kann mit dem Arbeitgeber eine derartige neue abweichende Vereinbarung geschlossen werden.

Ein einseitiger, hier einzig interessierender Anspruch des Arbeitnehmers auf Abschluss eines Änderungsvertrages besteht jedoch ebenso wenig wie der des Arbeitgebers.[1219]

(3) Aussetzung des Tarifvertrages

Eine weitere Variante wird von *Reuter*[1220] vorgeschlagen. Er geht zwar nicht, wie hier diskutiert, von einer individualvertraglichen Vereinbarung untertariflicher Leistungen aus, sondern erörtert die Problematik im Zusammenhang mit sogenannten Notbetriebsvereinbarungen. Dennoch sind seine Überlegungen auch auf den vorliegend zu prüfenden Sachverhalt anwendbar. In beiden Fällen geht es um eine angemessene Verteilung der Lasten der Rettung des Betriebes auf Arbeitgeber und Arbeitnehmer. Es scheint hier nicht relevant, ob man auf die Gesamtbelegschaft oder den einzelnen Arbeitnehmer abstellt. In beiden Konstellationen ist ein betriebliches Bündnis geschlossen worden, das die Rettung des Betriebes und der verbleibenden Arbeitsplätze zum Ziel hat. Es entspricht dem Gedanken der Einforderung einer ohnehin geschuldeten Rücksicht, dass die getroffene Vereinbarung „die tarifvertraglichen Rechte nicht (teilweise) beseitigt, sondern lediglich im Sinne eines Anwendungsvorrangs ihre Ausübung vorübergehend sperrt"[1221]. Lediglich die Geltung des Tarifvertrages bleibt wäh-

[1218] So bereits *Krauss*, Günstigkeitsprinzip und Autonomiebestreben am Beispiel der Arbeitszeit, S. 116.

[1219] Vgl. dazu *5. Kapitel D I.*

[1220] *Reuter*, Referat zum 61. DJT, in: Ständige Deputation des Deutschen Juristentages (Hrsg.), Verhandlungen des einundsechzigsten Deutschen Juristentages Karlsruhe 1996, Bd. II/1, K 57.

[1221] Vgl. *Reuter*, Referat zum 61. DJT, in: Ständige Deputation des Deutschen Juristentages (Hrsg.), Verhandlungen des einundsechzigsten Deutschen Juristentages Karlsruhe 1996, Bd. II/1, K 57.

rend der Dauer der getroffenen Vereinbarung unberührt. Mit dieser Variante tritt *REUTER* gleichzeitig den vom Schrifttum erhobenen Bedenken entgegen. Diese lehnen eine Ablösung von Tarifvertragsnormen durch Regelungen, deren Wirkung und Absicherung von Gesetzes wegen anders gestaltet ist, ab. Durch die Annahme, dass während der Laufzeit der individualvertraglichen Vereinbarung die tariflichen Regelungen ruhen, laufen die o.g. Bedenken des Schrifttums weitgehend leer.[1222]

Für die von *REUTER* vorgeschlagene Lösung findet sich jedoch keine gesetzliche Stütze. Mit Hilfe der Regelung des § 4 Abs. 3 TVG soll die unmittelbare und zwingende Wirkung des Tarifvertrages gerade durchbrochen werden. Dies bedeutet jedoch, dass entgegen der Auffassung *REUTERS* die entsprechende kollektivvertragliche Regelung vollständig und vorbehaltlos durch die günstigere individualvertragliche Abrede ersetzt wird.

(4) Änderungskündigungsrecht

Eine Möglichkeit für den Arbeitnehmer, auch ohne Mitwirkung des Arbeitgebers zum ursprünglichen tarifvertraglichen Niveau zurückzukehren, könnte ein Änderungskündigungsrecht desselben darstellen.

Eine Änderungskündigung liegt vor, wenn ein Vertragsteil das Arbeitsverhältnis kündigt und in Zusammenhang mit dieser Kündigung dem Vertragspartner die Fortsetzung des Arbeitsverhältnisses zu geänderten Bedingungen anbietet. Der Wortlaut des KSchG bezieht sich zwar lediglich auf die vom Arbeitgeber ausgehende Änderungskündigung,[1223] der Begriff der Änderungskündigung ist jedoch auch auf die des Arbeitnehmers entsprechend anwendbar.[1224]

Die Nutzung eines Änderungskündigungsrechts des Arbeitnehmers ist für diesen nicht frei von Risiken. Durch dessen Inanspruchnahme wird der Bestand des gesamten Arbeitsverhältnisses zur Disposition gestellt,[1225] da die Änderungskündigung für die Arbeitnehmerseite stets die Gefahr in sich birgt, dass die Arbeitgeberseite diese nicht annimmt. Weil es für den Unternehmer nicht auf eine soziale Rechtfertigung der Änderung der Arbeitsbedingungen ankommt, führt die Nichtakzeptanz der Änderungskündigung von der Arbeitgeberseite zur Beendigung des Arbeitsverhältnisses.[1226] Dieses Ergebnis ist jedoch in den hier disku-

---

1222 So *REUTER*, Referat zum 61. DJT, in: Ständige Deputation des Deutschen Juristentages (Hrsg.), Verhandlungen des einundsechzigsten Deutschen Juristentages Karlsruhe 1996, Bd. II/1, K 57. Vgl. dazu ausführlich *REUTER*, RdA 1994, S. 168.

1223 § 2 KSchG

1224 *V. HOYNINGEN-HUENE / LINCK*, KSchG, § 2 Rn 3.

1225 So bereits *KRAUSS*, Günstigkeitsprinzip und Autonomiebestreben am Beispiel der Arbeitszeit, S. 117; *BUCHNER*, DB 1990, S. 1722.

1226 *KRAUSS*, Günstigkeitsprinzip und Autonomiebestreben am Beispiel der Arbeitszeit, S. 117.

tierten Fällen nicht gewünscht. Es kommt den Arbeitnehmern gerade auf ein Weiterbestehen des Arbeitsverhältnisses zu den ursprünglichen Konditionen an. Somit stellt die Änderungskündigung kein geeignetes Instrument dar, um einen ausreichenden Arbeitnehmerschutz auch für die Zukunft zu gewährleisten.

(5) Teilkündigungsrecht

Des weiteren könnte auch ein Teilkündigungsrecht des Arbeitnehmers bzgl. der vorher getroffenen abweichenden Vereinbarung eine Rückkehr zum Tarifvertrag ermöglichen. Da dieses nur die Kündigung einzelner Vertragsbestandteile bewirkt, hat es gegenüber der Änderungskündigung den Vorteil, dass nicht der Bestand des Arbeitsverhältnisses in seiner Gesamtheit gefährdet ist, sondern nur diejenigen Arbeitsbedingungen betroffen sind, die auch wirklich geändert werden sollen.

Die *h.M.* sieht ein arbeitsrechtliches Teilkündigungsrecht als grundsätzlich unzulässig an,[1227] da das Arbeitsverhältnis als Einheit zu betrachten ist und damit auch nur als ganzes gekündigt werden könne.[1228] Die Begründungen hierfür sind sehr vielfältig.[1229] Als Hauptargument wird angeführt, dass durch eine Teilkündigung das von den Parteien vereinbarte Äquivalenz- und Ordnungsgefüge gestört würde und gleichzeitig keine Rücksicht darauf genommen werde, dass die Rechte und Pflichten der Vertragsparteien in vielfältigen inneren Beziehungen stehen.[1230]

Wie bereits *KRAUSS*[1231] zutreffend feststellte, vermögen in dem hier zu untersuchenden Fall die Gründe für eine Ablehnung des Teilkündigungsrechts nicht zu überzeugen. Anders als bei der Teilkündigung einer beliebigen arbeitsvertraglichen Regelung handelt es sich hier um die Kündigung einer von tarifvertraglichen Bestimmungen abweichenden einzelvertraglichen Abmachung. Würde man eine derartige Teilkündigung gestatten, käme man automatisch zu einem Wiedereintritt der tariflichen Regelung. Das Äquivalenz- und Ordnungsgefüge wäre somit nicht gestört. Ebenso wie bei der Vereinbarung der untertariflichen Regelung gerade die Kompensationsgesichtspunkte zu einer Änderung der Ver-

---

[1227] *RICHARDI*, in: Richardi / Wlotzke (Hrsg.), Münchener Handbuch zum Arbeitsrecht, Bd. 2, § 111 Rn. 15; a.A. *KRAUSS*, Günstigkeitsprinzip und Autonomiebestreben am Beispiel der Arbeitszeit, S. 118 f.; *WANK*, in: Hromadka (Hrsg.), Änderung von Arbeitsbedingungen, S. 48 f.

[1228] Vgl. *BECKER ET AL.*, GK KSchG, § 2 KSchG Rn. 51; *SCHAUB*, in: Hromadka (Hrsg.), Änderung von Arbeitsbedingungen, S. 81.

[1229] Vgl. dazu die Nachweise bei *KRAUSS*, Günstigkeitsprinzip und Autonomiebestreben am Beispiel der Arbeitszeit, S. 117 f.

[1230] Vgl. *BAG* v. 07.10.1982, BAGE 40, S. 206 m.w.N.

[1231] Vgl. *KRAUSS*, Günstigkeitsprinzip und Autonomiebestreben am Beispiel der Arbeitszeit, S. 118 f.

tragsbedingungen führen, so würde im Falle einer Teilkündigung genau diese kompensatorische Wirkung wieder entfallen. D.h., keine der beteiligten Parteien würde sich der Vertragsbindung entziehen, ohne gleichzeitig auch auf ihre entsprechenden Rechte gegenüber der anderen Vertragspartei zu verzichten. Somit muss in diesem Fall dem Arbeitnehmer prinzipiell ein Teilkündigungsrecht zugestanden werden. Da es sich bei der Begründung eines solchen ausnahmsweise zulässigen Rechts juristisch um eine normale Kündigung handelt, sind die entsprechenden Vorschriften des BGB, insbesondere die Kündigungsfristen des § 622 BGB, zu beachten.[1232]

(6) Wahlrecht des Arbeitnehmers

Teilweise wird dem Arbeitnehmer ein Wahlrecht eingeräumt. Dieses bezieht sich nicht wie bereits eingangs erwähnt darauf, dass der Arbeitnehmer anfangs wählen kann, ob er der untertariflichen Vereinbarung zustimmt oder bei dem ursprünglichen Arbeitsvertrag bleibt.[1233] Vielmehr soll dem Arbeitnehmer auch nach dem Abschluss der vom Kollektivvertrag abweichenden Vereinbarung die Möglichkeit zustehen, jederzeit wieder zu den ursprünglichen Arbeitskonditionen zurückzukehren.[1234] Erst wenn der Arbeitnehmer über ein Wahlrecht seine geänderten Präferenzen zur Geltung bringen kann, sollte eine positive Günstigkeitsbeurteilung anzunehmen sein.[1235] Mit dieser Wahlrechtsregelung ist beabsichtigt, den Spielraum der Privatautonomie des Arbeitnehmers gegen zu weit gehende Selbstbindung abzusichern.[1236]

Soweit ein derartiges Wahlrecht zwischen den Arbeitsvertragsparteien vereinbart wurde, stellt sich die Ausübung als unproblematisch dar. Wenn ohne ausdrückliche Absprache dem Arbeitnehmer ein allgemeines Wahlrecht zugestanden wird, dient dies dem Schutz und der Interessenwahrung des Arbeitnehmers. Dieser kann bei einer Änderung seiner persönlichen Präferenzen ohne ersichtlichen Grund jederzeit wieder zu den tariflichen Regelungen zurückkehren. Somit stellt die Einräumung eines allgemeinen Wahlrechts für den Arbeitnehmer eine optimale Möglichkeit dar, auch ohne rechtliche Verpflichtungen gegenüber dem Arbeitgeber von der vertraglichen Abrede Abstand zu nehmen.

1232 Vgl. *KRAUSS*, Günstigkeitsprinzip und Autonomiebestreben am Beispiel der Arbeitszeit, S. 119.

1233 Vgl. dazu die Ausführungen im *4. KAPITEL C I 2 e).*

1234 Vgl. *BENGELSDORF*, ZfA 1990, S. 599 f.; *BUCHNER*, DB 1990, S. 1722; *LÖWISCH*, ZfA 1996, S. 310 f.

1235 Vgl. *BUCHNER*, DB 1990, S. 1722.

1236 Vgl. *LÖWISCH*, ZfA 1996, S. 311.

(7) Wegfall der Geschäftsgrundlage

Trotz der im deutschen Recht vorhandenen verschiedenen Möglichkeiten, ein Vertragsverhältnis zu beenden, sind von Rechtsprechung und Literatur der Wegfall der Geschäftsgrundlage als zusätzliches Rechtsinstitut entwickelt worden. Der nunmehr in § 313 BGB n.F. normierte Wegfall der Geschäftsgrundlage ist gegenüber vertraglichen und gesetzlichen Regelungen subsidiär.[1237] Entsprechend käme eine Rückkehr des Arbeitnehmers zum Tarifvertrag über dieses Rechtsinstitut nur dann in Frage, wenn keine derartige Rückkehrmöglichkeit besteht. Nach der hier vertretenen Auffassung existiert jedoch entgegen der *h.M.* ein Teilkündigungsrecht bzw. Wahlrecht des Arbeitnehmers. Aufgrund dieser existenten Möglichkeiten des Arbeitnehmers zu den Bedingungen des Tarifvertrages zurückzukehren ist bereits der Anwendungsbereich des Wegfalls der Geschäftsgrundlage nicht eröffnet.

(8) Stellungnahme

Die Rückkehr des Arbeitnehmers zum Tarifvertrag stellt sich als unproblematisch dar, soweit zwischen Arbeitsvertragsparteien eine entsprechende einseitige Option vereinbart oder mit dem Arbeitgeber eine einvernehmliche Abänderung des Individualvertrages getroffen wird. Der Arbeitnehmer kann wieder vollständig den Schutz des Tarifvertrages in Anspruch nehmen, so dass in beiden Fällen der arbeitsrechtliche Schutzgedanke erfüllt ist.

Etwas anderes ergibt sich bei abhängig Beschäftigten, die im Rahmen der Absprache mit dem Unternehmer eine derartige Rückkehrmöglichkeit nicht vorgesehen haben. Es erscheint unbillig, diesen bei fehlender Mitwirkung des Arbeitgebers die Chance des Wiederauflebens der tariflichen Regelungen zu verwehren. Unter welchen Umständen eine Rückkehr zum Tarifvertrag möglich sein soll, stellt eine Wertungsfrage dar. Hier stehen sich zwei wichtige Grundsätze gegenüber. Einerseits ist dies der Schutz des Arbeitnehmers, der optimal gewährt wird, wenn dem Betroffenen die Möglichkeit zugestanden wird, sich jederzeit wieder unproblematisch von der mit dem Arbeitgeber getroffenen Vereinbarung zu lösen. Andererseits betrifft dies den Grundsatz „pacta sunt servanda“, nach dem sich der Arbeitnehmer an seiner getroffenen Entscheidung festhalten lassen muss. Entscheidet sich der Arbeitnehmer für die Vereinbarung untertariflicher Leistungen, so stellt er seine Rechtsbeziehung zum Arbeitgeber eigenverantwortlich auf eine neue Rechtsgrundlage. Sie ist gleichermaßen vom Arbeitgeber und Arbeitnehmer zu respektieren.

Soweit keine besonderen Vereinbarungen getroffen wurden und keine einvernehmliche Vertragsänderung erfolgt, stehen für eine Rückkehr zu den tariflichen

---

[1237] So die *h.M.*: vgl. m.w.N. *HEINRICHS*, in: Palandt-BGB, § 242 Rn. 116 ff.; *ROTH, G.*, in: MünchKomm BGB, Bd. 2, § 242 Rn. 555 ff.

Konditionen das Teilkündigungsrecht und das allgemeine Wahlrecht zur Verfügung.

Beide Optionen unterscheiden sich lediglich darin, dass der Arbeitnehmer bei ersterem erst nach Einhaltung der Kündigungsfristen gemäß § 622 BGB zu den tariflichen Bedingungen zurückkehren kann. Ansonsten sind die betroffenen abhängig Beschäftigten bei beiden Varianten völlig frei, das Wahl- bzw. Teilkündigungsrecht auszuüben. Damit dienen beide Optionen zwar dem Schutz und der Interessenwahrung des Arbeitnehmers. Sie bergen jedoch für den Arbeitgeber die Gefahr der Rechtsunsicherheit in sich. Da die Arbeitnehmer ohne ersichtlichen Grund jederzeit wieder zu den tariflichen Regelungen zurückkehren können, bietet die Vereinbarung mit dem Arbeitnehmer für den Arbeitgeber keine ausreichende Planungssicherheit. Natürlich entfällt mit Ausübung dieses Rechtes auch die Kompensationsleistung des Arbeitgebers, die Beschäftigungsgarantie. D.h., bei Vorliegen der Voraussetzungen einer betriebsbedingten Kündigung kann diese auch erfolgen. Zu berücksichtigen ist jedoch, dass der Arbeitgeber den Sanierungsplan auf Grundlage einer festen Kalkulation geschlossen hat. Er ging davon aus, dass während der Laufzeit des Vertrages eine Konstanz bei den Personalkosten vorliegt. Soweit jetzt dem Arbeitnehmer die Möglichkeit eingeräumt wird, beliebig zum Tarifniveau zurückzukehren, ist die Planungssicherheit nicht mehr gegeben. Die Kalkulation wäre aufgrund des Risikos, dass die Arbeitnehmer trotz vertraglicher Bindung jederzeit wieder zu den Konditionen des Tarifvertrages wechseln, von vielen Unabwägbarkeiten geprägt und bietet dem Unternehmer letztlich keinerlei Sicherheiten. Zudem steht zu befürchten, dass im Extremfall viele Arbeitnehmer die Vereinbarung nicht einhalten, so dass der Arbeitgeber aufgrund der damit einhergehenden neuerlichen Kostenbelastung die Sicherung der Arbeitsplätze der „vertragstreuen" Arbeitnehmer nicht mehr gewähren kann. Nach alledem trägt aus Sicht des Arbeitgebers die Annahme eines allgemeinen Wahlrechts und Teilkündigungsrechtes dem Grundsatz des „pacta sunt servanda" nicht ausreichend Rechnung.

Auch wenn der Arbeitnehmer sich grundsätzlich an den mit dem Arbeitgeber ausgehandelten Vertragsänderungen festhalten lassen muss, ist zu berücksichtigen, dass sowohl das Teilkündigungs- als auch allgemeine Wahlrecht einen optimalen Schutz des Arbeitnehmers gewährleisten, indem diesem die Möglichkeit zugestanden wird, sich wieder unproblematisch von der untertariflichen Vereinbarung zu lösen. Dieses Recht verschafft dem jeweiligen Arbeitnehmer den entscheidenden Vorteil, seine Optionen dahingehend zu erweitern, dass er sich entsprechend seiner persönlichen Situation aussuchen kann, welche Regelung er als günstiger ansieht. Gleichzeitig wird so der Spielraum der Privatautonomie des Arbeitnehmers gegen zu weit gehende Selbstbindung abgesichert. Da der Arbeitnehmer freiwillig auf den sicheren tariflichen Schutz verzichtet hat, sollte ihn bei einer Neubeurteilung seiner Lage auch die Option eingeräumt werden, ohne große zeitliche Verzögerung zu den Konditionen des Tarifvertrages zurückzukehren.

Grundsätzlich muss daher das Interesse des Arbeitgebers am Festhalten des Vertrages hinter dem Schutz des Arbeitnehmers zurückstehen. Dies kann jedoch im Interesse der Planungssicherheit des Unternehmers nicht uneingeschränkt gelten. Das Teilkündigungsrecht stellt hierbei das geeignetere Mittel dar, um dem „Spagat" zwischen den verschiedenen widerstreitenden Parteieninteressen gerecht zu werden. Während das allgemeine Wahlrecht eine sofortige Vertragsanpassung bzw. Rückkehr zu den tariflichen Bedingungen ermöglicht, besteht nach Ausübung des Teilkündigungsrechts die individualvertragliche Vereinbarung zunächst bis zum Ablauf der gesetzlichen Fristen weiter. Insoweit ist der Unternehmer nicht der Gefahr ausgeliefert, ohne jeglichen zeitlichen Aufschub die ihn finanziell stärker belastenden tariflichen Konditionen zahlen zu müssen. Entsprechend besitzt der Arbeitgeber, der bereits bei Abschluss der individuellen Vereinbarung damit rechnen muss, dass der Arbeitnehmer bei einer Änderung seiner Interessenlage eine Vertragsanpassung begehrt, zumindest eine gewisse Planungssicherheit. Das Teilkündigungsrecht mit Berücksichtigung der gesetzlichen Kündigungsfristen entspricht diesbezüglich auch der gesetzgeberischen Wertung des § 622 BGB, in dem die Möglichkeit einer ordentlichen Kündigung unter Einhaltung von Kündigungsfristen bei unbefristeten Arbeitsverhältnissen eingeräumt wird.

b) Im Falle einer Nichteinhaltung der Beschäftigungsgarantie

Der Arbeitnehmer hat jedoch nicht nur bei einer erheblichen Änderung seiner persönlichen Umstände ein Interesse an der Rückkehr zum tariflichen Niveau, sondern auch, wenn der Arbeitgeber seine Beschäftigungszusagen nicht einhält.

Unter Berücksichtigung ökonomischer Gesichtspunkte ist klar, dass die Arbeitsplatzgarantie lediglich auf einer Prognose beruht und es dem Arbeitgeber letztlich nicht hundertprozentig möglich ist, den Erhalt der Arbeitsplätze während der vereinbarten Laufzeit zu gewährleisten. Eine solche absolute Garantie kann in einer am Wettbewerb orientierten Wirtschaft keiner geben.[1238] Es ist daher denkbar, dass der Unternehmer trotz Beteiligung der Belegschaft an den Kostensenkungsmaßnahmen über das vorgesehene Maß Arbeitsplätze abbauen muss. Obwohl der Arbeitnehmer grundsätzlich einen Anspruch auf Erfüllung der Beschäftigungsgarantie hat und diesen daher auch einklagen kann, sind gerade im Fall der Insolvenz die Erfolgsaussichten als gering einzuschätzen.[1239]

[1238] So auch *TYSKA*, ArbuR 1985, S. 289.

[1239] Soweit sich das Unternehmen im Insolvenzverfahren befindet, sind die Chancen auf einen Weiterbestand des Betriebes und damit auf den Erhalt von Arbeitsplätzen eher gering.

Soweit die Rettung des Unternehmens trotz Beteiligung der Belegschaft an der Kostensenkung nicht gelungen ist und der „worst case" der Insolvenz bzw. der Schließung des Betriebes droht, muss der Arbeitnehmer besser geschützt werden als im Fall geänderter Interessenlagen. Insbesondere ist zu berücksichtigen, dass sich hier der abhängig Beschäftigte vertragstreu verhalten hat, während es dem Arbeitgeber nicht möglich ist, die getroffenen Vereinbarungen einzuhalten. Da eine Veränderung der wirtschaftlichen Verhältnisse niemals vollständig auszuschließen ist, trägt jeweils die Partei, deren Vorstellung sich nicht verwirklicht, das Fehleinschätzungsrisiko.[1240] D.h., das Vertragsrisiko umfasst für jede Seite die Umstände, die in ihrer Risikosphäre angesiedelt sind. Das Betriebsrisiko des Arbeitgebers bezieht sich dabei auf ökonomische Schwierigkeiten, Absatzprobleme oder Produktionsbeeinträchtigungen.[1241] Somit ist die Nichteinhaltung der getroffenen Abrede aufgrund einer sich weiter verschlechternden wirtschaftlichen Lage eindeutig dem Unternehmer zuzurechnen.[1242] Wenn die Vereinbarung untertariflicher Leistungen bis zur kündigungsbedingten Beendigung des Arbeitsverhältnisses aufrecht erhalten bliebe, wäre der Arbeitnehmer letztlich schlechter gestellt als ohne die entsprechende, jetzt nicht mehr einzuhaltende Abrede. Er hat in diesem Fall auf tarifliche Standards verzichtet, ohne die volle Kompensationsleistung zu erhalten. Dies gilt um so mehr, als dass die Arbeitnehmer im Fall des Nichteinhaltens der Beschäftigungsgarantie mehrfach benachteiligt wären. Einerseits haben sie auf tarifliche Leistungen verzichtet und dennoch ihren Arbeitsplatz verloren. Andererseits würden sie im Falle der Kündigung weitere Einbußen erleiden, da sich ihr Arbeitslosengeld nach den reduzierten Arbeitsentgelten bemisst.[1243]

Obwohl die Betroffenen in einem gewissen Umfang potentiell eintretende Veränderungen in ihre Kalkulation einbeziehen müssen, kann im Falle einer weite-

---

1240 Vgl. *Eckert*, AR-Blattei SD, Wegfall der Geschäftsgrundlage, Rn. 65; *Belling*, NZA 1996, S. 908; *Belling / Hartmann*, ZfA 1997, S. 112; *Oetker*, RdA, 1995, S. 94; *Meyer*, RdA 1998, S. 148; *Winter / Zekau*, ArbuR 1997, S. 92; *Buchner*, NZA 1993, S. 296 f.; *Däubler*, ZTR 1996, S. 243; *LAG Hamm* v. 09.02.1996, NZA-RR 1997, S. 18.

1241 Vgl. *Eckert*, AR-Blattei SD, Wegfall der Geschäftsgrundlage, Rn. 43; *Hromadka*, RdA 1992, S. 259 f.; *Kittner*, in: Kittner / Däubler / Zwanziger, KSchR, § 2 KSchG Rn. 115; *Löwisch*, KSchG, Vorbem. zu § 1 Rn. 29.

1242 So im Ergebnis auch *Belling*, NZA 1996, S. 908; *Belling / Hartmann*, ZfA 1997, S. 112; *Oetker*, RdA 1995, S. 94; *Meyer*, RdA 1998, S. 148; *Winter / Zekau*, ArbuR 1997, S. 92; *Buchner*, NZA 1993, S. 296 f.; *Däubler*, ZTR 1996, S. 243 f.; *Eckert*, AR-Blattei SD, Wegfall der Geschäftsgrundlage, Rn. 65; *LAG Hamm* v. 09.02.1996, NZA-RR 1997, S. 18.

1243 U.a. aufgrund dieses Argumentes lehnt *Wendeling-Schröder*, Referat zum 61. DJT, in: Ständige Deputation des Deutschen Juristentages (Hrsg.), Verhandlungen des einundsechzigsten Deutschen Juristentages Karlsruhe 1996, Bd. II/1, K 22, eine gesetzliche, zeitlich begrenzte Öffnung des Tarifvertrages auch im Falle von Unternehmenskrisen ab.

ren Verschlechterung der wirtschaftlichen Lage des Unternehmens dennoch ein Rückgriff auf die in § 313 BGB n.F. normierten Regel über den Wegfall der Geschäftsgrundlage erfolgen. Zur Geschäftsgrundlage gehören dabei, „die bei Abschluss des Vertrages zutage getretenen, dem anderen Teil erkennbar gewordenen und von ihm nicht beanstandeten Vorstellungen der einen Partei oder gemeinsame Vorstellungen beider Parteien von dem Vorhandensein oder künftigen Eintritt bestimmter Umstände, sofern der Geschäftswille der Parteien auf diesen Vorstellungen aufbaut“[1244]. Ein Rückgriff auf § 313 BGB n.F. ist nur möglich, wenn es sich hierbei um eine derart wesentliche Änderung handelt, dass eine oder beide Parteien bei Kenntnis der neuen Umstände den Vertrag nicht bzw. nicht mit diesem Inhalt abgeschlossen hätten.[1245] Des weiteren können nur solche Umstände zu einem Wegfall der Geschäftsgrundlage führen, wenn deren nachträgliche Änderung beim Vertragsschluss nicht vorhersehbar war.[1246] Unvorhersehbare Ereignisse können dabei auch grundlegende Veränderungen der wirtschaftlichen Lage sein.[1247]

Entscheidend ist, dass bei Abschluss der individualvertraglichen Vereinbarung beide Parteien den Erhalt des Betriebes und der damit verbundenen Arbeitsplätze zur Basis ihrer Abrede gemacht haben. Grundsätzlich liegt die Grenze, an der eine Anwendung der Regelung vom Wegfall der Geschäftsgrundlage in Betracht kommt, dort, wo außergewöhnliche Ereignisse eintreten, die unerwartet zu einer nicht mehr kalkulierbaren, schwerwiegenden Beeinträchtigung der Risikoverteilung führen.[1248] Soweit jetzt eine Verschlechterung der wirtschaftlichen Lage über das zum Zeitpunkt des Abschlusses der individualvertraglichen Vereinbarung absehbare Maß erfolgt, liegt eine solche schwerwiegende Änderung der dem Vertrag zugrundeliegenden Erwägungen und Risikoverteilung vor. Beide Parteien hätte bei einer Kenntnis der neu hinzugetretenen Umstände die Verein-

---

[1244] Vgl. *RG* v. 03.02.1922, RGZ 103, S. 332; *BGH* v. 23.10.1957, BGHZ 25, S. 392; *BGH* v. 25.02.1993, BGHZ 121, S. 391; *BGH* v. 05.01.1995, BGHZ 128, S. 236; *BGH* v. 08.02.1984, NJW 1984, S. 1747; *BAG* v. 25.07.1990, BAGE 65, S. 301.

[1245] So die *h.M.*, vgl. m.w.N.: *Roth, G.*, in: MünchKomm BGB, Bd. 4„ § 242 Rn. 531; *Heinrichs*, in: Palandt-BGB, § 242 Rn. 125.

[1246] Die Unvorhersehbarkeit zum Zeitpunkt des Vertragsschlusses ist unverzichtbare Voraussetzung für die Anwendung des Rechtsinstituts des Wegfalls der Geschäftsgrundlage. So vgl. Quellen bei *BGH* v. 20.10.1961, BB 1962, S. 203; *BGH* v. 12.12.1962, DB 1963, S. 411; *BGH* v. 31.01.1969, DB 1969, S. 833; *BGH* v. 10.03.1972, WM 1972, S. 657; *Heinrichs*, in: Palandt-BGB, § 242 Rn. 128; *Roth, G.*, in: MünchKomm BGB, Bd. 4, § 242 Rn. 543.

[1247] Vgl. *Heinrichs*, in: Palandt-BGB, § 242 Rn. 148.

[1248] Vgl. *Belling* NZA 1996, S. 908 f.; *Belling / Hartmann* ZfA 1997, S. 112 f.; *Oetker*, RdA, 1995, S. 94; *Meyer*, RdA 1998, S. 148; *Winter / Zekau*, ArbuR 1997, S. 92; *Buchner* NZA 1993, S. 296 f.; *Däubler*, ZTR 1996, S. 243; *LAG Hamm* v. 09.02.1996, NZA-RR 1997, S. 18.

barung nicht bzw. nicht in dieser Form geschlossen. Insbesondere für den Arbeitnehmer ist eine weitere Bindung an die Abrede nicht mehr zumutbar, da die eingeräumte Beschäftigungsgarantie nicht eingehalten werden kann. D.h., sobald absehbar ist, dass die Sicherung der Arbeitsplätze objektiv nicht mehr erreicht werden kann, ist dem Arbeitnehmer eine Vertragsanpassung unzumutbar, so dass gemäß § 313 Abs. 3 BGB n.F. die Möglichkeit einer Rückkehr zum Tarifvertrag eröffnet ist.

2. Rechtsfolgen einer vorzeitigen Rückkehr zum tariflichen Niveau

Problematisch erscheint, welche Rechtsfolgen sich aus der vorzeitigen Rückkehr zum Tarifvertrag ergeben. Hier ist zu unterscheiden, wer für die Nichteinhaltung der individualvertraglichen Abrede verantwortlich ist.

a) Im Falle geänderter Interessen des Arbeitnehmers

Die zwischen den Arbeitsvertragsparteien getroffene Vereinbarung untertariflicher Leistungen bei gleichzeitiger Gewährung einer Beschäftigungsgarantie ist als eine Vereinbarung zu qualifizieren, die im beiderseitigen Interesse geschlossen wurde.[1249] Wie bereits festgestellt, kann der Arbeitnehmer über das Teilkündigungsrecht eine Rückkehr zum Tarifvertrag erreichen. Insoweit stellt sich die Frage, ob dieses Kündigungsrecht dann ex tunc oder ex nunc wirkt.

Soweit eine ex-tunc-Wirkung bejaht würde, hätte der Arbeitnehmer gegenüber dem Arbeitgeber einen Anspruch auf nachträgliche Erstattung der Differenz zwischen den tarifvertraglichen und den ehemals vereinbarten untertariflichen Leistungen. Ein solches Ergebnis würde den Arbeitgeber jedoch übergebührend belasten und nicht dem Verhalten der Vertragsparteien gerecht werden. Es ist hierbei zu berücksichtigen, dass die vorzeitige Rückkehr zum Tarifvertrag allein durch den Arbeitnehmer initiiert ist, der Arbeitgeber darauf keine Einflussmöglichkeit hatte und sich während der Laufzeit der individuellen Absprache vertragstreu verhalten hat. Es wäre daher unbillig, die Anpassungs- bzw. Rückkehrmöglichkeit zum Tarifvertrag ex tunc zuzulassen. Entsprechend kann eine vorzeitige Rückkehr zum tariflichen Niveau, die auf einer Änderung der Interessenlage des Arbeitnehmers beruht, nur ex nunc wirken. D.h., erst vom Zeitpunkt der einvernehmlichen Vertragsanpassung an hat der Arbeitnehmer erneut die tariflichen Ansprüche. Für den Zeitraum davor stehen ihm keine weiteren Forderungen gegen den Arbeitgeber zu.

b) Im Falle einer Nichteinhaltung der Beschäftigungsgarantie

Im Falle des drohenden Arbeitsplatzverlustes kommt über die Anwendung der Regeln des Wegfalls der Geschäftsgrundlage eine Auflösung der individualver-

---

[1249] Wobei das Interesse des Arbeitnehmers in der Sicherung des eigenen Arbeitsplatzes besteht, das des Arbeitgebers in der Sicherung des Weiterbestands seines Unternehmens.

traglichen Vereinbarung in Betracht. In einer derartigen Situation muss der Schutzgedanke des kollektiven Arbeitsrechts greifen, da der Arbeitnehmer bei einer Nichteinhaltung der Kompensationsleistung im Ergebnis ungünstiger dasteht als bei Einhaltung der tariflichen Regelung. Ein Verzicht auf die dem Arbeitnehmer eigentlich zustehenden kollektivvertraglichen Leistungen erscheint ungerechtfertigt. Die Minderung des tariflichen Standards sollte ausschließlich zur Unternehmenssanierung bzw. zum Erhalt des Produktionsstandortes beitragen und damit der Sicherung des eigenen Arbeitsplatzes dienen. Dies ist jedoch jetzt nicht mehr erreichbar.

Über den Rückgriff auf den in § 313 BGB n.F. normierten Wegfall der Geschäftsgrundlage steht dem Vertragspartner, dem ein Festhalten an der Abrede nicht mehr zumutbar ist, gemäß § 313 Ab. 3 BGB n.F. ein Rücktritts- oder Kündigungsrecht zu.[1250] Die jeweilige Rechtsfolge tritt grundsätzlich zu dem Zeitpunkt ein, in dem sich eine Vertragspartei auf das Fehlen oder den Wegfall der Geschäftsgrundlage beruft. Grundsätzlich werden Anpassungsfolgen lediglich für noch nicht beendete Arbeitsverhältnisse in Betracht gezogen. Eine Rückwirkung wird ausnahmsweise auch dann befürwortet, wenn fest steht, dass die Zumutbarkeitsschranke bereits in der Vergangenheit überschritten worden ist.[1251] Gerade das ist hier der Fall. Um eine Benachteiligung der betroffenen Arbeitnehmer zu verhindern, muss dementsprechend bei der Nichteinhaltung der Beschäftigungsgarantie durch den Unternehmer die ursprüngliche Geltung des Tarifvertrages rückwirkend wieder hergestellt werden, da jetzt die Grundlage für den Verzicht bzw. die Leistungskürzung entfallen ist. Nur durch diese ex-tunc-Wirkung wird verhindert, dass der Arbeitnehmer ein einseitiges Opfer zu Gunsten des Unternehmers erbracht hat.[1252] Das in Aussichtstellen einer derartigen Rechtsfolge kann zudem den Unternehmer abhalten, einen Missbrauch der Regelung vorzunehmen.

1250 Vgl. *Teichmann*, in: Soergel - BGB, § 242 Rn. 270 f.; *Larenz / Wolf*, BGB-AT, § 38 V 2 Rn. 46.

1251 Vgl. *Teichmann*, in Soergel - BGB, § 242 Rn. 264; *Larenz / Wolf*, BGB-AT, § 38 V 2 Rn. 44; *BAG* v. 09.07.1986, BAGE 52, S. 278; *Hromadka*, RdA 1992, S. 263.

1252 Dieses Ergebnis stimmt mit den Rechtsfolgen vergleichbarer Regelungen überein, bei denen im Falle einer wirtschaftlichen Notlage des Unternehmens bestimmte Leistungen gekürzt werden können. So ist der Widerruf von Versorgungsansprüchen und -anwartschaften bei wirtschaftlicher Notlage des Arbeitgebers (§ 7 Abs. 1 S. 3 Nr. 5 BetrAVG) nur dann und so lange wirksam, wie die Unternehmenssanierung Erfolg verspricht. Vgl. *Blomeyer / Otto*, BetrAVG, Vorb § 7 Rn. 105. Scheitern die Sanierungsbemühungen später, entfällt das Widerrufsrecht rückwirkend und die widerrufenen Versorgungsrechte leben wieder auf. Vgl. *BAG* v. 14.12.1978, BAGE 31, S. 215; *BAG* v. 10.11.1981, DB 1982, S. 1331. Der Widerruf ist auch dann unzulässig, wenn das Unternehmen wegen Ertraglosigkeit eingestellt wird oder überschuldet ist. Vgl. *BAG* v. 14.12.1978, BAGE 31, S. 215; *BAG* v. 11.09.1980, BAGE 34, S. 154 f.

Da die tariflichen Bedingungen wieder rückwirkend verbindlich sind, hat der Arbeitnehmer gegenüber dem Arbeitgeber einen Anspruch auf nachträgliche Erstattung der Differenz zwischen den tarifvertraglichen und ehemals vereinbarten untertariflichen Leistungen. Soweit der Arbeitnehmer auf Entgeltbestandteile verzichtet hat, erweist sich die Berechnung des Auszahlungsanspruches als unproblematisch.

Bei einem Urlaubsverzicht hat der Betroffene unter Berücksichtigung der Regelungen des § 7 BUrlG grundsätzlich einen Anspruch auf die entsprechenden Urlaubstage. Jedoch kann der Arbeitnehmer bei Beendigung des Arbeitsverhältnisses gemäß § 7 Abs. 3 BUrlG nur die Tage geltend machen, auf die er aufgrund der individualvertraglichen Vereinbarung mit dem Arbeitgeber im laufenden Jahr verzichtet hat. Endet das Arbeitsverhältnis innerhalb der ersten drei Monate eines Jahres, hat der Arbeitnehmer zudem die Möglichkeit, die verbleibenden Urlaubstage des letzten Jahres zu nehmen. Gemäß § 7 Abs. 3 S. 2, 3 BUrlG kann der Urlaubsanspruch ausnahmsweise auf das folgende Jahr übertragen werden, wenn dringende betriebliche oder in der Person des Arbeitnehmer liegende Gründe dies rechtfertigen. Den hierbei erforderlichen wichtigen Grund stellt die infolge der Nichteinhaltung der Beschäftigungsgarantie erfolgte rückwirkende Geltung des Tarifvertrages dar.[1253] Soweit der Urlaub aufgrund der Beendigung des Arbeitsverhältnisses im Regelfall nicht mehr gewährt werden kann, steht dem Arbeitnehmer als Surrogat ein Abgeltungsanspruch gemäß § 7 Abs. 4 BUrlG zu. Dieser ist allerdings an dieselben Voraussetzungen gebunden wie der Naturalurlaubsanspruch.[1254]

Damit stellt sich die Frage, was mit den tariflichen Urlaubstagen geschieht, auf die der Arbeitnehmer infolge der Vereinbarung mit dem Arbeitgeber verzichtet hat, die er aber aufgrund der Ausschlussfrist des § 7 Abs. 3 BUrlG nicht mehr in Anspruch nehmen kann. Soweit der Urlaub, den der abhängig Beschäftigte nicht genommen hatte, verfallen ist,[1255] stehen dem Arbeitnehmer gegenüber dem Arbeitgeber bereicherungsrechtliche Ansprüche gemäß § 812 Abs. 1 S. 2 Alt. 1 BGB zu. Hier hat der Unternehmer während der tariflichen Urlaubstage eine Arbeitsleistung des Arbeitnehmers erhalten, zu welcher dieser aufgrund der rückwirkenden Geltung des Tarifvertrages nicht verpflichtet gewesen wäre und

---

1253 Im Gegensatz zu den betrieblichen Gründen brauchen die in der Person des Arbeitnehmers liegenden Gründen nicht dringend sein. Es reichen bereits sachlich berechtigte Gründe aus. Vgl. *HEILMANN*, Urlaubsrecht, § 7 Rn. 20; *DERSCH / NEUMANN*, BUrlG, § 7 Rn. 83.

1254 *HEILMANN*, Urlaubsrecht, § 7 Rn. 23.

1255 Der 31.03. des Folgejahres stellt eine absolute Ausschlussfrist dar. Eine weitere Übertragung ist nicht statthaft. Die über den 31.03. hinausgehende Urlaubsübertragung stellt ein gesetzliches Verbot rechtsgeschäftlicher Urlaubsübertragung i.S.v. § 134 BGB dar. Vgl. *HEILMANN*, Urlaubsrecht, § 7 Rn. 20.

die lediglich in Hinblick auf die rechtliche Bestandskraft der individualvertraglichen Vereinbarung unentgeltlich erbracht worden ist. Mithin fehlte durch die Nichteinhaltung der Beschäftigungszusage der Rechtsgrund für die Bereicherung des Arbeitgebers. Diese umfasst die Höhe des Arbeitslohnes, die der Unternehmer dem Arbeitnehmer für die Zeit des Urlaubsverzichtes hätte zahlen müssen. Dieser Lösung steht die Ausschlussfrist des § 7 Abs. 3 BUrlG nicht entgegen. So wird z.B. dem Arbeitnehmer auch nach Ablauf der Drei-Monats-Frist des § 7 Abs. 3 BUrlG gemäß § 280 BGB ein Schadensersatzanspruch gegenüber dem Arbeitgeber eingeräumt, soweit dieser den Verfall des Urlaubsanspruchs zu vertreten hat.[1256] Insoweit bestehen Parallelen zu der untersuchten Konstellation. Auch hier hat der Arbeitgeber durch die Nichteinhaltung der Beschäftigungsgarantie und der damit rückwirkenden Geltung des Tarifvertrages den Verfall des Urlaubsanspruchs zu vertreten. Aufgrund dieser gleichen Wertung kann die Regelung des § 7 Abs. 3 BUrlG der getroffenen Lösung nicht entgegenstehen.

Ähnlich differenziert stellt sich die Sachlage bei der Vereinbarung vom Tarifvertrag abweichenden Arbeitszeitbestimmungen dar. Soweit es sich hierbei um eine Mehrarbeit handelt, ist diese nachträglich nach den entsprechenden Überstundensätzen zu vergüten. Ähnliches gilt für Arbeitszeiten, wie Sonntags- und Nachtarbeit, die generell zuschlagspflichtig sind. Diese wurden vereinbart, um eine Arbeitszeitflexibilisierung zu bekommen. Hier kann eine Rückwirkung nicht viel erreichen. Da für den Unternehmer ein optimaler Kosteneinsparungseffekt erst eintritt, wenn derartige Arbeitszeiten unter gleichzeitigem Verzicht auf die kostenintensiven Zuschläge vereinbart wurden, ist wohl davon auszugehen, dass solche Abreden die Regel sind. In diesem Falle ist die Differenz zwischen dem tarifvertraglich zugesicherten Stundenlohn und dem jeweils gezahlten zu begleichen.

E. Möglichkeit der nachträglichen Rückkehr zum Tarifvertrag

Auch wenn sich die Parteien des Arbeitsvertrages während der Laufzeit der getroffenen Vereinbarung vertragskonform verhalten haben, wird in der Literatur[1257] bei erfolgreicher Sanierung des Unternehmens vereinzelt angenommen, dass sich ein genereller Nachzahlungsanspruch des Arbeitnehmers gegenüber

---

[1256] Vgl. *BAG* v. 23.06.1992, NZA 1993, S. 360.

[1257] In bezug auf das Günstigkeitsprinzip finden sich in der Literatur hierzu bisher keine Ausführungen. Es wäre jedoch denkbar, die für einen vom Tarifvertrag abweichenden Änderungsvertrag getroffenen Kriterien und Argumentationen auf die Vereinbarung untertariflicher Leistungen über das Günstigkeitsprinzip anzuwenden. In bezug auf den Änderungsvertrag favorisiert *Mayer-Maly*, AP Nr. 4 zu § 613a BGB, Bl. 4, Nachzahlungsansprüche bei gelungener Unternehmenssanierung.

dem Arbeitgeber ergebe. Eine derartige Auslegung trägt jedoch dem Grundsatz der Vertragsfreiheit nicht ausreichend Rechnung. Es obliegt prinzipiell den Parteien des Arbeitsvertrages, solche Vereinbarungen zu treffen. Soweit dies jedoch nicht geschehen ist, kann der Arbeitnehmer keinen diesbezüglichen Anspruch herleiten. Ein derartige Lösung würde dem Zweck untertariflicher Vereinbarungen zuwiderlaufen. Zwar war das Unternehmen zunächst durch eine Senkung der Personalkosten wie gewünscht in der Lage, seine Gesamtkostenbelastung zu reduzieren. Ein Nachzahlungsanspruch nach erfolgreicher Sanierung würde jedoch zu einer enormen Erhöhung der Personalausgaben des Betriebes führen. Dieser wäre in diesem Fall sogar zweifach belastet. Einerseits geht mit dem Zeitablauf der zwischen Arbeitgeber und Arbeitnehmer getroffenen Vereinbarung automatisch eine Rückkehr zum Niveau des jetzt geltenden Tarifvertrages einher. Andererseits käme dann auch noch der mögliche Nachzahlungsanspruch hinzu. Diese erneute Kostenbelastung des Unternehmens kann und wird in vielen Fällen wiederum dazu führen, dass das gerade erfolgreich sanierte Unternehmen erneute Wettbewerbsnachteile infolge der zu tätigenden Personalaufwendungen erlangt. Dies kann jedoch auch nicht von den Arbeitnehmern gewünscht sein, da somit eine Gefährdung der bestehenden und gerade gesicherten Arbeitsplätze eintreten könnte. Wenn man diese wieder durch untertarifliche Leistungen sichern wollte, würde theoretisch ein endloser Kreislauf entstehen. Die Gewährung eines allgemeinen Nachzahlungsanspruches hat zudem den Nachteil, dass die Unternehmen einerseits keine Motivation besitzen, Arbeitsplätze in konjunkturellen Schwächephasen zu sichern, weil dies im Endeffekt zu einer verstärkten Belastung in der konjunkturell prosperierenden Phase führt. Ein allgemeiner Nachzahlungsanspruch stellt sich damit als kontraproduktiv dar und ist somit auch nach erfolgreicher Unternehmenssanierung auszuschließen.

Sechstes Kapitel

Vorteile der individualvertraglichen Abdingbarkeit tariflicher Leistungen mittels Günstigkeitsprinzip

Um sich den geänderten Rahmenbedingungen anzupassen und der Beschäftigungskrise entgegenzutreten, gibt es verschiedene Vorschläge und z.T. bereits realisierte Konzepte, die auf eine stärkere beschäftigungsorientierte und unternehmensspezifische Arbeitsmarktpolitik hinzielen.[1258] Angesichts der in Deutschland sehr häufig anzutreffenden Tarifverträge mit langer Laufzeit ergeben sich für tarifgebundene Unternehmen vor allem dann Risiken, wenn ihre betriebliche Entwicklung von den diesen langfristigen Verträgen zugrundeliegenden Prognosen negativ abweicht.[1259] Neben der Möglichkeit, durch die individualvertragliche Abdingbarkeit tariflicher Leistungen auf eine betriebliche Ausnahmesituation und den damit einhergehenden drohenden Arbeitsplatzverlust zu reagieren, sind in der Praxis drei Hauptrichtungen erkennbar, wie durch eine bessere Berücksichtigung der individuellen Belange des Unternehmens dessen Weiterbestand und damit einhergehend auch Arbeitsplätze gesichert werden sollen.

Einerseits zeichnet sich ein Wechsel der Abschlussebene, weg von den großen Verbänden hin zu kleineren, möglichst unternehmensnahen Einheiten, ab.[1260] Da die bisherige tarifpolitische Strategie der Gewerkschaften, sich an den mit Branchenführern erzielbaren Pilotabschlüssen zu orientieren und diese als Richtschnur ungeachtet aller unternehmensspezifischen Besonderheiten uniform anzuwenden, nicht mehr den gegenwärtigen Anforderungen entspricht,[1261] versucht man, die zentralen Kollektivverträge durch dezentrale Verhandlungen zu ersetzen.[1262] Insbesondere in ökonomischen Krisensituationen einzelner Unternehmen ist in letzter Zeit verstärkt zu beobachten, dass die betrieblichen Interessenvertreter oder verantwortlichen Gewerkschaftsmitglieder Vereinbarungen abschließen, sei es in Form von Firmentarifverträgen oder Betriebsvereinbarungen, die von den jeweiligen Verbandstarifverträgen nach unten abweichen.[1263] Aus-

---

1258 Vgl. zu den diversen Reformvorschlägen die detaillierte Übersicht bei *Walker*, ZTR 1997, S. 193 ff.

1259 Vgl. *Kayser et al.*, Möglichkeiten der Berücksichtigung mittelständischer Unternehmen im Rahmen der Tarifpolitik, S. 17 f.

1260 Für dezentrale Tarifverhandlungen plädieren beispielsweise: *Scholz*, DB 1987, S. 1195 f.; *Siegers*, in: Ludwig-Erhard-Stiftung (Hrsg.), Arbeitsmarkt und Beschäftigung, S. 31 ff.

1261 Vgl. *Rösner*, Wirtschaftsdienst 1994, S. 250.

1262 Vgl. *Bispinck*, WSI-Mitt. 1997, S. 556.

1263 Vgl. *Vogt Electronc Fuba GmbH* (vgl. *Dickmann*, F.A.Z. v. 13.04.2002, S. 4) und insoweit auch die Beispiele aus der *Einleitung*. Zu den Vorzügen und Problemen dezengangspunkt für dieses Handeln sind Überlegungen, wie durch eine dezentrale Regulierung die konkrete Lage in den jeweiligen Unternehmen besser berücksichtigt und somit beschäftigungskonformere Lösungen gefunden werden können.

Ein anderer Ansatz besteht darin, eine Durchbrechung der Unabdingbarkeit des Tarifvertrages durch gesetzliche oder tarifliche Öffnungsklauseln in den Verbandstarifverträgen zu gestatten. Da der Tarifvertrag gemäß § 4 Abs. 1 TVG unmittelbare und zwingende Wirkung für die Tarifparteien entfaltet, ist eine Abweichung von den generellen Regelungen der Flächentarifverträge mittels betrieblicher oder auch individueller Vereinbarungen nur bei Bestehen einer gesetzlichen oder tariflichen Öffnungsklausel[1264] bzw. über das Günstigkeitsprinzip möglich. Die Tarifparteien können dann auf eine eigene Regelung verzichten und abweichende Abmachungen auch zuungunsten der Arbeitnehmer durch Firmentarifvertrag, Betriebsvereinbarung oder Individualvertrag ermöglichen. Während eine allgemeine gesetzliche Öffnungsklausel den betrieblichen Akteuren grundsätzlich das Recht einräumt, die tarifvertraglichen Regelungen zu unterschreiten,[1265] sind tarifvertragliche Öffnungsklauseln in der Regel so ausgestaltet, dass sie den Betriebsparteien nur in bestimmten Situationen und in einem genau definierten Ausmaß gestattet, von den im übrigen verbindlichen Tarifverträgen abzuweichen.[1266]

---

traler Verhandlungs- und Vereinbarungspraxis vgl. insbesondere *BRECHT / HÖLAND*, WSI-Mitt. 2001, S. 501 ff. Um bei tarifabweichenden Vereinbarungen der Gefahr zu entgehen, dass die betroffenen Arbeitnehmer gegebenenfalls mit Unterstützung der Betriebsrats ihre tariflichen Rechte einklagen, werden von Arbeitgeberseite der Betriebsrat und die Arbeitnehmer in die Abweichung vom Tarifvertrag mit eingebunden. Der Betriebsrat insbesondere deshalb, um die Arbeitnehmer von der Sachgerechtheit der Tarifabweichung zu überzeugen. Die freiwillige Mitwirkung der Arbeitnehmer und des Betriebsrats hat zur Folge, dass die tarifwidrigen Vereinbarungen tatsächlich durchgeführt werden; wo kein Kläger - da kein Richter. Vgl. *WALKER*, ZfA 2000, S. 30, *DIETERICH*, RdA 2002, S. 6.

1264 Vgl. *ROSDÜCHER*, WSI-Mitt. 1997, S. 459.

1265 Eine gesetzliche Öffnungsklausel wurde durch die Regierung selbst für Unternehmen in Notsituationen abgelehnt. Vgl. *BUNDESREGIERUNG*, Stellungnahme der Bundesregierung zum Zehnten Hauptgutachten der Monopolkommission 1992/1993, BR-Drucks. 330/95, Rn. 55.

1266 Vgl. *ROSDÜCHER*, Arbeitsplatzsicherung durch Tarifvertrag, S. 199 f. Derartige betriebliche Bündnisse stellen den Hauptanwendungsfall von Öffnungsklauseln dar. Vgl. dazu *SEIFERT*, WSI-Mitt. 2000, S. 437 ff. In der Praxis wird eine Öffnung des Tarifvertrages bei gleichzeitiger Sicherung von Beschäftigung durch sog. Notfall- bzw. Härtefallklauseln oder Tarifverträge zur Beschäftigungssicherung vorgenommen, um auf ökonomische Krisen einzelner Unternehmen zu reagieren. Notfall- bzw. Härtefallklauseln wurden bisher verstärkt in Ostdeutschland angewandt. Vgl. z.B. die Härtefallklausel der ostdeutschen Metall- und Elektroindustrie. Tarifverträge zur Beschäftigungssicherung stellen in

Soweit eine Dezentralisierung, Differenzierung bzw. Öffnung der Tarifverträge durch die Verbände nicht erreicht wird, werden die betroffenen Arbeitnehmer und Arbeitgeber vielfach selbst aktiv, kehren dem Flächentarifvertrag unmittelbar durch Tarifflucht den Rücken.[1267] Die Möglichkeiten, sich dem Geltungsbereich des Tarifvertrages zu entziehen, sind sehr vielfältig. Sie reichen "vom klassischen Weg", dem Verbandsaustritt der Arbeitgeberseite,[1268] über den Verbandsaustritt der Arbeitnehmer, den Verbandswechsel[1269] bis hin zur Ausgründung von Arbeitsbereichen.[1270] Die Betriebspartner schließen dann vielfach durch Firmentarifverträge, Betriebsvereinbarungen oder individuelle Abreden

---

westdeutschen Tarifverträgen eine bevorzugte Öffnungsklausel dar. Vgl. *ROSDÜCHER*, Arbeitsplatzsicherung durch Tarifvertrag, S. 205; *SCHEURER*, iw-gewerkschaftsreport 1/1995, S. 102 f. Vgl. zu den unterschiedlichen Möglichkeiten, Öffnungsklauseln auszugestalten die Übersicht bei *BISPINCK*, WSI-Mitt. 1997, S. 555 f.

1267 *HENSCHE*, ArbuR 1996, S. 332, stellt zehn unterschiedliche Gestaltungsformen der Tarifflucht fest. Zu diesen zählt er u.a. auch tarifwidrige Betriebsvereinbarungen und eine erweiterte Auslegung des Günstigkeitsprinzips. Mit der aktuellen Rechtsprechung, die im Zusammenhang mit Austritten von Arbeitnehmern und Arbeitgebern steht, setzt sich *SCHAUB*, AuA 1998, S. 44 f. auseinander.

1268 Insbesondere nach 1990 stieg in ganz Deutschland die Anzahl der Unternehmen, die ihren Arbeitgeberverband verließen, deutlich an. Ursächlich dafür ist u.a. die weit vorherrschende Auffassung, dass der Verbandsaustritt das Mittel ist, um der „Fuchtel der Gewerkschaft" zu entgehen. Vgl. *BARBIER*, F.A.Z. v. 11.04.1997, S. 15. Vorherrschendes Motiv hierfür ist die Unzufriedenheit mit den Ergebnissen der Tarifverhandlungen, in welchen sich die eigenen Vorstellungen nicht widerspiegeln. Vgl. *FRETER*, Das Tarifvertragssystem in der Krise, S. 55. So werden insbesondere die mit der Einführung der 35-Stunden-Woche verbundene Kostensteigerung und Organisationsprobleme aber auch Tariflohnerhöhungen, vor allem die überproportionale Erhöhung in den unteren Lohngruppen, als Austrittsgrund genannt. Vgl. *LANGER*, Industrielle Beziehungen 1994, S. 134 f.; *FRETER*, Das Tarifvertragssystem in der Krise, S. 55.

1269 Vgl. dazu prägnant *BAUER*, NJW-Editorial zu Heft 14/2003; sowie ausführlich *BAUER / HAUßMANN*, DB 2003, S. 610 ff.; DB 1999, S. 1114 ff.

1270 Vgl. *HENSCHE*, ArbuR 1996, S. 332. Bisher hatte die Ausgründung einzelner Abteilungen und Arbeitsbereiche zu selbständigen Unternehmensformen meist andere als tarifpolitische Ziele, wie z.B. Dezentralisierung, Gewinnoptimierung, Risikostreuung, Beteiligung fremden Kapitals. Da die Ausgründung von Betriebsteilen auch die Möglichkeit bietet, in Unternehmen auf eine tarifliche Bindung zu verzichten, wird diese Variante in jüngster Zeit verstärkt genutzt. Um durch Ausgründungen der Tarifbindung zu entfliehen, müssen einerseits Betriebsteile und Abteilungen rechtlich und organisatorisch verselbständigt werden, so dass sie die Zugehörigkeit zum Stammbetrieb verlieren. Andererseits dürfen die entstandenen neuen Gesellschaften nicht Mitglied im Arbeitgeberverband werden. Während innerhalb eines Konzerns beispielsweise der Stammbetrieb weiterhin tarifgebunden ist, können durch derartige Ausgründungen um den Stammbetrieb eine Vielzahl selbständiger tarifungebundener Satellitenbetriebe entstehen. Vgl. *HENSCHE*, ArbuR 1996, S. 332. Durch diese Maßnahme ist ein großer Teil der ursprünglich tarifgebundenen Belegschaft plötzlich ohne tariflichen Schutz.

ein „betriebliches Bündnis für Arbeit“, um so eine Beschäftigungssicherung zu erreichen.

Alle aufgezeigten Varianten zielen im Ergebnis darauf hin, im Falle einer ökonomischen Notsituation, die mit einer Gefährdung des Unternehmensbestandes und von Arbeitsplätzen einhergeht, von den tariflichen Vorgaben nach unten abzuweichen bzw. ein flexibleres Reagieren auf Markterfordernisse, z.B. im Arbeitszeitbereich, zu ermöglichen. Durch die vorgeschlagenen Maßnahmen sollen infolge der Kostensenkung einerseits die Insolvenz der Betriebe bzw. eine Verlagerung der Produktion ins Ausland sowie andererseits der Verlust der Arbeitsplätze verhindert werden. In allen Fällen kann, wie bei der hier vorgeschlagenen erweiterten Günstigkeitsbetrachtung, eine Sicherung der Beschäftigung über Garantien der Arbeitgeber auf den verschiedensten Regelungsebenen erreicht werden, sei es durch Tarifvertrag, Betriebsvereinbarung oder Individualvertrag.

Welche Vorteile besitzt jedoch die Sicherung existentiell bedrohter Arbeitsplätze durch die gemäß § 4 Abs. 3 Alt. 2 TVG zulässige Vereinbarung untertariflicher Leistungen gegenüber den anderen Optionen?

A. Einfache Schaffung der notwendigen rechtlichen Voraussetzungen

Im Gegensatz zu den aufgezeigten anderen Varianten ist eine über die erweiterte Günstigkeitsbetrachtung gerechtfertigte arbeitsvertragliche Abweichung vom tariflichen Niveau, bei gleichzeitiger Kompensation durch eine befristete Beschäftigungsgarantie, die organisatorisch und rechtlich am einfachsten umzusetzende Lösung.

So sind einerseits, wie bei den Tariffluchtvarianten, kein Verlassen der Verbände bzw. keine damit evtl. einhergehenden aufwendigen Unternehmensumstrukturierungsmaßnahmen[1271] nötig. Andererseits ist bei der hier vorgeschlagenen Lösung keine gesetzliche oder tarifliche Normierung einer Öffnung des Tarifvertrages erforderlich wie dies bei den unterschiedlichen Varianten von Öffnungsklauseln der Fall ist. Statt dessen bedarf es lediglich einer entsprechenden individualvertraglichen Vereinbarung zwischen Arbeitnehmer und Arbeitgeber.

Da das Günstigkeitsprinzip das zentrale im Tarifvertragsgesetz selbst angelegte Flexibilisierungsinstrument darstellt,[1272] ist mit der Einbeziehung von Beschäfti-

---

[1271] Für eine Ausgründungen müssen die Betriebsteile und Abteilungen rechtlich und organisatorisch verselbständigt werden, so dass sie die Zugehörigkeit zum Stammbetrieb verlieren. Dies ist in der Regel mit einem nicht unerheblichen Aufwand verbunden. Vgl. *HENSCHE*, ArbuR 1996, S. 332.

[1272] Vgl. *RIEBLE*, RdA 1996, S. 155.

gungsgarantien lediglich eine Änderung der bisherigen Rechtsprechung verbunden. Die gegenwärtig herrschende Auslegung des Günstigkeitsprinzips durch die Arbeitsgerichte hat keine Stütze im Gesetz, sondern ist reines Richterrecht. Das *BAG* kann daher jederzeit durch eine Grundsatzentscheidung die Günstigkeit neu regeln.[1273] Die Rechtsprechung muss anerkennen, dass die Günstigkeitsbetrachtung subjektiv durchzuführen ist und im Rahmen des Günstigkeitsvergleichs die persönlichen Verhältnisse des jeweiligen Arbeitnehmers, insbesondere die Arbeitsplatzgefährdung, zu berücksichtigen sind. Soweit einer derartigen Auslegung des Günstigkeitsprinzips gefolgt wird, ist eine gesetzliche Neuregelung des § 4 Abs. 3 TVG nicht nötig.

Auch eine Normierung von Öffnungsklauseln ist nach einer richterrechtlichen Anerkennung der hier vorgeschlagenen Günstigkeitsbewertung nicht mehr zwingend erforderlich. Je großzügiger das Günstigkeitsprinzip gehandhabt wird, desto geringer ist der Bedarf an Öffnungsklauseln.[1274] Entsprechend liegt ein Rückgriff auf das Günstigkeitsprinzip vor allem dann nahe, wenn keine gesetzliche oder tarifliche Öffnungsklausel vorhanden ist. So können die heute existierenden Gesetze und Tarifverträge in ihrer derzeitigen Gestalt bestehen bleiben, ohne mit der erweiterten Günstigkeitsbetrachtung zu kollidieren. Trotzdem kann über die hier diskutierte Günstigkeitsbewertung eine Berücksichtigung der betrieblichen und persönlichen Situation erfolgen, wobei neben einer Flexibilisierung der Arbeitsbedingungen bei Bedarf auch eine Senkung der Personalkosten erzielt wird.

B. Schnelle zeitliche Realisierung

Ein weiterer wesentlicher Vorteil der im Gegenzug zu Beschäftigungsgarantien geschlossenen individualvertraglichen Vereinbarung untertariflicher Leistungen liegt in der schnellen Umsetzbarkeit der zwischen Arbeitgeber und Arbeitnehmer getroffenen Kostensenkungs- und Beschäftigungssicherungsmaßnahmen. So kann über das hier vorgeschlagene Günstigkeitsverständnis die angestrebte Flexibilisierung, die Kostensenkung und damit die Steigerung der Wettbewerbsfähigkeit des Unternehmens ohne zeitliche Verzögerung erreicht werden.

Darin besteht einer der entscheidenden Vorteile gegenüber den Formen der Tarifflucht. Entsprechend des Wortlautes von § 3 Abs. 1 TVG dürfte mit Ende der beiderseitigen Mitgliedschaft oder des Tarifvertrages keine Tarifbindung mehr bestehen. Da Schutz- und Befriedungsfunktion des Tarifvertrages jedoch empfindlich gestört würden, wenn sich die Normadressaten durch Aufgabe der Tarifbindung einfach der Wirkung des Tarifvertrages entziehen könnten, fingiert

---

[1273] Vgl. *Rüthers*, NJW 2003, S. 551.
[1274] *Walker*, ZfA 1996, S. 374.

§ 3 Abs. 3 TVG das Weiterbestehen des Kollektivvertrages bis zu dessen zeitlichem Ablauf. Hieran schließt sich die Nachwirkung des beendigten Tarifvertrages gemäß § 4 Abs. 5 TVG an.[1275] Aufgrund dieser Regelungen ist es dem Arbeitgeber bzw. Arbeitnehmer verwehrt, den Verbandsaustritt so schnell wie möglich wirksam werden zu lassen.

Eine schnelle Umsetzbarkeit der zwischen Arbeitgeber und Arbeitnehmer getroffenen Kostensenkungs- und Beschäftigungssicherungsmaßnahmen ist jedoch sehr wichtig, da die Wettbewerber bei Erkennen der wirtschaftlichen Schwäche des Unternehmens durch Maßnahmen, die eine ausreichende Kapitaldecke erfordern, die Entscheidung am Markt suchen und so die Existenz des Unternehmens noch zusätzlich gefährden.[1276] Aufgrund der trotz Verbandsaustritt fingierten Weitergeltung des Tarifvertrages und dessen Nachwirkung kann die durch die Tarifflucht beabsichtigte Flexibilisierung und Steigerung der Wettbewerbsfähigkeit für das Unternehmen häufig nicht rechtzeitig erfolgen. Durch den verschärften Wettbewerb, immer kürzere Produktionszyklen und die gestiegene Dynamik des technischen Wandels sind jedoch gerade bei wirtschaftlichen Unternehmenskrisen schnelle Entscheidungen und Maßnahmen zur Rettung des Betriebes und der jeweiligen Arbeitsplätze notwendig. Über das Günstigkeitsprinzip ist es möglich, unmittelbar nach Feststellung einer betrieblichen Ausnahmesituation mit den Arbeitnehmern des gefährdeten Unternehmens Vereinbarungen zur Senkung der Arbeitskosten bzw. besseren Auslastung der Produktionsmittel zu treffen. Da bei Einhaltung der gesetzlichen Arbeitnehmerschutzvorschriften keine anderweitigen rechtlichen Hindernisse, die gegen eine sofortige Umsetzung der vertraglichen Abreden sprechen, ersichtlich sind, könnten die auf die Interessen des Unternehmens abgestimmten Kostensenkungs- und Sanierungsmaßnahmen unmittelbar eingeleitet werden. Durch die Koppelung des Verzichts auf tarifliche Leistungen an eine befristete Beschäftigungsgarantie wird zudem auch die Interessenlage der Arbeitnehmer berücksichtigt.

Eine ähnlich schnelle Reaktion auf die spezifische Unternehmenssituation erfolgt nur bei Öffnungsklauseln, die im Falle der Unternehmensgefährdung einen Lohnverzicht u.ä. vorsehen. Öffnungsklauseln haben hierbei jedoch den Nachteil, dass die Abweichung von den tariflichen Standards häufig erst durch Betriebsvereinbarungen geregelt werden muss. Die Einschaltung des Betriebsrates und das Einholen der Meinung eines großen Teils der Belegschaft kann unter Umständen eine schnelle Einigung mit dem Arbeitgeber verzögern. Weiterhin kann sich in diesem Zusammenhang nachteilig auswirken, dass bei Öffnungsklauseln an eine negative Abweichung vom Tarifvertrag sehr strenge Anforde-

---

1275 Ausführlich mit der Frage der Nachwirkung des Tarifvertrages bei Verbandsaustritt und Verbandswechsel beschäftigt sich *Gerhards*, BB 1997, S. 362 ff.

1276 Vgl. *Hümmerich*, NZA 1996, S. 1292.

rungen geknüpft werden, sei es bzgl. des Vorliegens eines derartigen Ausnahmezustandes oder auch bzgl. des Feststellungsverfahrens.[1277] So besteht die Möglichkeit, dass sich trotz einer bereits bestehenden Unternehmensgefährdung durch die Einschaltung verschiedener Instanzen, wie Betriebsrat, unabhängige Schiedsstelle bzw. zentrale Gewerkschaftsführung und eines nochmaligen Prüfungsrechts derselben die Anerkennung einer Ausnahmesituation über einen längeren Zeitraum hinzieht. In derartigen Fällen können der betriebswirtschaftlich optimalste Zeitpunkt zur Unternehmenssanierung und die rechtliche Anerkennung einer entsprechenden Ausnahmesituation so weit auseinanderliegen, dass dadurch die Chancen zur Rettung des Betriebes weiter sinken bzw. die Unternehmenserneuerung im Extremfall aufgrund der späten Entscheidung sogar scheitert.

Dieser Nachteil von starren Öffnungsklauseln kann auch über die hier vorgeschlagene Günstigkeitsbewertung nur dann egalisiert werden, wenn die Voraussetzungen für das Vorliegen des Ausnahmezustandes, sprich der Unternehmensgefährdung, nicht zu eng gefasst werden,[1278] so dass aufgrund rechtzeitig eingeleiteter Kostensenkungs- und Sanierungsmaßnahmen eine positive Aussicht auf Rettung des Unternehmens und der dazugehörigen Arbeitsplätze besteht.

C. Anwendbarkeit in allen tarifgebundenen Unternehmen

Da sich auch bei den Gewerkschaften verstärkt die Erkenntnis durchsetzt, dass ein starres Festhalten an tariflichen Standards bei kostenbedingten Unternehmenskrisen für die Bekämpfung der Arbeitslosigkeit kontraproduktiv sein kann, werden zunehmend Ausnahmetatbestände geschaffen. Durch diese sollen, ähnlich wie bei der hier vorgeschlagenen Günstigkeitsbetrachtung, vorübergehend untertarifliche Leistungen möglich sein, um im Gegenzug bestehende Arbeitsplätze zu sichern oder auch neue zu schaffen. Es ist jedoch zu berücksichtigen, dass bisher erst für einige wenige Branchen derartige Tarifverträge zur Beschäftigungssicherung[1279] bzw. tarifliche Öffnungsklauseln für wirtschaftliche Notsi-

---

[1277] Beispielhaft ist hier die Härtefallklausel in der ostdeutschen Metall- und Elektroindustrie. Bei dieser wurden die Bedingungen für einen Notfall so eng geknüpft, dass lediglich ein sehr geringer Teil der antragstellenden Unternehmen diese Voraussetzungen erfüllten. Vgl. *BREMKAMP*, Die Flexibilisierung des deutschen Tarifvertragssystems, S. 200; *F.A.Z.* v. 11.02.1997, S. 13.

[1278] Auf die Problematik, unter welchen Voraussetzungen über das Günstigkeitsprinzip von den tariflichen Standards abgewichen werden darf, wurde im *5. KAPITEL B-C* ausführlich eingegangen.

[1279] Vgl. die Übersicht bei *SCHEURER*, iw-gewerkschaftsreport 1/1995, S. 102 f. Die Anzahl der aufgeführten Regelungen täuscht. Zwar verfolgen alle das Ziel einer Beschäftigungssicherung, eine solche wird jedoch in den seltensten Fällen tarifvertraglich garantiert.

tuationen bestehen.[1280] Über die hier diskutierte Günstigkeitsbetrachtung kann neben der für den Arbeitgeber entscheidenden Kostensenkung auch eine Sicherung von Arbeitsplätzen, unabhängig vom Bestehen derartiger kollektiver Vereinbarungen, gewährleistet werden. Damit stellt das Gewähren von Beschäftigungsgarantien im Gegenzug zur individuellen Vereinbarung untertariflicher Leistungen eine geeignete Möglichkeit dar, im Falle der Existenzbedrohung von Unternehmen Sofortmaßnahmen zur Kostensenkung zu treffen. Dies ist auch dann der Fall, wenn die Gewerkschaften eine derartige Ausnahmesituation noch nicht in ihre Tarifverträge aufgenommen haben, dies jedoch beabsichtigen. Auf das Günstigkeitsprinzip kann in der hier vorgeschlagenen Form aber auch zurückgegriffen werden, wenn die Kollektivverbände einen solchen Ausnahmetatbestand nicht tarifvertraglich festhalten wollen. Entsprechend ist der Weg über das Günstigkeitsprinzip in allen tarifgebundenen Unternehmen anwendbar.

Gegenüber Klauseln, die eine Öffnung des Tarifvertrages zu Gunsten von Betriebsvereinbarungen enthalten, hat die erweiterte Günstigkeitsbewertung einen zusätzlichen Vorteil. Da die entsprechenden Vereinbarungen direkt mit den Arbeitnehmern abgeschlossen werden, kann auf das Günstigkeitsprinzip auch in Unternehmen ohne eigenen Betriebsrat zurückgegriffen werden. Derartige Öffnungsklauseln können jedoch nur in Betrieben mit eigenem Betriebsrat angewendet werden, so dass weite Bereiche von vornherein von deren Inanspruchnahme ausgeschlossen sind.[1281] Da gemäß § 1 iVm. §§ 5, 118 BetrVG nicht nur in Betrieben mit weniger als fünf Arbeitnehmern, sondern u.a. auch in karitativen bzw. erzieherischen Einrichtungen und in vielen betriebsratsfähigen kleinen und mittleren Unternehmen kein Betriebsrat existiert,[1282] wäre eine Anwendung solcher Öffnungsklauseln stark eingeschränkt. Intention einer derartigen Öffnungsklausel ist es, vor allem auch kleineren und mittleren Betrieben eine Abweichung von unangemessenen Tarifnormen zu ermöglichen und so den Bestand des Betriebes und der Arbeitsplätze zu sichern. Um dieses Ziel zu erreichen, müssten in einem Großteil dieser Unternehmen erst einmal Betriebsräte gegründet werden.[1283] Da dies jedoch mit einem nicht unerheblichen zeitlichen und organisatorischen Aufwand verbunden ist, kann eine derartige Variante weder dem Willen des Gesetzgebers noch dem des Unternehmers an einer schnellen Umsetzung kostensenkender Maßnahmen entsprechen. Im Gegensatz zur Möglichkeit der Tariföffnung zu Gunsten von Betriebsvereinbarungen kann mit Hilfe der hier vorgeschlagenen Günstigkeitsbewertung nicht nur eine genaue

1280 Vgl. die Übersicht bei *BISPINCK*, WSI-Mitt. 1997, S. 555 f.

1281 Vgl. *ROSDÜCHER*, WSI-Mitt. 1997, S. 201.

1282 So hat eine Umfrage des IAB ergeben, dass 1993 nur in 68% der Betriebe mit 50-499 Beschäftigten über einen Betriebsrat verfügten. Vgl. *MÜLLER-JENTSCH*, MITBESTIMMUNG 10/1996, S. 43.

1283 So treffend *ROSDÜCHER*, Arbeitsplatzsicherung durch Tarifvertrag, S. 202.

Berücksichtigung der Lage der Arbeitnehmer und Arbeitgeber, sondern auch eine Sicherung von Arbeitsplätzen unabhängig von der Existenz eines Betriebsrates in allen Unternehmen vorgenommen werden.

Die generelle Anwendbarkeit des Günstigkeitsprinzips in allen Unternehmen, unabhängig von deren Größe und Branchenzugehörigkeit, ist ein entscheidender Vorteil gegenüber den meisten Öffnungsklauseln. So kann der Erhalt von Arbeitsplätzen durch individuelle Vereinbarung zwischen Arbeitnehmer und Arbeitgeber aufgrund der hier vorgeschlagenen Einbeziehung von Beschäftigungsgarantien in den Günstigkeitsvergleich in allen Unternehmen, unabhängig von Größe und Branche, vorgenommen werden.

D. Beibehaltung des tariflichen Schutzes

Die individualvertragliche Vereinbarung untertariflicher Leistungen über eine erweiterte Günstigkeitsbetrachtung bietet die Möglichkeit, stets die konkrete betriebliche Situation des Unternehmens und der Arbeitnehmer zu berücksichtigen, ohne gleichzeitig auf die Vorzüge von Tarifverträgen[1284] verzichten zu müssen. Hierin besteht ein weiter wesentlicher Vorteil gegenüber den Tariffluchtvarianten.

Eine Flucht aus dem Tarifvertrag ermöglicht es den Unternehmen und Arbeitnehmern, nach Ablauf der tarifvertraglichen Nachwirkung vom Tarifvertrag abweichende Vereinbarungen abzuschließen. Wenn jedoch die Tarifflucht weiter anhält, besteht die Gefahr, dass sich die für die Durchsetzung des Tarifkartells erforderliche Breitenwirkung nicht mehr erzielen lässt[1285] und dann das Tarifvertragssystem leer läuft. Entsprechend kann insbesondere aus gewerkschaftlicher Sicht eine Tarifflucht nicht als geeignetes Mittel angesehen werden, um auf die bestehenden Probleme zu reagieren. Notwendig ist eine Regelung unter dem Dach des Tarifvertrages.

So ist nach einer Tarifflucht eine Regelung der Arbeitsbedingungen entweder durch individuelle Vereinbarung oder aber durch Firmentarifverträge nötig. In beiden Fällen fehlt es der Arbeitgeber- als auch Arbeitnehmerseite an Unterstützung durch die kollektiven Verbände. Durch die Tarifflucht wird jedoch der Schutzbereich des Tarifvertrages verlassen, so dass Arbeitgeber und Arbeitnehmer im freien Spiel der Kräfte Arbeitsbedingungen aushandeln.

Die hier vorgeschlagene Variante über das Günstigkeitsprinzip hat den Vorteil, dass auch dem Arbeitnehmer Dispositionsmöglichkeiten zur Verfügung gestellt

---

1284 Vgl. dazu die Ausführungen im *1. KAPITEL B I.*

1285 Vgl. *BUCHNER*, DB 1996 Beilage, S. 4.

werden, ohne dass er dabei des Tarifschutzes verlustig geht.[1286] So können in wirtschaftlich gefährdeten Unternehmen für die Arbeitgeber flexiblere und kostengünstigere Produktionsbedingungen durchgesetzt und gleichzeitig für den Arbeitnehmer ein höheres Maß an Beschäftigungssicherheit geboten werden. Aufgrund weiterhin bestehender beidseitiger Verbandsmitgliedschaft wird dem Arbeitnehmer über die gesetzlichen Bestimmungen hinausgehend tariflicher Schutz gewährt. Dieser verzichtet lediglich auf diejenigen tariflichen Leistungen und Schutzbestimmungen, die er entsprechend seiner persönlichen Präferenzen für entbehrlich hält.

E. Exakte Berücksichtigung der individuellen Belange des Unternehmens und der Arbeitnehmer

Während bei Öffnungsklauseln der Entscheidungsspielraum für eine Absenkung der tariflichen Leistungen häufig recht eng gezogen ist,[1287] ermöglicht der Weg über das Günstigkeitsprinzip eine genaue Berücksichtigung der individuellen Belange des Unternehmens, aber auch der Arbeitnehmer. So ist zwischen den Parteien des Arbeitsvertrages entsprechend deren Bedürfnissen frei aushandelbar, wie weit und auf welche tarifliche Positionen verzichtet wird. Gleichzeitig unterliegt aber auch die Kompensationsleistung, sprich die Dauer der Beschäftigungsgarantie, der privatautonomen Vereinbarung. Ein Abweichen vom Tarifvertrag ist innerhalb genau festgelegter Grenzen zulässig.[1288] Durch diese Variante kann eine optimale Berücksichtigung der Kostenlage des Unternehmens erfolgen und gleichzeitig entsprechend den unternehmerischen Bedürfnissen eine Sanierung des Betriebes eingeleitet werden.

Der hier vorgeschlagene Weg über § 4 Abs. 3 Alt. 2 TVG hat jedoch nicht nur einseitige Vorteile für den Arbeitgeber. So erfolgt durch die subjektive Beurteilung eine genaue Berücksichtigung der Bedürfnisse und der Lage des jeweiligen Arbeitnehmers. Jeder abhängig Beschäftigte besitzt aufgrund individueller Unterschiede, wie beispielsweise seiner familiären bzw. finanziellen Lage, seines Alters, der Berufsbildung und der vorhandenen Mobilität andere Arbeitsmarktchancen. Deren Einschätzung, wie auch sonstige persönliche Präferenzen, können ebenfalls bei der individualvertraglichen Vereinbarung berücksichtigt werden. Da eine Kostensenkung auf der Unternehmensseite nicht nur über eine direkte Senkung der Lohnkosten, sondern beispielsweise auch über eine bessere Auslastung der Produktionsanlagen durch längere und flexiblere Produktionszeiten erreicht werden kann, muss der Arbeitnehmer nicht zwingend auf Bestand-

---

[1286] So zutreffend *BUCHNER*, DB 1996 Beilage, S. 14.
[1287] Vgl. dazu die Übersicht bei *BISPINCK*, WSI-Mitt. 1997, S. 555 f.
[1288] Vgl. dazu *5. KAPITEL B-C*.

teile seines Lohnes verzichten. So kann es für ihn entsprechend seiner individuellen Bedürfnisse unter Umständen günstiger sein, am Wochenende oder nachts zu arbeiten, anstatt eine untertarifliche Entlohnung zu vereinbaren. Es steht dem Arbeitnehmer letztlich frei, ein in der Regel von der Arbeitgeberseite kommendes Angebot anzunehmen, entsprechend seiner individuellen Anforderungen abzuändern oder aber auch zu den bestehenden Konditionen weiterzuarbeiten. Da bei einer realen Unternehmensgefährdung in letzterem Falle das Risiko einer betriebsbedingten Kündigung besteht,[1289] ist davon auszugehen, dass von dieser Möglichkeit nur Arbeitnehmer Gebrauch machen, die sich gute Chancen auf dem Arbeitsmarkt ausrechnen.

Gerade in der genauen Berücksichtigung der individuellen Belange der abhängig Beschäftigten besteht der große Vorteil der Anwendung des Günstigkeitsprinzips gegenüber den meisten Öffnungsklauseln, bei denen der überwiegende Teil eine Lockerung der zwingenden Wirkung des Tarifvertrages durch abweichende Betriebsvereinbarungen vorsieht. Eine derartige Öffnung des Tarifvertrages hat jedoch den Nachteil, dass die zwischen Arbeitgeber und Betriebsrat getroffenen Abreden für die gesamte Belegschaft bindend sind. Entsprechend können hier lediglich die kollektiven Interessen der Gesamtbelegschaft, nicht aber die spezifischen individuellen Bedürfnisse der Arbeitnehmer berücksichtigt werden. Zudem sind die bisher vereinbarten Öffnungsklauseln sehr eng gefasst. So enthalten sie meist eine oder maximal zwei Optionsmöglichkeiten und darüber hinaus eine genaue Festlegung, wie weit im Höchstfall von den tariflichen Leistungen abgewichen werden kann.[1290] Der Handlungsspielraum für den Arbeitgeber ist damit ebenso wie die Wahlmöglichkeit der Arbeitnehmer stark eingeschränkt. Hier geht die Lösung über das Günstigkeitsprinzip weiter. Dem Unternehmer kommt es in erster Linie auf eine Senkung seiner Produktionskosten an. Um seinem Betrieb eine bessere Wettbewerbsposition zu verschaffen, wird der Arbeitgeber ein Sanierungsprogramm ausarbeiten, das die verschiedenen Kostensenkungsmaßnahmen vereint. Im Rahmen dieser ist es ihm im Regelfall gleich, auf welche tarifliche Leistungen der Arbeitnehmer verzichtet. Der Weg über § 4 Abs. 3 Alt. 2 TVG bietet im Idealfall die Möglichkeit, über den engen Spielraum tariflicher Öffnungsklauseln hinaus, eine den Bedürfnissen des Arbeitnehmers und Arbeitgebers optimal angepasste Regelung zu treffen.

Ähnlich wie bei den Öffnungsklauseln verhält es sich bei dezentralen Tarifvereinbarungen. Wenngleich durch diese eine betriebsnähere Tarifpolitik erreicht

---

[1289] Da nach der hier vorgeschlagenen Günstigkeitsbeurteilung eine Vereinbarung untertariflicher Leistung nur bei einer Gefährdung der Existenz des Unternehmens bzw. des Arbeitsplatzes vorgenommen werden kann, ist davon auszugehen, dass die Voraussetzungen für eine betriebsbedingte Kündigung vorliegen.

[1290] Vgl. dazu die Übersicht bei *BISPINCK*, WSI-Mitt. 1997, S. 555 f.

wird, kann aufgrund der trotzdem bestehenden Generalisierung der Arbeitsbedingungen die Berücksichtigung der Interessen der Unternehmensleitung und der Arbeitnehmer nicht so differenziert erfolgen, wie dies bei den durch das Günstigkeitsprinzip gerechtfertigten individualvertraglichen Vereinbarungen der Fall ist. Die Abrede zwischen Arbeitnehmer und Arbeitgeber ist die ideale Möglichkeit, die vielfältigen Interessen beider Vertragsparteien zu berücksichtigen und in Konsens zu bringen. Hier liegt die Stärke der individualvertraglichen Vereinbarung untertariflicher Leistungen über das Günstigkeitsprinzip. Letzteres ist ein Instrument, das trotz bestehender Tarifbindung den individuellen gegenüber den kollektiven Interessen wieder mehr Gewicht einräumt.

F. Schnelle Reaktionsmöglichkeit auf geänderte Rahmenbedingungen

Fernerhin sprechen für die Anwendung der erweiterten Günstigkeitsbetrachtung die schnellen und flexiblen Reaktionsmöglichkeiten auf die ständig wechselnden Rahmenbedingungen.

So kann durch die subjektive Ausrichtung der Günstigkeitsbetrachtung bei veränderten wirtschaftlichen oder persönlichen Voraussetzung die Einschätzung dessen, was für den Arbeitnehmer günstiger ist, anders ausfallen als zuvor. Wenn beispielsweise nach einer wirtschaftlichen Konsolidierungsphase die Marktposition des Arbeitnehmers aufgrund gestiegener Nachfrage stärker ist als vorher, wird dessen Bereitschaft, auf tarifliche Leistungen zu verzichten, entsprechend geringer sein. In diesem Fall beabsichtigt der abhängig Beschäftigte sicherlich, zu den Konditionen des Tarifvertrages zurückzukehren. Da bei der hier vorgeschlagene Interpretation des Günstigkeitsprinzips eine vorzeitige Rückkehr zum Tarifvertrag bzw. eine Vertragsanpassung unter bestimmten Umständen möglich ist, kann über diese Variante schnell auf veränderte persönliche Präferenzen reagiert werden.[1291] Zudem besteht bei einer positiven konjunkturellen und wirtschaftlichen Entwicklung und Konsolidierung des Unternehmens auch seitens des Arbeitgebers möglicherweise die Bereitschaft, noch vor dem zeitlichen Auslaufen der Änderungsverträge, seine Belegschaft wieder zu den ursprünglichen tariflichen Konditionen zu beschäftigen.[1292] Hier ist ebenfalls lediglich eine Modifikation der mit dem Arbeitnehmer getroffenen Abrede nötig.

[1291] Unter welchen Voraussetzungen eine solche Rückkehr zum Tarifvertrag möglich ist, und wie diese rechtlich vorzunehmen ist, wurde ausführlich im *5. Kapitel* erläutert.

[1292] Das Vorliegen einer betrieblichen Ausnahmesituation ermöglicht dem Arbeitgeber über die hier vorgeschlagene Günstigkeitsbetrachtung eine Absenkung der Kosten. Diesem wirtschaftlich positiven Effekt stehen durch das Eingeständnis einer Unternehmenskrise in der Regel auch weitreichende negative Auswirkungen gegenüber. So ist häufig das

Neben der Rückkehr zum Tarifvertrag existiert fernerhin die Option, sich weiter verschlechternden Rahmenbedingungen, sei es für den Unternehmer als auch den Arbeitnehmer, anzupassen. Dies ist insbesondere dann der Fall, wenn zum Zeitpunkt der negativen Abweichung vom tariflichen Niveau, der Kostensenkungsbedarf für eine erfolgreiche Sanierung und langfristige Sicherung der Arbeitsplätze nicht so hoch eingeschätzt wurde und entsprechend durch die Arbeitnehmer lediglich geringe Abstriche bei tariflichen Leistungen vorgenommen wurden. Soweit sich die wirtschaftlichen Rahmenbedingungen danach jedoch weiter verschlechtern, kann eine weitere Kostenanpassung durch das Unternehmen nötig sein. Aufgrund der hier entwickelten Lösung wäre es möglich, durch eine neue, die alte ersetzende, vertragliche Absprache über das bisherige Niveau hinaus, auf tarifliche Standards zu verzichten. Im Gegenzug müsste es dann auch zu einer Anpassung der bisherigen Kompensationsleistung des Arbeitgebers kommen. Die Möglichkeit der nachträglichen Verschlechterung gegenüber der ersten untertariflichen Abrede ist jedoch nicht nur auf eine weitere Verschlechterung der Lage des Unternehmens beschränkt. Eine solche Vereinbarung kann vielmehr auch vorgenommen werden, wenn sich die Situation des Arbeitnehmers objektiv verschlechtert bzw. seine Einschätzung derselben ändert. Die Gründe hierfür können sehr vielgestaltig sein. So kann sich beispielsweise die Arbeitsmarktlage bzw. die finanzielle Situation ungünstig entwickeln. Auch können andere gravierende Veränderungen auftreten. In diesen Fällen besteht die Möglichkeit, dass der Arbeitnehmer entgegen seiner ursprünglichen Einschätzung eine Beschäftigungsgarantie höher gewichtet als bisher. In einer derartigen Situation ist in Übereinstimmung mit dem Arbeitgeber ein weitgehender Verzicht auf tarifliche Leistungen bei gleichzeitiger Verlängerung der Beschäftigungsgarantie möglich.

Die hier diskutierte Interpretation des Günstigkeitsprinzips stellt damit eine Möglichkeit dar, besonders schnell auf Veränderungen der individuellen Situation bzw. der wirtschaftlichen Lage zu reagieren.

Vertrauen von Geschäftspartnern, seien es Lieferanten, Kunden oder auch Kreditinstitute, erschüttert. Es wird den existenzgefährdeten Unternehmen schwer fallen, neue Kunden zu gewinnen, denn diese müssen bei einem Fehlschlagen der Sanierung mit der Insolvenz des Unternehmens und damit dem Nichteinhalten der Verträge rechnen. Fernerhin besteht die Möglichkeit, dass hochqualifizierte Arbeitskräfte bzw. solche mit guten Arbeitsmarktchancen nicht bereit sind, auf tarifliche Leistungen zu verzichten und statt dessen zu konkurrierenden Unternehmen wechseln. Vgl. dazu ausführlich *5. KAPITEL B II 1 a) (7) (a)*.

G. Kostenvorteil

Ein weiterer Vorteil der individualvertraglichen Vereinbarung untertariflicher Arbeitsbedingungen nach dem Günstigkeitsprinzip besteht darin, dass hier keine hohen Kosten für neue Unternehmensstrukturen entstehen. Hier liegt ein weiterer entscheidender Vorteil gegenüber der Möglichkeit der Ausgründung von Arbeitsbereichen und des Verbandswechsels. Soweit bei dem betroffenen Unternehmen die Gründe für einen Verbandswechsel nicht vorliegen und erst bewusst herbeigeführt werden müssen, bedarf es in der Regel aufwendiger Vorleistungen, die kurz- und mittelfristig kaum zu einer Gesamtkostenentlastung des Unternehmens führen dürften.[1293] Auch die Ausgründung von Unternehmensteilen verspricht erst mittel- oder langfristig eine Kosteneinsparung, weil mit der organisatorischen und rechtlichen Verselbständigung zunächst ein hoher Kostenaufwand einhergeht.

Nachteilig macht sich in diesem Zusammenhang jedoch bemerkbar, dass ein Teil der durch das Unternehmen eingesparten Kosten durch erhöhte Transaktionskosten egalisiert wird.[1294] Infolge der individuellen Vereinbarung zwischen den einzelnen Arbeitnehmern und dem Arbeitgeber steigen die Aufwendungen für den Abschluss und die Überwachung der geänderten Arbeitsverträge.[1295] Während durch die generalisierten und standardisierten Bedingungen des Tarifvertrages für die Unternehmen bei Abschluss des Arbeitsvertrages ein Transaktionskostenvorteil entsteht, entfällt dieser hier. Die international zu beobachtende Verlagerung von zentralen zu dezentralen Lohnverhandlungen spricht jedoch dafür, dass die unter Berücksichtigung der einzelwirtschaftlichen Notwendigkeit erzielten Ergebnisse für den Arbeitgeber ein effizientes Arrangement bedeuten.[1296] Soweit ein Unternehmen die Möglichkeit der individualvertraglichen Abweichung von tariflichen Bedingungen in Anspruch nimmt, ist davon auszugehen, dass die erreichte bzw. beabsichtigte Reduzierung der Arbeitskosten gegenüber den erhöhten Transaktionskosten überwiegt.

1293 So auch *BREMKAMP*, Die Flexibilisierung des deutschen Tarifvertragssystems, S. 92.

1294 So im Ergebnis auch *ROSDÜCHER*, Arbeitsplatzsicherung durch Tarifvertrag, S. 213 Fn. 53.

1295 *KEMPEN*, Diskussion zum 61. DJT, in: Ständige Deputation des Deutschen Juristentages (Hrsg.), Verhandlungen des einundsechzigsten Deutschen Juristentages Karlsruhe 1996, Bd. II/2, K 104, sieht die hohen Transaktionskosten als Grund dafür an, dass die Betriebe auf maßgeschneiderte Regelungen verzichten und statt dessen auf tarifliche Regelungen zurückgreifen.

1296 Vgl. *FRETER*, Das Tarifvertragssystem in der Krise, S. 6.

H. Zwischenfazit

Auch wenn die hier diskutierte Auslegung des Günstigkeitsprinzips nicht in allen angesprochenen Bereichen die optimalste Lösung darstellt, so zeichnet sie sich insgesamt durch ihre Ausgewogenheit aus. In der Gesamtbetrachtung sind jedoch gegenüber fast allen alternativ in Betracht gezogenen Optionen deutliche Vorteile zu erkennen. Ihr besonderer Pluspunkt besteht darin, dass sie ein sehr schnelles flexibles Reagieren auf veränderte Rahmenbedingungen und Bedürfnisse ermöglicht und innerhalb einer großen Spannbreite[1297] die Vorteile der Privat- und Tarifautonomie vereint. Darüber hinaus besteht ein wesentlicher Vorzug der hier vorgeschlagenen Lösung darin, dass durch sie einerseits eine kurzfristige Kostenreduktion erzielt und andererseits mittelfristig orientierte produktionssteigernde sowie flexibilitätsfördernde betriebliche Restrukturierungsmaßnahmen erreicht werden. Auch wenn bisher die tarifliche Öffnung für „verschlechternde" arbeitsvertragliche Abmachungen in der Praxis keine signifikante Rolle spielt,[1298] so bietet die individualvertragliche Abdingbarkeit tariflicher Leistungen, bei gleichzeitig eingeräumter Arbeitsplatzgarantie, die schnell rechtlich und praktisch umzusetzende Möglichkeit, um unter Beibehaltung des tariflichen Schutzes auf die spezifische Situation des Unternehmens und des einzelnen Arbeitnehmers flexibel zu reagieren.

[1297] Vgl. dazu ausführlich *5. Kapitel C.*

[1298] So *Kempen/Zachert*, TVG, § 4 Rn. 160.

Zusammenfassung

Tarifgebundene Arbeitnehmer treffen keine tarifwidrigen Absprachen, wenn sie in wirtschaftlichen Ausnahmesituationen des Unternehmens und einer damit einhergehenden Gefährdung von Arbeitsplätzen individualvertraglich untertarifliche Leistungen im Gegenzug zu Arbeitsplatzgarantien vereinbaren. In einem derartigen Fall nutzen sie lediglich das in § 4 Abs. 3 Alt. 2 TVG normierte Günstigkeitsprinzip.

Die Entwicklungsgeschichte des Günstigkeitsprinzips zeigt, dass dieses bereits vor der ersten gesetzlichen Normierung in der TVVO ein wichtiges Instrument zur Förderung und Sicherung der wirtschaftlichen und sozialen Freiheit des einzelnen Arbeitnehmers darstellte. § 4 Abs. 3 Alt. 2 TVG schützt den tarifgebundenen abhängig Beschäftigten vor einer Bevormundung durch die Tarifvertragsparteien. Diese Norm stellt im Arbeitsrecht die entscheidende Schnittstelle zwischen Tarif- und Privatautonomie dar. Aufgrund der subjektiven Ausrichtung des Günstigkeitsprinzips ist es dem tarifgebundenen Arbeitnehmer möglich, durch vertragliche Vereinbarung mit seinem Arbeitgeber von den kollektivvertraglichen Regelungen abweichende individuelle Sonderinteressen zu realisieren. Im Hinblick auf die Zulässigkeit untertariflicher Vereinbarungen erfolgt im Rahmen des Sachgruppenvergleiches eine Gegenüberstellung des Arbeitsverhältnisses mit tariflichen und untertariflichen Konditionen und eine Beurteilung aus Sicht des betroffenen Arbeitnehmers. Je nach individueller Situation wird die Entscheidung zu Gunsten der tariflichen bzw. individualvertraglichen Vereinbarung ausfallen.

Eine untertarifliche Abrede kann jedoch lediglich dann als rechtlich günstiger qualifiziert werden, wenn sie einerseits eine Beschäftigungsgarantie als Kompensation für den Verzicht auf tarifliche Leistungen enthält und andererseits der Bestand des Arbeitsplatzes im Unternehmen gefährdet ist. Nur in diesem Fall ist die Sicherung des Arbeitsplatzes keine vage Hoffnung mehr, sondern durch den Arbeitgeber justitiabel zugesichert und stellt damit eine Besserstellung des Arbeitnehmers gegenüber dem gesetzlichen Kündigungsschutz dar. Somit ist die individualvertragliche Absenkung tariflicher Standards nur in Ausnahmesituationen, den betrieblichen Notfällen und der beabsichtigten Betriebsverlagerung, möglich. Diese betrieblichen Ausnahmetatbestände lassen sich aufgrund ihrer vielfältigen Ausgestaltungen nicht abschließend definieren. Es muss jedoch zum Zeitpunkt der individualvertraglichen Vereinbarung eine hinreichend konkrete, zeitlich adäquate Bedrohung des Arbeitsplatzes durch eine betriebliche Krise oder die geplante Standortverlagerung ins Ausland vorliegen. Der Verlust des Arbeitsplatzes kann aber durch die mittels der untertariflichen Vereinbarungen erzielten Kosteneinsparungen verhindert werden. Gleichzeitig muss ein betriebswirtschaftlich überprüfbares Sanierungskonzept erstellt werden. Wann objektiv die Voraussetzungen für einen derartigen Ausnahmetatbestand vorliegen, ist durch die betroffenen Arbeitnehmer unter Hinzuziehung eines Sachverständigen und in Zusammenarbeit mit dem Arbeitgeber zu bestimmen. Die entsprechenden Ausnahmetatbestandsvoraussetzungen unterliegen ebenso wie die Feststellung dringender betrieblicher Erfordernisse i.S. von § 1 KSchG bzw. die Möglichkeit wesentlicher Nachteile i.S. des § 111 Abs. 1 BetrVG einer gerichtlichen Missbrauchskontrolle und sind daher justitiabel.

Während der Laufzeit der individualvertraglichen Vereinbarung sind beide Vertragspartner an die getroffene Absprache gebunden. Bei einer nachträglichen Verschiebung der Präferenzen des Arbeitnehmers kann dieser mittels Ausübung seines Teilkündigungsrechts zu den tariflichen Bedingungen zurückkehren. Eine Grenze für die maximal zulässige Abweichung vom tariflichen Niveau wird erst durch arbeits- und sozialrechtliche Schutzgesetze gezogen, die somit unabdingbare Mindeststandards normieren. Innerhalb dieses Bereiches obliegt es der Entscheidung des einzelnen Arbeitnehmers, inwieweit er die tariflichen Leistungen reduziert. Gegenüber anderen im Zusammenhang mit der Arbeitsplatzgefährdung diskutierten Optionen hat der Rückgriff auf das Günstigkeitsprinzip neben dem Kosten- und Zeiteffekt den entscheidenden Vorteil, dass hierbei im Regelfall eine Lösung gefunden wird, die optimal auf die individuellen Bedürfnisse der Vertragsparteien abgestimmt ist.

Die Notwendigkeit einer Neubewertung der Günstigkeit resultiert aus den unzureichenden Reaktionen der Tarifpolitik auf die bestehenden wirtschaftlichen Rahmenbedingungen, der gravierenden Veränderung des Verhältnisses zwischen Arbeitnehmer und Arbeitgeber und der zunehmenden Individualisierung der Arbeitswelt. Die Vorteile der Tarifautonomie sind unbestritten. Sie hat einen großen Anteil am wirtschaftlichen und sozialen Aufschwung Deutschlands nach Beendigung des Zweiten Weltkrieges. Aufgrund der unterschiedlichen wirtschaftlichen Voraussetzungen und Rahmenbedingungen für die Unternehmen ist es jedoch heute erforderlich, innerhalb der kollektiven Regelungen Differenzierungen vorzunehmen. Die Ausgestaltung der Tarifautonomie muss sich zeitbedingt, d.h. im Kontext mit den sich ändernden Arbeitnehmer- und Arbeitgeberinteressen, wandeln. Insbesondere in wirtschaftlichen Notlagen nehmen die Gewerkschaften auch heute noch zu wenig Rücksicht auf die individuellen Interessen der betroffenen Arbeitnehmer und billigen häufig lieber den Verlust von Arbeitsplätzen, als einen Verzicht auf tarifliche Konditionen zu gestatten. Wenn die Tarifpartner nicht in der Lage oder gewillt sind, ökonomische Ausnahmesituationen und deren Folgen für die Arbeitnehmer ausreichend zu berücksichtigen, muss dem Arbeitnehmer mehr Freiraum zugestanden werden, um selbst darauf reagieren zu können. Eine Günstigkeitsbewertung, die an eine stärkere subjektive Ausrichtung geknüpft ist, stellt die Eigenverantwortlichkeit des Arbeitnehmers wieder mehr in den Vordergrund. Damit wird gleichzeitig der Tendenz nach mehr Individualisierung der Arbeitsbedingungen und Arbeitnehmerinteressen entsprochen. Der heutige Arbeitnehmer hat eine ökonomisch und juristisch so sehr verbesserte Position, dass man ihm zutrauen darf, wieder über mehr Freiheit im Sinne der Vertragsfreiheit zu disponieren und diese Freiheit sinnvoll auszunutzen.[1299]

Die Bedenken gegen eine Zulässigkeit untertariflicher Vereinbarungen sind weitgehend unbegründet. Da das Günstigkeitsprinzip auch bisher schon immer als Grenze kollektiver Regelungen fungiert hat, erhalten die Parteien des Arbeitsvertrages mit der vorgeschlagenen Günstigkeitsbewertung keine neuen Kompetenzen gegenüber den Tarifparteien. Neu ist hier nur die Relevanz beschäftigungssichernder Abreden. Dabei geht es nicht um eine Änderung der tarifrechtlichen Lage, sondern lediglich um eine neue Stoßrichtung des traditionellen Günstigkeitsprinzips, die allein durch die Problemlage aktuell geworden ist, zu der die Tarifpolitik durch unzureichende Berücksichtigung der Auswirkungen auf die Beschäftigungslage in den letzten Jahren geführt hat.[1300] Wenn der Anwendungsbereich einzelvertraglicher untertariflicher Vereinbarungen auf betriebliche Ausnahmetatbestände beschränkt wird, so greift das hier diskutierte Günstigkeitsverständnis zwar in die Regelungsbefugnis der Tarifpartner ein, ohne jedoch die Tarifautonomie in ihrem Bestand zu gefährden. Eine Notsituation einvernehmlich unter den Betroffenen zu überwinden ist besser, als auf staatliche Subventionen angewiesen zu sein.[1301] Dadurch steigt die Wahrscheinlichkeit, dass andere tarifliche Regelungen, die von den Tarifvertragsparteien selbst vorgenommen werden, um so überzeugender gesetzt und respektiert werden.[1302]

Eine alleinige Senkung der Personalkosten wird im Regelfall jedoch nicht ausreichen, um den Bestand eines Unternehmens zu sichern. Der Kostendruck ist in der kapitalistischen Gesellschaft ein notwendiges Phänomen, das über den Erfolg oder Misserfolg eines Unternehmens am Markt entscheidet. Nur wer durch Produkt- oder Prozessinnovation die Kosten gegenüber den Konkurrenten senken kann, wird dauerhaft erfolgreich sein. Wer dies nicht kann, wird vom Markt verschwinden.[1303] Entsprechend darf die hier vorgeschlagene Günstigkeitsbetrachtung auch nicht angewendet werden, um dauerhaft eine Senkung der Personalkosten herbeizuführen und dadurch die Konkurrenzfähigkeit aufrechtzuerhal-

---

1299 *ADOMEIT*, Arbeitrecht für die 90er Jahre, S. 102.
1300 Vgl. *BUCHNER*, DB 1996 Beilage, S. 14.
1301 *DEREGULIERUNGSKOMMISSION*, Marktöffnung und Wettbewerb, Rn. 597.
1302 Vgl. *BUCHNER*, RdA 1990, S. 17.
1303 *HEISE*, in: Simons / Westermann (Hrsg.), Standortdebatte und Globalisierung der Wirtschaft, S. 51.

ten.[1304] Die individuelle Vereinbarung untertariflicher Leistungen sollte lediglich eine auf drei Jahre befristete Maßnahme darstellen, um dem jeweiligen Unternehmen die Möglichkeit zu bieten, eine wirtschaftliche Schwächephase zu überbrücken. Die dabei eingesparten Personalkosten sollen zur Modernisierung der Produktion verwendet werden, um künftig eine verbesserte Wettbewerbsfähigkeit zu erreichen. Die Wahrscheinlichkeit eines Missbrauchs der Ausnahmeregelung durch die Unternehmen kann aufgrund der betriebswirtschaftlichen Überprüfbarkeit und der sich daraus ergebenden Justitiabilität, sowie den daraus resultierenden Folgen als gering eingeschätzt werden. In diesem Fall leben die tarifvertraglichen Bedingungen ebenso wie bei einer Nichteinhaltung der Beschäftigungsgarantie ex tunc wieder auf, so dass der Arbeitnehmer einen entsprechenden Zahlungsanspruch gegenüber dem Arbeitgeber besitzt. Die dennoch latent bestehende Möglichkeit eines Missbrauchs darf nicht daran hindern, den Parteien Vertragsfreiheit einzuräumen. Gerade dort, wo der Freiheit eine wichtige positive Funktion zukommt - das ist bei der Vertragsfreiheit wegen ihrer immanenten Verzahnung mit der Marktwirtschaft der Fall - so ist es die falsche Vorsorge oder Therapie, Missbrauchsmöglichkeiten mit zwingenden Regeln zu begegnen.[1305]

Modernes Arbeits- und Sozialrecht muss einerseits den notwendigen Arbeitnehmerschutz gewährleisten, andererseits aber auch Privatautonomie und flexiblen Lösungen genügend Spielraum lassen, um eine Übernormierung zu vermeiden[1306] und zudem verstärkt ökonomische Belange berücksichtigen. Wer den untrennbaren Zusammenhang zwischen Arbeitsrecht und Ökonomie nicht beachtet, ist auf dem sicheren Weg, die Normzwecke dieses Rechtsgebietes zu verfehlen.[1307] Ökonomische Interessen müssen nicht notwendig den ersten Rang in der Abwägung widerstreitender Interessen einnehmen. Wo diese aber sachwidrig übergangen werden, führt dies oft zur Verletzung und Verdrängung übergeordneter ideeller Schutzgüter, etwa der Gerechtigkeit, der Persönlichkeitsentfaltung oder der Stabilität des Gemeinwesens.[1308]

1304 Deswegen lässt sich gegen die beschäftigungssichernde Wirkung von Lohnreduzierungen einwenden, dass sie nur in einem vergleichsweise kleinen Segment zur Änderung einer Unternehmensstrategie führen können. Wo eine Entlassung betriebsorganisatorisch, z.B. auf Basis einer technischen Neuerung, möglich ist, wird sich ein Arbeitgeber typischerweise nicht darauf einlassen, eine Arbeitskraft weiter zu beschäftigen, weil diese auf 10% des Lohns zu verzichten bereit ist. Vgl. *Wendeling-Schröder*, Referat zum 61. DJT, in: Ständige Deputation des Deutschen Juristentages (Hrsg.), Verhandlungen des einundsechzigsten Deutschen Juristentages Karlsruhe 1996, Bd. II/1, K 15.

1305 *Zöllner*, Sonderbeilage zu NZA 3/2000, S. 5.

1306 *v. Hoyningen-Huene*, ZTR 1999, S. 289.

1307 *Franz / Rüthers*, RdA 1999, S. 32.

1308 *Franz / Rüthers*, RdA 1999, S. 32.

Ein Patentrezept, wie ein in wirtschaftliche Notsituationen geratenes Unternehmen und die davon betroffenen Arbeitsplätze gerettet werden können, existiert nicht.

Die individualvertragliche Vereinbarung untertariflicher Leistungen über die hier vorgeschlagene Bewertung des Günstigkeitsprinzips kann das Arbeitsmarktproblem nicht beheben. Sie stellt jedoch für den Arbeitnehmer eine Möglichkeit dar, seinen existentiell bedrohten Arbeitsplatz in der Unternehmenskrise zu sichern, indem sich durch Abweichungen vom tariflichen Niveau die Kostensituation für das Unternehmen verbessert. Auch wenn nach Auffassung von *KEMPEN / ZACHERT* die tarifliche Öffnung für „verschlechternde" arbeitsvertragliche Abmachungen in der Praxis bisher keine signifikante Rolle spielt,[1309] könnte sich die hier diskutierte Interpretation des Günstigkeitsprinzips künftig als Instrument erweisen, um im Falle der Gefährdung von Arbeitsplätzen einen entscheidenden Beitrag zur unternehmerischen Kostensenkung und damit dem Weiterbestehen des Betriebes und zur Sicherung von Arbeitsplätzen zu leisten. Gleichzeitig stellt die vorgeschlagene Günstigkeitsbetrachtung eine Möglichkeit dar, das bestehende deutsche Tarifvertragssystem im Kern zu erhalten, es anpassungsfähiger zu machen und besser auf die Erfordernisse abzustimmen, die veränderte Rahmenbedingungen und Massenarbeitslosigkeit mit sich bringen. Die Einbeziehung von Arbeitsplatzgarantien in den Günstigkeitsvergleich erfordert keine Gesetzesänderung sondern lediglich eine Korrektur der bisherigen Rechtsprechung, die veränderte Rahmenbedingungen und Wertvorstellung weitestgehend unberücksichtigt lässt. Zwar ist die Rechtsprechung ebenso wenig ein taugliches Instrument dafür, unerfüllten Tarifforderungen mittels juristischer Auslegungs- und Argumentationskunst zum Durchbruch zu verhelfen, wie es Aufgabe der Rechtsordnung ist, tarifpolitisch unerwünschte Regelungsvorschläge vorschnell mit dem Stigma der Rechtswidrigkeit zu belegen und damit Ansätze zu ihrer Realisierung bereits im Keime zu ersticken.[1310] Angesichts des Heeres von Arbeitslosen und des sich ständig weiter verschärfenden Standortwettbewerbes kann an den bisherigen Konzepten und Wertvorstellungen nicht mehr undifferenziert festgehalten werden. Insbesondere die Massenarbeitslosigkeit fordert Maßnahmen, die den bisherigen Rahmen sprengen. Es lässt sich aus der Komplexität des Arbeitsmarktes für die Tarifpolitik nur die Forderung ableiten, alle rechtlichen zur Verfügung stehenden Mittel zu nutzen, um diesem Problem zu

---

1309 *KEMPEN / ZACHERT*, TVG, § 4 Rn. 160. Diese Aussage scheint in Anbetracht verschiedenster Umfrageergebnisse und Schätzungen jedoch zweifelhaft. Danach werden in einer Vielzahl von tarifgebundenen Unternehmen untertarifliche Bedingungen vereinbart. Insgesamt beschäftigte sich das Bundesarbeitsgericht seit 1995 in fast 60 Entscheidungen direkt oder indirekt mit dem Günstigkeitsprinzip. Vgl. IW, iwd 13/2000, S. 2.

1310 *SÄCKER / OETKER*, Grundlagen und Grenzen der Tarifautonomie - erläutert anhand aktueller tarifpolitischer Fragen, S. 6.

begegnen. Die Rechtfertigung der individualvertraglichen Vereinbarung untertariflicher Leistungen zur Rettung existentiell bedrohter Arbeitsplätze über die hier vorgeschlagene Interpretation des Günstigkeitsprinzips gehört dazu.

Literaturverzeichnis

ADAM, Roman F.: Die Änderungskündigung zur Einschränkung oder Beseitigung nach § 4 TVG geschützter Bestimmungen des Arbeitsvertrages, ZTR 2001, S. 112-117.

ADOMEIT, Klaus: Arbeitsplätze und Solidarität, NJW 1994, S. 837-838.

ADOMEIT, Klaus: Arbeitsrechtliche Probleme unserer Wiedervereinigung, NZA 1993, S. 433-438.

ADOMEIT, Klaus: Das Arbeitsrecht und unsere wirtschaftliche Zukunft, 1. Aufl., München, 1985.

ADOMEIT, Klaus: Regelung von Arbeitsbedingungen und ökonomische Notwendigkeit, 1. Aufl., München, Landsberg am Lech, 1996.

ADOMEIT, Klaus: Das Günstigkeitsprinzip - neu verstanden, NJW 1984, S. 26-27.

ALTVATER, Elmar / MAHNKOPF, Birgit: Tarifautonomie gegen ökonomische Sachzwänge im vereinten Europa, WSI-Mitt. 1993, S. 503-512.

ANNUSS, Georg: Schutz der Gewerkschaften vor tarifwidrigem Handeln der Betriebsparteien? RdA 2000, S. 287-297.

ASCHEID, Reiner: Änderung der Geschäftsgrundlage und wirtschaftliche Notlage, in: Hromadka, Wolfgang (Hrsg.): Änderung von Arbeitsbedingungen, Heidelberg, 1990, S. 109-144.

ASCHEID, Reiner: Die betriebsbedingte Kündigung § 1 KSchG - § 54 AGB-DDR - § 613a IV 2 BGB, NZA 1991, S. 872-879.

ASU: Arbeit ist genug da - Weg frei für Arbeitsplätze, Bonn, 1997.

AUKTOR, Christian: Flexibilität durch Arbeitszeitverlängerung, DB 2002, S. 1714-1719.

BAETHGE, Martin: Der unendlich langsame Abschied vom Industrialismus und die Zukunft der Dienstleistungsbeschäftigung, WSI-Mitt. 2000, S. 149-156.

BAHNMÜLLER, Reinhard / BISPINCK, Reinhard: Vom Vorzeige- zum Auslaufmodell? In: Bispinck, Reinhard (Hrsg.): Tarifpolitik der Zukunft, Hamburg, 1995, S. 137-172.

BARBIER, Hans D.: Der Kampf um die Härteklausel, F.A.Z. v. 23.07.1993, Nr. 168, S. 1.

BARBIER, Hans D.: Jetzt hilft nur rasche Flucht, F.A.Z. v. 11.04.1997, Nr. 84, S. 15.

BARTHEL, Alexander: Sozialhilfe behindert Lohndifferenzierung, Arbeitgeber 1994, S. 573-579.

BARTLING, Hartwig: Schlußfolgerungen aus Entwicklungstendenzen der Wettbewerbstheorie für die Wettbewerbspolitik, WuW 1993, S. 16-30.

BAUER, Jobst-Hubertus / DILLER, Martin: Beschäftigungssicherung in der Metallindustrie, NZA 1994, S. 353-355.

BAUER, Jobst-Hubertus / DILLER, Martin: Flucht aus Tarifverträgen, DB 1993, S. 1085-1090.

BAUER, Jobst-Hubertus / HAUßMANN, Katrin: Tarifwechsel durch Branchenwechsel, DB 2003, S. 610-614.

BAUER, Jobst-Hubertus / HAUßMANN, Katrin: Tarifwechsel durch Verbandswechsel, DB 1999, S. 1114-1117.

BAUER, Jobst-Hubertus: Anmerkung zum Tarifvertrag zur Einführung der 4-Tage-Woche bei der Volkswagen AG, DB 1994, S. 44-45.

BAUER, Jobst-Hubertus: Auswege der Arbeitgeber aus den Fessel des Tarifrechts. NJW-Editorial zu Heft 14/2003.

BAUER, Jobst-Hubertus: Betriebliche Bündnisse für Arbeit vor dem Aus? NZA 1999, S. 957-962.

BAUM, Georg: Das Recht des Arbeitstarifvertrages in der sozialistischen Republik, JW 1919, S. 70-75.

BDA: Arbeitsrecht: Deutscher Juristentag bestätigt BDA-Positionen, KND v. 06.10.2000, Nr. 51/00, S. 2-3.

BECKER, Friedrich / ETZEL, Gerhard / FRIEDRICH, Hans-Wolf / LIPKE, Gert-Albert / PFEIFFER, Thomas / ROST, Friedhelm / SPILGER, Michael / WEIGAND, Horst / WOLFF, Ingeborg: Gemeinschaftskommentar zum Kündigungsschutzgesetz und zu sonstigen kündigungsschutzrechtlichen Vorschriften, 4. Aufl., Neuwied, Kriftel, Berlin, 1996.

BELLING, Detlev W. / HARTMANN, Christian: Die Unzumutbarkeit als Begrenzung der Bindung an den Tarifvertrag, ZfA 1997, S. 87-144.

BELLING, Detlev W.: Das Günstigkeitsprinzip im Arbeitsrecht, 1. Aufl., Berlin, 1984.

BELLING, Detlev W.: Das Günstigkeitsprinzip im Betriebsverfassungsrecht, DB 1982, S. 2513-2517.

BELLING, Detlev W.: Die außerordentliche Anpassung von Tarifverträgen an veränderte Umstände, NZA 1996, S. 906-913.

BENGELSDORF, Peter: Die einzelvertragliche Verlängerung der tariflichen Arbeitszeit, AuA 1994, S. 97-100.

BENGELSDORF, Peter: Tarifliche Arbeitszeitbestimmungen und Günstigkeitsprinzip, ZfA 1990, S. 563-606.

BERGNER, Ralf: Die Zulässigkeit kollektivvertraglicher Arbeitszeitregelungen und ihr Verhältnis zu abweichenden individualvertraglichen Vereinbarungen im Lichte des Günstigkeitsprinzips, Berlin, 1995.

BERKOWSKY, Wilfried: In: Richardi, Reinhard / Wlotzke, Otfried (Hrsg.): Münchener Handbuch zum Arbeitsrecht, Band 2, 2. Aufl., München, 2000.

BEUTHIEN, Volker / MEIK, Frank: Wenn Tariftreue unzumutbar wird, DB 1993, S. 1518-1520.

BEUTHIEN, Volker: Tariföffnungsklauseln zwecks Arbeitsplatzsicherung, BB 1983, S. 1992-1998.

BIEDENKOPF, Kurt: Grenzen der Tarifautonomie, Karlsruhe, 1964.

DIERICH, Marcus: Fertigungsstandorte im internationalen Vergleich, zfbf 1988, S. 824-842.

BISPINCK, Reinhard / SCHULTEN, Thorsten: Verbetrieblichung der Tarifpolitik? WSI-Mitt. 2003, S. 157-166.

BISPINCK, Reinhard / WSI-TARIFARCHIV: Tarifliche Öffnungsklauseln, in: Informationen zur Tarifpolitik 2003.

BISPINCK, Reinhard / WSI-TARIFARCHIV: Wie flexibel ist der Flächentarifvertrag? In: Informationen zur Tarifpolitik 2003.

BISPINCK, Reinhard: Deregulierung, Differenzierung und Dezentralisierung des Flächentarifvertrages, WSI-Mitt. 1997, S. 551-561.

BISPINCK, Reinhard: Zeitfragen - Streitfragen, WSI-Mitt. 1996, S. 414-422.

BLANKE, Thomas: Arbeitsrecht 2000 - Eckpunkte eines modernen Individual-Arbeitsrechts, ZTR 1998, S. 154-159.

BLOMEYER, Wolfgang / OTTO, Klaus: Gesetz zur Verbesserung der betrieblichen Altersversorgung, 2. Aufl., München, 1997.

BLOMEYER, Wolfgang: Die wirtschaftliche Lage des Arbeitgebers: ein zentraler Begriff des Ruhegeldrechts, NZA 1985, S. 1-8.

BLOMEYER, Wolfgang: In: Richardi, Reinhard / Wlotzke, Otfried (Hrsg.): Münchener Handbuch zum Arbeitsrecht, Band 1, 1. Aufl., München, 1992.

BMA: Bundesarbeitsministerium legt Tarifbericht 2001 vor, Pressemitteilung v. 14.02.2002.

BOCK, Patrik: Wirtschaftswunder, INTERNET World 5/1999, S. 46-48.

BOSS, Alfred / GERLING, Katja / GOTTSCHALK, Jan / MEIER, Carsten-Patrick / SCHEIDE, Joachim / SCHMIDT, Rainer / STRAUSS, Hubert: Ende des Aufschwungs in Deutschland, DIE WELTWIRTSCHAFT 1/2001, S. 32 - 50.

BÖTTICHER, Eduard: Die Ausübung der Tarifmacht durch negative Inhaltsnormen, RdA 1968, S. 418-420.

BRECHT, Holger / HÖLAND, Armin / REIM, Uwe: Flächentarifverträge in der betrieblichen Praxis, RdA 2002, S. 28-32.

BRECHT, Holger / HÖLAND, Armin: Gewerkschaften und politische Bündnisse, WSI-Mitt. 2001, S. 501-507.

BREMKAMP, Markus: Die Flexibilisierung des deutschen Tarifvertragssystems, 1. Aufl., München, 1998.

BUCHNER, Herbert: Arbeitszeit und Günstigkeitsprinzip - Anmerkung zum Urteil des LAG Baden-Württemberg vom 14.06.1989 - 9 Sa 145/88, DB 1989, S. 2028-2030.

BUCHNER, Herbert: Beschäftigungssicherung unter dem Günstigkeitsprinzip, DB 1996 Beilage, S. 1-15.

BUCHNER, Herbert: Der Unterlassungsanspruch der Gewerkschaft - Stabilisierung oder Ende des Verbandstarifvertrages? NZA 1999, S. 897-902.

BUCHNER, Herbert: Die Umsetzung der Tarifverträge im Betrieb, RdA 1990, S. 1-18.

BUCHNER, Herbert: Kündigung der Tarifregelungen über die Entgeltanpassung in der Metallindustrie der östlichen Länder, NZA 1993, S. 289-301.

BUCHNER, Herbert: Mitgliedschaft in Arbeitgeberverbänden ohne Tarifbindung, NZA 1994, S. 2-12.

BUCHNER, Herbert: Tarifliche Arbeitszeitbestimmungen und Günstigkeitsprinzip, DB 1990, S. 1715-1723.

BUCHNER, Herbert: Verbandsmitgliedschaft ohne Tarifgebundenheit, DB 1995, S. 761-769.

BULLA, Gustav-Adolf: Das Prinzip der Sozialadäquanz im Arbeitsrecht, RdA 1962, S. 6-15.

BUNDESANSTALT FÜR ARBEIT: Der Arbeitsmarkt in Deutschland, Monatsbericht Juni 2003, Nürnberg, 2003.

BUNDESANSTALT FÜR ARBEIT: Pressemitteilung Nr. 15, Nürnberg, 06.03.2003.

BUNDESREGIERUNG: Begründung zum Entwurf eines Gesetzes (ArbZG), BT-Drucks. 10/2706, Bonn, 09.01.1985, S. 15-27.

BUNDESREGIERUNG: Begründung zum Entwurf eines Gesetzes zur Vereinheitlichung und Flexibilisierung des Arbeitsrechts - Arbeitszeitrechtsgesetz (ArbZRG), BT-Drucks. 12/5888, Bonn, 13.10.1993, S. 19-36.

BUNDESREGIERUNG: Stellungnahme der Bundesregierung zum Zehnten Hauptgutachten der Monopolkommission 1992/1993, BR-Drucks. 330/95, Bonn, 01.06.1995.

BUSCHMANN, Rudolf: Die Günstigkeit der Nachtarbeit, NZA, S. 387-388.

BUSCHMANN, Rudolf: Diskussion zum 61. DJT, in: Ständige Deputation des Deutschen Juristentages (Hrsg.): Verhandlungen des einundsechzigsten Deutschen Juristentages Karlsruhe 1996, Band II / 2, Empfiehlt es sich, die Regelungsbefugnisse der Tarifparteien im Verhältnis zu den Betriebsparteien neu zu ordnen? München, K 88-93.

CASPERS, Georg: Personalabbau und Betriebsänderung im Insolvenzverfahren, Köln, 1998.

CDU / CSU: Leistung und Sicherheit - Zeit für Taten, Regierungsprogramm 2002 / 2006, Berlin, 2002.

COURTH, Paul: Günstigkeitsprinzip und Günstigkeitsvergleich im Spannungsfeld zwischen Individual- und Kollektivmacht, Diss., Köln, 1969.

DANIELS, Arne: Der Tarifvertrag ist pleite, DIE ZEIT v. 16.12.1999, Nr. 51, S. 34.

DÄUBLER, Wolfgang: Der Arbeitsvertrag - ein Mittel zur Verlängerung der Wochenarbeitszeit? DB 1989, S. 2534-2538.

DÄUBLER, Wolfgang: Die Anpassung von Tarifverträgen an veränderte wirtschaftliche Umstände, ZTR 1996, S. 241-245.

DÄUBLER, Wolfgang: Gewerkschaftliches Klagerecht gegen tarifwidrige Betriebsvereinbarungen? BB 1990, S. 2256-2262.

DÄUBLER, Wolfgang: Tarifausstieg - Erscheinungsformen und Rechtsfolgen, NZA 1996, S. 225-233.

DÄUBLER, Wolfgang: Tarifvertragsrecht, 3. Aufl., Baden-Baden, 1993.

DEREGULIERUNGSKOMMISSION: Marktöffnung und Wettbewerb, Stuttgart, 1991.

DERSCH, Hermann / NEUMANN, Dirk: Bundesurlaubsgesetz, 8. Aufl., München, 1997.

DERSCH, Hermann: Der Arbeitsvertrag im neuen Staat, DArbR 1933, S. 9-13.

DEUTSCHE BUNDESBANK: Die Entwicklung der Kapitalverflechtung der Unternehmen mit dem Ausland von Ende 1991 - Ende 1993, Monatsbericht Nr. 5/1995, S. 45-75.

DEUTSCHE BUNDESBANK: Wie Steuern und Abgaben die Aufnahme einer Erwerbstätigkeit hindern, F.A.Z. v. 17.02.1996, Nr. 41, S. 12.

DICKMANN, Nicola: Unruhe, Panik, Scherbenhaufen, F.A.Z. v. 13.04.2002, Nr. 86, S. 4.

DIE WELT: Härteklausel scheidet die Geister, DIE WELT v. 19.07.1993, Nr. 169, S. 11.

DIE WELT: US-Internet-Industrie schafft 1,2 Millionen Arbeitsplätze, DIE WELT v. 11.06.1999, S. 18.

DIETERICH, Thomas: Betriebliche Bündnisse für Arbeit und Tarifautonomie, DB 2001, S. 2398-2403.

DIETERICH, Thomas: Flexibilisiertes Tarifrecht und Grundgesetz, RdA 2002, S. 1-17.

DIETZ, Rolf: Verbot der Verabredung übertariflicher Arbeitsbedingungen durch Beschluß eines Arbeitgeberverbandes, DB 1965, S. 591-598.

DIW: Gesamtwirtschaftliche und unternehmerische Anpassungsfortschritte in Ostdeutschland, DIW-Wochenbericht 61/1994, S. 209-227.

DOMBROWSKY, Hans-Michael: Vom Tarifsystem der DDR zur Tarifautonomie der Bundesrepublik, Diss., Berlin, 1997.

DORNDORF, Eberhard: Mehr Individualvertragsfreiheit im Arbeitsrecht, in: Däubler, Wolfgang / Bobke, Manfred / Kehrmann, Karl (Hrsg.): Arbeit und Recht, Festschrift für Albert Gnade zum 65. Geburtstag, Köln, 1993, S. 39-55.

DÖRNER, Hans-Jürgen: In: Leinemann, Wolfgang (Hrsg.): Kasseler Handbuch zum Arbeitsrecht, Band 2, 1. Aufl., Neuwied, Kriftel, Berlin, 1997.

DRUKARCZYK, Jochen: Unternehmen und Insolvenz, Wiesbaden, 1987.

ECKERT, Hans-Werner: Wegfall der Geschäftsgrundlage im Arbeitsrecht, in: Oehmann, Werner / Dieterich, Thomas / Neef, Klaus / Schwab, Brent (Hrsg.): AR-Blattei SD, Wegfall der Geschäftsgrundlage, GW 1992.

EHMANN, Horst / LAMBRICH, Thomas: Tarifflucht in der Sackgasse? JURA, S. 135-150.

EHMANN, Horst / SCHMIDT, Thomas Benedikt: Betriebsvereinbarung und Tarifvertrag, NZA 1995, S. 193-203.

EHMANN, Horst: Empfiehlt es sich, die Regelungsbefugnisse der Tarifparteien im Verhältnis zu den Betriebsparteien neu zu ordnen? Diskussion zum 61. DJT, in:

Ständige Deputation des Deutschen Juristentages (Hrsg.): Verhandlungen des einundsechzigsten Deutschen Juristentages Karlsruhe 1996, Band II / 2, München, 1996, K 105-111.

ENGELEN-KEFER, Ursula: Deregulierung am Arbeitsmarkt aus Sicht der Gewerkschaften, PERSONAL 1993, S. 259-261.

ENGELEN-KEFER, Ursula: Fünf-Wege-Strategie des DGB zur Halbierung der Arbeitslosigkeit, in: Belitz, Wolfgang (Hrsg.): Wege aus der Arbeitslosigkeit, Reinbek, 1995, S. 103-121.

ENGELS, Wolfram / GUTOWSKI, Armin / HAMM, Walter / MÖSCHEL, Wernhard / STÜTZEL, Wolfgang / VON WEIZÄCKER, Carl Christian / WILLGERODT, Hand (Kronberger Kreis): Mehr Markt im Arbeitsrecht, Bad Homburg v.d.H., 1986.

ETZEL, Gerhard: Tarifordnung und Arbeitsvertrag, NZA 1987 Beilage 1, S. 19-31.

F.A.Z.: Bundesrat verabschiedet Öffnungsklausel, F.A.Z. v. 12.07.2003, Nr. 159, S. 1.

F.A.Z.: Arbeitnehmer finden Lösung für ihren Beitrag bei Holzmann, F.A.Z. v. 11.12.1999, Nr. 289, S. 19.

F.A.Z.: Clement erwartet nur noch Stagnation, F.A.Z. v. 25.06.2003, Nr. 144, S. 11.

F.A.Z.: Clement verordnet Deutschen Mehrarbeit, F.A.Z. v. 18.06.2003, Nr. 139, S. 11.

F.A.Z.: Der Arbeitskampf der Metaller eskaliert, F.A.Z. v. 20.06.2003, Nr. 140, S. 13.

F.A.Z.: Der Streik im Osten zwingt im Westen zu Kurzarbeit, F.A.Z. v. 24.06.2003, Nr. 143, S. 1.

F.A.Z.: Die Ost-Industrie warnt vor der 35-Stunden-Woche, F.A.Z. v. 12.05.2003, Nr. 109, S. 13.

F.A.Z.: Die Stimmung in der Wirtschaft wird noch schlechter, F.A.Z. v. 29.04.2003, Nr. 99, S. 13.

F.A.Z.: Hickel: Die Härtefallklausel hat sich in Ostdeutschland bewährt, F.A.Z. v. 11.02.1997, Nr. 35, S. 13.

F.A.Z.: Holzmann-Betriebsrat und IG-Bau über Rettungskonzept uneins, F.A.Z. v. 03.12.1999, Nr. 282, S. 15.

F.A.Z.: Kirch stellt Insolvenzantrag, F.A.Z. v. 09.04.2002, Nr. 82, S. 1-2.

F.A.Z.: Leichte Erholung auf dem Arbeitsmarkt, F.A.Z. v. 09.04.2002, Nr. 82, S. 13.

F.A.Z.: Metall-Streik soll ausgeweitet werden, F.A.Z. v. 17.06.2003, Nr. 138, S. 12.

F.A.Z.: Nach dem Streik nun Kritik an Peters, F.A.Z. v. 30.06.2003, Nr. 148, S. 1.

F.A.Z.: Regierung revidiert ihre Prognose nur leicht, F.A.Z. v. 26.04.2003, Nr. 97, S. 13.

F.A.Z.: Steinkühler macht keine Zugeständnisse, F.A.Z. v. 24.09.1992, Nr. 223, S. 4.

F.A.Z.: Weihnachtsgeld gekürzt, Urlaubsgeld gestrichen, F.A.Z. v. 02.07.2003, Nr. 150, S. 1.

FDP-Fraktion: Gesetzesentwurf - Gesetz zur Sicherung betrieblicher Bündnisse für Arbeit, BT-Drucks. 14/6548, Berlin, 04.07.2001, S. 1-2.

FEDERLIN, Ulrich: Der kollektive Günstigkeitsvergleich, 1. Aufl., Pfaffenweiler, 1993.

FELS, Gerhard: Tarifautonomie und Arbeitsmarkt, in: Streit, Manfred E. (Hrsg.): Wirtschaftspolitik zwischen ökonomischer und politischer Rationalität: Festschrift für Herbert Giersch, Wiesbaden, 1988, S. 211-222.

FETTBACH, Richard: Vertragsfreiheit und Zwang im Tarifvertragsrecht, RdA 1949, S. 404-406.

FICKINGER, Nico: Die IG Metall kennt ihre schwindende Macht, F.A.Z. v. 13.04.2002, Nr. 86, S. 4.

FIRLEI, Klaus Christian: Das Problem der Objektivierung des Günstigkeitsvergleichs im österreichischen und deutschen Arbeitsverfassungsrecht, DRdA 1981, S. 1-15.

FISCHER, Christian: Richterliche Rechtsfindung zwischen „Gesetzesgehorsam" und „ökonomischer Vernunft", ZfA 2002, S. 215-247.

FISCHER, Friedrich-Wilhelm: Industriestandort Deutschland - Krise oder Chance durch das Arbeitsrecht? BB 1994, S. 278-281.

FISCHER, Wolfram / KRENGEL, Jochen / WIETOG, Jutta: Sozialgeschichtliches Arbeitsbuch, Band I, München, 1982.

FITTING, Klaus / KAISER, Heinrich / HEITHER, Friedrich / ENGELS, Gerd / SCHMIDT, Ingrid: Betriebsverfassungsgesetz, 21. Aufl., München, 2002.

FOLGER, E.: Verzicht auf Lohn und Gehaltsspitzen, RdA 1953, S. 422.

FRANZ, Wolfgang / RÜTHERS, Bernd: Arbeitsrecht und Ökonomie, RdA 1999, S. 32-39.

FRANZEN, Martin: Tarifrechtssystem und Gewerkschaftswettbewerb - Überlegungen zu Flexibilisierung des Flächentarifvertrags, RdA 2001, S. 1-10.

FREIHUBE, Dirk: Die einzelvertragliche Umsetzung von Beschäftigungsbündnissen. DB 2000, S. 1022-1027.

FREISTAAT BAYERN: Entwurf eines Gesetzes zur Flexibilisierung des Arbeitsrechts (Flexibilisierungsgesetz - FlexG), BR-Drucks. 863/02, Berlin, 22.11.2002, Anlage, S. 2-10.

FRETER, Jens T.: Das Tarifvertragssystem in der Krise, 1. Aufl., Essen, 1998.

FRÖHLICH, Hans-Peter / KLÖS, Hans-Peter / KROKER, Rolf / SCHNABEL, Claus / SCHRÖDER, Christoph: Lohnpolitik in der Europäischen Währungsunion, Köln, 1997.

FTD: Auf Biegen und Brechen, FTD v. 01.07.2003, Nr. 124, S. 25.

FTD: IG Metall kapituliert vor Arbeitgebern, FTD v. 30.06.2003, Nr. 123, S. 9.

FUCHS, Maximilian / SEIBOLD, Robert: Das Tarifvertragsrecht im Jahre 1997, ZTR 1997, S. 385-395.

FÜRSTENBERG, Friedrich: Wandel der Einstellung zur Arbeit - Haben sich die Menschen oder hat sich die Arbeit verändert? (Teil 1) In: Rosenstiel, Lutz / Djarrahzadeh, Maryam / Einsiedler, Herbert E. / Streich, Richard K. (Hrsg.): Wertewandel, Herausforderung für die Unternehmenspolitik in den 90er Jahren, 2. Aufl., Stuttgart, 1993, S. 17-27.

GAMILLSCHEG, Franz: Kollektives Arbeitsrecht, Band I, 1. Aufl., München, 1997.

GERHARDS, Thomas: Nachwirkung des Tarifvertrages bei Verbandsaustritt und Verbandswechsel des Arbeitgebers, BB 1997, S. 362-364.

GESAMTMETALL: Frankfurter Erklärung zur Reform des Flächentarifs, NZA 1997, S. 1334-1335.

GESAMTMETALL: Tarifvertrag mit Zukunft, iw-gewerkschaftsreport 2/1996, S. 12-15.

GIARINI, Orio / LIEDTKE, Patrick M.: Wie wir arbeiten werden, 1. Aufl., München, 1999.

GILL, Ulrich: FDGB, Köln, 1991.

GISCHER, Horst / HOMMEL, Michael: Unternehmen in Krisensituationen und die Rolle des Staates als Risikomanager: Weniger ist mehr, BB 2003, S. 945-952.

GITTER, Wolfgang: Zum Maßstab des Günstigkeitsvergleichs, in: Anzinger, Rudolf / Wank, Rolf (Hrsg.): Festschrift für Otfried Wlotzke zum 70. Geburtstag, 1. Aufl., München, 1996, S. 297-311.

GÖRZIG, Bernd: Wettbewerbsfähigkeit und Lohnstückkosten in der Strukturanalyse, MittAB 1998, S. 690-696.

GRÜHSEM, S.: Globalisierung als Überlebensfrage, HANDELSBLATT v. 29./30.12.1995, Nr. 251, S. 32.

HAGEMANN, Harald: Die gesamtwirtschaftlichen Beschäftigungswirkungen von Lohnsenkungen, in: Sadowski, Dieter / Schneider, Martin (Hrsg.): Vorschläge zu einer neuen Lohnpolitik (Optionen für mehr Beschäftigung, Teil I), Frankfurt am Main, New York, 1997, S. 47-69.

HAGEMEIER, Walter: Massive Schwächen des Standorts Deutschland - welche Therapie hilft? In: Simons, Rolf / Westermann, Klaus (Hrsg.): Standortdebatte und Globalisierung der Wirtschaft, 1. Aufl., Schüren, 1997, S. 65-69.

HALUSA, Martin: Härteklausel bedingt erfolgreich, DIE WELT v. 06.12.1993, Nr. 284, S. 13.

HANAU, Peter / ADOMEIT, Klaus: Arbeitsrecht, 11. Aufl., Neuwied, Berlin, 1994.

HANAU, Peter : Was kann das Arbeitsrecht leisten für den Erhalt und die Schaffung von Arbeitsplätzen? AuA 1998, S. 2-6.

HANAU, Peter: Arbeitsrecht und Arbeitsgerichtsbarkeit von Kaiser Wilhelm II. bis Bundeskanzler Dr. Kohl - Gedanken zum 100jährigen Bestehen des Deutschen Arbeitsgerichtsverbandes, NZA 1993, S. 338-341.

HANAU, Peter: Die Deregulierung von Tarifverträgen durch Betriebsvereinbarungen als Problem der Koalitionsfreiheit (Art. 9 Abs. 3 GG), RdA 1993, S. 1-10.

HANAU, Peter: Entwicklungsrichtlinien im Arbeitsrecht, DB 1998, S. 69-79.

HANAU, Peter: Soziale Regulierung der Treuhandtätigkeit, in: Fischer, Wolfram / Hax, Hubert / Schneider, Hans Karl (Hrsg.): Treuhandanstalt - Das Unmögliche wagen, 1. Aufl., Berlin, 1993, S. 444-480.

HANDELSBLATT: Arbeitslosigkeit sinkt stärker als erwartet, HANDELSBLATT v. 09.07.2003, Nr. 129, S. 5.

HANDELSBLATT: Die Einigung auf eine „Härteklausel" brachte den Durchbruch, HANDELSBLATT v. 17.05.1993, Nr. 94, S. 5.

HANDELSBLATT: Flugzeugbauer Fairchild Dornier steht vor der Insolvenz, HANDELSBLATT v. 02.04.2002, Nr. 63, S. 1.

HANDELSBLATT: Holzmann bricht zusammen, HANDELSBLATT v. 22./23.03.2002, Nr. 58, S. 1.

HANDELSBLATT: IG Metall bangt um ihren Einfluss, HANDELSBLATT v. 30.06.2003, S. 5.

HANDELSBLATT: IG-Metall wirft Streik-Maschinerie an, HANDELSBLATT v. 18.03.2002, Nr. 54, S. 1.

HANDELSBLATT: IT-Branche kurbelt Konjunktur an, HANDELSBLATT v. 12.03.2002, S. 1.

HANDELSBLATT: Kohle-Deal rettet NRW-Koalition: Bund zahlt Teil der Subventionen, HANDELSBLATT v. 02.07.2003, Nr. 124, S. 4.

HANDELSBLATT: Konjunktur in Deutschland startet durch, HANDELSBLATT v. 03.04.2002, Nr. 64, S. 13.

HANDELSBLATT: Metallarbeitgeber hoffen auf Abschluß in der nächsten Woche, HANDELSBLATT v. 13.04.2002, Nr. 71, S. 5.

HANDELSBLATT: Pleitewelle rollt über Deutschland, HANDELSBLATT v. 04.04.2002, Nr. 65, S. 1.

HANDELSBLATT: Regierung rückt von Wachstumsprognose ab, HANDELSBLATT v. 02.07.2003, Nr. 124, S. 1.

HANDELSBLATT: SPD opfert Metrorapid für Steinkohlesubventionen in NRW, HANDELSBLATT v. 30.06.2003, Nr. 122, S. 4.

HÄRTEL, Hans-Hagen / JUNGNICKEL, Rolf / KELLER, Dietmar / FEBER, Heiko / BORRMANN, Christine / WINKLER-BÜTTNER, Diana / LAU, Dirk: Grenzüberschreitende Produktion und Strukturwandel - Globalisierung der deutschen Wirtschaft, 1. Aufl., Baden-Baden, 1996.

HAUCH-FLECK, Marie-Luise: Auf Sand gebaut, DIE ZEIT vom 02.12.1999, Nr. 49, S. 28.

HAUSSCHILD, Helmut: Zwickel peilt Einigung an, HANDELSBLATT v. 11.04.2002, Nr. 70, S. 1.

HEDRICH, Carl-Christoph: Die Privatisierung der Sparkassen, 1. Aufl., Baden-Baden, 1993.

HEILMANN, Joachim: Urlaubsrecht, Frankfurt am Main, 1999.

HEINRICHS, Helmut: In: Palandt - Bürgerliches Gesetzbuch, 60. Aufl., München, 2000.

HEINZE, Meinhard: Gibt es eine Alternative zur Tarifautonomie? DB 1996, S. 729-735.

HEINZE, Meinhard: Tarifautonomie und sogenanntes Günstigkeitsprinzip, NZA 1991, S. 329-336.

HEISE, Arne: Wie hoch ist der Kostendruck wirklich? In: Simons, Rolf / Westermann, Klaus (Hrsg.): Standortdebatte und Globalisierung der Wirtschaft, 1. Aufl., Schüren, 1997, S. 50-56.

HENNING, Friedrich-Wilhelm: Die Industrialisierung in Deutschland 1800-1914, 8. Aufl., Paderborn, München, Wien, Zürich, 1993.

HENSCHE, Detlef: Tarifflucht in juristischen Formen, ArbuR 1996, S. 331-336.

HENSSLER, Martin: Flexibilisierung der Arbeitsmarktordnung, ZfA 1994, S. 487-515.

HERSCHEL, Wilhelm: Anmerkung zu BAG vom 12.04.1972, SAE 1973, S. 3-4.

HERSCHEL, Wilhelm: Zur Entstehung des Tarifvertragsgesetzes, ZfA 1973, S. 183-200.

HESS, Harald / SCHLOCHAUER, Ursula / GLAUBITZ, Werner: Kommentar zum Betriebsverfassungsgesetz, 4. Aufl., Neuwied, Berlin, Kriftel, 1993.

HICKEL, Rudolf / KURTZKE, Wilfried: Tarifliche Lohnpolitik unter Nutzung der Härtefallregelung, Ergebnisse einer Untersuchung zur Praxis in der ostdeutschen Metall- und Elektroindustrie, WSI-Mitt. 1997, S. 98-111.

HILLEBRECHT, Wilfried: Die „Prinzipien des Kündigungsschutzrechts bei Arbeitnehmerverhältnissen“ und die Kündigungsrechtsprechung des Bundesarbeitsgerichts, ZfA 1991, S. 87-129.

HOHMEISTER, Frank: Kommentar zum Bundesurlaubsgesetz, Heidelberg, 1995.

HÖLAND, Armin / REIM, Uwe / BRECHT, Holger: Flächentarifvertrag und Günstigkeitsprinzip, 1. Aufl., Baden-Baden, 2000.

HORN, Gustav A. / FRITSCHE, Ulrich / SCHEREMET, Wolfgang: Die doppelte Währungsunion: Deutschland und Europa im wirtschaftlichen Integrationsprozeß, DIW-Vjh. 2000, S. 163-177.

HROMADKA, Wolfgang: Änderung von Arbeitsbedingungen, RdA 1992, S. 234-265.

HROMADKA, Wolfgang: Bündnisse für Arbeit - Angriff auf die Tarifautonomie? DB 2003, S. 42-47.

HROMADKA, Wolfgang: Die belastende Betriebsvereinbarung, DB 1985, S. 864-867.

HROMADKA, Wolfgang: Gesetzliche Öffnungsklauseln - Unzulässige Einschränkung der Koalitonsfreiheit oder Funktionsbedingung der Berufsfreiheit? NJW 2003, S. 1273-1277.

HROMADKA, Wolfgang: Privat- versus Tarifautonomie - Ein Beitrag zur Arbeitszeitdiskussion, DB 1992, S. 1042-1047.

HROMADKA, Wolfgang: Reformbedarf im Tarifrecht? AuA 1996, S. 289-293.

HROMADKA, Wolfgang: Reformbedarf im Tarifrecht? In: Anzinger, Rudolf / Wank, Rolf (Hrsg.): Entwicklungen im Arbeitsrecht und Arbeitsschutzrecht - Festschrift für Otfried Wlotzke zum 70. Geburtstag, 1. Aufl., München, 1996, S. 333-355.

HROMADKA, Wolfgang: Zukunft des Arbeitsrechts, NZA 1998, S. 1-9.

HROMADKA, Wolfgang: In: Hromadka, Wolfgang / Maschmann, Frank: Arbeitsrecht, Band. 2: Kollektivarbeitsrecht + Arbeitsstreitigkeiten, 1. Aufl., Berlin, Heidelberg, New York, Barcelona, Hongkong, London, Mailand, Paris, Singapur, Tokio, 1999.

HÜBNER, Kurt / BLEY, Andreas: Lohnstückkosten und internationale Wettbewerbsfähigkeit - eine ökonomietheoretische Analyse, 1. Aufl., Schüren, 1996.

HUECK, Alfred: Die Vereinbarung untertariflicher Löhne zur Verhütung der Arbeitslosigkeit, SchlichtW 1924, S. 183-185.

HUECK, Alfred / NIPPERDEY, Hans Carl: Grundriß des Arbeitsrechts, 4. Aufl., Berlin, Frankfurt am Main, 1968.

HUECK, Alfred / NIPPERDEY, Hans Carl: Lehrbuch des Arbeitsrechts, Band I, 7. Aufl., Berlin, Frankfurt am Main, 1963.

HUECK, Alfred / NIPPERDEY, Hans Carl: Lehrbuch des Arbeitsrechts, Band II, 1. Halbband, 7. Aufl., Berlin, Frankfurt am Main, 1967.

HUECK, Alfred / VON HOYNINGEN-HUENE, Gerrick: Kündigungsschutzgesetz, 12. Aufl., München, 1997.

HUECK, Alfred: Das Recht des Tarifvertrages unter besonderer Berücksichtigung der Verordnung vom 23. Dezember 1918, Berlin, 1920.

HUECK, Alfred: Deutsches Arbeitsrecht, 2. Aufl., Berlin, 1944.

HÜMMERICH, Klaus: Von der Verantwortung der Arbeitsrechtsprechung für die Volkswirtschaft, NZA 1996, S. 1289-1304.

IG METALL: 12 Thesen zu „Tarifautonomie und Flächentarifvertrag", NZA 1998, S. 88-90.

IW: Arbeitskosten in Osteuropa - Trumpfkarte sticht noch immer, iwd Nr. 4 v. 28.01.1999, S. 3.

IW: Der Arbeitsmarkt, iwd Nr. 3 v. 16.01.1997, S. 3.

IW: Der Jobmotor zündet erst bei 2 Prozent, iwd Nr. 25 v. 19.06.2003, S 2.

IW: Deutschland im globalen Wettbewerb, Köln, 2000.

IW: Gründungswelle in Deutschland, iwd Nr. 28 v. 09.07.1998, S. 7.

IW: Kein Maßstab für die Einheut, iwd Nr. 23 v. 05.06.2003, S. 3.

IW: Mehr Selbständige - aber nicht genug, iwd Nr. 7 v. 12.02.1998, S. 3.

IW: Notbremse für gefährdete Betriebe, iwd Nr. 14 v. 03.04.2003, S. 4-5.

IW: Oft eine Frage des Überlebens, iwd Nr. 47 v. 23.11.1995, S. 4-5.

IW: Schwere Sturmschäden, iwd Nr. 11 v. 13.03.2003, S. 6.

IW: Selbst ist die Firma, iwd Nr. 9 v. 04.03.1999, S. 2.

IW: System mit Webfehler, iwd Nr. 26 v. 29. Juni 2000, S. 4-5.

JACOBI, Erwin: Grundlehren des Arbeitsrechts, Leipzig, 1927.

JACOBS, Herbert: Globalisierung und Arbeitslosigkeit - Vorschläge zur Flexibilisierung der Lohnstruktur im Kontext weltwirtschaftlicher Veränderungen, ZSR 1997, S. 406-436.

JARASS, Hans D.: In: Jarass, Hans D. / Pieroth, Bodo: Grundgesetz für die Bundesrepublik Deutschland, 5. Aufl., München, 2000.

JOOST, Detlev: Tarifliche Grenzen der Verkürzung der Wochenarbeitszeit, ZfA 1984, S. 173-195.

JUNKER, Abbo: Der Flächentarifvertrag im Spannungsverhältnis von Tarifautonomie und betrieblicher Regelung, ZfA 1996, S. 383-417.

JUNKER, Abbo: Individualwille, Kollektivgewalt und Staatsintervention im Arbeitsrecht, NZA 1997, 1305-1319.

KÄPPLER, Renate: Tarifliche Regelungsmacht, NZA 1991, S. 745-754.

KAST, Matthias / STUHLMANN, Christian: Sind betriebliche Bündnisse für Arbeit noch durchführbar? BB 2000, S. 614-621.

KAYSER, Gunter / KOKALJI, Ljuba / SCHRÖER, Evelyn / CLEMENS, Reinhard / DE, Dennis / HAUSER, Hans-Eduard / SCHENK, Wolfgang: Möglichkeiten der Berücksichtigung mittelständischer Unternehmen im Rahmen der Tarifpolitik, 1. Aufl., Stuttgart, 1997.

KEMPEN, Otto Ernst / Zachert, Ulrich: Tarifvertragsgesetz, 3. Aufl., Köln, 1997.

KEMPEN, Otto Ernst: Diskussion zum 61. DJT, in: Ständige Deputation des Deutschen Juristentages (Hrsg.): Verhandlungen des einundsechzigsten Deutschen Juristentages Karlsruhe 1996, Band II / 2, Empfiehlt es sich, die Regelungsbefugnisse der Tarifparteien im Verhältnis zu den Betriebsparteien neu zu ordnen? München, 1996, K 103-105.

KEMPEN, Otto Ernst: Einleitung, in: Kempen, Otto Ernst (Hrsg.): Sozialstaatsprinzip und Wirtschaftsordnung, Frankfurt a.M., New York, 1976, S. 7-54.

KEUCHEL, Matthias: Neuordnung des arbeitsrechtlichen Regelungssystems aufgrund veränderter Machtstrukturen zwischen Arbeitgeber und Arbeitnehmer in einer sich wandelnden Arbeitswelt, in: Scholz, Rupert (Hrsg.): Wandel der Arbeitswelt als Herausforderung des Rechts, Köln, 1988, S. 48-53.

KISSEL, Otto Rolf: Das Spannungsverhältnis zwischen Betriebsvereinbarung und Tarifvertrag, NZA 1986, S. 73-80.

KISSEL, Otto Rolf: In: Dieterich, Thomas / Hanau, Peter / Schaub, Günter (Hrsg.): Erfurter Kommentar zum Arbeitsrecht, 1. Aufl., München, 1998.

KITTNER, Michael: Kommentierung zum KSchG, in: Kittner, Michael / Däubler, Wolfgang / Zwanziger, Bertram: Kündigungsschutzrecht, 5. Aufl., 2001.

KITTNER, Michael: Rechtsschutz für Tarifverträge, in: Farthmann, Friedhelm / Hanau, Peter / Isenhardt, Udo / Preis, Udo (Hrsg.): Arbeitsgesetzgebung und Arbeitsrechtsprechung - Festschrift zum 70. Geburtstag von Eugen Stahlhacke, Neuwied, Kriftel, Berlin, 1995, S. 247-259.

KITTNER, Michael: Tarifvertrag, AiB 1996, S. 31-39.

KLEINHENZ, Gerhard: Gutachten zum 63. DJT, in: Ständige Deputation des Deutschen Juristentages (Hrsg.): Verhandlungen des dreiundsechzigsten Deutschen Juristentages Leipzig 2000, Band I, Welche arbeits- und ergänzenden sozialrechtlichen Regelungen empfehlen sich zur Bekämpfung der Arbeitslosigkeit? München, 2000, B 1-78.

KLEINHENZ, Gerhard: Perspektiven der Tarifautonomie - aus volkswirtschaftlicher Sicht, in: Beltz Rübelmann, Manfred / Döding, Günter / Kleinhenz, Gerhard / Rüthers, Bernd (Hrsg.): Zukunft der Tarifautonomie, Mannheim, Wien, Zürich, 1988, S. 29-44.

KOBERSKI, Wolfgang / SAHL, Karl-Heinz / HOLD, Dieter: Arbeitnehmer-Entsendegesetz, München, 1997.

KÖDDERMANN, Ralf / WILHELM, Markus: Umfang und Bestimmungsgründe einfließender und ausfließender Direktinvestitionen ausgewählter Industrieländer - Entwicklungen und Perspektiven, München, 1996.

KOHAUT, Susanne / SCHNABEL, Claus: Tarifbindung im Wandel, iw-trends 2/1999, S. 63-80.

KÖHNE, Rüdiger: Die Kündigung wegen dringender betrieblicher Erfordernisse, in: Oehmann, Werner / Dieterich, Thomas / Neef, Klaus / Schwab, Brent (Hrsg.): AR-Blattei SD, Kündigungsschutz IV, GW 1992.

KONZEN, Horst: Die Tarifautonomie zwischen Akzeptanz und Kritik, NZA 1995, S. 913-920.

KONZEN, Horst: Vom „Neuen Kurs" zur sozialen Marktwirtschaft, ZfA 1991, S. 379-400.

KÖPPE, Hans: Der Arbeitstarifvertrag als Gesetzgebungsproblem, Jena, 1908.

KORT, Michael: Reformbedarf bei der betriebsverfassungsrechtlichen Mitbestimmung in Fällen von Strukturveränderungen in Betrieb und Unternehmen, ZfA 2000, S. 329-375.

KRAMER, Michael: Einzelvertragliche Verlängerung tariflich festgelegter Arbeitszeit, DB 1994, S. 426-427.

KRAUSS, Stefan: Der bunte Korb der Günstigkeit, NZA 1996, S. 294-296.

KRAUSS, Stefan: Günstigkeitsprinzip und Autonomiebestreben am Beispiel der Arbeitszeit, 1. Aufl., Bayreuth, 1995.

KRAUSS, Stefan: Noch lange nicht am Ende: Betriebliche Bündnisse für Arbeit, DB 2000, S. 1962-1965.

KRUMMEL, Christoph: Die Geschichte des Unabdingbarkeitsgrundsatzes und des Günstigkeitsprinzips im Tarifvertragsrecht, Diss., Frankfurt am Main, Bern, New York, Paris, 1991.

KRUMREY, Henning / WILKE, Olaf: Marathon Ost, FOCUS Nr. 48/1996, S. 21-24.

KÜCHENHOFF, Günther: Rechtsgutachten über die tarif- und verbandsrechtliche Tragweite des im Tarifrecht geltenden Günstigkeitsprinzips, Verbandsnachrichten der Deutschen Orchestervereinigung in der DAG, 1992, Nr. 7/8, S. 10-13.

KUNIG, Philip: In: von Münch, Ingo / Kunig, Philip (Hrsg.): Grundgesetz-Kommentar, Band 1, (Präambel bis Art. 20), 4. Aufl., München, 1992.

KUNZ, Frithof / THIEL, Wera: Arbeitsrecht - Lehrbuch, Staatsverlag der DDR, 1. Aufl., Berlin, 1983.

LANGER, Axel: Arbeitgeberverbandsaustritte - Motive, Abläufe und Konsequenzen, Industrielle Beziehungen 1994, S. 132-154.

LARENZ, Karl / WOLF, Manfred: Allgemeiner Teil des Bürgerlichen Rechts, 8. Aufl., München, 1997.

LAUFKE, Franz: Vertragsfreiheit und Grundgesetz, in: Nipperdey, Hans Carl u.a. (Hrsg.): Das deutsche Privatrecht in der Mitte des 20. Jahrhunderts, Festschrift für Heinrich Lehmann zum 80. Geburtstag, Band 1, 2. Aufl., Berlin, Tübingen, Frankfurt am Main, 1965, S. 145-188.

LEIBHOLZ, Gerhard / RINCK, Hans-Justus / HESSELBERGER, Dieter: Grundgesetz für die Bundesrepublik Deutschland, Band I, 7. Aufl., Köln, 1993.

LEINEMANN, Wolfgang: Wirkungen von Tarifverträgen und Betriebsvereinbarungen auf das Arbeitsverhältnis, DB 1990, S. 732-738.

LEISNER, Walter: Verfassungsschranken der Unternehmensbelastungen, NJW 1996, S. 1511-1517.

LEYDHECKER, E.-G.: Tarifvertrag, Betriebsvereinbarung und Einzelarbeitsvertrag, BlStSozArbR 1947, S.163- 166.

LIEB, Manfred: Arbeitsrecht, 7. Aufl., Heidelberg, 2000.

LIEB, Manfred: Mehr Flexibilität im Tarifvertragsrecht? „Moderne" Tendenzen auf dem Prüfstand, NZA 1994, S. 289-294, S. 337-342.

LIEB, Manfred: Skandal oder Signal? Zur Problematik tarifwidriger Betriebsvereinbarungen, in: Hönn, Günther / Konzen, Horst / Kreutz, Peter (Hrsg.): Festschrift für Alfons Kraft zum 70. Geburtstag, Neuwied, Kriftel, 1998.

LINNENKOHL, Karl / RAUSCHENBERG, Hans-Jürgen / REH, Dirk A.: Abschied vom „Leber-Kompromiß" durch das Günstigkeitsprinzip? BB 1990, S. 628-631.

LINNENKOHL, Karl / RAUSCHENBERG, Hans-Jürgen: Arbeitszeitflexibilisierung - 140 Unternehmen und ihre Modelle, 3. Aufl., Heidelberg, 1996.

LINNENKOHL, Karl / TENTE, Elke: Kein Kavaliersdelikt, AuA 2001, S. 25-26.

LINNENKOHL, Karl: Selbständigen-Kultur und Arbeitsmarkt, BB 1999, S. 48-54.

LOHS, René Alexander: Anpassungsklauseln in Tarifverträgen, Frankfurt am Main, Berlin, New York, Paris, Wien, 1996.

LOSSE, Bert: „Gegen Öffnungsklausel" - IG-Bau-Chef Klaus Wiesehügel im Gespräch, WIRTSCHAFTSWOCHE Nr. 51/1999, S. 35.

LOSSE, Bert: Raus aus dem Korsett, WIRTSCHAFTSWOCHE Nr. 51/1995, S. 32.

LOTMAR, Philipp: Der Arbeitsvertrag nach dem Privatrecht des Deutschen Reiches, 1. Band, Leipzig, 1902.

LÖWISCH, Manfred / RIEBLE, Volker: Tarifvertragsgesetz, 1. Aufl., München. 1992.

LÖWISCH, Manfred: Arbeitsrecht und wirtschaftlicher Wandel, RdA 1999, S. 69-80.

LÖWISCH, Manfred: Arbeitsrecht, 5. Aufl., Düsseldorf, 2000.

LÖWISCH, Manfred: Die Arbeitsrechtsordnung unter dem Grundgesetz, in: Rechtswissenschaftliche Fakultät der Albert-Ludwigs-Universität Freiburg / Br. (Hrsg.): 40. Jahre Grundgesetz, Heidelberg, 1990, S. 59-85.

LÖWISCH, Manfred: Die Freiheit zu arbeiten - nach dem Günstigkeitsprinzip, BB 1991, S. 59-63.

LÖWISCH, Manfred: In: Richardi, Reinhard / Wlotzke, Otfried (Hrsg.): Münchener Handbuch zum Arbeitsrecht, Band 3, 1. Aufl., München, 1993.

LÖWISCH, Manfred: Kommentar zum Kündigungsschutzgesetz, 8. Aufl., Heidelberg, 2000.

LÖWISCH, Manfred: Mögliche arbeits- und sozialrechtliche Beiträge zur Bekämpfung der Arbeitslosigkeit. JZ 2000, S. 806-812.

LÖWISCH, Manfred: Schutz der Selbstbestimmung durch Fremdbestimmung, ZfA 1996, S. 293-318.

LÖWISCH, Manfred: Tariföffnung bei Unternehmens- und Arbeitsplatzgefährdung, NJW 1997, S. 905-911.

LÖWISCH, Manfred: Taschenkommentar zum Betriebsverfassungsgesetz, 4. Aufl., Heidelberg, 1996.

LÖWISCH, Manfred: Viertagewoche durch Änderungskündigung, BB 1993, S. 2371-2372.

LÖWISCH, Manfred: Zur Zulässigkeit freiwilliger Samstagsarbeit nach dem Günstigkeitsprinzip, DB 1989, S. 1185-1188.

MAIER, Ludwig / SCHAUTIS, Bettina: Die tarifliche Situation in den untersuchten Branchen im Überblick - Ergebnis der schriftlichen Befragung, in: Oppolzer, Alfred / Zachert, Ulrich (Hrsg.): Krise und Zukunft des Flächentarifvertrages, 1. Aufl., Baden-Baden, 2000.

MARR, Rainer: Arbeitszeitmanagement: Die Nutzung der Ressource Zeit - zur Legitimation einer bislang vernachlässigten Managementaufgabe -, in: Marr, Rainer (Hrsg.): Arbeitszeitmanagement, 2. Aufl., Berlin, 1993, S. 15-38.

MARTENS, Klaus-Peter: Das betriebsverfassungsrechtliche Ablösungsprinzip im System des §§ 87, 88, 77 BetrVG, RdA 1983, S. 217-225.

MARTENS, Klaus-Peter: Das tarifliche Günstigkeitsprinzip und der Günstigkeitsvergleich, in: Bettermann, Karl August / Löwisch, Manfred / Otto, Hansjörg / Schmidt, Karsten (Hrsg.): Festschrift für Albrecht Zeuner zum 70. Geburtstag, Tübingen, 1994, S. 101-119.

MAYER, Ralf Erhard: Das Verhältnis des Tarifvertrages zu früheren und späteren günstigeren arbeitsvertraglichen Absprachen, Diss., Köln, 1986.

MAYER-MALY, Theo: Anmerkung zu BAG vom 18.08.1976, AP Nr. 4 zu § 613a BGB.

MEDICUS, Dieter: Bürgerliches Recht, 18. Aufl., Köln, Berlin, Bonn, München, 1999.

MEIK, Frank Andreas: Der Kernbereich der Tarifautonomie, 1. Aufl., Berlin, 1987.

MEYER, Cord: Chancen und Grenzen der Anpassung von Tarifverträgen, RdA 1998, S. 142-155.

MILBRADT, Georg: Aufbau Ost ein langwieriger Prozeß, Wirtschaftsdienst 2000, S. 391-394.

MONOPOLKOMMISSION: Mehr Wettbewerb auf allen Märkten - Zehntes Hauptgutachten 1992/93, 1. Aufl., Baden-Baden, 1994.

MÜCKENBERGER, Ulrich: Aktuelle Herausforderungen an das Tarifwesen, KJ 1995, S. 26-44.

MÜLLER, Christoph: Die Berufsfreiheit des Arbeitgebers, Diss., Köln, 1996.

MÜLLER, Gerhard: Einflüsse des kollektiven Arbeitsrechts auf das Arbeitsverhältnis (Teil I), DB 1967, S. 903-909.

MÜLLER, Holger: Möglichkeiten und Grenzen der Gehaltsabsenkung in insolvenzbedrohten Unternehmen zur Meidung von Massenentlassungen, NZA 1985, S. 307-311.

MÜLLER, Reiner: In: Schmid, Stefan (Hrsg.): Insolvenzordnung (InsO) mit Insolvenzrechtlicher Vergütungsordnung (InsVV), Stuttgart, Berlin, Köln, 1999.

MÜLLER, Uwe: Arbeitskampf im Armenhaus, DIE WELT v. 03.06.2003, Nr. 127, S. 3

MÜLLER-JENTSCH, Walther: Auf dem Prüfstand: Das deutsche Modell der industriellen Beziehungen, Industrielle Beziehungen 1995, S. 11-24.

MÜLLER-JENTSCH, Walther: Die Betriebsverfassung - eine deutsche Karriere, MITBESTIMMUNG 10/1996, S. 43-46.

MUNDORF, Hans: Dennoch ein Fortschritt, HANDELSBLATT v. 16./17.07.1993, Nr. 135, S. 2.

MUNDORF, Hans: Die IG Metall als Insolvenzverwalter, HANDELSBLATT v. 08.06.1993 Nr. 108, S. 2.

NEFIODOW, Leo A.: Informationsgesellschaft - Arbeitsplatzvernichtung oder Arbeitsplatzgewinne, Ifo-Schnelldienst 12/1994, S. 11-19.

NEUBAUER, Ralf: Auf der Suche nach neuen Modellen, DIE ZEIT v. 10.12.1993, Nr. 50, S. 25.

NEUMANN, Dirk : Arbeitszeit und Flexibilisierung, NZA 1990, S. 961-966.

NEUMANN, Dirk / BIEBL, Josef: Arbeitszeitgesetz: Kommentar, 12. Aufl., München, 1995.

NIEBLER, Michael / SCHMIEDL, Wolfgang: Sind Abweichungen vom Tarifvertrag zur Beschäftigungssicherung zulässig? BB 2001, S. 1631-1636.

NIKISCH, Arthur: Arbeitsrecht, Band I, 3. Aufl., Tübingen, 1961.

NIKISCH, Arthur: Arbeitsrecht, Band II, 2. Aufl., Tübingen, 1959.

NIKISCH, Arthur: Die Entwicklung des Tarifrechts unter besonderer Berücksichtigung der Rechtslage in der sowjetischen Besatzungszone Deutschlands, RdA 1947, S. 4-8.

NIKISCH, Arthur: Inhalt und Grenzen des tariflichen Günstigkeitsprinzips, DB 1963, S. 1254-1257.

NIPPERDEY, Hans Carl: Beiträge zum Tarifrecht, Mannheim, Berlin, Leipzig, 1924.

NIPPERDEY, Hans Carl: Das Recht des Tarifvertrages, BB 1948, S. 157-160.

NIPPERDEY, Hans Carl: Die Rechtsprechung des Reichsgerichts zum Tarifrecht (1919-1925), NZfA 1926, Sp. 193-214.

NIPPERDEY, Hans Carl: In: Hueck, Alfred / Nipperdey, Hans Carl / Dietz, Rolf (Hrsg.): Gesetz zur Ordnung der nationalen Arbeit und Gesetz zur Ordnung der Arbeit in öffentlichen Verwaltungen und Betrieben mit der Verordnung über die Lohngestaltung und Kriegswirtschaft (Kriegslöhne), 4. Aufl., Berlin, München, 1943.

OCKENFELS, Wolfgang: Gewerkschaftliche Legitimationskrise durch Strukturwandel und Zielerreichung? In: Dichmann, Werner (Hrsg.): Gewerkschaften in Deutschland, Köln, 1990, S. 30-41.

OECD: Technology and Economy, Paris, 1992.

OETKER, Hartmut: Die Kündigung von Tarifverträgen, RdA 1995, S. 82-103.

OPPENLÄNDER, K. H.: Läßt sich über wirtschaftliches Wachstum auf Dauer höhere Beschäftigung erreichen? Ifo-Schnelldienst 12/1994, S. 3-6.

OPPOLZER, Alfred: Individuelle Freiheit und kollektive Sicherheit im Arbeitsrecht, ArbuR 1998, S. 45-56.

OPPOLZER, Alfred: Wertewandel und Arbeitswelt, GMH 1994, S. 349-357.

OSTROP, Markus H.: Mitgliedschaft ohne Tarifbindung, 1. Aufl., Frankfurt am Main, Berlin, Bern, New York, Paris, Wien, 1997.

PAPIER, Hans-Jürgen: Der verfassungsrechtliche Rahmen für Privatautonomie im Arbeitsrecht, RdA 1989, S. 137-144.

PAQUÉ, Karl-Heinz: Die ostdeutsche Wirtschaft nach zehn Jahren deutscher Einheit: Bilanz und Perspektiven, Wirtschaftsdienst 2000, S. 398-401.

PÄTZOLD, Erhard: Durchsetzung des Leistungsprinzips, 1. Aufl., Staatsverlag der DDR, Berlin, 1975.

PETER, Gabriele: Rechtsschutz für „Niedriglöhner" durch Mindestlohn, ArbuR 1999, S. 289-296.

PETER, Waltraut: Das deutsche Sozialhilfesystem: Im Spannungsfeld zwischen sozialer Fürsorge und Hilfe zur Arbeit, iw-trends 2/2000, S. 57-69.

PICKER, Eduard: Die Regelung der „Arbeits- und Wirtschaftsbedingungen" - Vertragsprinzip oder Kampfprinzip? ZfA 1986, S. 199-339.

PICKER, Eduard: Tarifautonomie - Betriebsautonomie - Privatautonomie, NZA 2002, S. 761-770.

PICKER, Eduard: Tarifmacht und tarifvertragliche Arbeitsmarktpolitik, ZfA 1998, S. 573-714.

POTTHOFF, Barbara: Arbeitszeitverkürzungen zur Personalkostensenkung, Diss., Münster, 1998.

PREIS, Ulrich: Autonome Unternehmensentscheidung und „dringendes betriebliches Erfordernis", NZA 1995, S. 241-250.

PROBST, Matthias: Das Günstigkeitsprinzip im Arbeitsrecht unter besonderer Berücksichtigung seiner Regelung in den Tarifordnungen, Diss., Köln, 1937.

PUTZO, Heinz: In: Palandt - Bürgerliches Gesetzbuch, 61. Aufl., München, 2002.

RAMM, Thilo: Die Rechtsprechung des BAG, JZ 1966, S. 214-222.

RAPPE, Hermann: Innovation statt Wehklagen, DIE WELT v. 03.08.1993, Nr. 178-31, S. 5.

RAUSCHENBERG, Hans-Jürgen: Flexibilisierung und Neugestaltung der Arbeitszeit, 1. Aufl., Baden-Baden, 1993.

REICHEL, Hans: Änderung des Tarifvertragsgesetzes, DB 1975, S. 102-107.

REUSS, Wilhelm: Die Stellung des kollektiven autonomen Arbeitsrechts im Rechtssystem, ArbuR 1958, S. 321-331.

REUTER, Dieter: Betriebsverfassung und Tarifvertrag, RdA 1994, S. 152-168.

REUTER, Dieter: Das Verhältnis von Individualautonomie, Betriebsautonomie und Tarifautonomie, RdA 1991, S. 193-204.

REUTER, Dieter: Deregulierung auf dem Arbeitsmarkt, DWiR 1991, S. 221-234.

REUTER, Dieter: Empfiehlt es sich, die Regelungsbefugnisse der Tarifparteien im Verhältnis zu den Betriebsparteien neu zu ordnen? Referat zum 61. DJT, in: Ständige Deputation des Deutschen Juristentages (Hrsg.): Verhandlungen des einundsechzigsten Deutschen Juristentages Karlsruhe 1996, Band II / 1, München, 1996, K 35-67.

REUTER, Dieter: Empfiehlt es sich, die Regelungsbefugnisse der Tarifparteien im Verhältnis zu den Betriebsparteien neu zu ordnen? Diskussion zum 61. DJT, in: Ständige Deputation des Deutschen Juristentages (Hrsg.): Verhandlungen des einundsechzigsten Deutschen Juristentages Karlsruhe 1996, Band II / 2, München, K 125-128, 1996, K 143-146.

REUTER, Dieter: Funktionsfähigkeit der Arbeitsmärkte durch Tarifautonomie? In: Fischer, Wolfgang (Hrsg.): Währungsreform und soziale Marktwirtschaft, Berlin, 1989, S. 507-519.

REUTER, Dieter: Juristische Bewertung der Vorschläge zur Regulierung des Arbeitsmarktes, in: Soltwedel, Rüdiger / Brothe, Adrian / Hoffmeyer, Martin / Laaser, Claus-Friedrich / Lammers, Konrad / Merk, Monika / Reuter, Dieter: Regulierungen auf dem Arbeitsmarkt der Bundesrepublik, Tübingen, 1990, S. 189-234.

REUTER, Dieter: Möglichkeiten und Grenzen einer Auflockerung des Tarifkartells, ZfA 1995, S. 1-94.

RICHARDI, Reinhard: Arbeitszeitverlängerung nach Tarifvertragsregelung in der Metallindustrie, DB 1990, S. 1613-1618.

RICHARDI, Reinhard: Betriebsverfassungsgesetz mit Wahlordnung, 7. Aufl., München, 1998.

RICHARDI, Reinhard: Eingriff in die Arbeitsvertragsregelung durch Betriebsvereinbarung, RdA 1983, S. 201-217, S. 278-288.

RICHARDI, Reinhard: Empfiehlt es sich, die Regelungsbefugnisse der Tarifparteien im Verhältnis zu den Betriebsparteien neu zu ordnen? Gutachten B für den 61. Deutschen Juristentag, in: Ständige Deputation des Deutschen Juristentages (Hrsg.): Verhandlungen des einundsechzigsten Deutschen Juristentages Karlsruhe 1996, Band I, München, 1996, B 1-102.

RICHARDI, Reinhard: Empfiehlt es sich, die Regelungsbefugnisse der Tarifparteien im Verhältnis zu den Betriebsparteien neu zu ordnen? Diskussion zum 61. DJT, in: Ständige Deputation des Deutschen Juristentages (Hrsg.): Verhandlungen des einundsechzigsten Deutschen Juristentages Karlsruhe 1996, Band II / 2, München, 1996, K 164-165.

RICHARDI, Reinhard: In: Richardi, Reinhard / Wlotzke, Otfried (Hrsg.): Münchener Handbuch zum Arbeitsrecht, Band 2, 2. Aufl., München, 2000.

RICHARDI, Reinhard: Kollektivgewalt und Individualwille bei der Gestaltung des Arbeitsverhältnisses, München, 1968.

RICHARDI, Reinhard: Kollektivvertragliche Arbeitszeitregelungen, ZfA 1990, S. 211-243.

RICHARDI, Reinhard: Tarifautonomie und Betriebsautonomie als Formen wesensverschiedener Gruppenautonomie im Arbeitsrecht. DB 2000, S. 42-48.

RICHARDT, Winfried: Arbeitsvertragliche Flexibilisierung von Entgeltbedingungen, Köln, 1998.

RICHTER, Lutz: Die Rechtswirkung der Tarifordnung, JW 1934, S. 1013-1017.

RIEBLE, Volker: Der Fall Holzmann und seine Lehren, NZA 2000, S. 225-234.

RIEBLE, Volker: Krise des Flächentarifvertrages? RdA 1996, S. 151-158.

RÖCKL, Johannes: Zulässigkeit einer Mitgliedschaft in Arbeitgeberverbänden ohne Tarifbindung? DB 1993, S. 2382-2385.

RÖMER, Petra Alexa: Tarifvertrag und Arbeitslosigkeit Aachen, 1995.

ROSDÜCHER, Jörg: Arbeitsplatzsicherung durch Tarifvertrag, 1. Aufl., München, Mering, 1997.

ROSDÜCHER, Jörg: Beschäftigungsorientierte Tarifpolitik, WSI-Mitt. 1997, S. 459-470.

RÖSNER, Hans Jürgen: Von der Lean Production zum „Lean Employment", Wirtschaftsdienst 1994, S. 248-255.

RÖSNER, Hans Jürgen: Global Competition - Konsequenzen für die Tarifpolitik, Wirtschaftsdienst 1995, S. 475-483.

RÖSNER, Hans Jürgen: Mehr Kompetenzen für die Betriebsräte? Wirtschaftsdienst 1993, S. 471-478.

ROTH, Günter H.: In: Heinrichs, Helmut (Red.): Münchener Kommentar zum Bürgerlichen Gesetzbuch, Band 2, Schuldrecht, Allgemeiner Teil (§§ 241-432), 3. Aufl., München, 1994.

RÜTHERS, Bernd: Ist die Tarifautonomie am Ende? In: Beltz Rübelmann, Manfred / Döding, Günter / Kleinhenz, Gerhard / Rüthers, Bernd (Hrsg.): Zukunft der Tarifautonomie, Mannheim, Wien, Zürich, 1988, S. 9-28.

RÜTHERS, Bernd: Mehr Beschäftigung durch Entrümpelung des Arbeitsrechts? NJW 2003, S. 546-552.

SÄCKER, Franz-Jürgen / OETKER, Hartmut: Grundlagen und Grenzen der Tarifautonomie - erläutert anhand aktueller tarifpolitischer Fragen, 1. Aufl., München, 1992.

SÄCKER, Franz-Jürgen / OETKER, Hartmut: Höchstnormbeschlüsse der Koalitionen zwischen Freiheitsschutz und Verbandsautonomie, ZfA 1996, S. 85-113.

SÄCKER, Franz-Jürgen: Anmerkung zu BAG vom 21.02.1967- 1 ABR 9/66, SAE 1968, S. 16-20.

SÄCKER, Franz-Jürgen: Gruppenautonomie und Übermachtkontrolle im Arbeitsrecht, Berlin, 1972.

SÄCKER, Franz-Jürgen: Kollektivgewalt und Individualwille bei der Gestaltung des Arbeitsverhältnisses, RdA 1969, S. 291-302.

SCHALL, Wilhelm : Das Privatrecht der Arbeitstarifverträge, Jena, 1907.

SCHAUB, Günter: Arbeitsrechtshandbuch, 9. Aufl., München, 2000..

SCHAUB, Günter: Die Änderungskündigung, in: Hromadka, Wolfgang (Hrsg.): Änderung von Arbeitsbedingungen, Heidelberg, 1990, S. 73-107.

SCHAUB, Günter: In: Dieterich, Thomas / Hanau, Peter / Schaub, Günter (Hrsg.): Erfurter Kommentar zum Arbeitsrecht, 1. Aufl., München, 1998.

SCHAUB, Günter: In: Westermann, Harm Peter (Red.): Münchener Kommentar zum Bürgerlichen Gesetzbuch, Band 4, Schuldrecht, Besonderer Teil II (§§ 607-704), 3. Aufl., München, 1997.

SCHAUB, Günter: Rechtliche Hindernisse der tarifvertragsfreien Gestaltung von Arbeitsbedingungen. ZTR 2000, S. 10-14.

SCHAUB, Günter: Tarifflucht im Spiegel der BAG-Rechtsprechung, AuA 1998, S. 44-47.

SCHELLHAASS, Horst Manfred: Die Zukunft des Arbeitsmarktes - Wege zu mehr Beschäftigung, Bad Homburg, 1996.

SCHELLHAASS, Horst Manfred: Öffnungsklauseln als Hilfe zur Selbsthilfe, Wirtschaftsdienst 1993, S. 286-289.

SCHELP: Tarifvertrag und Betriebsvereinbarung im Rahmen von § 59 des Betriebsverfassungsgesetzes, DB 1962, S. 1242-1245, S. 1275-1277.

SCHEURER, Martina: Runde für den Arbeitsplatz, iw-gewerkschaftsreport 1/1995, S. 101-106.

SCHLECHT, Otto: Die Verantwortung von Staat, Unternehmen und Gewerkschaften für Arbeitsmarkt und Beschäftigung, in: Ludwig-Erhard-Stiftung (Hrsg.): Arbeitsmarkt und Beschäftigung, Krefeld, 1995, S. 6-12.

SCHLIEMANN, Harald: Tarifliches Günstigkeitsprinzip und Bindung der Rechtsprechung, NZA 2003, S. 122-128.

SCHLÜTER, Wilfried: Die Grenzen der Tarifmacht bei der Regelung der Wochenarbeitszeit, in: Küper, Wilfried / Welp, Jürgen (Hrsg.): Festschrift für Walter Stree und Johannes Wessels zum 70. Geburtstag, Heidelberg, 1993, S. 1061-1084.

SCHMID, Stefan: Der Erhalt von Arbeitsplätzen in der Insolvenz des Arbeitgebers nach neuem Recht, NZA 2000, S. 113-121.

SCHMIDT, Gerhard: Das Günstigkeitsprinzip im deutschen und schweizerischen Arbeitsrecht, Diss., Freiburg, Schweiz, 1969.

SCHMIDT, Gerhard: Der Einfluß eines Tarifabschlusses auf bestehende günstigere Abmachungen, RdA 1952, S. 305-307.

SCHMIDT-SALZER, Joachim: Vertragsfreiheit und Verfassungsrecht, NJW 1970, S. 8-15.

SCHMITT, Peter: Zahl der Erwerbslosen deutlich gesunken, SDZ v. 10.04.2002, Nr. 83, S. 5.

SCHNEIDER, Klaus: Die Verantwortung der Lohnpolitik wächst, ARBEITGEBER 5/1997, S. 125-126.

SCHOLZ, Rupert: Die Koalitionsfreiheit als Verfassungsproblem, 1. Aufl., München, 1971, Nachdruck 1995.

SCHOLZ, Rupert: Grundgesetzliche Arbeitsverfassung - Grundlagen und Herausforderungen, DB 1987, S. 1192-1198.

SCHOLZ, Rupert: In: Maunz, Theodor / Dürig, Günter / Herdegen, Matthias / Herzog, Roman / Klein, Hans H. / Lerche, Peter / Papier, Hans-Jürgen / Randelszhofer, Albrecht / Schmidt-Assmann, E. / Scholz, Rupert: Grundgesetz, Band 1, (Art.1-12), 7. Aufl., München.

SCHRÖDER, Christoph: Produktivität und Lohnstückkosten im internationalen Vergleich, iw-trends 2/1996, S. 5-19.

SCHRÖDER, Gerhard: Regierungserklärung von Bundeskanzler Schröder am 14. März 2003 vor dem Deutschen Bundestag, www.bundesregierung.de/Nachrichten/Regierungserklaerungen-,8674.472179/regierungserklaerung/Regierungserklaerung-von-Bunde.htm

SCHULZE, Peter R.: Das Günstigkeitsprinzip im Tarifvertragsrecht, 1. Aufl., Frankfurt am Main, New York, 1985.

SCHÜTZPELZ, Anne: Die Arbeitsmärkte in den EU-Beitrittsländern, WSI-Mitt. 2003, S. 33-39.

SCHWEIBERT, Ulrike: Die Verkürzung der Wochenarbeitszeit durch Tarifvertrag, 1. Aufl., Baden-Baden, 1994.

SDZ: Jedes vierte Unternehmen will Härteklausel nutzen, SDZ v. 10./11.07.1993, Nr. 156, S. 22.

SEIFERT, Hartmut: Betriebliche Bündnisse für Arbeit - Ein neuer beschäftigungspolitischer Ansatz, WSI-Mitt. 2000, S. 437-443.

SEITEL, Hans Peter: Empfiehlt es sich, die Regelungsbefugnisse der Tarifparteien im Verhältnis zu den Betriebsparteien neu zu ordnen? Diskussion zum 61. DJT, in: Ständige Deputation des Deutschen Juristentages (Hrsg.): Verhandlungen des einundsechzigsten Deutschen Juristentages Karlsruhe 1996, Band II / 2, München, K 133-137.

SEITEL, Hans Peter: Öffnungsklauseln in Tarifverträgen, Berlin, 1995.

SIEBERT, Horst: Einführung in die Volkswirtschaft, 12. Aufl., Stuttgart, Berlin, Köln.

SIEBERT, Horst: Geht den Deutschen die Arbeit aus? 1. Aufl., München, 1994

SIEBERT, Horst: Mehr Vielfalt - Mehr Arbeit, DIE ZEIT v. 31.03.1995, Nr. 14, S. 35.

SIEBERT, Wolfgang: Kollektivnorm und Individualrecht im Arbeitsverhältnis, in: Dietz, Rolf / Hueck, Alfred / Reinhardt, Rudolf (Hrsg.): Festschrift für Hans Carl Nipperdey zum 60. Geburtstag, München, Berlin, 1955, S. 119-145.

SIEGERS, Josef: Verantwortung der Tarifpartner für Arbeitsmarkt und Beschäftigung, in: Ludwig-Erhard-Stiftung (Hrsg.): Arbeitsmarkt und Beschäftigung, Krefeld, 1995, S. 31-45.

SINZHEIMER, Hugo: Der korporative Arbeitsnormenvertrag, 1. Teil, Leipzig, 1907,

SINZHEIMER, Hugo: Der korporative Arbeitsnormenvertrag, 2. Teil, Leipzig, 1908.

SITZLER, Friedrich: Tarifvertrag oder Tarifordnung? RdA 1948, S. 8-11.

TEICHMANN, Arndt: In: Soergel - Bürgerliches Gesetzbuch, Band 2 - 1. Schuldrecht (§§ 241-432), 12. Aufl., Stuttgart, Berlin, Köln, 1990.

SÖLLNER, Alfred: Der Flächentarifvertrag - ein Kartell? Arbeitsrecht der Gegenwart 1998, S. 21-32.

SÖLLNER, Alfred: Grenzen des Tarifvertrags, NZA 1996, S. 897-906.

SÖLLNER, Alfred: Grundriß des Arbeitsrechts, 12. Aufl., München, 1998.

SOLTWEDEL; Rüdiger: in: Soltwedel, Rüdiger / Brothe, Adrian / Hoffmeyer, Martin / Laaser, Claus-Friedrich / Lammers, Konrad / Merk, Monika / Reuter, Dieter: Regulierungen auf dem Arbeitsmarkt der Bundesrepublik, Tübingen, 1990, S. 162 ff.

SONTOWSKI, Sandra: Löhne in der Unternehmenskrise, 1. Aufl., Frankfurt am Main, Berlin, Bern, New York, Paris, Wien, 1998.

SPD: Erneuerung und Zusammenhalt - Wir in Deutschland, Regierungsprogramm 2002-2006, Berlin, 2002.

SPIEGEL: Die Jobs wandern aus, DER SPIEGEL Nr. 37/1995, S. 42-53.

SPINDLER, Helga: Lohnwucher - ein neues Rechtsproblem, ArbuR 1999, S. 296-298.

STAHLHACKE, Eugen: Grundfragen der betriebsbedingten Kündigung, DB 1991, S. 1361-1368.

STATISTISCHES BUNDESAMT: Statistisches Jahrbuch 2000 für die Bundesrepublik Deutschland, Wiesbaden, 2000.

STATISTISCHES BUNDESAMT: Zur wirtschaftlichen Lage in den neuen Ländern und Berlin-Ost, Wirtschaft und Statistik 1998, S. 183-212.

STEINKÜHLER, Franz: Solidarische Arbeitnehmerschaft verwirklichen, GMH 1986, S. 577-585.

STERN, Klaus: Das Staatsrecht der Bundesrepublik Deutschland, Band I, Grundbegriffe und Grundlagen des Staatsrechts, Strukturprinzipien der Verfassung, München, 1977.

STREEK, Wolfgang / HEINZE, Rolf: An Arbeit fehlt es nicht, DER SPIEGEL Nr. 19/1999, S. 38-45.

STREICH, Rudolf: Die Entwicklung des Arbeitsrechts in der amerikanischen Besatzungszone unter Berücksichtigung der Bizone, Diss., Gießen, 1973.

SWR: LTU - Ferienflieger im Sinkflug - Charterfluggesellschaft LTU steckt in der Finanzkrise, www.frankenradio.de/thema/archiv/ltu_011030/index.html.

TECH, Karsten: Günstigkeitsprinzip und Günstigkeitsbeurteilung im Arbeitsrecht, Diss., Kiel, 1987.

TESSARING, Manfred: Langfristige Tendenzen des Arbeitskräftebedarfs nach Tätigkeiten und Qualifikationen in den alten Bundesländern bis zum Jahre 2010, MittAB 1994, S. 5-19.

THIEL, Wera: Arbeitsrecht in der DDR, 1. Aufl., Opladen, 1997.

THOMSSEN, Gerhard: Die Jobs der Zukunft, DIE WOCHE Nr. 3 v. 13.08.1999, S. 1.

THOMSSEN, Gerhard: Hier gibt es Arbeit ohne Ende, DIE WOCHE Nr. 3 v. 13.08.1999, S. 12-13.

TRAPPEHL, Bernhard / LAMBRICH, Thomas: Unterlassungsanspruch der Gewerkschaft - das Ende für betriebliche „Bündnisse für Arbeit", NJW 1999, S. 3217-3224.

TYSKA, Hans-Joachim: Die Zulässigkeit untertariflicher Löhne unter dem Blickpunkt von Tariföffnungsklausel und Günstigkeitsprinzip, ArbuR 1985, S. 276-283.

ULLMANN, Peter: Tarifverträge und Tarifpolitik in Deutschland bis 1914, Frankfurt am Main, Bern, Las Vegas, 1977.

UNTERHINNINGHOFEN, Hermann: Empfiehlt es sich, die Regelungsbefugnisse der Tarifparteien im Verhältnis zu den Betriebsparteien neu zu ordnen? Diskussion zum 61. DJT, in: Ständige Deputation des Deutschen Juristentages (Hrsg.): Verhandlungen des einundsechzigsten Deutschen Juristentages Karlsruhe 1996, Band II / 2, München, 1996, K 152-154.

VC: VC leistet den geforderten Beitrag zur Rettung der LTU, Pressemitteilung v. 02.11.2001, http://www.vcockpit.de/pages/presse/aktuell/ltu211.html.

VON HOYNINGEN-HUENE, Gerrick / MEIER-KRENZ, Ulrich: Flexibilisierung des Arbeitsrechts durch Verlagerung tariflicher Regelungskompetenzen auf den Betrieb, ZfA 1988, S. 293-318.

VON HOYNINGEN-HUENE, Gerrick: Betriebsbedingte Kündigungen in der Wirtschaftskrise, NZA 1994, S.1009-1016.

VON HOYNINGEN-HUENE, Gerrick: Die Einführung und Anwendung flexibler Arbeitszeiten im Betrieb, NZA 1985, S. 9-15.

VON HOYNINGEN-HUNE, Gerrick: Arbeitsrecht 2000, ZTR 1999, S. 289-292.

WAGNER, Dieter: Arbeitszeit und Wertewandel, in: Marr, Rainer (Hrsg.): Arbeitszeitmanagement: Grundlagen und Perspektiven der Gestaltung flexibler Arbeitszeitsysteme, Berlin, 2. Aufl., 1993, S. 299-321.

WAGNER, Klaus-R.: Verfassungsrechtliche Grundlagen der Übertragung von Kompetenzen der Tarifparteien auf die Betriebsparteien, DB 1992, S. 2550-2554.

WALKER, Wolf-Dietrich: Der rechtliche Rahmen für tarifpolitische Reformen, ZTR 1997, S. 193-203.

WALKER, Wolf-Dietrich: Möglichkeiten und Grenzen einer flexiblen Gestaltung von Arbeitsbedingungen, ZfA 1996, S. 353-381.

WALKER, Wolf-Dietrich: Rechtsschutz der Gewerkschaft gegen tarifwidrige Vereinbarungen. ZfA 2000, S. 29-51.

WALTERMANN, Raimund: Zuständigkeiten und Regelungsbefugnisse im Spannungsfeld von Tarifautonomie und Betriebsautonomie, RdA 1996, S. 129-140.

WANK, Rolf: Einvernehmliche Änderung von Arbeitsbedingungen, in: Hromadka, Wolfgang (Hrsg.): Änderung von Arbeitsbedingungen, S. 35-71.

WANK, Rolf: Empfiehlt es sich, die Regelungsbefugnisse der Tarifparteien im Verhältnis zu den Betriebsparteien neu zu ordnen? NJW 1996, S. 2273-2282.

WANK, Rolf: In: Wiedemann, Herbert (Hrsg.): Tarifvertragsgesetz mit Durchführungs- und Nebenvorschriften, 6. Aufl., München, 1999.

WANK, Rolf: Kündigung und Wegfall der Geschäftsgrundlage bei Tarifverträgen, in: Schlachter, Monika / Ascheid, Reiner / Friedrich, Hans-Wolf (Hrsg.): Tarifautonomie für ein neues Jahrhundert, Festschrift für Günter Schaub zum 65. Geburtstag, München, 1998. S. 761-791.

WELSCH, Johann: Zukunft der Arbeit: Neues Nomadentum oder auf dem Weg zum Weltbürger? GMH 1994, S. 743-755.

WELZMÜLLER, Rolf: Solidarität und Individualisierung, GMH 1988, S. 674-684.

WENDELING-SCHRÖDER, Ulrike: Empfiehlt es sich, die Regelungsbefugnisse der Tarifparteien im Verhältnis zu den Betriebsparteien neu zu ordnen? Referat zum 61. DJT, in: Ständige Deputation des Deutschen Juristentages (Hrsg.): Verhandlungen des einundsechzigsten Deutschen Juristentages Karlsruhe 1996, Band II / 1, München, 1996, K 9-33.

WENDELING-SCHRÖDER, Ulrike: Empfiehlt es sich, die Regelungsbefugnisse der Tarifparteien im Verhältnis zu den Betriebsparteien neu zu ordnen? Diskussion zum 61. DJT, in: Ständige Deputation des Deutschen Juristentages (Hrsg.): Verhandlungen des einundsechzigsten Deutschen Juristentages Karlsruhe 1996, Band II / 2, München, K 149-151, K184-186.

WENDL, Michael: Arbeit, Einkommen und Normalarbeitsverhältnis, GMH 1990, S. 209-217.

WENDL, Michael: Kapitulation vor der Arbeitslosigkeit, GMH 1988, S. 179-184.

WIEDEMANN, Anton: Die Bindung der Tarifnormen an die Grundrechte, insbesondere an Art. 12 GG, 1. Aufl., Heidelberg, 1994.

WIEDEMANN, Herbert / STUMPF, Hermann: Tarifvertragsgesetz, 5. Aufl., München, 1977.

WIEDEMANN, Herbert: In: Wiedemann, Herbert (Hrsg.): Tarifvertragsgesetz mit Durchführungs- und Nebenvorschriften, 6. Aufl., München, 1999.

WINTER, Engelbert / ZEKAU, Wolfgang: Außerordentliche Kündigung von Tarifverträgen, ArbuR 1997, S. 89-94.

WLOTZKE, Otfried: Das Günstigkeitsprinzip im Verhältnis des Tarifvertrages zum Einzelvertrag und zur Betriebsvereinbarung, Heidelberg, 1957.

YURTSEV, Abdulkadir: Die Bedeutung des Günstigkeitsprinzips bei der Abänderung von Sozialleistungen durch Tarifvertrag und Betriebsvereinbarung, Diss., Kiel, 1996.

ZACHERT, Ulrich: Aufhebung der Tarifautonomie durch „freiwillige Regelungen“ im Arbeitsvertrag? DB 1990, S. 986-989.

ZACHERT, Ulrich: Deregulierung des Tarifvertrags - ein taugliches Mittel zur Lösung der Arbeitsmarktprobleme? DB 1991, S. 1221-1226.

ZACHERT, Ulrich: Individuum und Kollektiv im Arbeitsrecht: alte Fragen - neue Probleme, AuA 2002, S. 41-48.

ZACHERT, Ulrich: Krise des Flächentarifvertrages, RdA 1996, S. 140-151.

ZACHERT, Ulrich: Modernisierung oder Liquidation der Tarifautonomie? KJ 1997, S. 411-428.

ZACHERT, Ulrich: Rechtsfragen zu den aktuellen Tarifverträgen über Arbeitszeitverkürzung und Beschäftigungssicherung, ArbuR 1995, S. 1-13.

ZACHERT, Ulrich: Tarifautonomie im Umbruch - Kontrollierte und wilde Dezentralisierung, ZTR 1998, S. 97-100.

ZACHERT, Ulrich: Tarifautonomie zwischen Wirtschaftsliberalismus und Wiederentdeckung des Individuums, WSI-Mitt. 1993, S. 481-488.

ZEUNER, Albrecht: Günstigkeitsprinzip und Verbandsbeschluß zur Verhinderung übertariflicher Arbeitsbedingungen, DB 1965, S. 630-633.

ZÖLLNER, Wolfgang / LORITZ, Karl-Georg: Arbeitsrecht, 5. Aufl., München, 1998.

ZÖLLNER, Wolfgang: Der Arbeitsvertrag: Restposten oder Dokument der Selbstbestimmung? Sonderbeilage zu NZA Heft 3/2000, S. 1-7.

ZÖLLNER, Wolfgang: Die Zulässigkeit einzelvertraglicher Verlängerung der tariflichen Wochenarbeitszeit, DB 1989, S. 2121-2126.

ZÖLLNER, Wolfgang: Reglungsspielräume im Schuldvertragsrecht, AcP 1996, S. 1-36.

ZWICKEL, Klaus: Umbrüche im Regulierungssystem, GMH 1995, S. 1-12.

ZWICKEL, Klaus: Zukunft der Arbeit am Industriestandort Deutschland - Konsequenzen aus der Tarifrunde 1994, GMH 1994, S. 381-389.

Schriften zum Arbeitsrecht und Wirtschaftsrecht

Herausgegeben von Abbo Junker

Band 1 Christoph-N. Lerche: Der Europäische Betriebsrat und der deutsche Wirtschaftsausschuß. Eine vergleichende Analyse der betrieblichen Mitwirkung der Arbeitnehmer vor dem Hintergrund der Globalisierung der Märkte. 1997.

Band 2 Christian Walter Mecke: Zur rechtlichen Verbindlichkeit kollektiver Vereinbarungen in England. 1997.

Band 3 Katja Francke: Die betriebliche Mitwirkung der Arbeitnehmer in Belgien. Unter Berücksichtigung vergleichender Aspekte zum deutschen Betriebsverfassungsrecht. 1997.

Band 4 Christian Schulze: Die Zulässigkeit einstweiliger Verfügungen gegen Betriebsänderungen. 1998.

Band 5 Stefan Miersch: Die Rechtsfolgen mitbestimmungswidriger Maßnahmen für das Arbeitsverhältnis. Eine zivilrechtsdogmatische Untersuchung. 1998.

Band 6 Heike Wegner: Internationaler Verbraucherschutz beim Abschluß von Timesharingverträgen: § 8 Teilzeitwohnrechtegesetz. 1998.

Band 7 Julia Wichmann: Dienstleistungsfreiheit und grenzüberschreitende Entsendung von Arbeitnehmern. 1998.

Band 8 Johann-Volker Peter: Société par actions simplifiée (S.A.S.). Die Vereinfachte Aktiengesellschaft in Frankreich, eine Rechtsform für die Kooperation von Unternehmen. 1999.

Band 9 Sylvia Schnelle: Der Europäische Betriebsrat in Spanien. Zugleich eine Einführung in das spanische Recht der Arbeitnehmervertretung. 1999.

Band 10 Viktoria Bornhagen: Die Zumutbarkeit als Rechtsgedanke im Arbeitsrecht. 1999.

Band 11 Thorsten Schacht: Der Übereilungsschutz beim arbeitsrechtlichen Aufhebungsvertrag. Arbeitnehmerschutz bereits de lege lata? 2000.

Band 12 Marcus Hellmann: Immobilienkauf nach spanischem Recht. 1999.

Band 13 Nicolaus Johannes Ehinger: Die juristischen Personen des öffentlichen Rechts als herrschende Unternehmen. 2000.

Band 14 Alexander Lentz: Das kollektive Arbeitsrecht der Republik Südafrika. Eine Untersuchung mit Bezügen zum deutschen Recht. 2000.

Band 15 Michaela Brunssen: Der Arbeitgeberverbandswechsel. Tarifrechtliche und arbeitskampfrechtliche Konsequenzen. 2000.

Band 16 Morten Petersenn: Das Recht des Grundstückskaufs in Südafrika. 2000.

Band 17 Stefan Krüger: Die umwandlungsrechtliche Haftungsregelung bei der Betriebsaufspaltung und ihre Analogiefähigkeit. 2001.

Band 18 Jürgen Kitzinger: Der GmbH-Geschäftsführer zwischen Arbeits- und Gesellschaftsrecht. Im Blickpunkt: Zuständigkeit der Arbeitsgerichte. 2001.

Band 19 Anja Ruge: Die Lohnersatzansprüche ehemaliger Zwangsarbeiter gegen deutsche Industrieunternehmen. 2001.

Band 20 Michael Knoll: Die Sozialauswahl im Arbeitsrecht. 2001.

Band 21 Britta Albrecht: Mediation im Arbeitsrecht. Individualarbeitsrecht und Betriebsverfassungsrecht. 2001.

Band 22 Annusch Barten: Das System der Arbeitnehmervertretung in Frankreich. 2001.

Band 23 Diane Westera: Der Wiedereinstellungsanspruch nach wirksamer Kündigung. 2001.

Band 24 Kristin Doerlich: Die Tariffähigkeit der Gewerkschaft. Eine Analyse der Mächtigkeitsrechtsprechung des Bundesarbeitsgerichts im Lichte neuerer Erfahrungen. 2002.

Band 25 Tina Witten: Vertragsgestaltung und Gesetzesbindung im Recht der Zeitarbeit. 2002.

Band 26 Martin Hellfeier: Die Leistungszeit im Arbeitsverhältnis. Eine Untersuchung zum Fixschuldcharakter der Arbeitspflicht und zu den Folgen ihrer Nichterfüllung. 2003.

Band 27 Almut Maulshagen: Betriebliche Arbeitskampfregelungen. 2003.

Band 28 Maren Band: Tarifkonkurrenz, Tarifpluralität und der Grundsatz der Tarifeinheit. 2003.

Band 29 Manuela Schulz: Der Bereitschaftsdienst in öffentlich-rechtlich organisierten Krankenhäusern. Eine rechtliche Bewertung. 2003.

Band 30 Felix Benedikt: Die Kürzung von Tariflöhnen zur Sanierung. Eine verfassungskonforme Auslegung des § 3 III TVG entsprechend § 625 BGB. 2003.

Band 31 Tim Kaden: Individuelle Bündnisse für Arbeit und Günstigkeitsprinzip. 2003.

FSC
www.fsc.org
MIX
Papier | Fördert
gute Waldnutzung
FSC® C083411

Kolibri 360 GmbH
Ferdinand-Jühlke-Straße 7
99095 Erfurt, Deutschland
produktsicherheit@kolibri360.de

Druck:
CPI Druckdienstleistungen GmbH
im Auftrag der
Kolibri 360 GmbH
Ferdinand-Jühlke-Str. 7
99095 Erfurt